丝
路
百
城
传

特立,不独行

# "丝路百城传"丛书编委会和编辑部

**编委会**

**主　任**：杜占元

**常务副主任**：陆彩荣

**副主任**：刘传铭

**委　员**：（按姓氏笔画排序）

丁　方　　万俊人　　马汝军　　王卫民　　王子今

王邦维　　王守常　　吕章申　　邬书林　　刘文飞

齐东方　　李敬泽　　连　辑　　邱运华　　辛　峰

张　帆　　张　炜　　陈德海　　胡开敏　　徐天进

徐贵祥　　诺罗夫（乌）　　黄　卫　　龚鹏程

阎晓宏　　彭明哲　　葛剑雄　　谢　刚

**编辑部**

**主　任**：马汝军　　胡开敏

**副主任**：邹懿男　　文　芳

**委　员**：简以宁　　蔡莉莉　　陈丝纶

# 出版说明

2013年，中国国家主席习近平向世界提出共建"一带一路"的倡议。自提出以来，"一带一路"倡议深刻影响世界，逐渐从理念转化为行动，从愿景转变为现实，建设成果丰硕，得到国际社会热烈响应。

古丝绸之路打开了各国各民族交往的窗口，书写了人类文明进步的历史篇章。新时代共建"一带一路"的实践，为沿线国家和地区相向而行、互学互鉴提供了平台，促进了不同国家和地区、不同民族、不同文化、不同文明的深入交流。

城市是人类文明的结晶。"一带一路"沿线的城市中，蕴藏着人类千年的历史、多元的文化和无尽的动人故事。我们希望通过出版"丝路百城传"，展现每座城市独一无二的历史和性格，汇聚出丰富多彩、生动可感的"一带一路"大格局，增进文化交流和文明互鉴。

这是一次前所未有的出版探索，我们虽竭尽全力，也深知有诸多不足。期待这套丛书能够得到读者的喜欢，也期待更多的读者、作者、专家、学者等各界朋友们对我们的出版工作给予指正。

"丝路百城传"丛书编辑部

璀璨温州 苏巧将摄

江心孤屿　苏巧将摄

雁荡奇峰 万影田摄

泽雅纸山　叶会洲摄

七彩渔村 朱露翔摄

世贸大楼和巽山塔形成奇妙的古今同框景观 夏子昂摄

三坪湿地 苏巧将摄

南麂礁岩 倪宝道摄

百丈瀑布 叶维挺摄

WENZHOU
THE BIOGRAPHY

别是一乾坤

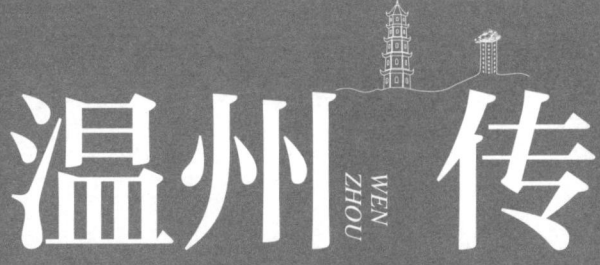

# 温州传

金丹霞 吴林飞 尤豆豆 ——— 著

# 总　序

如果说丝绸之路研究让我们洞见了一部全新的世界史，一定会有人表示惊讶与质疑；

如果说城市的创造是迄今为止人类文明进程中最伟大的事情，则一定会得到人们普遍的支持与认同。

"丝路百城传"丛书的策划正是发轫于这样一个历史观的文化叙述：

丝绸之路是一条无路之路；

丝绸之路是一条既古老又年轻，"不知其始为始，不知其终为终"的漫漫长路；

丝绸之路是一条历史时空里时隐时现，变动不居，连点成线，连线成网的超级公路；

丝绸之路是点实线虚，点变线变，点之兴衰即线之存亡的交通形态，那些关山阻隔，望洋兴叹的城市，便如一颗颗璀璨的明珠镶嵌在路；

丝绸之路是一个文化概念，叠加其上的影像曾被不同国家不同民族的人们呼作：铜铁之路、纸张之路、皮毛之路、黄金之路、朝贡之路、宗教之路；

丝绸之路是中西文明交流与传播、邦国拓展、民族融合之路，也是西方探秘中国、解码东方之路，更是我们反躬自问"我是谁？我从哪里来？我向何处去？"的寻根之路、回家之路；

丝绸之路是今日中国走向世界的新起点、新思路，是"一带一路"中国倡议走向人类命运共同体的未来之路……

无可否认，一个世纪以来，丝路研究之话语为李希霍芬、斯文·赫定、斯坦因、伯希和、大谷光瑞、于格、橘瑞超、芮乐伟·韩森、彼得·弗兰科潘等东西方人所主导。然而半个世纪以来的大国崛起，正在使"夫唯不争"之中国快速走向文化振兴。我们要将《大唐西域记》《真腊风土记》的传统正经补史、继绝往圣、启迪民智、传播正信，同时也将丝绸之路城市传文学以实为说、以城为据、芳菲想象、拒绝平庸的创作视为新使命、新挑战。让"城市传"这样一个文学体裁开出新时代的鲜花。

凭谁问：昆仑巍峨、河源滔滔、玉山储秀、戍堡寂寞；

凭谁问：旌节刻恨、驼铃悠远、琵琶起舞、古调胡旋；

凭谁问：秦汉何在、唐宋可甄、东西接引、前路正新；

凭谁问：八剌沙衮今何在？罗马的钟声谁敲响；

凭谁问：撒马尔罕的金桃今何在？帕米尔上的通天塔何时建成、何时倾倒；

凭谁问：伊斯兰世界的科学造诣何时传到了巴黎和伦敦；

凭谁问：鉴真大师眼中奈良和京都的樱花几谢几开；

凭谁问：乌拉尔河上何时传来了伏尔加河的纤夫号子；

凭谁问：杭州湾的帆樯何时穿越马六甲风云……

诗人说：这条路是唐诗和宋词的吟唱，是太阳和月亮的战争；

军人说：这条路是旌旗翻卷的沙漠，是铁骑踏破的血原；

商人说：这条路是关涉洞开的集市，是金盏银樽的盛宴；

僧侣说：这条路是信仰鲜花盛开的祭坛，是生命涅槃的乡路……

一个个城市的前世今生，一个个城市的天际线风景，一个个城市的盛衰之变，一个个城市的躁动与激情，一个个城市的风物淳美与人文精彩，一个个城市的悲欢离合，一个个城市的内动力发掘与外开拓展望，一个个城市的往事与沉思，一个个城市的魅惑和绝世风华……

从长安到罗马（大陆卷）和从杭州湾到地中海（海洋卷）是卷帙浩繁的"丝路百城传"系列丛书的框架结构，也是所有参与写作的中外作家和编辑们共同绘制的新丝路蓝图。《尚书·舜典》有"浚咨文明"之句，孔疏曰："经纬天地曰文，照临四方曰明。"《论语·雍也》曰："质胜文则野，文胜质则史。文质彬彬，然后君子。"又《易经·贲卦·象辞》曰："刚柔交错，天文也；文明以止，人文也。观乎天文，以察时变；观乎人文，以化成天下。"故文化乃"人文化成"而以文教化"圣人之教也"。"周虽旧邦，其命维新"，丛书编纂与出版岂非正当其事、正当其时也！

读者朋友们，没有踏上丝路，你的家就是世界；踏上丝路，世界才是你的世界、你的家园……唯祈丛书阅读能助君踏上这样一个个奇妙无比的旅程。

丝绸之路从远古走向未来，我们的努力也将永无休止。

刘传铭

戊戌谷雨前五日于松江放思楼

# 目 录

## 第一章　瓯居海中
山海交融的一座城 / 3
遥远的先民足音 / 12
东瓯国与温州人文始祖 / 22

## 第二章　白鹿衔花
永嘉郡筑"山水斗城" / 35
来了一批文采风流的官员 / 43
谢灵运的"永嘉间隔年" / 51
玄觉开创永嘉禅 / 59

## 第三章　东瓯名镇
三十六坊明月夜 / 69
东瓯群星闪耀时 / 77
叶适与永嘉学派 / 86
永嘉医派一脉传 / 94
多尚武忠义之士 / 101
江心屿和一个朝代的兴衰 / 109

第四章　海上繁华

　　繁荣开放的商港 / 119

　　造船基地的实力 / 128

　　出没风波里 / 135

　　周达观真腊之行 / 142

　　各路海神遍城乡 / 148

第五章　百业兴盛

　　漂洋过海的瓷器 / 157

　　漆器专卖店开到京城 / 165

　　最是橙黄橘绿时 / 172

　　"九山书会"的黄金时代 / 179

　　"琵琶"声声犹可闻 / 190

第六章　江山胜览

　　雁荡奇秀看不足 / 199

　　悠悠塘河岁月长 / 207

　　楠溪江畔古村落 / 216

　　"永嘉四灵"的温州印象 / 223

## 第七章　明时风华

谁人不识刘伯温 / 235

军民协力筑海防 / 242

宫廷书画圈里的温州团队 / 251

永嘉场名门望族 / 260

民间传说中的张阁老 / 271

## 第八章　瓯江潮涌

呼啸而来的巨变 / 279

重叠交错的轨迹 / 289

大变局中探路人 / 298

西行东游看世界 / 308

工商金融并驾齐驱 / 319

南麂岛拓荒第一人 / 329

## 第九章　风云际会

从前清御史到民国都督 / 339

"数学家之乡"的秘笈 / 347

朱自清"温州的踪迹" / 355

弘一大师与"第二故乡" / 363

温州走出的郑振铎 / 373

炮火中的短暂繁荣 / 382

山中流亡岁月 / 389

## 第十章　幸福之城

温州城和平解放 / 401

闯出来的"温州模式" / 409

走遍世界的温州商人 / 418

"众筹"的大学、机场和铁路 / 428

温暖之城的慈善样本 / 436

智行天下的"温州气质" / 445

幸福三重奏 / 454

**大事记** / 462

**参考文献** / 469

WENZHOU
THE BIOGRAPHY

温州传
WEN ZHOU

第一章 瓯居海中

《瓯居海中》雕塑 徐志通作

## 山海交融的一座城

打开温州地图，只见一只桀骜的"雄狮"依山而卧。绵延起伏的山峰，犹如背靠的屏障，而蜿蜒的海岸线匍匐在脚边，海浪拍打着数千年岁月砌成的堤岸，潮涨潮落，风起云涌。

温州，这个山与海共同孕育的孩子，生长在浙江省最南端，西、北与浙江的丽水、台州相连，常常谦卑地自称"偏居东南一隅"。其奇崛复杂的样貌和浙北的兄弟姐妹全不类同，俨然是浙江这个大家族中的异数，反倒和相邻的福建看起来更加性情相投、习俗接近。

她曾经是汪洋大海中一个孤独的身影吧？中国最古老的地理书、先秦时期的《山海经》寥寥几笔，透露了她的前世岁月——"海内东南陬以西者，瓯居海中"。晋代堪舆大家郭璞注解说："今临海永宁县，即东瓯，在岐海中也。"

东瓯，温州的古称。

瓯，是一个不太常用的字眼，《说文》释义为："瓯，小盆也。"这个本义仅为容器的"瓯"，在温州却有很高的使用频率。

穿城而过的母亲河，温州人称为"瓯江"；本地特有的柑橘品种，名为"瓯柑"；水袖飞舞间咿咿呀呀唱响的本土戏剧，被命名为"瓯剧"；百工技艺中还有风格独特的"瓯窑""瓯塑""瓯绣"，甚至方言口语中都带着"瓯"，如"手掌瓯儿""玉瓯花""瓯兜相"……

20世纪初传教士拍摄的温州东门码头　选自黄瑞庚主编《温州老照片》

近代经学大家刘师培在《古代南方建国考》中，对"瓯"曾有这样的详解："瓯以区声，区，为崎岖藏匿之所。从区之字，均以曲义。故凡山林险阻之地，均谓之瓯。南方多林木，故古人均谓之瓯，因名其人为瓯人。瓯是因地多山林险阻而得名。"在他的描述中，位于南方的瓯地呈现出林木茂密、山水阻隔的地理风貌。而在晋代郭璞关于"瓯居海中"的注解中，身处"岐海"中的温州，天然和海洋关系密切。

山的骨架、海的基因铸就了这座"山珍海味"齐全的城市。

## 海退成陆

背山面海的温州地势呈西北高、东南低的态势。

西部是层峦叠嶂的浙闽山地，群山连绵，沟壑纵横，山地和丘陵几乎覆盖了温州的中西部，占陆地总面积超过五分之四。东部则面朝浩瀚的东海，狭长的沿海平原不足陆地总面积的五分之一。纵贯西部和东部的是无数条枝权纵横的河流。

"七山二水一分田"，温州人对这片土地的概述，满怀着复杂的情感。山高林密，形成了丰富的动植物资源，当然也不可避免地带来了交通极度不便；平原面积少，因而耕地稀缺，粮食不足。然而，不管你感恩也好，怨恨也罢，这就是大自然赐予的一方水土，亿万年造山填海的结果。

远古时期的温州，犹如浮在东海上的一叶孤舟，直至五千年前，今天富庶、温润的沿海平原还是一片汪洋。据学者吴松弟考证，五千年前，海水一直到达今天与温州相邻的丽水青田县城、温州下辖的平阳县城、水头一带。位于温州市瓯海区和龙湾区之间的大罗山，古称泉山，满眼青葱，遍植杨梅，是今人休闲旅游的好去处，然而数千年前它还曾是这片海域中面积最大的一座孤岛，在寂寞的岁月长河中时起时浮。

"沧海变桑田，乾坤自今古"，这是文学家的语言，地理学家们为我们描述的则是这样一幅场景：漫长的大规模的地壳运动，不断改变着地表的形态。当大量覆盖于地球表面的海水渐渐退去时，陆地持续隆起，露出海面，并在相互连接、碰撞、隆起、断裂的过程中，完成惊心动魄的地质演化——温州西部浅海抬升为陆地，成为山区；东部则经历了一次次海侵、海退的循环往复，在最后一次即第四纪大海侵结束之后，随着全球性海面的不断下降，岸线后退，许多浅海区直至三四千年前才逐渐成陆。

在瓯江、飞云江河口两岸，至今仍有上百处以"屿"命名的地方，如鹿城双屿、龙湾屿田、瑞安马屿等，这些名字暴露了它们前世都曾孤立于海上的秘密，它们是沧海桑田的亲历者。

海退成陆的演变一直持续着。很多古诗文的字里行间也透露了这些肉眼可见的巨大变化。

距今1600余年的南朝宋初，永嘉郡太守谢灵运曾经乘着小船游览帆海，并写下《游赤石进帆海》诗，其中有"扬帆采石华，挂席拾海月"的诗句。石华、海月都是海中的贝类生物，帆海则位于大罗山西脉帆游山与吹台山脉头陀山之间，当时仍是一片浅海。而这片"帆海"到了五六十年后郑缉之的笔下，已耸立成山。郑缉之所撰《永嘉郡记》载："帆游山，地尝为海，多过舟，故山以帆名。"

谢灵运还曾登上今城区华盖山，赋《郡东山望溟海诗》，抒发了"荡志将愉乐，瞰海庶忘忧"的心情——在华盖山上可俯瞰东海，显见离海不远。相隔四百年后的唐代诗人张又新也登临华盖山，看到的却是"见尽江城数百家"（《华盖山》），潮涨潮落间，海岸线已不断向东退去。

## 山脉屏障

风月同天，山水相亲，温州和南边的福建有着天然割不断的关联。

起自闽北的洞宫山，绵延进入浙江，呈西南—东北走向延伸，其主脉沿着丽水及温州泰顺、文成二县逶迤起伏，形成了浙江地势最高的主体山脉，大部分海拔都在千米以上，拿下了浙江境内第一高峰——丽水龙泉黄茅尖（海拔1929米）和温州境内第一高峰——白云尖（海拔1611米）两块金牌。

洞宫山脉向东和西北延伸后扩展成南雁荡山脉，过瓯江后又分成北雁荡山脉和括苍山脉，至此形成了绵亘温州境内的三大山脉——洞宫、括苍、雁荡山脉。

温州第一高峰白云尖属洞宫山脉南段，位于泰顺县西北部的乌岩岭。乌岩岭旧称"万里林"，山林茂密的程度可想而知，据泰顺人林鹗、林用霖父子著述的《分疆录》记载："前山极高，犹在其下，聚首峨峨，去天无多，中多灵草，倒壁挂松……"这些山势险峻、交通闭塞的地方，几乎与外界隔绝，成了逃难者隐居之所。

人迹罕至的乌岩岭，是上苍赐给万物生灵的一块福地。高大挺拔的银杏树、叶形古雅的鹅掌楸、花白叶大的凹叶厚朴、花开如漏斗的香果树，还有乌岩岭特有的浙江雪胆、泰顺杜鹃、泰顺皿果草以及黄杨、深山含笑、云锦杜鹃等各种奇花异卉点染其间。不论高矮胖瘦，姿态美丑，它们都在这片海拔数百米至上千米的山岭上寻到了栖身之所，落地生根。

和姿态万千的植物相伴相生的还有一大批形态各异的动物：金钱豹在山林间跳跃出没，黑麂在溪涧边低头饮水，金雕高踞枝头眼神凌厉，金斑喙凤蝶在花丛间盘旋流连，懒洋洋的鼋趴在溪滩上晒着太阳，明艳的黄腹角雉又炫耀地亮出了胸前的五彩绶带……

乌岩岭是中国濒临东海最近的森林生态与野生动物类国家级自然保护区，总面积近190平方千米，被生物学界誉为"生物种源天然基因库"和"绿色生态博物馆"。

由于地处亚热带中部—中亚热带南北亚地带分界线上，乌岩岭是南北植物交汇地，加上西北面山岗阻隔，地形复杂，气候优越，植物资源丰富，森林覆盖率达92.8%。拥有植物2000余种，其中九成为种子植物，占浙江省种子植物的半数以上，是重要的天然"生物基因库"。动物中单是陆栖脊椎动物就有300余种，占浙江省半数以上。国家重点保护动物达50多种，其中以国际濒危物种黄腹角雉最负盛名，乌岩岭因是目前我国已知野生黄腹角雉种群密度最高的区域，被称为"中国黄腹角雉之乡"。

与洞宫山脉并驾齐驱的雁荡山脉，雄峙于东海之滨，巍峨壮美，身世不凡。在距今一亿多年前，华夏大地发生了被地质学家称为"燕山运动"的剧烈地壳运动，温州全境因此发生大规模的火山喷发和岩浆侵入——炽热的岩浆喷涌而出，直冲云霄，伴随着巨大的声响，燃烧着的熔岩如千万道火光又从天而降……真难以想象，这样的场景竟持续了四千五百万年之久，愤怒的火山才渐渐冷静下来，岩石冷却、凝结，形成一座座山脉。

雁荡山就是这次火山喷发的产物，以独特的奇峰怪石、飞瀑流泉、溪涧幽谷闻名遐迩。它先后经历了四期喷发，是亚洲大陆边缘巨型火山带中白垩纪火山的典型代表，也是流纹岩浆喷发的大型破火山，堪称研究流纹岩的天然博物馆。2005年被联合国教科文组织授予"世界地质公园"称号。

## 河流入海

中西部雄伟陡峭的山峦不仅孕育了无限风光，庇佑了无数生灵，而且成为众多河流的发源地。这些河流从不同的山脉汩汩流出，一路转折迂回，翻山越岭，沿途不断与其他赶来的河流汇合同行，最终浩浩荡荡汇入大海。浙江的八大水系中，温州有其三。

瓯江，古名慎江，曾以地取名为永宁江、永嘉江、温江。发源于丽水下辖庆元、龙泉两县交界处百山祖锅帽尖，流经丽水龙泉、庆元、云和、莲都、青田，以及温州永嘉、瓯海、鹿城、龙湾等18个县（市、区），最后出温州湾注入东海。这是温州第一大河、浙江第二大河，干流全长388千米，故称八百里瓯江，其下游横贯温州，孕育、滋养了两岸儿女。虽然瓯江在温州境内的长度仅为干流三分之一，但温州人依然深情地称她为母亲河。

飞云江，三国时名罗阳江，后有安固江、安阳江、瑞安江、飞云渡之名。自宋末诗人林景熙写下《飞云渡》诗后，始有飞云江之名。发源于温州第一高峰白云尖，流经泰顺、文成，至瑞安注入东海。干流全长203千米，是温州第二大河、浙江第四大河。

鳌江，西晋时称始阳江，后名横阳江、钱仓江，俗名青龙江。据民国《平阳县志》称，因海水涨潮时，江口波涛状如巨鳌覆山，故名鳌江，隐含着巨鳌震浪压邪，保境安民之意。发源于文成县境，于平阳县鳌江镇和今龙港市之间注入东海，全长81千米，是温州第三大河。

瓯江、飞云江、鳌江三条河流入海携带的泥沙不断堆积，终于形成沿海平原。但直到西晋时期，大部分区域还未连成整体。元末明初宋濂在温州横山仁济庙碑文中描述西晋初年温州"地皆濒海，海水沸腾，蛇龙杂居之，民罹其毒"，可见生存环境恶劣。直至宋代以后才基本形成今天的地理样貌。

温州沿海平原包括乐清湾西侧平原、温瑞平原、瑞平平原、鳌江南岸平原，不仅是泥沙淤积的结果，也有历代围海造田的功劳。这片面积不足1500平方千米的平原，是历代先民赖以生存、发展的基础，是温州人口密集、经济繁荣的地区。

## 海岛明珠

面朝大海，春暖花开。依山濒海的地理环境形成了美丽奇幻的海洋景观，孕育了丰富多彩的海洋文化。

据最新统计，温州共有大小岛屿711.5个，之所以还有半个，是因为其中的横仔屿是与台州市共有。温州岛屿分为海洋岛和河口冲积岛两类，其中绝大多数为海洋岛。由302个大小岛屿组成的洞头列岛是规模最大的海洋岛。

洞头古称中界，地处瓯江口外39海里的洋面上，全国十二个海岛县（区）之一，素有"百岛县"之称。渔、港、景、涂资源齐备，是浙江第二大渔场、温州深水港区，同时也是全国唯一以县（区）域冠名的国家AAAA级旅游景区、国家级生态县（区）。

"海外桃源别有天，此间小住亦神仙"，清朝诗人王步霄对洞头如此赞美；"洞天福地，从此开头"，现代诗人余光中则对洞头之名做了全新的诠释。

仙叠岩、半屏山、大瞿岛、大门岛、海上西湖、竹屿岛、东沙，被称为洞头的七大景区。妈祖祭典、洞头海洋动物故事、贝雕、渔民画等带着浓浓海味的文化遗产，更呈现出别具一格的光彩和魅力。

有则民谣讲述了半屏山的故事："半屏山，半屏山，一半在大陆，一半在台湾。"大陆半屏即洞头的半屏山，直立千仞，面向东海的山体犹如刀削斧劈，号称"神州海上第一屏"。相传很久以前，玉帝派雷公降服兴风作浪的黑龙怪，打斗中原本完整的山体被掀飞了一半，飞到台湾，成为台南的半屏山。今人常以此为喻，抒发海峡两岸隔海相亲的情感。

洞头百岛中还有一座颇具神秘色彩的鸟岛，从鹿西岛乘舢板需一个多小时方能到达。岛上栖息着海鸥、白鹳、海燕、赤嘴鹭等鸟类，一般五至十月间生活在岛上，特别是端午节前后为高峰期，上万只水鸟在此汇聚，鸥鹭翔集，映衬着碧海蓝天，蔚为壮观。

曾经的洞头孤悬海上，如今的洞头五岛相连，14.5千米长的灵霓海堤接通了岛屿与陆地。七座跨海大桥连接了洞头本岛、大三盘岛、花岗岛、状元岛、霓屿岛五个大岛。作为国家级海洋公园、浙江省十大海岛公园之一，洞头已成为名副其实的海上花园、避暑胜地。

同为海洋岛的南麂列岛属温州平阳辖境，正好处于我国南北海上的交通要津。南麂列岛52个岛屿中最大的南麂岛，别名海山，古时又称"南己山"，位于鳌江口外30海里的东海海面上。因从高处俯瞰形似昂首飞奔的麂（一种小型鹿类动物）而得名。

南麂岛上至今有多座灯塔遗址。自古以来，凡经过此处的航船无不以南麂为重要导航地标。明代郑和率万吨船队七下西洋，每次从江苏太仓刘家港出发南下，都要经过南麂列岛。《郑和航海图》中有"南己山"的记载。明末清初，南麂岛还是郑成功驻军北伐的练兵场。

因处于浙闽沿岸流与台湾暖流交汇和交替消长的区域，南麂岛以海蚀地貌为主，现有大沙岙、国姓岙、三盘尾、大擂山、竹屿五大景区，其中大沙岙海滩宽800米，长600米，是国内罕见的贝壳沙质海滩。

作为国家级海洋自然保护区，南麂列岛海域还以海洋生物物种繁多而著称，特别是贝藻品种齐全，居各海域之冠，占全国总数的五分之一多，是我国近海贝藻类的重要基因库。已鉴定的海洋贝类中有19种为国内首次记录，22种藻类被列为稀有种类，其中黑叶马尾藻为世界海洋藻类的新种。1999年南麂列岛被联合国教科文组织列为世界生物圈保护区。

位于温州市最南端的七星列岛，南望福建省的台山列岛，由七个岛屿组成，因状如北斗七星而得名。最大岛屿星仔岛属无人岛，1985年10月，苍南县政府在岛南端海拔30米处竖碑，显示地理位置为东经120°51′、北纬27°06′，这也是浙江省疆域最南端的标识。

位于温州市北端的西门岛是乐清最大的岛屿，面积6平方千米多，主峰海拔近400米，是温州海岛的第一高峰。岛上沿海岸种植红树林，营造了一道独特的海洋生物岸线，对调节气候和防止海岸侵蚀发挥着重要作用。这片早年从福建移种过来的"海上林地"，硬是把红树林适宜生长的区域北移了3.2个纬度，成为我国红树分布的最北地界。

## 温润之州

温州，是名副其实的温润之州。清代乾隆年间的山东济宁人孙扩图在温州东山书院教了半年书，离开时已依依不舍，在瓯江船上写下十阕情真意切的《温州好·调寄忆江南》，其中一阕赞叹温州的气候：

"温州好，别是一乾坤！宜晴宜雨天较远，不寒不燠气恒温，风色异朝昏。"

"虽隆冬而恒燠"（嘉靖《温州府志》），确实是唐高宗上元二年（675）"温州"得名的缘由。地质学家们告诉我们：位于北纬27°03′—28°36′、东经119°37′—121°18′之间的温州，处于西北高、东南低的地势，夏季海洋暖湿气流畅行无阻，深入内地，带来丰沛降水，冬季西北季风则被群山阻挡，寒潮无法南下入侵，温州因此成为夏无酷暑、冬无严寒、雨水充沛的温润之州。

孙扩图还写了一阕关于温州山水地理的词：

"温州好，地势旧称雄；山接天台来雁荡，地连甬上控闽中，胜据浙西东。"

在大自然鬼斧神工的力量之下，温州集山、江、海、湖、岛、瀑等各种山水类型于一身，形成了水网纵横、绿原星布，名山点缀其中、碧海环绕其外的瑰丽景象，有"永嘉山水窟"之誉，吸引了众多官员、文人、学者流连忘返。"不为永嘉山水好，断无轻奉板舆来"，在温州任职的官员，深感山水清佳，还将父母迎来养老，成就一段段孝亲佳话，如宋代温州通判赵彧、清代温州知府梁恭辰、民国瓯海关监督冒广生等。

从东瓯到永宁，从永嘉到温州，千年的时光倏忽而过。

就在这三面环山、一面临海的环境中，在寻求生存发展之路的跋涉中，温州人塑造了山一般坚韧、海一般包容的群体性格，孕育了别具一格、务实创新的文化精神。

# 遥远的先民足音

在普通人看来，曹湾山实在是一座很不起眼的小山丘。它位于温州市鹿城区藤桥镇渡头村，西、南、东三面均为瓯江下游的第二大支流戍浦江所围绕。村里有多条小路通达山顶，山上遍植松杉、水竹，还有村民种植的番薯、蔬菜等。在周边山峰的衬托下，这座海拔仅61米，总面积不过36公顷的小山丘，着实没有出众之处。当地人都称它"老鼠山"，这个接地气的名字据说是因为山体的形状与老鼠有几分相似。

但在考古人员眼中，它可是一块风水宝地。

## 不起眼的"老鼠山"

温州博物馆原馆长金柏东第一次注意到曹湾山，是近四十年前的事。1985年正值全国第二次文物普查，市县组成文物普查小组，对瓯江沿线的双屿、仰义、上戍、外垟和藤桥等地进行调查。

"当走到一处山岗时，发现四周环境空旷，沿境河流蜿蜒，具备典型的史前遗址迹象。"大家有些兴奋，从山的左侧进入，发现里面是个村庄，村口有几位老人正在聊天。他们上前搭话，一边递烟点火，一边问这是什么山，老人们异口同声说"老鼠山"。金柏东提出想上山看看,一位老人说自己就住在半山腰,自告奋勇带路。

沿着崎岖的小路走到山顶,脚下的地面变得平坦起来。"东偏南的山坡坡度适中,像爿斜面的草坪,引起了我们的注意。仔细观察后,我们开始挖掘,先从挖树坑的浮土和挖沟的断面入手,很快就发现了几件石镞和石锛等石器,接着又发现了印纹陶片。在不到两小时的采集中,四五个人都有所获。几名队员坐在草坪上,检视自己挖到的标本,非常高兴,尤其是两个年轻人第一次参加调查就有收获,认为是老鼠山带来的好兆头。"金柏东对当时的情形印象深刻。

老鼠山再次进入考古工作者的视野,已是2002年9月,温州市文物保护考古所所长蔡钢铁带着三名同事对老鼠山遗址进行实地复核。这天收工后在山脚下遇到渡头村一位村民,蔡钢铁随口问道:山上有发现过石器或陶片吗?村民说有啊,以前在山上见过不少石箭头、石斧之类的东西,不过现在很少了。但他家房屋后面的山坡断面上有一条奇怪的黑线,不知道是什么。

蔡钢铁跟着村民到了他家屋后,发现山坡断面的中间部位果然有一条黑灰色带,向两边延伸了八九米长。他们稍作挖掘就发现了一堆陶片,偶尔还有小石锛等石器碎物。陶片中多为夹杂着黑色的夹炭陶,也有夹砂陶和泥质陶。"这条色带显然是早期先民在这里生活形成的文化堆积层",蔡钢铁非常惊喜,他第一时间把这消息告诉了省考古专家王海明。

没有什么比这些埋在地下的蛛丝马迹更能激起专业人员的兴奋,两个月后以王海明为领队、省市考古所联合组成的考古队,正式进驻渡头村,开始了对老鼠山地形地貌的调查和勘探。

此前温州也有过多次史前遗址的发掘,每次都向历史的真相迈进了一步,那么这次的发掘,会寻找到打开温州史前文明密码的那把钥匙吗?

# 另一种文化

深埋地下的器物不会说话，但在漫长的岁月更迭中，也总会有一些神秘的器物因了各种机缘巧合，出现在人们面前，它们以自己特殊的质地、色彩、纹路，甚至残破的身躯，沉默地讲述着来历不凡的前世。

温州最早发掘的史前遗迹是瑞安山前山遗址，那还是1956年，在浙江省文管会的主持发掘下，发现了一批石器和陶器。石器以石镞数量较多；陶器则有泥质红黄陶、泥质灰陶、夹砂陶、印纹硬陶、彩绘陶片等不同类型，器物口沿或上肩部位还绘有各种纹饰。这批器物令专家有些迷惑：这无疑属新石器晚期古人类聚落遗址，但又明显不同于浙北的河姆渡文化、马家浜文化、良渚文化类型，陶器纹饰和风格反倒与福建昙石山文化的彩陶相同。

距今六七千年的河姆渡文化、马家浜文化和距今四五千年的良渚文化都是我国长江下游地区的新石器文化类型，均位于浙江省，具有鲜明的地域特色。而距今四五千年的昙石山文化，是闽江下游地区的新石器文化类型，因福建闽侯昙石山遗址得名。温籍著名考古学家、新中国考古学奠基人夏鼐先生，在《浙江新石器时代文物图录·序》中明确判断："浙江南部的新石器文化为另一种文化。"

那到底是一种什么类型的文化？温州先民最早的落脚点在哪里？生活形态什么样？这些疑问困扰着史学界、考古学界。

时间如白石溪般不动声色地流淌着。乐清白石溪与中雁荡山相伴，已奔流了千百年，终于在1982年的一天，显露了自己不同寻常的底蕴。与往日一样在杨柳滩取砂的农民，突然在溪床下二三米深处发现了一些奇怪的东西，有棱有角，有石制的，也有看起来像是玉质的，但究竟是什么，没人说得清。

消息传开，层层上报后，浙江省、温州市文物部门联合组队来现场调查，陆续发现了二百多件远古时代的器物，有石器、铜器、陶器和玉器。

石器中有各种生产、狩猎工具及生活用具，如进行农耕生产的犁形器、石耨刀、耘田器，装上木柄即可用于砍伐、刨土的石锛，打猎所需的刀、戈、矛、镞等用具，数量之多，形式之美，制作之精，都令专家们赞叹。

其中石锛的出土数量较多，有拱背式、斜背式、台阶式等多种形制，且多数是有段石锛。长的达17厘米多，短的仅6厘米多。这种可用于制造舟船的生产工具大量出土于浙江、福建、广东、山东等沿海区域，在中国台湾、海南岛、菲律宾、北婆罗洲及太平洋的波利尼西亚众多岛屿也有发现，这或可成为早期人类跨越大洋进行迁移的重要实物证据。

石箭镞出土数量也颇多，这种远射武器附在箭杆上，是野外猎杀野兽的主要工具。

文物专家徐定水、金福来在《浙江乐清古文化遗址发掘简报》(《考古》1992年第9期)中认为，白石出土的石器"既含有河姆渡—马家浜—良渚文化因素，又含有昙石山文化的因素，体现着两种文化的联系"。

从白石遗址出土的器物可以看出，四五千年前，温州史前文明已受到多种文化的影响。先民们利用生产工具，从事伐木、造船、垦荒、翻耕、播种、收割等生产劳动，过着以种植水稻为主的长期定居生活。当然，打猎、饲养、捕捞也是当时重要的生产活动。白石发现众多的牛齿、马齿、犬齿及动物骨骼，以及出土的陶网坠、石网坠、鲨鱼齿等，说明当地先民不仅饲养动物，使用渔网捕鱼，而且有捕获大鱼的能力和设备。

由于这些器物都是发现于水下，考古人员始终没能找到文化层堆积，白石聚落原址至今仍是一个未解之谜。

随着考古成果的不断丰富，人们发现温州先民生活的区域也在不断扩大。先民们刳木为舟，涉过海洋，在海岛上留下了聚居的踪迹。

瑞安北龙岛位于东海洋面上，距瑞安市约24海里。1983年岛上发现了两处遗址：一处在北龙山北麓，面积约7000平方米；另一处在南龙头，面积约2500平方米。出土了锛、凿、矛、镞等石器，数量较多的还是有段石锛。陶器主要有夹砂黑陶、泥质灰陶和印纹硬陶等，破损的陶器可以看出罐、壶、豆等形状——这两处遗址及1987年发现的洞头九亩丘遗址，都属于新石器时代晚期典型的海岛遗址，距今约四千年。

这些较为罕见的海岛遗址的发现，扩展了温州原始族群的分布范围，表明温州先民已涉足海上、定居海岛，在那个蛮荒时代，他们不惧风高浪急，毅然开启了依山拓海的冒险之旅。

## 好川文化"曹湾山类型"

终于轮到曹湾山出场了。划定山岗顶部的范围，一铲一铲地挖掘，剥开一层层的泥土，经过近半年时间的发掘，在500多平方米的范围内，上千件石器、玉器、陶器以及大量陶片标本重见天日，10余处建筑遗迹，35座史前墓葬，重现了四千多年前先民的生存状态和生活场景。东瓯文明的源头在这里揭开面纱——

先民们生活于斯，埋葬于斯。聚落区域内建筑功能分区已很明显，西北部为生活居住区，东南部则为墓葬区。

生活区有连片成排的柱础石堆、大面积的红烧土块堆积以及纵横交错的木骨印痕，应是先民挖坑立柱建房之处。

墓葬区的墓坑均为长方形竖穴土坑，长度不等，随葬品多为各式陶器，也有不少石器，甚至还有十件（组）玉器，如玉管、玉锥形器、玉柄形器等，材质均为叶蜡石或透闪石。玉器显然代表着墓主的身份，唯一随葬玉柄形器的墓坑是整个墓区面积最大的。这组玉柄形器玉工精湛，线切开材工艺水平极高，体现了当时已具备高超的玉作工艺水平，是曹湾山发掘出的最重要的一组文物。

与众多史前文明遗址一样，曹湾山遗址出土最多的石器依然是石镞、石锛，形态丰富多样。石镞数量最多，近500件；石锛次之，200余件，形态和大小均差异明显，有器形硕大的有段石锛，截面呈扇形的弧背石锛，也有器形极小、长度不足4厘米、厚度小于0.5厘米的小型石锛。

这些出土文物都是先民日常生活、劳作的器具。陶器皿用来盛放、储藏粮食和水；陶纺轮是纺线用具，表明原始的纺织手工技术已出现；陶网坠系在拖网底部，大大提高了捕鱼技术。石器则多为生产劳动工具，常型石锛主要作为切割、刮削的工具，弧背石锛整体器形较大，推测应是用来挖掘植物块茎。

考古人员对遗址中采集到的样品进行植硅石分析，发现有大量水稻颖壳的双峰形植硅石，表明当时浙东南地区可能已经有了较为原始的农业生产。

在专家们列出的枯燥的数据和表格里，我们依稀看到了四千多年前先民们生活的场景：温暖湿润的气候条件下，在山前沿江的孤丘上，他们找到了宜居之所。近旁河流可供撒网捕鱼，不远处山林可供上山狩猎、采摘野果。小山丘不高，山脚下种着水稻，以补充捕猎、采集之不足。聚落场地已有一定规模，且经过初步规划，功能较为齐全，有简陋的住房，有成片的墓葬，有石器手工作坊。他们身穿兽皮或麻布制成的简单衣物，日常生活中使用烧制的各种陶器，较为贵重的装饰玉器则成为群体中身份尊贵的标志。

新石器时代温州地区聚落遗址大致如此——在三大水系主干、支流沿岸，在地势略高的孤丘形小山上，先民们停下不断迁徙的脚步，形成聚居的群落。这类遗址独特的地理环境，与我国北方以及浙江北部、东部新石器时代遗址的地理环境有很大区别。

专家最后断定：曹湾山遗址是新石器时代晚期至夏代的大型岗丘聚落遗址，面积近一万平方米，年代距今四千二百年至四千五百年，属于以瓯江流域为主要分布区的好川文化类型，是继河姆渡、马家浜、良渚文化后的又一种新石器时代晚期文化类型。

1997年丽水遂昌县好川村古遗址被发掘，其独特的文化面貌和极具地域特色的内涵特征引起考古界广泛关注，被命名为"好川文化"，获1997年度"中国十大考古新发现"提名奖。曹湾山出土器物中最重要的那组玉柄形器，从整体造型、玉片构成、镶嵌方法到具体玉片加工，都与好川墓地出土的同类镶嵌玉片组十分相似，甚至"如出自同一工匠之手"（《浙江省文物考古研究所田野考古报告第48号曹湾山》，文物出版社2022年版）。

曹湾山遗址的发掘确认了好川文化在瓯江下游的分布，显示了良渚文化后期向浙西南延伸，在瓯江流域融合发展的形态。而曹湾山出土的弧背石锛特色鲜明，在福建昙石山文化类型中也较为多见，明显是受到昙石山文化影响的实证。

作为浙南闽北通道上的一个重要节点，曹湾山遗址既承袭了钱塘江以南地区的文化传统，又吸收了南部福建地区部分史前文化因素，具有独特的个性，因此被专家们命名为好川文化"曹湾山类型"，成为浙南第一个完全意义上的"好川文化"聚落遗址。

曹湾山遗址丰富了好川文化的内涵，补上了好川墓地考古中缺失的聚落分布和居住状况的重要一环，为中华文明起源研究提供了不可多得的个案资料，2013年被列为国家级文保单位。

"山前沿江的孤丘"，曹湾山这个环境地貌特点给了人们很大启发，考古人员又相继在下龙山、屿儿山、卧旗山和杨府山等处找到好川文化遗址，地理环境确实都非常相似。

## 神秘墓葬

几根不规则石柱支撑着一块扁平的巨大石头，巨石平面有的是长方形，有的像三角形，有的完全不规则，它们犹如巨大的盖子遮护着石柱撑起的空间。因年代久远，大部分条石已经倾斜残缺，有的盖石也坍塌损毁。

自1983年以来，在瑞安莘塍岱石山、马屿棋盘山、塘下杨梅山，平阳鳌江龙山头和苍南钱库桐桥等处，陆续发现了55座这些外表大致相仿的奇特建筑。

这些大石头是干什么用的？当地人说不清楚。马屿的棋盘山之名来自传说，大石头是仙人下棋留下的棋盘；莘塍的岱石山命名更加直接，"岱石"就是当地方言"大石"的谐音。而平阳鳌江龙山头，漫山遍野都是大大小小的块石，仿佛巨大的采石场。

1993年，省市文物部门对瑞安莘塍岱石山的巨石进行发掘，从废墟中找到了不少陶器、原始青瓷器物、青铜器等。不仅有几何硬陶片堆积层，还发现了一件原始黑瓷樽，造型上与江西新干遗址出土的西周时期印纹陶樽基本相同，纹饰上又与浙江江山西周墓出土的原始瓷豆上的人字形纹一致，可见来自距今约三千年的晚商、西周时期。

1994年10月25日，省考古研究所副所长陈元甫带队，组成省市县三级考古调查组，又一次赴平阳鳌江龙山头现场复查，在表土下0.3米处发现夹砂陶、黑皮陶和硬陶多种，年代约在西周时期。

这两次考古发现的结论震动了文物界——这些两三千年前的巨石建筑就是一直被质疑中国南方是否存在的石棚墓。可能因为气候和土壤的原因，棺椁和尸骨都已荡然无存。

其实早在1956年，省市文物部门曾在瑞安莘塍一带发现过一座石棚墓，可惜1958年被毁，只在《浙江省古文化遗址图录》中留下一张照片。此后，浙南石棚墓是否存在，一直是文物界的疑案。

石棚墓，日本人称支石，朝鲜人称支石或撑石，欧洲人称石桌，是新石器时代晚期至早期铁器时代的一种墓葬形式，也是世界现存最古老的石构建筑之一。

石棚墓分布广泛，在欧洲西部和北部，亚洲南部、东南部和东北部，非洲北部，南美北部均有发现。中国辽宁、吉林、山东也有，但在中国南方地区，这是唯一的发现，无渊源可寻。

温州石棚墓上的盖石体积大，分量重，轻则三四吨，重则十吨以上。面对如此庞然大物，人们不禁疑问重重：建造石棚墓难度很大，只有具备一定的调配人力、组织运输能力的机构方能实现。况且石棚墓多背靠山坡，支撑石与盖石结合严密，显见选址、建造都经过精心设计，已初步具备营造的观念。在两三千年前，没有相应设施助力的情况下，巨石的搬运是如何实现的？先民们为何选择这种独特的墓葬形式？这是否也是一种身份的象征？

有专家解释，石棚墓这种特殊的墓葬形式，缘于先民的"大石崇拜""石神崇拜"，古人对石头充满敬畏，认为石有灵性而顶礼膜拜。

石棚墓中出土的原始黑瓷和原始青瓷，不仅说明浙南是我国原始瓷生产的早期地区，而且已具备相当的生产规模和能力。原始黑瓷至今在全国范围内仅在浙南发现。出土的蚕纹陶片也非常罕见，蚕纹作为艺术形式反映在陶器上，表明当时已出现人工养蚕。

石棚墓中还出土了青铜器，既有农具、兵器，又有礼乐器，标志着当时青铜制造业已经形成。

石棚墓在东亚地区分布较多的是朝鲜半岛（特别是韩国南部）和日本。它们在年代、形制上与浙南石棚墓相近。难道温州境内的石棚墓与日本、朝鲜半岛的石棚墓具有某种渊源？为解开这个谜底，日本、韩国考古学界和历史学界曾十余次组团来温州实地考察，寻找支石墓的历史渊源。美国、英国、法国等国的文物、博物专家，也来温考察。

史学家毛昭晰分析："无论是支石墓（石棚墓）还是稻作农业，都说明中国江南沿海和朝鲜半岛之间在先秦时代存在着海上的关系。这种交往，最可能是江南和朝鲜半岛之间的直航。"

2007年11月在温州举行的"瓯文化学术研讨会"上，韩国国立全南大学教授林永珍认为：通过对温州地区的石棚墓研究发现，其构成及建筑时期与韩国分布在黄海邻近地区的石柱式支石墓相同，与分布在济州岛的围石式支石墓也有许多相似，很难排除温州石棚墓墓主东瓯人有意识地通过海洋活动，向朝鲜半岛南部地区交流的可能性。

日本学者木宫泰彦在《日中文化交流史》中也推测"中国文化的影响，远在两千几百年以前，已经由日本海的环流路传到日本的山阴、北陆地区，并逐渐深入传到了内地"。

记载春秋战国时期吴越历史的重要典籍《越绝书》中说越民"水行而山居，以船为车，以楫为马，往若飘风，去则难从"，以此来描述温州先民的生活，想必也很准确。石棚墓的发现，或许进一步证明了上古时期瓯民就凭借舟楫往来，将拓荒的足迹延伸到更远的海尽头。

距石棚墓发现二十年后，在瓯海穗丰村杨府山发现了西周时期另一种形式的墓葬——土墩墓。

杨府山是一座海拔仅50多米的小山，西面紧靠着温瑞塘河，南面七八千米外是飞云江入海口，东面则分布着大片平原农田，村镇农舍点缀其间。

2003年9月7日，为建造公园平整山顶土墩的村民，连续两天挖出了两件貌似金属质地的器具，虽然满身泥垢，但依然掩不住独特的气质。接到报告后赶来的文物专家一举发掘出沉睡三千年的一座西周土墩墓。

土墩墓是一种在平地堆土起坟的墓葬形式，适应南方多河流、地下水位较浅的环境，主要流行于长江下游太湖周边地区的良渚文化中，在温州不多见。

这座土墩墓中出土的随葬器物达83件（组），全为青铜器和玉石器，既有鼎、簋、铙这样的大件青铜礼乐器，还有戈、矛、剑等青铜兵器，以及镯、玦等玉饰件，数量之多、品位之高在浙江省十分罕见，是南方青铜器的精品。

虽然墓主的尸骨已不复存在，但从这些遵照礼制排列讲究的随葬器物来看，墓主人应是一位深受中原文化影响的南方贵族，且很可能是统兵打仗的军事首领。

他究竟是谁？为何来到温州？又因何葬于此地？——这些问题的答案都随着他的尸骨一起烟消云散。但他身后留下的这些青铜器物透露出，西周时期温州的社会经济文化已经比较发达。

与西周时期石棚墓、土墩墓"入土为安"的形式不同，温州历史上还出现过一种颇为神秘的"悬棺葬"，俗称"吊船悬"，将逝者的棺木安放在悬崖峭壁间，因此也称崖葬。这是流行于南方少数民族中的一种丧葬仪式，悬置越高，表示对死者越是尊敬。《临海水土异物志》记载：三国孙亮太平年间，临海郡（今浙江台州、温州、丽水一带）的"安家人"住在深山中。死后用木函装殓，杀犬祭祀，同时饮酒歌舞。仪式完毕后，就将棺材"悬于高山岩石之间，不埋土中作冢墩也"。如今在温州永嘉西源梅坦村陶姑洞附近、埭头村"崖下库"、泰顺竹里等天然形成的崖穴内，都陆续发现有悬棺群。

死亡，是人类与生俱来不得不面临的最重要的课题。采用何种墓葬形式，反映了不同时期人们所处的自然条件和具有的生命观念。典型的石棚墓、土墩墓、悬棺葬出现在同一个地区，是颇为罕见的现象。这大约也从一个侧面印证了温州先民兼容并包的文化特征吧。

# 东瓯国与温州人文始祖

这是两千多年前一个"王子复仇记"的故事。

这也是一个僻远小国夹缝中求生存的艰难历程。

故事的主人公叫驺摇,是温州这片土地被纳入中原王朝版图进入中央政治秩序后的第一个君王,温州人尊奉他为人文始祖。

## 逃难的越王子孙

驺摇本名欧阳摇,并非土生土长的本地人,而是出身名门,钱塘江畔越王勾践的后代。

他因家族长辈来到这偏僻的东海之滨,落地生根,成就一番事业,完全是命运之手的拨弄。

说起来,他的先祖勾践就是历史上有名的"复仇者"。

春秋时期,战火纷飞、硝烟四起,国与国之间征战不休。地处江浙的越国和吴国这对老冤家在争霸战中,打得你死我活。越王勾践命运大起大落,给历史留下了"卧薪尝胆""美人计""鸟尽弓藏"等著名典故。他是这幕大戏的主角,忍辱负重二十年,最终在周元王三年(前473)消灭吴国,使越国一跃而成为"春秋五霸"的最后一霸。

相对安逸的日子对老百姓来说是好事，但对雄心勃勃的君王来说，可能心有不甘，难以施展自己的远大抱负。越国人民休养生息了一百多年后，遇上了一位急于建功立业的君王无彊。司马迁在《史记·越王勾践世家》中记录了这段历史：越国第七代国君无彊即位后，一心想振兴祖上霸业，兴师"西伐楚、北伐齐"。四处挑衅的无彊似乎根本不知道自家实力到底如何，结果被楚王打败，丢了性命，也丢了江山。

越王子孙经历国破家亡的惊天变故，纷纷向东南沿海逃亡，一路退至浙江、福建交界的地方。

虽然越王被杀、越国被灭的时间，后世多有争议，有说前306年，也有说前333年，但这个灭亡的过程大致不差。

越国公子蹄（欧阳宰勋）就在这批逃难的越王子孙中间，他在山高水长、林密海阔的温州停下了脚步——如桃花源般的浙南确是逃难的好去处，历史上无数次为乱世中的人们提供了安身庇护之所。

## 土生土长的瓯人

那时，在温州这片土地上生活着土著族群——瓯人。

正如考古发现的那样，四五千年前，即新石器晚期至夏商时期，境内瓯江、飞云江、鳌江三大流域及支流沿岸已出现了温州先民的身影。他们聚族而居，以种植水稻、采集野果、打鱼狩猎为生，在漫长的岁月里胼手胝足，一点点建设起自己的家园。

历史的车轮驶入周朝，这个延续了八百年的朝代，是华夏文明发展的一个高峰期。然而远离中原文明的瓯人，显然不在正史的关注之列，没能给后人留下更多、更有价值的信息，只在历史的犄角旮旯里遗留下一星半点的痕迹。

"东越海蛤，瓯人蝉蛇"，周朝史书《逸周书·王会解》中的这句记载，表明瓯人原始的饮食喜好。当时周成王朝会诸侯，各地诸侯都带来本土特产进贡。瓯人进贡的"蝉蛇"，即"鱓蛇"，这是一种蛇吗？温籍语言学家郑张尚芳在《温州方言里的瓯越文化积淀》中解释，鱓（鳝）鱼，温州叫蛇鱼。林华东在《温州通史·东瓯卷》中也解释"鱓蛇"即黄鳝，至今仍是温州人餐桌上的一道名菜。《逸周书》中的这条记载可以佐证，三千多年前瓯人已与周王朝建立了一定的联系，瓯地与中原文明有所接触。

"瓯"也称为"东瓯"，有解释说"东"指地理方位。史家大多认为先秦时期我国东南地区有百越各族，东瓯族即为百越民族中的一支，居住区在瓯江流域，即今温州、台州和丽水等地。

晋王嘉撰《拾遗记》卷二记录了西周昭王时期的一个故事：有个涂修小国向周王进献了两只名贵的鸟，鸟换毛时脱落的羽毛做成了四把羽扇。"时东瓯献二女，一名延娟，二名延娱"，这两名来自遥远东瓯之地的女子在昭王身边摇扇服侍。两女身姿轻盈，能歌善舞，深得昭王喜爱。不料有次在汉江随行时，发生沉船事件，二女为救昭王，同时溺亡。当地人为纪念这两位来自东瓯的忠义女子，立祠纪念。这故事多半属传说，但或许从侧面说明了周朝人已知"东瓯"的存在？

## 建立东瓯国

春秋战国时期，东瓯是越国属地。据《越绝书·佚文》记载"东瓯，越王所立也，即周元王四年"，算起来，正是越国灭了吴国的那年，民心归附，士气高昂。

越亡后，越国公子蹄从钱塘江畔千里迢迢避居于此，带来较为先进的浙北文化，并与当地瓯人逐渐融合。蹄自命为东瓯王，成了这片土地上的首领。另有一支越王后裔占据福建，自命为闽越王。

大概就是从那时开始，史书中出现了"瓯越"。有解释认为，"瓯越"即越人败于楚后，退入浙东南山区，与瓯人融合的族群。那时的"瓯越之民"，有着截然不同于中原地区的独特的发型服饰，为主流舆论所轻视。《战国策·赵策二》记载:"被发文身,错臂左衽,瓯越之民也。"披头散发,臂膀上刻有文身,上衣前襟右压左,和中原人右衽叠襟的穿法正好相反。孔子早已说过,"被发左衽"那是不知礼仪的野蛮人的装束(《论语·宪问》),《论语·注疏》里更明确指出:"衣衿向左,谓之左衽。夷狄之人,被发左衽。"

前221年是中国历史上一个重要的年份。秦始皇先后灭掉韩国、赵国、魏国、楚国、燕国、齐国后,完成统一全国的霸业,"分天下以为三十六郡"。秦朝的统治范围已经扩张到偏远的浙南闽北一带,设立了闽中郡,郡治在冶县(今福建福州)。当时的闽越王无诸与东瓯王安朱被废去王位,降为"君长",大概相当于县一级的长官。明嘉靖《温州府志》记载了这个历史细节:"自王东瓯,又为秦所废。"还被秦始皇赐姓"驺"。是否就是从那时起,复仇的种子已然埋在了驺摇的心中?这个武力值超群的年轻人是被废的东瓯王安朱之子。

"其兴也勃焉,其亡也忽焉。"秦的天下并没有坐稳多久,便摇摇欲坠。前209年,各地纷纷扯起反秦大旗。被废的闽越王无诸和东瓯王安朱之子驺摇,作为勾践的子孙,血液里就流淌着能征善战的基因。他们毫不犹豫率领民众加入反秦的队伍,投奔了第一个起兵响应陈胜吴广起义的鄱阳令吴芮。驰骋疆场,转战千里,他们一路从南方杀到北方,跟随项羽打进咸阳,灭了秦朝。此后,又因与项羽不和,审时度势转而辅佐刘邦,追随刘邦大军逐鹿中原,辗转苦战,击败项羽,立下了赫赫战功。

刘邦建立汉王朝后论功行赏,于汉高祖五年(前202)恢复无诸闽越王的封号,统辖闽中故地,定都东冶(今福建闽侯)。驺摇被封为海阳齐信侯,十年后的汉惠帝三年(前192)再度加封,"立摇为东海王,都东瓯,世俗号为东瓯王"。

朝廷封的是"东海王",但民间还是习惯以"东瓯王"相称。驺摇凭着过人的胆识和才能,征战沙场七年,又经过十年的耐心等待,终于建功复国,完成了自己的历史使命。清代学者朱彝尊在《东瓯王庙碑记》中,回顾了越人"丧国于楚,废于秦,版图入丞相府"的历史曲折,盛赞驺摇"英毅果锐之气,百折而不回",敢于"驰数千里,犯强虎狼秦""不附楚而佐汉"的明智选择,不惜赴汤蹈火,一雪前耻,"可谓豪杰之士矣"。宋代学者朱熹也写诗赞美他:

东瓯王庙

"累世侯爵，无穷事功。破秦平楚，受命褒封。封于东海，恩渥德隆。忠竭汉室，勋业谁同。"

此番复兴的东瓯国是温州最早的建置，温州历史上第一个朝廷册封的王国，疆域包括今天的温州及台州、丽水地区。东瓯国的设立意义非凡，从此温州正式融入中原文化，开始纳入全国政治版图，瓯地文明进入一个崭新的历史阶段。温州2200多年的建城史，其标志就是东瓯国的建立。

## 两度大迁徙

遗憾的是，东瓯国存在的历史很短暂，犹如昙花一现。

汉景帝三年（前154），爆发了历史上有名的"七王之乱"。吴王刘濞、楚王刘戊、赵王刘遂、济南王刘辟光、淄川王刘贤、胶西王刘印、胶东王刘雄渠等七个刘姓宗室诸侯王，不满朝廷削减他们的权力，打着"清君侧"的名义联合叛乱。

  这场短短两个月即被平定的叛乱，牵连到势单力薄的东瓯国。原来吴王刘濞谋反时，想策动闽越王和东瓯王追随他，闽越王不从，"独东瓯从吴"。结果吴王事败后，东瓯王又秘受朝廷指令，杀掉刘濞以谢罪，终得以保全。

  2011年由温州剧作家郑朝阳编剧、温州市瓯剧艺术研究院排演的《东瓯王》讲述的就是这段历史。"东瓯为什么先造反、后反戈？《史记》没有记载，后人评说不一。我以为，东瓯造反是生存的选择，东瓯反戈也是生存的选择。"郑朝阳这样解释她的编剧思路。"小国苦、苦小国、民疲兵弱，夹缝中、求生存、无可奈何！""保东瓯、护生灵、甘蹈水火，潮虽急、浪虽高、当历风波！"这段唱词或许道出了一个边陲小国被胁迫参与造反、面临生死存亡时的无奈与勇气。

  事情还没完。叛乱被平定，七王或自杀或被诛，下场悲惨。刘濞之子刘驹逃亡闽越，他对有杀父之仇的东瓯王怀恨在心，屡屡怂恿闽越王"击东瓯"。汉建元三年（前138），与东瓯王本是同根生的闽越王，竟听从刘驹挑唆，发兵围东瓯。这场战事打得颇为激烈，都城被困，东瓯王贞鸣战死，城内粮草消耗殆尽。东瓯国几乎到了不得不投降的地步。临危受命的贞鸣之子驺望派人向汉室紧急求救。

  "救还是不救"，朝廷里大臣间展开了一场激烈的辩论。有人认为越人剽悍好战，自相残杀，反复无常，由其自生自灭好了；也有人主张出兵救援，若弃之不顾必然有损天子的威望。"今小国以穷困来告急天子，天子弗振，彼当安所告愬？又何以子万国乎？"这句话打动了汉武帝，他决定出兵，下令会稽（今绍兴）调兵从水路救援。"浮海救东瓯"的旨意下达后，闽越王闻讯退兵。

  尽管如此，年轻的东瓯王驺望心里仍不踏实。他深知国小势弱，与虎视眈眈的闽越根本无法抗衡。为了远离战争，保民平安，他做了一个重要的决定：放弃王位，请求朝廷准其"举国徙中国"，内迁归汉。汉武帝当然满口应允。于是驺望率领宗族及部属四万余人，扶老携幼，长途跋涉，迁移到江淮流域的庐江郡（今安徽西南地区，大致包括巢湖、舒城、庐江、枞阳、安庆一带）。据《温州通史·东瓯卷》分析，当时的迁移路线可能是沿着瓯江上游的龙泉，先到福建浦城一带，再经江西余干、万年等地入鄱阳湖，而后渡长江至庐江郡。

这是温州先民的第一次大迁徙。东瓯文化融入当地，至今在语言上还有所体现。安徽绩溪、黄山黟县一带方言中有不少词汇与温州方言相通，如"人客、信壳、闹热、做人家"等词汇，一日三餐的说法"吃天光、吃日昼、吃黄昏"等发音接近。

归汉后的驺望被朝廷封为"广武侯"，存在了54年的东瓯国就此消亡。当然也有一些不愿迁徙的土著，逃居山林，开荒种地。

东瓯国的领地被邻近的闽越王乘机占据。闽越王郢似乎和当年的先祖无彊有得一比，同样野心勃勃，也同样不得善终。三年后，即建元六年（前135），闽越王郢又主动进攻岭南地区的南越。汉武帝再次派兵来救，结果大军还未压境，闽越就发生内乱，余善联合大臣杀了兄长郢，并向汉室邀功。汉武帝封余善为东越王，统领原东瓯、闽越境内。

汉元鼎六年（前111），南越国又叛乱，余善起初奉命随汉军攻打南越，但他听闻汉军将领杨仆有意讨伐东越，于是先发制人，称帝自立。武帝再发兵讨伐东越。对峙了一年多，最终以余善被杀、东越国灭亡收场。

汉武帝痛下决心，以东越反复无常，难以治理为由，下令当地民众再次迁徙至江淮地区，实行强制同化政策，"诏军吏皆将其民徙处江淮间，东越地遂虚"。

汉代的这两次大移民，使原本生活在东瓯的百姓被迫离开故土。数十年苦心经营的家园人去室空，田间荒芜，疯长的野草掩盖了破败倒塌的房屋，掩盖了曾经喧闹的人声犬吠……

## 都城何在

东瓯国虽然规模不大、时间短暂，但毕竟也是一个独立的王国。有国必有城，它的都城到底在哪里？多年来，这个问题始终没能通过考古发掘找到明确的答案。史学界有两种说法各不相让，一说在温州，一说在台州。

认为东瓯国都城在温州的专家主要是依据历朝历代的文献资料，如南朝郑缉之《永嘉郡记》中称："水出永宁山，行三十余里，去郡城五里入江。昔有东瓯王都城，有亭，积石为道，今犹在也。"明清方志也记载，东瓯国都城在今温州市区瓯浦垟。明嘉靖《温州府志》载："西山北瓯浦，其地即东瓯王故城，岭有二亭，旁侧有东瓯王墓祠。"

认为东瓯国都城在台州的学者，其依据主要是2006年挖掘的塘山大墓，墓内陪葬器物反映出墓主人身份高贵，应该是当年东瓯国的贵族。而在距大墓两千米处的大塘岭南麓恰有一座大溪古城遗址，面积约10万平方米，规模大，规格高，是东瓯国地域内发现的唯一城址。有学者推测这可能就是东瓯国都城。

但2008年5月经过实地考察大溪古城遗址和试掘现场，来自北京大学、中国人民大学、中国社科院考古研究所等单位的多名专家学者在东瓯古城学术研讨会上说，"确认大溪古城是东瓯国都城，还需更多证据"。中国社会科学院考古研究所研究员许宏分析道："作为内城的大溪古城，应该是王室居住地，但这里并没有发现大型的宫殿建筑物遗存，并且外城功能布局怎样，城门在哪里，道路如何分布等问题，在试掘中都没能找到答案。"

中国社会科学院考古研究所研究员黄展岳来温州实地考察后建议：探寻东瓯故都城址，重点可放在温州市区和永嘉等地。因为先秦两汉时期，东南沿海地区的王国都城和郡县治所大多位于大江大河入海口处，东瓯故都应在瓯江入海口处。

也有专家认为两处均是都城，历史上曾出现过数次"一国两都"。东瓯国由于受到南边闽越国逼迫，活动区域向北迁移，瓯江成了抵御闽越势力的天然屏障。都城也随之迁移至瓯江与灵江之间，而且为了适应战争的需要，甚至可能并不固定于一处。这样，在台州、温州两地都建有都城，好像也说得通。

当然，目前尚未有令人信服的答案。距今已2200多年的东瓯国都城，早已深埋地下。在遗址发现前，一切都只是推测和假说。让我们耐心等待，或许有朝一日，神秘的东瓯国都城会穿越岁月的迷雾豁然现身……

## 人文始祖驺摇

东瓯王并不是一个人，而是一个家族的荣誉，这应该也是温州历史上第一个世家大族。但在一众东瓯王中，人们最为推崇的还是驺摇，尽管他在受封当年即去世。目前温州保留的多处东瓯王纪念建筑均是为驺摇所建。

温州市区华盖山西麓有一座东瓯王庙，老人们称之为"大殿"，这当然是和周围曾经密集的小庙相比而言，不过也可见它在民众心中的神圣地位。

2023年恰逢温州建郡1700周年，东瓯王庙再度得到修缮。广场前增设了四座华表，高近9米，巍然矗立。柱身祥云缭绕，柱头蹲兽威武，底部基座雕刻九山和波浪纹，寓意温州这座"九山斗城"及"瓯居海中"的地理风貌。

东瓯王庙是本地最早的古迹，清人梁章钜在《浪迹续谈》里说："温州旧迹，以东瓯王庙为最先，犹吾闽之祀无诸也。"最早的东瓯王庙应在海坛山麓永宁寺址，民众建祠奉祀。元朝末年，兵荒马乱之际，祠废。明代宣德年间（1426—1435）温州知府何文渊在华盖山下主持建造了新的东瓯王庙。五十多年后，文林（江南四大才子之一文徵明之父）来温州任知府时，所见东瓯王庙"庙旧狭隘"，与其"瓯民之主"的身份不符，于是向朝廷奏请将附近的东岳庙改建为东瓯王庙。

东瓯王庙后来经历代多次重修。特别是明代嘉靖年间（1522—1566），温州郡丞刘正亨和时任兵部武选司郎中的温州人王叔果，捐资重修东瓯王庙。王叔果撰写的《重修汉东瓯王庙碑》立于大殿旁，描述了新庙富丽堂皇如宫殿的气派："面衢冲，树门屏，望之金碧辉灿，苍翠森交，闳丽垿帝居焉！"当年重建的门台至今保留，正间门额"东瓯王庙"青石匾犹存。

民国时期，东瓯王庙一度成为国民党军警的办公场所。解放初期，曾是中国人民解放军南下部队二十六军的营房，后来还办过学校。在破"封资修"的二十世纪六十年代，东瓯王庙被拆除，仅剩门台。

2011年温州市政府下决心重修东瓯王庙，恢复了原有照壁、月光池、厢廊、东瓯王大殿及配殿。主、副殿均采用木头架构，屋顶铺设琉璃瓦，整座建筑恢宏大气。主殿两侧还以汉代画风描绘了劳作生产、佐汉灭秦、民俗生活和迁徙江淮四个主题场景的壁画，展现东瓯国的发展历程。

主殿里高五米的东瓯王像，手持竹简，端坐殿堂，威武庄严中有儒雅之风。塑像两边的牌匾上写着"王业千秋""开辟之功"字样，上方还悬着写有"东瓯人文始祖"的牌匾。

为塑这尊东瓯王像，主事者颇费了一番踌躇。东瓯王长什么样没人知道，可这事关"老祖宗"的形象，必须慎之又慎。市里召开了好几次专家咨询会，最后的方案是结合越王勾践像、福建闽越王无诸像等信息，同时抽取45岁、50岁、55岁、60岁等不同年龄段温州人的头部信息进行技术合成。最后请彩泥塑非遗传承人周如章老先生完成了雕塑。

2013年和东瓯王庙同时完成整修、对外开放的还有东瓯王墓。据南宋《绍定旧编》记载，温州东瓯王墓共有五处，如今只留下鹿城双屿街道瓯浦垟一处，1992年被列为温州市第三批文物保护单位。

自从洪武初年明太祖朱元璋钦定汉东瓯王之神，东瓯王就成为温州地方神之首。明代姜准所撰《岐海琐谈》是一部记录温州地方逸闻的趣书，记载了这样一则故事：嘉靖二十三年（1544）五月大旱，官民祈雨无果。知府洪垣急火攻心，下令将城内外祠庙的六十尊神像搬到烈日下暴晒，让这些地方神集体感受一下干旱的滋味。众神以东瓯王为首，一路排到了小南门。可能这种粗暴的方式确实让众神大受震撼，隔日即下雨，且连下五天，解了干旱之急。

当然，民众对待地方神更多的还是满怀敬畏之情。传说三月初八是东瓯王的生日，因此这天举行东瓯王巡游，成为温州民间重要的传统习俗之一。

WENZHOU
THE BIOGRAPHY

温州传

白鹿衔花

第二章

温州谯楼 翁卿仑摄

# 永嘉郡筑"山水斗城"

瓯江边有一座树木掩映下的小山，海拔不足 20 米。山前开阔地矗立着晋代堪舆学大师郭璞的塑像——迎着江风，衣衫飘飘的他正一手握书卷，一手掐指算。相传他就是登上身旁这座山丘，俯瞰四周，为温州古城设计了千年不变的规划蓝图。

此后，这座山改名为"郭公山"，山下建有郭公祠，半山腰建有郭公亭，两对亭柱楹联点赞郭璞对温州的千年功绩：营城郭璞今何在？守信瓯潮日再来；九斗应天机郭公妙算，七门循地利白鹿衔花。

传说建城时，白鹿衔花而过，因此温州有了"鹿城""白鹿城"的别名。今温州主城区就叫"鹿城区"。

## 东瓯故地设郡

郭璞来到温州那年，恰逢永嘉郡设立。这是温州历史上的一个重要事件。

此前四百年间，东瓯国、东越国相继灭亡，温州地区经过汉代两次大迁徙，已元气大伤，长期处于凋敝状态，成为被汉政府基本放弃的"化外之地"。又经过两百多年的休养生息，原先不愿迁徙而躲进山里的土著以及各种原因逃往这荒僻之地的人口不断增加，经济逐渐发展，东瓯故地开始复苏。

汉朝廷重新加强了对东瓯故地的管理。先是设立回浦县，后改名为章安县，属于会稽郡管辖。章安县下辖的东瓯乡，即为曾经的东瓯国核心区域，瓯越人的聚居地。东汉顺帝永和三年（138），东瓯乡分出设立永宁县。弘治《温州府志》记载"平市坊，汉永宁县城濠在此，有埭，通四运，至今称万岁埭"，清代大儒孙诒让收藏有"永宁县残砖"，可见当时筑有永宁县城。

永宁，永远安宁，新设立的县城想必承载着这个美好的愿望。可是在很长一段时间内，这里仍是一个战乱纷争的地方。东汉末年，黄巾起事，各地割据势力趁乱兴起。孙策攻打会稽郡，永宁县不可避免地卷入其中，归属为吴国的势力范围。孙权谋划设立了松阳（今属丽水市）、罗阳（后改名安阳、安固，今温州瑞安）二县，属临海郡。及至吴国灭亡后，又重新布局。西晋太康元年（280）从安固县分出设立始阳县（后改名横阳，今温州平阳），仍属临海郡。当时的永宁（今温州城区及永嘉县）、罗阳（今瑞安）、始阳（今平阳）都位于今温州境内。

西晋末年，内乱不绝。匈奴、鲜卑、羯、氐、羌五族趁机侵入中原，晋怀帝永嘉五年（311），西晋国都洛阳被占领，官民惨遭屠戮，中原地区逃亡人口起码占到半数以上："洛阳倾覆，中州士女避乱江左者十之六七。"（《晋书》）世家贵族、士大夫及普通百姓跋山涉水，一路向南，历史上称这次事件为"永嘉南渡"，也称"衣冠南渡"，有身份、地位的贵族士大夫阶层是此次南迁的主体。南方地区不仅人口急剧增加，而且政治、文化、经济地位显著提升。今天中国南方的很多居民都是"永嘉南渡"之后陆续迁来的中原人后裔。

正是在这种人口急剧增加的大背景下，东晋太宁元年（323），临海郡南部区域被划分出来，设置永嘉郡，下辖永宁、安固、横阳、松阳四县，辖境大致相当于今温州、丽水二地。郡治设永宁县。这是温州的行政规格第一次升为"郡"，显见已发展到一定规模。五十多年后的东晋孝武帝宁康二年（374），永宁县又分设出乐成县（今乐清）。此后温州地区在很长一段时间内形成了较为稳定的四县格局：永宁、安固、横阳、乐成。

隋唐时期，温州建制反复调整，分分合合，改名换姓。先是隋朝进行了郡县制度大变革。隋开皇九年（589），废永嘉郡，设处州，永宁改为永嘉，横阳并入安固。3年后改处州为括州，安固、乐成统并入永嘉。15年后又改括州为永嘉郡，辖永嘉、括苍、松阳、临海四县，相当于后来的温州、台州、处州。进入唐朝后还是在永嘉郡、东嘉州、括州几个名称之间反复跳跃。直至唐高宗上元二年（675），将括州析为括、温、台三州，原属括州的永嘉、安固二县分出设置温州，"其地自温峤山以西，民多火耕，虽隆冬，地恒燠少寒，故名"。"温州"之名才由此确立并沿用至今。

## 郭璞卜建郡城

史书记载，郭璞也是在西晋末年的混乱时期避居南方。

郭璞（276—324），字景纯，河东郡闻喜县（今山西省闻喜县）人。《晋书》记载他精通五行、天文、卜筮之术，且卜筮颇为灵验。他还是著名学者、文学家，被称为中国游仙诗体的鼻祖。时人评价他"博学有高才"，成语"江郎才尽"说的就是南朝梁文学家江淹梦见郭璞向他讨回五色笔后再无佳作的故事。西晋末年战乱将起，郭璞避居江南，曾任宣城、丹阳参军。东晋定都建康（今南京），也是郭璞参与卜筑营建。

但他是否到过温州并卜城址，是学界争论不休的一桩公案。不过，不管他是否来过，他留下的一些文字充分表明了他对温州的熟悉。《山海经》载"瓯居海中"，他注释为："今临海永宁县，即东瓯，在岐海中也"；汉代辞赋家扬雄《方言》中提及"东瓯"，他注解为："东瓯亦越地，今临海永宁是也。"

郭璞卜建郡城的依据均来自地方志书——

弘治《温州府志》记载，郭璞最初想在瓯江北寻找适合建城的地方，但取土称了称，觉得分量太轻，不宜建城。于是过江登上西北方向的小山，"见数峰错立，状如北斗"，因此大胆打破建城需方正规矩的惯例，跨山筑城，连山通水，为温州设计了一座"山水斗城"。

南宋祝穆所著《方舆胜览》中标明，城外的松台、海坛、郭公、积谷这

九山外河曾是古城的西护城河 王超俊摄

四座山，是斗城之"斗门"；华盖则正位于"斗口"；而黄土、巽吉、仁王三座山"近类斗柄"。北宋温州知州杨蟠曾作《华盖山》诗：七山如北斗，城锁几重重。斗口在何处，正当华盖峰。

"山水斗城"不仅连山，还要通水。水系的设计也非常讲究。古城内外皆有发达的水系，并通过水门连为一体。

瓯江是城北天然的护城河，中山河、花柳塘、小南门河、九山外河、勤奋河等河道，也都是当年护城河的遗迹，串联起城外水系的基本格局。尤其是九山外河，城濠形制，旧迹犹存，沿河路基即为古城西城墙的墙基。

城内水系则由河、井、泉、潭、池等构成。最具特色的要算按二十八星宿在城内凿的28口井，现仍存铁栏井、八角井、白鹿庵井、仙人井等16口。还按东西南北中的方位开挖了伏龟（东）、浣纱（西）、雁池（南）、潦波（北）、冰壶（中）五潭，象征"五行"之水，今尚存浣纱潭（落霞潭）、伏龟潭（谢池）。

渠与河相通，河与江相连，加上井与潭，城市用水、排水、水运、蓄洪、防火等功能有机结合在一起。城内民居临水而筑,"一坊一渠",初步形成了前街后河的布局。

"古城周围十八里,东西宽五里"。城墙沿山修建,依势而筑,城基牢固。郭璞这样解释自己建城的指导思想:"若城于山外,当骤至富盛,然不免于干戈水火之虞。若城绕其巅,寇不入斗,则安逸可以长保。"同时预言"此去一千年,气数始旺"(祝穆《方舆胜览》)。

城缘山,山护城,山脉为屏障,江河为城濠,温州这片土地确乎"安逸"了很多。此后千余年,温州城内没有遭受严重的兵火之灾,在数次改朝换代的历史关头,都安然无恙地度过。这个"斗城"格局,体现了古人"天人合一,尚象制器"的智慧,也寄托着温州人民对和平生活的向往。

温州古城形成"江、屿、山、水、城"浑然一体的独特风貌,人居与生态环境高度和谐,被誉为中国风水最好的城市之一。尤为可贵的是,历经1700余年的沧桑岁月,城址和布局基本保持不变,这在全国城建史上被称为奇迹。2016年,国务院公布温州为国家历史文化名城。

除了温州古城,下辖的三座县城据说也都与郭璞有关——如果他真的来过温州,这趟效率之高也确实令人咋舌。

相传郭璞就安固(今瑞安)县治的迁址提出建议。郭璞的建议被采纳,县治新址迁往邵屿原东汉会稽郡东部都尉蔡敬则的公署衙门。弘治《温州府志》说明了新址在风水上的优越:"捍风涛,镇火灾。其中一街一河,状若棋枰,纵横贯通。"

横阳(今平阳)县治所在地据说是郭璞所选。明隆庆《平阳县志》对郭璞的选址有过详细解读:"自晋郭景纯定县治,以仙坛、昆山对峙于前,鸣山、石塘拥障于后,故宋令陈容有'前分凤翅,后叠蛾眉'之句。俗传左右二山为斗牛,鸣山为伏虎,言其形势也。"

乐成(今乐清)建县较迟,称县治同为郭璞卜迁,显然很不合理。但弘治《温州府志》、永乐《乐清县志》都有此一说,且当地还有郭路村,相传郭璞曾途经此地。

# 钱氏子城与千年谯楼

郭璞为温州卜筑了一道坚固的外城,吴越国第二任君主钱元瓘则为温州留下了一道内城,内外环卫,温州老城"回字形"格局由此形成。

历经千年岁月,不论是内城还是外城都已坍塌在历史的风雨中,唯有一座谯楼,犹如一枚古朴厚重的印章,依然钤在老城中心。

行走在幽深的谯楼城门下,那布满苍苔的青砖条石间,仿佛还回响着岁月深处的剑戟铮鸣、呐喊声声……唐末年间混战不休,中央政权岌岌可危,割据势力独霸一方。原在温州任下级官职的朱诞、朱褒兄弟因战功升职,深得刺史胡蟠信任。文德元年(888)胡蟠卒于任上后,朱褒干脆自任刺史,朱家兄弟占据温州二十余年。处州同样由强人卢约自任刺史,占据二十余年不说,还觊觎近邻,天祐二年(905)卢约派弟卢佶领兵攻下温州。

两年后大唐帝国轰然倒塌。也就在这一年,温州遭遇了一场战事。占据杭州的吴越王钱镠(852—932)派子元瓘、元璙讨伐卢佶,攻打温州。因卢佶布重兵防守瓯江口海路,元瓘、元璙绕道从安固县登陆袭击,卢佶兵溃被擒。

温州从此归属吴越国统治,钱镠派七子钱元瓘镇守。钱元瓘(887—941),字明宝,原名传瓘,吴越国第二任君主。他自幼随父征战,充分显示了智勇双全、杀伐果决的能力。为了加强防御,钱元瓘立刻开始修缮外城,同时增筑内城。他还兴修水利,鼓励农民开垦农田,发展经济。在吴越王统治的70余年间(907—978),史载"士民爱戴,万口同然",温州呈现出一派繁荣景象,为后来宋代的发展奠定了基础。

温州内城因此被称为"钱氏子城"。周长三里十五步,内卫府治,外环以水,规制方整,四门各通街道。至此温州古城"东庙、南市、西居、北埠、中子城"的功能布局已然成型。

内城大面积被毁是在元朝。元统一全国后,唯恐汉人据险对抗,下令拆除全国所有城池,温州内城四面城墙和东、西、北三处城门皆被毁,唯谯楼几经毁圮,几度重修,得以幸存。

谯楼为钱氏子城的南口城楼，巍然屹立于温州城区鼓楼街。城楼两层五间，层甍反宇，飞檐拂云。上设刻漏，击鼓报时。南宋建炎四年（1130），高宗南渡来温，即由谯楼入州治驻跸，谯楼一度被改为朝门。

2014年，温州市文物保护考古所为配合市区鼓楼街谯楼的周边环境整治，对谯楼西侧地块进行考古勘探时，发现了早期城门及城垣遗址，同时还出土一批唐至元明时期的城砖、铜钱和瓷器标本。

上海田野考古专家钱汉东现场勘察后，确定此处为钱元瓘镇守温州时所筑建的子城，距今一千多年。2015年6月，温州启动了谯楼保护与展示工程，采用大部分回填、局部遗址展示的方式，在谯楼西侧设置了券洞遗址保护展示区，并建设谯楼遗址公园，为人们回溯千年历史打开了一扇窗。

## 意外发现古城遗址

温州古城门数量历代有所不同，至明代时为七座。东镇海门（东门），南瑞安门（大南门）和永宁门（小南门），西南来福门（三角门），西北迎恩门（西角门）和永清门（麻行门），北拱辰门（望江门、朔门）。城门外均有月城。

明清时期为战争需要，曾多次加修外城墙。1927年，为建造中山公园，开始拆除积谷山一段古城墙。抗日战争爆发后，日机经常轰炸温州城，为便于市民疏散隐蔽，1938年地方政府下令拆除城墙，1945年已基本拆除。

人们如今只能登临城区海坛山、华盖山，凭着山上保留的三段不足200米的城墙墙基，想象斗城的模样。华盖山城墙残留二段，北段长六七十米，东侧墙面用花岗岩块石砌筑，前后墙间夯以砾石、黄土；南段长近15米，墙体用青砖砌成，包砖墙内填充山土，砌筑规整。

2004年，温州市文物部门在市区解放北路道路改造中，又意外发现了唐五代时期的古城门及两侧墙体道路遗址。考古人员发掘出城门两侧遗存墙体及基础，并发现保存较好的多层砖铺道路。

发掘出的城门面朝正北，门洞阔近4米，进深近8米。城墙中间填土，两边用青砖包住。始建时墙厚近6米，据判断为唐五代时期，后世修缮加厚了近2米。城墙基础构筑坚固，底层为砖块瓦砾层。

道路也保存较为完好。除了最底层的唐五代路面，还有几层路面叠加其上。如高半米处另铺有一段路面，路砖的形制与唐五代时期不同，根据同层出土的瓷片来推断，这条青砖路的修砌时间应晚于唐五代。

这是温州首次发现古城门遗迹。

这座位于瓯江边的古城门，曾经是人们乘船而来、上岸进城的必由之路。城门洞层叠的路砖上留下过不同时代贬谪官员沉重的脚步，浪漫诗人不羁的脚步，天真孩童雀跃的脚步，更叠加着无数贩夫走卒杂沓的脚步……

人世有代谢，往来成古今。

## 来了一批文采风流的官员

用今天的话说,他们是一批"新温州人"。

魏晋南北朝时期,一批文化人以地方长官的身份先后来到温州,他们的名字在历史的星空中熠熠生辉:与许询并称为"一时文宗"的东晋著名玄言诗人孙绰,补注陈寿《三国志》的南朝著名史学家裴松之,中国山水诗鼻祖谢灵运,与谢灵运文才齐名的颜延之,写出"暮春三月,江南草长,杂花生树,群莺乱飞"这样千古佳句的南朝文学家丘迟……

虽然他们大多是被贬官至温州,且任职时间都不长,但推动了本区域文化水平的提升,给温州带来了文明的种子和文化的启蒙,"助人伦,成教化",促进本土文化与中原文化相互融合,使本土文化开始接续上中原文化的血脉。在他们的导引下,温州文风大为改观,永嘉郡开始"商贾流通,居民安业",迎来一次发展的机遇。

### 文化大咖密集到来

这批文化大咖密集到来,和西晋永嘉年间(307—312)的"衣冠南渡"大背景密不可分。中原文化逐渐南移,自西晋迁国都为建康(今南京)后,开始了历史上的东晋(317—420)。

据学者林亦修研究，当时进入永嘉的大致有两种人：一种是宗教人物，进入山区修道炼丹或游历采药，如王玄真、葛洪、陶弘景等活动于楠溪江河谷、飞云江下游和鳌江下游；一种是政界人物，如谢灵运、王羲之、郗愔、王彬、颜延之、郭璞、孙绰、毛喜等士族、官员，来自山东、河南、河北、山西等地（《温州族群与区域文化研究》，上海三联书店 2009 年版）。

担任温州地方官的北方士族，他们的后人有些就留在当地。相传谢灵运的后人移居永嘉。光绪《永嘉县志》记载，谢灵运离开温州时，曾留次孙侍祖母太夫人于永嘉第。及至他被贬广州身死后，"太夫人忧患而卒，葬于所居第之城东飞霞洞之左。不复有东归之志，于是遂为永嘉人"。

南朝陈的大臣毛喜，曾出任永嘉内史，是继谢灵运、颜延之之后又一位谪守永嘉的名臣。温州古城三十六坊中的"遗爱坊"，传说便是因毛喜而得名。弘治《温州府志》记载毛喜离任后，将子孙留在永嘉，"丰和坊，俗名遗爱坊，以郡守毛喜子孙居此，故名"。

这些有文化的官员们，给温州留下了一段段佳话。

## 王羲之的"墨池"

据弘治《温州府志》载，整个魏晋南北朝时期，永嘉郡共有 30 多人担任过郡守。一些记载称王羲之也在这个名单内。但也有史学家提出异议，说王羲之确实来过温州，却并未担任郡守一职。

王羲之（303—361），字义少，琅琊临沂人（今山东临沂）。王谢大家族中的杰出代表，最为人所熟知的是他的"书圣"头衔。因曾任右军将军一职，世人称为王右军。这是一个军中职务，但王羲之显然如他自己所说"自无廊庙志"，永和十一年（355）称病弃官，迁居于绍兴。

明代赵谏在《王右军祠祭天记》载："右军将军王羲之，晋穆帝时出守吾永嘉。"算起来，王羲之是众官员中来温州比较早的。当时对王羲之的风评很不错，"政尚慈惠""民甚德之"，这是个宽厚爱民的地方官。他对地方上的高

墨池

人也颇为尊敬,听说乐清有位世居白鹤山下修炼的得道高人张文君,不顾路途山水阻隔前去寻访。奈何高人不愿意见官,将炼出的丹药抛撒到溪水中,自己隐匿在竹林里。"右军不获见而去",可以想见王羲之当时的失望之情。

王羲之在温州留下了很多踪迹。最有名的是墨池,相传他写字、洗笔,把家门前自凿的一池水都洗黑了,"去任后民思之,名其池曰墨池"。七百年后,他的粉丝米芾亲笔写下"墨池"二字,可惜失传。后来清代乾隆年间温州总兵黄大谋重书,刻于池边,现在这成了墨池公园的中心景区。

笔墨纸砚是文人珍爱的文房四宝,在温州笔耕不辍的王羲之,爱上了温州产的砚台。他说:"近得华严石砚,颇佳。"华严石砚产于温州瓯北华严山,附近有华严寺、华严洞。明弘治《温州府志》记载:"华严山,在郡城北八里,有岩可为砚。"米芾在其砚台收藏专著《砚史》中,明确记载了王羲之这方华严石砚的产地为温州华严尼寺岩石,还透露石砚后为北宋名人石扬休收藏。南宋李之彦《砚谱》中,提到这方砚"大尺余,色正赤,用之不减端石",石扬休"以钱二万"购置,确实价格不菲,后来这方砚台又被苏轼以四万钱价格买下。

温州著名的商业步行街"五马街"也和王羲之有关。据说王羲之出行有五马,南宋祝穆《方舆胜览》记载:"王羲之守永嘉,庭列五马,绣鞍金勒,出即控之,今有五马坊。"唐代温州刺史张又新想象着王羲之驾五马出行的场景，写下《百里芳》："时清游骑南徂暑，正值荷花百里开。民喜出行迎五马，全家知是使君来。"北宋温州知州杨蟠也写过《咏五马坊》："相传有五马，曾此立踟蹰。人爱使君好，换鹅非俗书。"如今五马街上塑有五匹铜雕马，精神抖擞昂首挺立，做扬蹄奔腾状。

王羲之给温州留下了"墨池"，这一缕风雅墨香氤氲至今。千百年来温州书家辈出，如今更被誉为"墨香城市"，追根溯源，谁能说和王羲之没有一点关联呢？

## 诗坛领袖孙绰

孙绰来到温州任职，是好友王羲之的引荐。晋书称"会稽内使王羲之引为右军长史，转永嘉太守"。这大约是东晋永和十二年（356）的事情。

辞赋大家孙绰（314—371），字兴公，太原中都（今山西省平遥县）人。袭封长乐侯，担任过县令、长史、散骑常侍、廷尉卿等职。他官位不低，文名更盛，是玄言诗代表人物，当时的诗坛领袖。《晋书·孙绰传》载：孙绰名望之盛，以至于当时的谯国桓氏、琅琊王氏、高平郗氏、颖川庾氏等世家望族中重要的人物去世，必须由他撰写墓志铭，才能刻石立碑。

孙绰还没来温州任职的时候，参加了王羲之召集的兰亭集会——被称为中国古代最风雅的一次集会。永和九年（353）三月三日，春和景明的时节，天朗气清、惠风和畅的日子，王羲之与当时的名流谢安、孙绰等四十余人，兴致勃勃汇聚在会稽山阴（今绍兴）兰亭，举行传统的"修禊"活动。这是一种消灾祈福的仪式，"潄清源以涤秽"。之后又呼朋引伴玩"曲水流觞"的游戏，众人坐在潺潺流淌的溪水旁，放置酒杯任其顺流而下，酒杯停在谁面前，就要赋诗一首，诗不成则罚酒三杯。这风雅的玩法共成诗37首，集成一册《兰亭集》。众人推举王羲之和孙绰作序和跋。王羲之酒酣兴起，挥毫写下文璨古今的《兰亭集序》，气势飘逸的"天下第一行书"。而孙绰所作的跋文，可惜未能留存至今。兰亭盛会，名流云集，推举孙绰作跋，其文采与书法必定出类拔萃。

孙绰还曾写下千古名篇《游天台山赋》。在萧统《文选》一书中，《游天台山赋》与王粲《登楼赋》、鲍照《芜城赋》并列三赋，名震当时文坛。他也将此赋引为平生得意之作，成文后迫不及待给友人范荣期写信："卿试掷地，当作金石声也。"自得之情溢于言表。这也是成语"掷地有声"的由来。

这篇赋正是孙绰在永嘉郡守的任上所作。不过，据《文选》卷十一《游天台山赋》李善注："孙绰为永嘉太守，意将解印以向幽寂，闻此山神秀，可以长往，因使图其状，遥为之赋。"可见此赋并非孙绰亲身游历所记，而是根据图画描摹，对他所向往的山水佳境进行的一番"神游"。不耐烦官场俗务缠身，渴望寄情于自然山水，这大概是众多文人名士内心共同的追求吧？

六十多年后，南朝诗人谢灵运沿着孙绰的足迹也来到了温州。他把文人名士们对山水的追慕之情发挥到了极致。

## 谢灵运常怀愧疚之情

"旧时王谢堂前燕，飞入寻常百姓家"，非常难得的是，王谢两大家族先后有才俊子弟来到温州，并给温州留下了深刻的印记。今墨池公园内还建有纪念王羲之、谢灵运两位郡守的王谢祠。

王谢两家是姻亲，谢灵运母亲刘氏是王羲之的外孙女，爷爷谢玄的姐妹谢道韫嫁给了王羲之的儿子王凝之，论起来他的辈分比王羲之低了三辈。

恃才狂放的谢灵运是被贬官而来，带着强烈的不满情绪。他给温州留下的最大财富是二十多首清逸灵动的山水诗，凭借一己之力成就了温州"中国山水诗发祥地"的美名。这一突出贡献，留待后文细细表来。

但是谢灵运游山玩水的名气太大了，以至于淹没了政声。史书上评价他"民间听讼，不复关怀"，其实他任职期间，重视教育，体恤民情，发展民生，对温州经济文化的发展作出了贡献。《白石岩下径行田》《种桑》《命学士讲书》这些诗，都表明他在兴修水利、劝民农桑、振兴教化等方面所做的实事。

《种桑》一诗作于景平元年（423）春天。春日暖阳融融，正是种桑的好时节。他惭愧于身为地方官,没有作出什么成就,"常佩知方诫,愧微富教益"。眼下正值"浮阳鸶嘉月"的春日,要趁着农活不多种植桑树,发展养蚕业,"艺桑迨间隙"。他还畅想了一排排桑树向广阔田野延伸的情景,"疏栏发近郛,长行达广场",他感慨道:这些桑树长成了,这就是对我来到这偏远地方任职的最大安慰了,"俾此将长成,慰我海外役"。

谢灵运去乐清白石一带巡视农田,写下《白石岩下径行田》。当时旱灾严重,民不聊生,他感叹"灾年民无生",深怀忧虑之情,"知浅惧不周,爱深忧在情"。作为地方长官,他要努力帮助百姓渡过难关,"饥馑不可久,甘心务经营"。筑好海堤,护卫良田,引来涓涓流水,浇灌千里沃野,"千顷带远堤,万里泻长汀。州流涓浍合,连统塍圩并",才能使黎民百姓安居乐业,迎来丰收年。

谢灵运常常反思自己的不足,在《命学士讲书》中,他自言在礼乐教化方面与古代贤人相差甚远,"弦歌愧言子",言子即孔子弟子、曾为武城(今山东武城县)邑宰的言偃(子游)。其实他也曾"招学讲群经",并期待以后有更好的贤士来引领教化,"礼乐俟贤明"。后人评价"谢灵运之招士讲学,由是人知自爱向学,民风一变"。

任性不羁的谢灵运最终不顾族人劝阻,任期未满即辞职回家。他写下《辞禄赋》袒露挂印归隐的心迹:"解龟钮于城邑,反褐衣于丘窟",广而告之。看着赶来瓯江边北亭送行的官民,谢灵运再次表达了愧疚之情。他站在归途的船头,与民众挥手道别:深秋风寒,各自保重(《北亭与吏民别》)。

尽管正史中对谢灵运的评价颇多贬义,但温州人对谢灵运还是满怀感念,乾隆《永嘉县志》转引旧志称:"晋立郡城,生齿日繁。王右军导以文教,谢康乐继之,乃知向方,自是家务为学。比宋遂称小邹鲁。"至今有池上楼、谢池巷、谢公亭、康乐坊、竹马坊等与他相关的纪念建筑、地名数十处。

## 颜延之筑望海楼

洞头本岛烟墩山上有一座望海楼,是登高观海、放眼全岛的最佳位置。

这座2005年重建的五层楼台，历史渊源可追溯到永嘉郡守颜延之。

颜延之（384—456），琅琊临沂人（今山东临沂），出身官宦世家。官至金紫光禄大夫，诗与谢灵运齐名，世称"颜谢"；又与谢灵运、鲍照合称"元嘉三大家"。

出众的文才以及狂放的个性为他招致了不少嫉妒，连遭贬官。宋文帝元嘉九年（432），颜延之被贬至永嘉任地方官。他当时写了组诗《五君咏》，分咏"竹林七贤"中不与权贵合作的阮籍、嵇康、刘伶、阮咸、向秀等五人，而剔除了后来成为显贵的山涛、王戎二人，可见他的褒贬态度，借他人酒杯浇自己胸中块垒。

是温州的山山水水抚慰了他的心绪，特别是他沿海巡视来到洞头列岛时，那辽阔无际、海天一色的壮观深深吸引了他，于是在青岙山（今洞头区大门岛）筑望海楼。这是目前所知我国最早在东海畔修建的观景楼台。

颜延之在温州大约也仅年余，文帝就下诏让他回家闭门思过了。虽然时间很短，他也做了不少事，除了筑望海楼，还"凿井七十有二以通湿气"（嘉靖《温州府志》），在"州西北二十六里"的瞿屿山，"于山创亭"（《太平寰宇记》）。

四百年后，约唐宝历二年（826），"连中三元"的才子张又新也被贬任温州刺史。满怀郁闷中他登岛追寻先贤遗踪，或许是想从颜延之的遭际中寻求一份同病相怜的慰藉。然而他失望了，此时的望海楼早已坍塌在历史的风雨中，杳无踪迹。无限怅惘中，张又新放眼望去，但见碧海澄明环绕着苍翠青山，于是赋诗《青岙山》感怀："灵海泓澄匝翠峰，昔贤心赏已成空。今朝亭馆无遗制，积水沧浪一望中。"这首诗被收入《全唐诗》。

为了纪念这段历史，洞头重建望海楼，并在楼前塑颜延之像，手握书卷，眺望东海。2012年望海楼被列为中国历史文化名楼，成为洞头岛的文化地标。

## 骈文大家丘迟

继颜延之来温州七十多年后，40岁的丘迟出任永嘉郡守。

丘迟（464—508），字希范，吴兴乌程（今属浙江省湖州市）人。父丘灵鞠，南齐太中大夫，亦为当时知名文人。丘迟幼承家学，年少即显露出众的才华，八岁能文。

他生活在一个频繁改朝换代的时期，一生横跨宋、齐、梁三朝，出生成长于刘宋后期，初仕南齐，后又在南梁任职。萧衍称帝建立南梁的劝进文书就是出自丘迟手笔。

梁天监三年（504），丘迟出任永嘉郡守，在任也仅一年。他提倡农桑，重视教化，崇尚俭约富民。所作《永嘉郡教》一文中描绘温州"控带山海，利兼水陆。实东南之沃壤，一都之巨会"，可见当时温州已经成为一个中心城市。《永嘉郡教》是了解早期温州的珍贵史料，常为后人所引用。

丘迟在诗文中多次表达了对温州的喜爱："边山有嘉树，摇影出云垂"（《题琴材奉柳吴兴》），赞美永嘉郡林木秀美的风光；在《寄柳文畅诗》中，还称赞温州吹台山的梧桐树最适宜制琴。当然他也记录了当时民间疏于劳作的现象："曝背拘牛，屡空于畎亩；绩麻治丝，无闻于窒巷"，特别批评了滥饮买醉、闲散游荡的民风："其有耕灌不修，桑榆靡树，遨遊廛里，酣酣卒岁，越伍乖邻，流宕忘返。"

丘迟在任仅一年，史书称其"不称职"（《梁书·丘迟传》），却也没有说明具体缘由。梁武帝因"爱其才，寝其奏"，对弹劾他的奏折并没有深究下去。但在万历《温州府志》中，南朝梁55年历史中被选入志书的郡守，仅有丘迟和虞权两人，足见他在温州地方评价甚好。

丘迟离开温州的第二年，即随临川王萧宏伐魏，以一封《与陈伯之书》成功招降投奔北魏的原南齐将领陈伯之。书信最后一段脍炙人口："暮春三月，江南草长，杂花生树，群莺乱飞"，清丽明媚的江南风物深深打动了陈伯之。吟咏再三，怎不起故国之思？陈伯之立即率部归降梁朝。

《与陈伯之书》被后人誉为不是檄文而力敌三军的劝降绝作。清代宋湘《说诗》赞叹："文章妙绝有丘迟，一纸书中百首诗。正在将军旗鼓处，忽然花杂草长时。"丘迟笔下的"草长莺飞"，不也正是温州的春日丽景吗？

## 谢灵运的"永嘉间隔年"

南朝永初三年（422）的一个秋日，37岁的谢灵运拖延数日，终于抵达永嘉赴任郡守。此时，官场失意的他，大抵还不知道自己将在此度过一个特别的"间隔年"。

谢灵运（385—433），出生于会稽始宁（今浙江绍兴嵊州）。小名客儿，东晋名将谢玄之孙，袭爵封康乐公，世称"谢康乐"。人赞其"文章之美，江左莫逮"，写下过许多动人的山水诗篇，有"中国山水诗鼻祖"之称。《宋书》记载："（永嘉）郡有名山水，灵运素所爱好，出守既不得志，遂肆意游遨，遍历诸县，动逾旬朔，民间听讼，不复关怀。所至辄为诗咏，以致其意焉。在郡一周，称疾去职。"谢灵运在温州停驻的这一年，史书只用简单的几笔轻描淡写一带而过，与之相比，他在此期间所作的山水诗显得更为鲜活。

在温州这片土地上，身为异乡人的谢灵运，反而对此地拥有更精准的洞察——剔除了"故土滤镜"，在外来者的全新视角之下，温州呈现出来的样貌或许更接近真实之美。毫不夸张地说，正是谢灵运这个外来客，用诗句挖掘了此地的山水之美，开启了山水诗与温州绵延千年的缘分与联结，让温州成为中国山水诗的发祥地。

如果细细阅读他的永嘉山水诗，会发现他是一个可以跨越时空界限的旅游博主——这些1600多年前的诗句涵盖了包括时间、地点、风景、路线和当地饮食推荐等在内的旅游攻略元素，就像一块块拼图，为后人呈现出一幅永嘉山水图卷。

## 从味蕾开"食"

初到温州的谢灵运，心情想必是有些复杂的。一方面，温州对他而言，是一片全新而陌生的土地，初来乍到的他对这里抱有好奇和探索欲；另一方面，被贬谪至此地，他内心并不情愿，也很明白自己不会在此久留。谢灵运感知温州这片土地的第一步，似乎是通过食物，以味蕾来建立最初的印象。抵达永嘉后没多久，谢灵运在《答弟书》中写道："前月十二日至永嘉郡，蛎不如鄞县，车螯亦不如北海。"文中所说的"鄞县"属会稽郡，与谢灵运老家相邻。自小锦衣玉食的谢灵运，对食物的要求自然不低。很明显，温州的牡蛎和车螯的味道并没有让嘴刁的他满意。

虽然对温州的海鲜初印象不甚美好，但是在实践之中，他改变了原先的看法——后来，他到乐成县（今温州乐清）品尝了新溪的牡蛎，体验甚佳，便拿出小本本记下，在《游名山志》里还特意提了一笔："新溪蛎味偏甘，有过紫溪者。"此处所指的"紫溪"位于今台州临海。

谢灵运显然具备了一个专业旅游博主的基本业务素养和特质，真实地还原所见所闻所感，精准地判断并比较不同地域的风物，对万事万物抱有一种客观而中肯的观察，随时对新体验敞开怀抱，不怕推翻自己的成见。他的《游名山志》虽然如今仅留存十几篇残文，但窥一斑而知全豹，可以看出谢灵运在旅行过程中细细观察并记录，其中的许多文旅信息现在仍可供后世游客参考，颇有一些古代版《孤独星球》旅行指南的味道。

## 初来乍到"肆意游遨"

在《游名山志》里，谢灵运还写道："夫衣食，生之所资；山水，性之所适。"对他而言，所谓衣食还只是维持日常生活需求的浅层次享受，而对山水的探索，更符合他深层次的精神需求。因此，他的"一手测评"，不仅体现在食物上，更很快延伸到永嘉的风景之上。

事实上，从一开始，谢灵运就没打算在温州当一个按部就班准点打卡的体制内打工人。赴温州任职前，他在《邻里相送至方山》里写下"祗役出皇邑，相期憩瓯越"，早早就定下了以"憩"为主的"躺平"基调，在《永初三年七月十六日之郡初发都》里更是毫不隐藏"将穷山海迹"的心思，明确地表示计划利用这段时间踏遍温州山水。

如果将谢灵运看作一位旅游博主的话，那么《晚出西射堂》便是他发出的第一条温州旅行vlog。在他现存于世的描绘温州山水的诗作里，《晚出西射堂》的创作时间最早。由于谢灵运的诗作散佚太多，这首未必是他真正意义上在温州写的第一首山水诗，但可以肯定的是，西射堂是他初抵温州时最常逗留的地方之一，有空就去弹弹琴。据《永嘉县志》记载："（西射堂）在州治西南二里净光山下，灵运建，暇则鸣琴其中。"净光山即松台山，当年的西射堂就在今松台广场附近。

谢灵运来到温州时，正值秋季。深秋日暮时分，山色幽暗，"青翠杳深沉"，彼时他的心境亦与风景达成了共振。"羁雌恋旧侣，迷鸟怀故林"，《晚出西射堂》里的这一句与陶渊明的"羁鸟恋旧林"有着异曲同工之妙，很明显谢灵运当时陷入浓稠的悲秋思乡情绪，内心落寞而惆怅。不过，此时的谢灵运仍处于间隔年的初期，大抵还有着"化落寞为游兴"的行动力，探索范围不仅仅囿于郡城之内，很快就扩展至更广阔的旷野，在某个秋日乘船前往北边的绿嶂山游览。在《登永嘉绿嶂山》里，他很细致地介绍了装备和行程："裹粮杖轻策，怀迟上幽室。"尽管他上班不算积极，但为了游玩，他可以很勤奋地清晨就出发，并且流连整日不知疲倦，一直走到黄昏时分仍迟迟不归，在野外山林里游走太久以致一时不辨日月，"眷西谓初月，顾东疑落日"。在这首诗有限的篇幅里，我们可以看出他确实在游山玩水的过程中汲取到了一些力量和慰藉："幽人常坦步，高尚邈难匹。"

据《宋书·谢灵运传》记载："寻山陟岭，必造幽峻，岩嶂千重，莫不备尽。"现代人以 city walk 的方式忙里偷闲地寻找一些漫游的乐趣，而谢灵运早就走在最前端，将 country walk 做到了极致；现代人为了凑个长假去旅行而小心翼翼地加班调休，而谢灵运早就颇为不羁地带薪旅行，"肆意游遨"。在《游岭门山》里，谢灵运理直气壮地表示工作量很不饱和——"海岸常寥寥，空馆盈清思"，为自己的四处游玩与"不务正业"找到了充分的借口，"协以上冬月，晨游肆所喜"。在诗的末尾，他还撂下一句"人生谁云乐，贵不屈所志"，颇有几分洒脱，似乎已开始渐渐确立在永嘉的生活节奏。

诚然，大自然抚平了谢灵运的愤懑和不甘，他也确实在山水之间寻得了内心的平静，暂且将名利和纷繁的人事抛在脑后，与自己达成了某种程度的和解，但这种和解是暂时而不彻底的，而这正源自他的"拧巴"和矛盾。从谢灵运的诗里，可以看出他身上充满矛盾——他既爱好清幽僻静之地，又时常因远离亲朋好友而感到寂寞；既想在官场大显身手，又会在被发至僻远之地时自我安慰"万事难并欢，达生幸可托"；既想归隐，归隐之中又带着对入世的期待；既消极"旷工摸鱼"，又时不时为自己的怠工而感到愧疚。归隐山林，似乎是他内心深处为自己安排的退路——退无可退之时，至少还有山林之间。但与此同时，他也并没有真正说服自己达成自洽，于是在山林与庙堂之间徘徊反复，进退维谷。事实上，谢灵运本人也意识到了自身的反复与纠结，离开温州后亦在《还旧园作见颜范二中书》如是评价自我："感深操不固，质弱易版缠。"

谢灵运的"弱"，似乎不仅仅体现在意志上，也直接表现在他的身体状况上。他来到温州的这年冬天，或许是因为水土不服，也或许是因为郁郁不得志而身心交瘁，谢灵运病倒在床。这段时间他暂停旅行模式，切换到"冬眠宅家"状态，多数时间都待在书斋和床榻，鲜少外出。

## 货真价实的深度游

或许,谢灵运与温州这片土地的磨合,有点像武陵人进入桃花源的那个过程——"初极狭,才通人。复行数十步,豁然开朗"。经历了颇有些刺痛的磨合期之后,他似乎迎来了豁然开朗的某些时刻,而这些在他的诗句中亦有迹可循。

景平元年(423)春,漫长而寒冷的冬日总算结束了,春暖花开,谢灵运病后初愈,重拾冬眠数日的游玩雅兴,登高赏景,写下著名的《登池上楼》。诗中的"池塘生春草,园柳变鸣禽"是谢灵运最为出圈的经典佳句之一,亦是他艰涩诗作中一个近似重生的"喘息"气口——后世公认这一句是整首诗的"诗眼",读者念到此处,宛如瞬间拨开迷雾,眼前一亮。这一句是整首诗的停顿和转折,正如谢灵运在永嘉任职的这一年,亦是他整个人生里的一处停顿和变革。许多学者认为,谢灵运的这一句看似普通,但其"不普通"之处,正在于其所处的文本语境——于艰难晦涩的典故之中,灌入清新之风。同样地,谢灵运在永嘉任职的这一年,看上去似乎政绩平平,并没有大事发生,但其不普

民国时期的池上楼,后人为纪念谢灵运而建

通之处亦在于这段经历在他整段人生道路中所占据的节点意义。

"初景革绪风,新阳改故阴",蛰伏了一个冬天的谢灵运重整旗鼓,再次出发,开启新一轮的漫游。如果说上年秋刚到温州的谢灵运开展的只是短途周边游的话,那么这年开春之后,谢灵运对温州山水的探索则是货真价实的深度游,旅行版图不断扩大,覆盖了郡城内外,除了北边的永嘉楠溪江、东边的东山(今温州城区华盖山)和西边的石鼓山之外,还将探索的触角伸向了南边的瑞安和平阳。

虽然谢灵运经常在诗里用"久痾"和"卧痾"这样的字眼来描述自己身体状况不佳,不过一旦出门旅行,他就体能惊人,战斗力爆表,完全是一名不折不扣的古代"特种兵"。此外,他采取了更多元的出行方式,或骑马——"策马步兰皋,继控息椒丘"(《郡东山望溟海》),或乘舟——"清旦索幽异,放舟越垌郊"(《石室山》),"扬帆采石华,挂席拾海月"(《游赤石进帆海》)。在那个车马不便的年代,谢灵运的活动范围遍布温州诸县。

像谢灵运这样痴迷山水的旅游爱好者,不会满足于寻常的风景。以现代人的角度来看,他是一名相当专业的探路型旅游博主——求新求异,挖掘宝藏景点。《宋书》曾这样描述谢灵运的生活方式:"性奢豪,车服鲜丽,衣裳器物,多改旧制。"作为世家子弟,他的"叛逆"和"求新"在日常生活中已经体现得淋漓尽致。而在诗歌创作和山水探索方面,他更是执着于求新,不仅拓宽了"风景踩点"的范围,还更为深入而细致地寻觅新景点。"江南倦历览,江北旷周旋"(《登江中孤屿》),在江南和江北转悠了一大圈之后,谢灵运突然发现了藏在瓯江中央的宝藏景点——江心屿。彼时他所见到的江心屿,是名副其实的江中孤岛,颇为荒凉,远不如现在这般热闹。即便如此,他仍然捕捉并记录下了目睹的江心屿之美:"云日相辉映,空水共澄鲜。"

与卧游的文人名士不同,谢灵运的文字之中带着强烈的"在场感",感想都是发乎内心,不是来自书本或者前人诗作的"二手体验"。山水风景给予他的冲击,直观而真实。他用自己的脚步丈量过这些山水,与它们近距离接触,然后直白地分享他的第一手旅游体验。谢灵运的"忠实迷弟"白居易在《读谢灵运诗》里曾这样概括谢灵运的诗歌风格:"大必笼天海,细不遗草树。"读谢灵运的诗，会发现他的眼睛有点像一个取景器，自如切换景深——既有可以"笼天海"的广角，也有"不遗草树"的近景特写。在《过白岸亭》里，"近涧涓密石，远山映疏木"这一句，就可让后人感受到近处的流水潺潺和远处秀丽山峰之美。

从更新频率和作品数量来看，谢灵运可谓颇为高产的旅游博主。如今，我们读谢灵运的山水诗，就像打开尘封已久的录像光碟，它呈现出来的影像也许斑驳，但模糊的画质并不能抹除其背后的创作者的灵魂。通过影像，我们看到的不仅仅是历经千年的"过期"山水风景，还有观察这片山水的那束目光。在谢灵运的诗句中，我们可以拼凑还原出温州的春夏秋冬——"池塘生春草，园柳变鸣禽"的春日，"时竟夕澄霁，云归日西驰"的初夏，"晓霜枫叶丹，夕曛岚气阴"的暮秋和"明月照积雪，朔风劲且哀"的寒冬。

## "间隔年"的终结

在温州经历了一轮四季之后，谢灵运选择了离开。景平元年（423）秋，谢灵运以病请辞离任，与当地吏民道别。在《北亭与吏民别》里，谢灵运如此概括自己这一年："晚来牵余荣，憩泊瓯海滨。"对他来说，在永嘉的这一年，是他暂时的休憩和停泊。停顿之后，他明晰了自己的内心所向。在《初去郡》"野旷沙岸净，天高秋月明"的诗句里，似乎可以读到谢灵运的如释重负和进入人生下一个阶段的坦然。

回顾谢灵运的一生，会发现沉沉浮浮之间，在永嘉的那一年，竟然可以称得上是他难得的"好时光"——在这个阶段，有迷茫，亦有期待；既可以回顾过去，也可以遥望未来；暂时脱离了主流轨道，但开辟了属于自己的山水诗赛道。只是，他身处其中之时，未必能意识到，珍贵的黄金时代已经披着"仕途不顺"的外衣来过又离开，而接下来，命运才露出它的獠牙——离开温州10年之后，即元嘉十年（433），几经沉浮的谢灵运在广州被宋文帝刘义隆以"叛逆"之罪名处决。

日本学者高木正一曾这样描述谢灵运与他笔下的山水："山水自美，但诗人情悲。"谢灵运的旅行有点像是一场旷日持久的"越狱"，而他这一生像极了一场失败的越狱。为了逃脱官场的牢笼，他投入自然山水，却从未真正自由过，一直处在更大的时代和自我牢笼之中。但从另一个角度来说，山水诗亦是谢灵运"金蝉脱壳"的法宝。诚然，他的肉身无法真正逃离时代，但他某部分的自我"逃"到了诗句之间，而这些相传至今的诗句宛如隐形的"逃生通道"，让某部分的谢灵运得以"幸存"，真正超越并逃离了他的时代。

"谁谓古今殊，异代可同调。"谢灵运的山水诗之所以被传诵至今，不仅仅是因为这些诗句描摹定格了秀丽的山水，或许还因为其中凝结着"古今同调"的恒久共鸣。他对温州山水的由衷欣赏、政治生涯受挫的无尽怅惘、任性而颓唐的消极抵抗、犹豫摇摆的左右为难、不合时宜的自我纠缠，隔着一千多年的时光，仍能契合许多人的心境，显得如此真实而鲜活。

回望谢灵运的永嘉间隔年，会发现谢灵运与温州的山水更像是彼此"收留"和互相成就的关系。在温州山水寂寂无名之时，谢灵运来到永嘉，写下的诗句宛如一簇簇聚光灯，逐一照亮并唤醒了沉睡的瓯越自然山水之美；而在谢灵运灰暗而停滞的人生阶段，温州山水"收留"了他。谢灵运的诗与温州的山水，正如地上池与天上月——两者遥遥相望，彼此映照。

如今，在位于温州谢池巷尽头的中山公园积谷山西麓，有一座重建的池上楼，亦是谢灵运纪念馆，被称作"山水诗第一楼"。再往里走几步，就能看到一条诗廊，毗邻谢公名句"池塘生春草，园柳变鸣禽"的正是袁枚《过谢客岩有怀康乐公》中的诗句："池塘应在此，春草绿如初。"虽然一千多年前谢灵运亲自登临的那座楼早已不存，但包括袁枚在内的无数慕谢公之名而前来寻访打卡的人们，都能凭借谢灵运的诗句，用自己的想象来还原当年的池上楼春日景致——从这个角度来说，历史上的那座池上楼和温州山水风景都经由谢公之笔，在世世代代的传诵之中无数次得到了"重建"和再现，拥有了更充沛持久的生命力，抵达了更广阔无垠的天地。

# 玄觉开创永嘉禅

东晋时期，江南佛学已逐渐盛行。南北朝时期，各县的佛寺如雨后春笋般冒出来。温州寺庙最早见于史籍记载的是东晋太宁五年（327），郡城习礼坊一个名叫李整的人捐出自家房屋建崇安寺。后有乐成张文君"舍宅为寺"，郡城雁池坊建起净居尼院，安固县陆续建起报国寺、万兴寺、东安寺、栖霞寺、南山院等。实行儒释道三教并重政策的唐朝，更是迎来了佛教的空前兴盛。

唐高宗麟德二年（665），永嘉郡一户姓戴的人家迎来了一个新生儿。没有人知道这个呱呱坠地的婴儿将会成为温州乃至全世界都影响极为深远的高僧大德——被南怀瑾称为"温州历史上真正了不起的人物"永嘉大师玄觉。

永嘉大师，释玄觉，俗姓戴，字明道，创立了永嘉禅，留下了《永嘉禅宗集》和传诵至今的"最长唐诗"《证道歌》。

## 缘起头陀寺

永嘉大师的佛缘，始于温州的头陀寺。

头陀寺，旧称密印寺，坐落于今温州瓯海区南白象街道的头陀山麓。头陀山左靠吹台山，右临大罗山，"山锐而顶圆，下瞰诸山，如老僧趺坐说法"，故得其名，头陀寺亦因山而得此名。虽然由于地处僻远，头陀寺"藏在深山无人识"，事实上却只是深藏不露，与永嘉大师玄觉有着不解之缘。

如今，头陀寺的小山门匾额上，写有四个大字"宿觉道场"。穿过小山门，便是祖殿。在祖殿中央端坐着的，正是永嘉大师玄觉的塑像。

头陀寺，有"玄觉祖庭"之称，创建于唐代，兴盛于明清。弘治《温州府志》曾记载："头陀山，宿觉剪发于此。"相传头陀寺最初是玄觉的家庙，只有几亩薄田和两三间堂屋，所住僧人也不过数十人。还有一说是玄觉开悟之后，此地吸引了许多信众前来，后来信众为了纪念玄觉，将其家庙扩建成弘法修禅的场所，自此头陀寺渐成规模。

玄觉生活的时代，正是佛教在中国发展的全盛期。佛教渐渐实现了从外来化向本土化、由贵族化向世俗化的转变，不只是在云端的悬浮信仰，更是切实融入唐人日常生活中的一部分。天下诸州，处处可见佛塔寺院，可闻佛号声声。彼时的温州，也是佛寺禅刹星罗棋布，僧侣云集，香火鼎盛。在这样"崇佛敬佛"的时代背景下，永嘉大师降生于温州一个奉佛世家。其悟道修行人生，就此渐渐拉开帷幕。

## 禅修之路

关于玄觉幼年即入佛门的经历，《宋高僧传》卷八记载如下："总角出家，髫年剃发，心源本净，智印全文，测不可思，解甚深义。我与无我，恒常固知。空与不空，具足皆见。"永嘉大师在家人虔诚礼佛的熏陶下，小小年纪就跟着家人在温州西山龙兴寺正式出家，研习天台宗。

玄觉一家信佛，可说是名副其实的全家总动员，组团出家。对此，《宋高僧传》也有记载："兄宣法师者，亦名僧也，并犹子二人，并预缁伍。"玄觉的二哥宣法师是当时的著名僧人，而且宣法师的两个儿子，即玄觉的两个侄子，也一起入了佛门，在寺庙修行。此外，玄觉的母亲和姐姐，也和他一同住在寺庙中。

据禅宗史书《祖堂集》记载："（玄觉）曾在温州开元寺，孝顺亲母，兼有姊，侍奉二人。合寺合郭人谤其僧。有一日，亲母下世，著麻，未抛姊，又更被人谤，其僧不能观得。"玄觉当时所住的开元寺在习礼坊（今城区公园路一带），位于人声喧杂的闹市区。在开元寺修行期间，玄觉将母亲和姐姐也安顿在寺庙里一起居住，引来不少闲话与非议。后来，玄觉的母亲去世，他披麻戴孝，且没有就此抛下姐姐，继续与其在寺庙相依为命，再次挑战了当时的主流价值观。

在当时的大多数人看来，玄觉这些行为都是相当"出格"的——出家人需要心无挂碍，放下所有尘世羁绊，一心向佛，不该有杂念。然而玄觉不以为意，坦坦荡荡走自己的路，"从他谤，任他非，把火烧天徒自疲"，颇有"虽千万人吾往矣"的决绝意味。

除此之外，还有一件事更能说明玄觉是一位颇有些"反骨"的出家人。天台宗八祖左溪玄朗禅师得知玄觉住在闹市中的寺庙后，便写信给玄觉，劝他远离尘嚣，寻静谧处修行。玄朗禅师在信里要表达的中心思想可以概括为一句话：我这里清幽自在，比起你所在的闹市更适合修行，诚邀，速来。

面对道门朋友的劝告，玄觉不为所动，回信道："见道忘山者，人间亦寂也；见山忘道者，山中乃喧也。"玄觉的意思很明确：能否悟道与所处的环境并无多大关系。他还是选择坚持自我，在闹市之中学佛悟道："身心自相矛盾，何关人山之喧寂耶？"这一点，在永嘉大师的《证道歌》中也有迹可循。在1800多字的《证道歌》里，"独"出现的频率甚高——"常独行，常独步，达者同游涅槃路""境静林间独自游，飞禽走兽皆远去"……心性坚定的玄觉，外界再喧嚣，似乎都不妨碍他"常独行"和"独自游"，入定禅修。

## "一宿觉"公案

今头陀寺客堂长廊尽头的墙上，挂有一幅头陀寺方丈悟智法师所书"寻师访道为参禅"。这一句出自永嘉大师的《证道歌》，也是永嘉大师悟道经历的写照。

七世纪末，31岁的玄觉迎来了人生中的一个重大转折，开启了"寻师访道"之旅，谒见六祖惠能（又作"慧能"），得到印证，在南华寺留宿一晚，留下了"一宿觉"的佳话。

《祖堂集》记录了永嘉大师人生中的这个重要转折，后人可以从这些真伪难辨的片段里窥得些许历史截面。据记载，一日，玄觉和姐姐在寺庙的廊下看到60岁左右的玄策禅师，姐姐提议："去请老禅师来房里喝杯茶吧？"玄觉欣然同意。玄策禅师与姐弟二人对坐交谈之后，发现玄觉的佛学造诣颇深，与六祖惠能的开示极为相似，便劝他去南方谒见惠能大师，印证佛法。于是，玄觉和玄策禅师一起"游江海，涉山川"，南下谒见六祖惠能。

玄觉到达南华寺时，六祖惠能正在堂上讲经弘法。众僧静静地虔诚听经之时，玄觉不发一言，持杖携瓶，绕着惠能大师走了三圈，然后静站不动。玄觉的这番操作成功地引起了惠能大师的注意。二人就此开始了佛理问答——

"夫沙门者，具三千威仪，八万细行；大德自何方来，生大我慢？"哪里来的学佛之人，如此傲慢无礼？

玄觉答曰："生死事大，无常迅速。"他回答得不卑不亢，表示人生无常，生死之间，时间宝贵，就不虚掷在礼仪形式之上了。

"何不体取无生，了无速乎？"

"体即无生，了本无速。"

这番对谈，看似风平浪静，其实是惊涛骇浪般的思想交锋。电光石火之间，堂上众僧还未反应过来，六祖惠能就赞叹玄觉已经悟得佛理。玄觉得到惠能大师的印证之后，正打算离开，惠能大师请他"少住一宿"。于是玄觉在曹溪留宿一夜，次日才离开，这便是"一宿觉"的由来。自此，玄觉成为六祖惠能的五大杰出弟子之一，被世人尊称为"一宿觉""宿觉""真觉"。

惠能禅学思想的主要特点是"直指人心，见性成佛"，强调从日常生活中悟出真理。而玄觉的顿悟思想中既有"否定之否定"的决绝和顿悟，也带有"一法遍含一切法"的圆融，这一点在《证道歌》里也体现得淋漓尽致："一性圆通一切性，一法遍含一切法。一月普现一切水，一切水月一月摄；诸佛法身入我性，我性同共如来合。"

对玄觉而言，此次与六祖惠能的见面，是他学佛参禅路上的重要节点，在《证道歌》里也写到了这段经历给他带来的深远影响——"游江海，涉山川，寻师访道为参禅；自从认得曹溪路，了知生死不相关"。

## 松台山上江月松风

若你经过城区松台广场，会看到广场上立着一尊永嘉大师的雕像。在人来人往的街头，他手持锡杖，目光坚定。

若你登上松台山的七层净光塔，环顾一圈，会发现妙果寺和松台广场的风光一览无余，往东可见蝉街，蝉街西首国光大厦的空中拱门宛如一道巨大的时光之门，让人恍然穿越到1300多年前的温州。

1300多年前，玄觉谒见六祖惠能并印证佛法之后，策杖回温，一夜成名，轰动全城。他在西山（今松台山一带）的龙兴别院设立禅宗道场，把悟道心得写成《证道歌》，在六祖惠能禅理的基础之上融合天台宗和自己悟道的禅理，世称"永嘉禅"。温州西山渐渐成为江浙地区佛教禅宗的中心，吸引了无数温州之外的名人雅士前来，"三吴硕学，辐辏禅阶。八表高人，风趋理窟"。玄觉的圈粉能力很强，粉丝基数大，辐射范围广，非常出圈。他的众多粉丝里除了传法弟子外，还有庆州刺史魏靖（一作"魏静"）、吴兴兴法师和新罗国的宣禅师。

唐玄宗开元元年（713）十月十七日，永嘉大师在龙兴别院圆寂，世寿49岁。同年十一月十三日，殡于西山，谥号无相大师。唐代著名书法家李邕在为玄觉撰写的《神道碑》中表示"有六祖以来，禅师颇众，显者三人：南岳怀让、清源行思、永嘉宿觉也"，足见他在禅宗的重要地位。

唐元和中期，永嘉太守杜贲重修永嘉大师墓，发现玄觉遗体如生，遂上报朝廷，唐宪宗敕令造真身舍利塔，即松台山上的净光塔。可见，温州松台山与永嘉大师一直有着很深的历史渊源。

松台山上的净光塔

松台山，海拔不到 40 米，因其山上广植青松，山坪如台，故名松台。虽然与熙熙攘攘的五马街只有一两公里之遥，松台山的气质却截然不同，少了几分旅游打卡地的味道，多了一些生活气息。由于海拔不高，生态环境较好，松台山成了市民晨练遛弯散步的理想去处。松台山上，净光塔下，永嘉大师纪念馆旁，人们或练太极，或围坐聊天，或引吭高歌。烟火气与禅意，就这样自然地交织到了一起，微妙地达成和谐。

## 《证道歌》与永嘉禅的影响

虽然永嘉大师的世寿不长，但他留下的《永嘉禅宗集》和《证道歌》正是"用无尽"的"无价珍"。

《证道歌》共 267 句，全文 1800 多字，是我国历史上第一部用诗体写佛学理论的作品，也是最长的唐诗。它宛如幽暗的时间隧道里的烛火，照亮了历史中的无数人，其伟大精妙之处在于凝聚了悟道智慧的同时也朗朗上口，通俗易懂，在佛教徒、文人名士和庶民百姓之间广为流传。有研究者认为，李白那首晚于《证道歌》问世的《将进酒》，其开头"君不见，黄河之水天上来，奔流到海不复回"可能借鉴了《证道歌》，两者的格律颇为相似。不管诗仙作《将进酒》时是否受到《证道歌》的启发和影响，至少有一点是毋庸置疑的：《证道歌》和《将进酒》都具备隽永的文字之美，经得起时间的考验。如今，行走在温州街头，有缘的话，也许还可以听到用温州鼓词唱的《证道歌》。

不过，永嘉禅宗一路走来也经历了许多坎坷。《证道歌》中曾写道："嗟末法，恶时世，众生福薄难调制；去圣远兮邪见深，魔强法弱多怨害；闻说如来顿教门，恨不灭除令瓦碎。"高僧大德如永嘉大师，也经历了逆风而行修道弘法的艰难旅程。玄觉圆寂近百年之后，发生了一系列以"会昌法难"为标志的毁佛事件，永嘉禅宗宛如蒙尘明珠，成为"摩尼珠，人不识"的无价珍宝，许多史料都佚失在历史长河里。

尽管发展之路并不平顺，"日可冷，月可热，众魔不能坏真说"，佛法仍不会被"众魔"所摧毁，真正的瑰宝总是会以润物细无声的形式延续下去。时间转向宋代，《证道歌》仍被传诵不绝。喜爱佛学的文豪苏轼也是永嘉大师的资深粉丝，其书写的《证道歌》是现存唯一的《证道歌》石刻，立于今广州六榕寺，目前尚有拓片两张，分别藏于国家图书馆和日本东北大学图书馆，充分证明了两宋时期《证道歌》在寺院民间流传之盛。

《证道歌》还漂洋过海传到了包括日本、韩国和印度在内的遥远国度。唐时中日文化交流频繁，《证道歌》亦随之传至东瀛。唐开成三年（838），日本僧人圆仁入唐求法，在长安城寻访经卷典籍，返回日本时所撰的《入唐新求圣教目录》中就提到了《证道歌》。唐大中七年（853），另一位日僧圆珍来到中国，途经温州。五年后，圆珍携带求法所得的经卷著作归国，其中也有永嘉大师的《证道歌》。

北宋朝鲜曹溪宗的祖师知讷曾记录，《证道歌》是朝鲜半岛流传最广泛、影响最深刻的佛教经典，不仅文人名士对其倍加推崇，"乳儿灶妇"也争相诵读。十四世纪中期，高丽僧人达蕴将赵孟頫书写的《证道歌》真迹带回朝鲜，朝鲜"全民学赵"风潮渐起，刊印了许多赵孟頫的书帖，《证道歌》是其中最有价值、版本最多的一种书帖。宋代释法泉所撰的《证道歌注》是较早的注本，在高丽国不断被翻刻。如今，在韩国现存数十种《证道歌》木刻本或石印本，而全世界流传的《证道歌》已超过一百多个版本。

南北朝时期，菩提达摩从天竺经海路搭船来到中国，让大乘佛法落地生根，开枝散叶，成为中国禅宗的始祖。永嘉大师在《证道歌》里对此也有记述："法东流，入此土。菩提达摩为初祖。六代传衣天下闻，后人得道何穷数。"而后来《证道歌》被梵僧传至天竺，尊为《东土大乘论》。佛法从西传到东，再回流到缘起之地，这种交融与循环，不失为一种天心月圆，是遥远时空里的恒久回响。

"今人不见古时月，今月曾经照古人。"永嘉大师留下的《证道歌》与永嘉禅，就如一轮不会消失的皎皎明月，从唐代一直照耀至今，不改其辉。

WENZHOU
THE BIOGRAPHY

温州 传

东瓯名镇

第三章

江心屿　苏巧将摄

## 三十六坊明月夜

宋绍圣二年（1095），杨蟠走马上任温州知州。

让温州百姓非常惊讶的是，这位新任父母官比以往任何一位长官年纪都大，须发皆白。

杨蟠，北宋历史上著名的诗人官员。虽然其生卒年无定论，但据多位学者考证，其生年应为1023—1027年间，因此他来到温州之时，多半已近古稀之年，创造了温州历史上行政长官的高龄纪录。

古语说，人生七十古来稀。在古代，能活到七十岁的人数量稀少，而七十岁还能创出一番事业的必然少之又少吧？很幸运，温州迎来了这样一位罕见的官员。

他曾在杭州任职，和苏轼搭档，干得风生水起。他来到温州的时候，宋王朝已建立135年，温州百姓成为大宋子民已有117个年头。热闹繁华的温州城，在他眼里堪与杭州媲美，他神采飞扬地写下："一片繁华海上头，从来唤作小杭州"——这两句诗被后人引用频率之高，简直称得上是温州的最佳广告语。

## 吴越国治下和平过渡

北宋在温州统治历时150年，共有知州81任。杨蟠是其中之一。

成为大宋子民之前，温州人民在吴越国治下，度过了70余年和平稳定的好日子。然而，邻居闽越国兵变迭起，四处混战，深受战乱之苦的福建百姓，纷纷携家带口逃往温州，一时间浙闽古道上人流涌动，温州迎来了历史上一次大规模的移民潮，人口数量大增。据史学家研究发现，这次移民潮几乎奠定了温州现有族群和村落布局的基础。

五代十国很快被宋王朝取代。宋太祖赵匡胤于后周显德七年（960），发动陈桥兵变，改国号宋，建都开封。宋朝建立后的18年间，温州还属于保持独立的吴越国。直至太宗太平兴国三年（978）五月，在位31年的吴越王钱弘俶，放弃战争，以所属十三州"纳土归宋"，温州才直属北宋统治。

吴越国是当时唯一一个没有以武力抗拒的王国，献出的两浙十三州包括杭、苏、越、湖、衢、婺、台、明、温、秀、睦、福、处，免除了数十万生灵涂炭之苦。《宋史》卷四《太宗纪》载："钱弘俶献其两浙诸州，凡得州十三、军一、县八十六、户五十五万六百八十、兵一十一万五千三十六。"此次改朝换代，温州幸运地以和平过渡的方式完成。

北宋的地方行政分路、州（府、军、监）、县三级。至道三年（997）全国分为十五路，温州属两浙路（治所杭州）管辖。《宋史·地理志》："两浙路，熙宁七年（1074）分为两路，寻合为一，九年复分，十年复合。"两浙路曾经分为两浙东路、两浙西路，温州则属于两浙东路（治所绍兴）。

温州下辖四县，包括永嘉、平阳、瑞安、乐清。范围大于今天的温州区域，还包括台州玉环一带。当时的县以人口规模分为五个档次，四千户以上为望县（京城区为赤县，京城外为畿县），三千户以上为紧县，两千户以上为上县，千户以上为中县，千户以下为下县。平阳人口最多，为望县，永嘉、瑞安为紧县，乐清为上县。可见当时温州人口已不少。

随着商业的发展，各县开始出现市镇。《元丰九域志》记载：元丰年间（1078—1085），平阳有"前仓、杷槽、泥山三镇"，瑞安有"瑞安、永安二镇"、乐清有"柳市、封市二镇"。宋政和四年（1114）又在瓯江边的驿头设立了"白沙镇"，此处"系材木经由要处，差使臣一员监镇"。

## 规划"三十六坊"

这样的一座城市交到了杨蟠手里。这大概也是他第一次出任地方的最高行政长官。

杨蟠是有名的诗人、书法家，宋仁宗庆历六年（1046），不到30岁即得中进士，颇受朝廷重用，曾任密州、和州推官、江阴佥判、光禄寺丞、陕西提举常平、杭州通判等职。元祐四年（1089）在杭州任职时，他是知州苏轼的副手，二人既是上下级的同僚，又是惺惺相惜的诗友，性情相投，合作愉快。他们疏浚西湖，兴修水利，共同完成了苏堤这一利在千秋的工程项目。两人开怀畅饮，诗词唱和，留下了许多佳句和佳话。

两人共事六年后，杨蟠来到温州。这座位于浙东最偏僻处的城市，用同时代的赵帆的话说是"负山滨海"（《温州通判厅壁记》），用祝穆的话说是"郡当瓯粤之穷，地负海山之险"（《方舆胜览》），总之是山海交汇处。

杨蟠在温州虽然仅待了两年，但他用行政官员的见识和诗人的审美，亲手规划了这片城池，留下了为后人津津乐道的"三十六坊"，墨池坊、康乐坊、庆年坊、百里坊、双桂坊，等等，这些坊名穿越千年风雨留存至今。

唐代，城市规划和市场管理实行的是封闭式的"坊市制"，即商业区（市）和居住区（坊）严格分开，市内不设住家，坊内不设商铺。商业区四周有隔墙，门口甚至有专职人员把守，所有交易必须在市场中进行，开市和闭市的时间也由官府统一规定。直至宋朝，随着经济的发展和交易的频繁，民居日益增多，城市越发拥挤，逐步打破了坊市界限。

宋大中祥符年间（1008—1016）有《祥符图经》记载了当时永嘉县城"坊五十有七"，各坊有坊门，有坊卒把守，以击鼓为号，早开晚闭，实行夜禁制度。但随着社会繁荣，人口增加很快，房屋越盖越多，多处出现了新的聚居

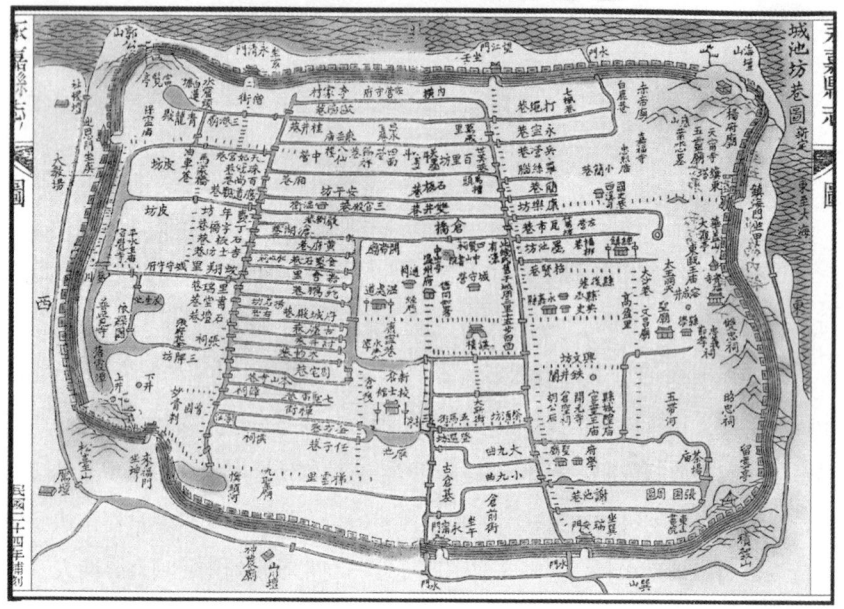

清光绪八年城池坊巷图

区，杨蟠筹划着对全城重新划分布局。

他根据古城坊巷所在的方位、走向和地理位置划定三十六坊，统一设置了坊门。南宋温州人戴栩对坊门做过详细描写："博栋竦楹，翼以楔础，飞榱延橑，被之藻彤。阡周陌匝，绚焉如眉目之在人。"（《永嘉重建三十六坊记》）这些高大巍峨且装饰华丽的坊门，如人的眉目一样漂亮有神。城市面貌由此焕然一新。

在杨蟠的规划中，一条条坊巷还与城区密布的河网依偎并行，人们撑着小船可抵达城内任何一个角落，形成了"一渠一坊，舟楫毕达，居者有澡洁之利，行者无负载之劳"的格局。

杨蟠想必很得意自己这副大手笔，写下诗句："水如棋局分街陌，山似屏帏绕画楼。"南宋叶适也很赞同这个"棋（弈）局"的比喻，他在《东嘉开河记》中描述："昔之置郡者，环外内城皆为河，分画坊巷，横贯旁午，升高望之，如画弈局。"

三十六坊的取名颇费心思，依据本地的人物、传说、胜迹等分别命名。

如纪念名人的有康乐、竹马、谢池、五马、墨池等，其中五马坊、墨池坊是为了纪念王羲之，据说他出行视察有五马，临水挥毫成墨池；康乐坊、竹马坊、谢池坊则是为了纪念谢灵运，袭封康乐公的谢灵运，传说来温州时，儿童骑竹马欢迎，他在寓所前挖"春草池"，并留下"池塘生春草"的名句。

体现读书教化的有儒英、世美、梯云、双桂、儒志、棣华等坊名，其中士子读书的县学，书卷气浓厚，谓之"儒英"；永嘉学术先驱王开祖（人称儒志先生）讲学所在，亦是府学周边，谓之"儒志"；王家兄弟读书进取，同登进士第，双双折桂，谓之"双桂"。

倡导美德的有孝睦、遗爱、孝廉等。其中孝睦坊有戴氏兄弟孝亲和睦，传为邻里美谈；遗爱坊有终身不嫁的阿翠建学堂培养贫寒子弟，官府树牌坊以旌表；孝廉坊有孝子仰忻忠孝节义，事母至诚堪为表率。

还有以地方标志性风景命名的容成坊、甘泉坊、百里坊等。华盖山麓有容成洞，传为容成子修炼之处，著名的道教仙地，故得名"容成"；松台山脚一口"八角井"，井水清甜可口，久旱而不涸，"甘泉"名副其实；百里风荷百里芳，很多诗人笔下都描写过这幅水乡美景，"百里"之名诗意盎然。

这些儒雅而贴切的坊名，已不仅仅是一个简单的名称，它们更承载着人间烟火和文化记忆，隐藏着这座城市灵动的细节。

"过时灯火后，箫鼓正喧阗。三十六坊月，一般今夜圆。"站在永宁桥上，耳听着热闹的箫鼓声声，杨蟠欣赏着夜市的繁华，无限欣慰。他想象着城里每一条街坊都映照在今晚明亮的月色中，如此圆满美好。

虽然在温州只度过短短的两年，但杨蟠由衷地爱上了这个地方，他热情洋溢地写下《永嘉百咏》，为这座江南小城留下了许多佳句名篇。离任后，他还写下这样的诗句：

> 为官一十政，宦游五十秋。
> 平生忆何处，最忆是温州。

他一生宦海浮沉，走过许多地方，扪心自问：平生最怀念的地方原来还是温州啊！这山水相依的城市，一片繁华的地方，让杨蟠念念不忘。

## 十万人家城里住

温州人口在北宋百年间增加了八万户。据《元丰九域志》载，宋初太平兴国四年（979）温州自有田产的"主户"数是1.6万余，租种土地的佃户"客户"数是2.4万余，总数4万余，超过当时宁波、台州、金华等地（《太平寰宇志》卷九九）；一百年后的元丰八年（1085），温州"主户"数是8万多，"客户"数是4万多。经过百余年发展，"主户"的数量已两倍于"客户"，比例完全颠倒，可见大量佃户通过开荒垦田，已转化为拥有田产的自耕农。

南北宋之际，温州人口数量再度明显增加。南宋朝廷偏安，温州成为事实上的"陪都"，迎来了历史发展的高峰期。北宋崇宁年间（1102—1106），温州户数近12万（《宋史·地理志》）；南宋淳熙年间（1174—1189），温州户数已达17万多（万历《温州府志》），七八十年间增5万余户，人口已达90多万。五六十年后，户数又增加了近3万，人口约百万（吴泳《知温州到任谢表》）。"十万人家城里住"，诗人徐照的这句诗形象地反映了南宋时温州城里人口稠密的状况。

温州大户人家的住宅多建在城西，因而有"东庙西居"的说法。城西有松台山、西濠河（九山河），以及汇聚三溪之水的会昌河流过，山水掩映，显然是宜居的宝地。

"对面吴桥港，西山第一家。有林皆橘树，无水不荷花。竹下晴垂钓，松间雨试茶。更瞻东挂绥，空翠杂朝霞。"叶适的这首《西山》诗描写了自家所处的位置和环境。这座位于城西的河景房，环境幽雅，触目橘树，满眼荷花，松竹苍翠，宜晴宜雨。

北宋周行己晚年罢官归来，选择在"净光山下，古西射堂之遗址，蓑然小洲，缭以勺水"之地，建浮沚书院。净光山即松台山，这处山水环绕的清幽之地，从此成了周行己传授关洛之学、安顿"无止之身"的所在。其父周泳是皇祐五年（1053）进士，官正议大夫，他在会昌河南岸建"峙岩墅"，看名字或应正对大岩石的位置。

周家峙岩墅附近有一座"水云庄"，是乾道八年（1172）进士、官至宝谟阁待制的陈谦的居所。会昌河西岸，还有另一位陈待制陈余师的"桂隐庄别业"。此外，会昌河附近还有杨时举别业"水村庄"、瑞安项氏别业"秀野轩""项园"、宋之才别业"宋庄"、鲍氏别业"鲍园"，等等。

除了这些私家住宅外，当时城内最有名的公共建筑要算思远楼了。文人雅士们常常会聚在会昌河北面的思远楼上，登高远眺，湖光山色尽收眼底，特别是端午节在这里观赏龙舟竞渡成为时尚。北宋至和元年（1054），温州知州刘述倡建此楼，后虽几度更改名称，但直到元至正十七年（1357）被飓风摧毁，三百余年间始终是温州的标志性建筑。层檐翼然、轩窗敞豁的思远楼，其华丽壮观的身影常常出现在诗词戏曲中。

宋代的温州建筑体现了多种文化的融合。大量北方移民迁入后，多以中原营造法式为圭臬，又根据南方气候条件加以改良，建筑风格一改唐代雄浑的特点，形式从简单走向规整，装饰由朴素趋于秀丽。而随着福建移民的多次入温，又带来闽南风格，如泰顺等地的围屋、土楼，平阳青街的部分建筑均属这一类型。

## 城坊布局更新迭代

城市开始向外扩张，城郊设有望京、城南、集云、广化四厢，温州已成为浙南最大的工商业城市。

人口就是生产力，人多屋密带来了城市的生机和活力，同时也隐藏着巨大的祸患，比如火灾。《宋史·英宗本纪》载：北宋治平三年（1066）正月，温州城内烧毁民屋14000间，死亡5000人——这几乎是死亡人数最多的一场大火。而《宋史》中关于温州火灾的记载还有很多：嘉祐三年（1058）正月，大火烧毁14000间房屋，烧死50人；绍兴十年（1140）十一月，大火烧毁府学、市舶、县治等政府机构，殃及民居千余户；淳祐七年（1247）八月，温州正举行士子考试，火烧考场，死伤惨重……

乾道四年（1168），城内新河一带起火，殃及千余家，烧毁房屋2000余间、寺观四座。时任温州知州的王之望自知责任重大，给朝廷上《温州遗火乞赐降黜奏札》，自请降职。

当时的木结构房屋极易造成火烧连营的局面，人身财产损失严重。频频发生的火灾，成为摆在城市管理者面前的一道难题。

宋元丰年间（1078—1085），石牧之出任温州知州。他面对古城火灾频发的情况，建立了保甲联坐的火保制度。"预为约束，使知有犯联坐"，一旦出现火情，他便"亲率部伍"，不遗余力救火。

程迈任温州知州时，建起了望火楼。绍兴十年（1140）十一月的那场大火不仅累及千余户居民，而且把官方的学校、县治机构及其他管理部门都烧毁了，损失惨重。痛定思痛，程迈下决心建起望火楼，"为营官舍千区，开河渠，立望楼，结火保"，成效也很明显。

望火楼出自李诫《营造法式》，崇宁二年（1103）公布于世。根据《营造法式》规定，望火楼必须高于9.3米，站在望火楼上瞭望全城，才能一览无余。此前望火楼一般只建在京城，程迈却大胆在温州尝试，极大地推进了城市消防工作。

城市发展促进规划布局更新迭代。南宋咸淳元年（1265），温州知州史宜之在原三十六坊的基础上又增设了状元、衮绣、祈报、丰和四坊，共计四十坊。坊内酒楼、茶坊、饭铺、浴室、瓦舍、勾栏，应有尽有，充分反映了温州人注重生活享受，追求生活品质的理念。叶适在《温州开元寺千佛阁记》中提道："毡衣卉服，交货于市，四民之用日侈矣。"皮毛、葛布制作的衣服在市场上买卖，老百姓的日常用度都较为奢侈。戴栩在《江山胜概楼记》里也描绘了街巷市场的情形："廛肆派别，阛阓队分""高车大盖，填巷塞途"，货品丰富，市场繁荣，熙来攘往，车水马龙，显然这是个人丁兴旺、市井气息浓郁的城市。

## 东瓯群星闪耀时

南宋淳熙七年（1180），夏秋之交的某一日，永康学派学者陈亮在温州与诸友告别，写下这阕词《南乡子·谢永嘉诸友相饯》：

>人物满东瓯，别我江心识俊游。北尽平芜南似画，中流，谁系龙骧万斛舟。去去几时休？犹自潮上更来头。醉墨淋漓人感旧，离愁，一夜西风似夏不。

交游广泛的陈亮已数次来到温州，与包括郑伯熊、郑伯英、陈傅良、叶适、蔡幼学、徐元德、陈谦、戴溪和徐谊等人在内的永嘉诸友相聚。凭借他的词句我们可以想象这次永嘉聚会的情景——暑气渐消之时，永嘉诸才子齐聚一堂，为即将离开温州的陈亮饯行，觥筹交错，逸兴遄飞。夏末秋初的温州城里，夜风中已带着些微凉意。如果他们相聚的这一日天气晴朗，入夜后抬头望，大概还能看到漫天星辰。

陈亮的永嘉好友郑伯熊曾在《尧典中星》里写道："二十八宿，环列于四方，随天而西转……四方虽有定星，而星无定居，各以时见于南方……二十八宿常半隐半见，日东行，历二十八宿，故隐见各有时，必于南方考之……循环无穷，大要如是。"

从某个维度上来说，当陈亮感慨"人物满东瓯"时，他身旁的东瓯名士亦如繁星点点，跨越时间和空间的阻隔，在历史的夜空中闪耀着微光，循环无穷。

这不能不说是天时地利人和共同作用的结果。科举制的发展是其中不可不提的重要一环。科举制肇始于隋唐，宋朝之前，鲜少在史传里见到温籍人物的身影。弘治《温州府志》曾记载："吾瓯登科者，始于唐吴畦、薛正明，而莫盛于有宋。"星移斗转，宋代成为温州的高光时刻，尤其宋室南渡之后，温州的进士登科人数直线上升，多达千余人，位列全国第二，仅次于福州。而且，宋代温州有20多位进士登科者位至尚书、宰执等显要官职。此外，南宋时期形成于温州的永嘉学派和朱熹的道学、陆九渊的心学鼎足而立。淳熙五年（1178）任温州知州的韩彦直评价道："温之学者，由晋唐间未闻有杰，然出而与天下敌者，至国朝始盛，至于今日，尤号为文物极盛处。"温州迎来人文鼎盛时期。

## 短暂却绚烂的流星：王开祖、薛季宣

若是机缘巧合，人们可以在夜里看到流星拖着长尾划过天空，留下短暂而绚烂的光芒。王开祖与薛季宣这两位英年早逝的温州文人，人生虽然如流星般短暂，散发出的光芒却颇为璀璨。

王开祖（约1035—1068），字景山，永嘉（今温州城区）人。古代科举如千军万马过独木桥，大多数文人皓首穷经，耗费大半辈子的时间都未必能顺利考得功名。不过，对王开祖而言，过科举这座独木桥，似乎是挺轻巧顺利的事。他"少敏悟，书经目辄成诵，勤笃废寝食"，还未到弱冠之年，就于皇祐五年（1053）考中进士，试秘书省校书郎，出佐处州丽水县。但他无意在仕途上走更远，"既而不乐，退居郡城东山设塾"，辞官回到温州创立东山书院讲学，"席下常数百人，尊之曰儒志先生"，被誉为"永嘉学术开山祖"，和林石、丁昌期并称为温州"皇祐三先生"。《宋元学案》亦记载："永嘉后来问学之盛，

温州科举试院展示馆内的历代状元塑像

盖始基之。"

王开祖这一生的节奏似乎总是比别人快了一拍，比同辈人更早慧，年纪轻轻就考取功名，却也很早对官场心生厌倦，回乡创立温州最早的书院，最早对"道学"进行命名，可惜的是，也更早地告别人间，30多岁就不幸去世。他在世时间虽然不长，但对温州人文有着深远的影响。今人在温州城区中山公园一带，重建东山书院以作纪念。由于离世较早，王开祖的著述大多佚散，仅有《儒志编》存世。不过，人的一生与著作一样，有时候并不是简单地用长度来衡量。《儒志编》开启了永嘉理学之先河，影响了包括周行己、刘安上、刘安节、郑伯熊、薛季宣、陈傅良、叶适在内的许多温州学者。

受王开祖思想影响颇深的薛季宣，晚出生了一个世纪，也同样是流星般的存在。薛季宣（1134—1173），字士龙，亦作士隆，少年时曾跟随三伯父薛弼宦游各地，主张学以致用，注重研究田赋、兵制、地形和水利等，将义理与现实事务相结合。如果说王开祖开启了永嘉学术，那么薛季宣则是间接地传承洛学，在传承的基础上进行演变和拓展，开创了永嘉事功学派。有研究者认为，薛季宣是程学一脉在温州的终结者，同时也是永嘉学派的奠基者。

"同甫之学与季宣有异曲同工之妙，二人交往甚密"，从《薛季宣年谱》的记载可以看出，薛季宣与陈亮亦有交往。薛季宣在世时久闻陈亮的大名，"泊访旧知于太学，则闻二陈（陈亮、陈傅良）之名籍甚京师"，但两人实际相见的时间较晚，目前可考的一次会面是乾道七年（1171）前后的聚首。可以肯定的是，虽然薛季宣英年早逝，无缘参与九年后陈亮与永嘉诸友的那场聚会，但薛季宣这颗流星发出的绚烂余光绵延不绝。如今，位于城区蝉街的温州第八中学旁有一座温州科举试院展示馆，正是绍兴二十五年（1155）薛季宣创立的稚新塾旧址，陈傅良和叶适都曾受邀在此授徒教书。

八九百年间，世事变迁，从当年的稚新塾到宋代温州试院，再到如今的温州科举试院展示馆，这里一直见证着科举在温州这片土地上的烙印，而展馆入口处最为显眼的"温多士，为东南最"（语出南宋学者真德秀）七个大字正是宋时温州文风兴盛的最佳说明。

## 双子星：郑伯熊与郑伯英

宋朝温州的文风兴盛，还体现在"组团中榜"的家族登科上。彼时的温州，经常出现科举世家、兄弟进士、父子进士、叔侄进士等现象。其中，人称"永嘉二郑公"的郑伯熊与郑伯英兄弟可谓典型代表，是名副其实的"双子星"。《宋元学案·周许诸儒学案》记载："乾淳之间，永嘉学者连袂成帷，然无不以先生兄弟为渠率。"文中的"先生兄弟"指的便是郑氏兄弟。

郑伯熊（1124—1181），字景望，绍兴十五年（1145）进士，人称"大郑公"。郑伯熊私淑"元丰九先生"之首周行己，继承了学以致用的精神，被称为永嘉学派的先驱者。此外，郑伯熊也是科举应试文方面的高手，陈亮在《郑景望杂著序》中曾写道："尚书郎郑公景望，永嘉道德之望也。朋友间有得其平时所与其徒考论古今之文，见其议论弘博，读之穷日夜不厌，又欲锓木以与从事于科举者共之。"

回望郑伯熊的人生经历，我们会发现他之所以成为永嘉学派的先驱者，很重要的一点可能在于他不局限于温州一隅,而是打开格局,跨地区进行学术和文化交流——在婺州任职期间,郑伯熊与陈亮亦师亦友,经常相聚讨论交流;乾道年间,时任福建提举常平茶盐公事的郑伯熊曾帮助彼时囊中羞涩的朱熹刊刻二程著作。从郑伯熊身上我们看到,无论是治学,还是处世,不局限于狭隘的一角,融会贯通,才可能拥有更持续不断的活力。

郑伯英(1130—1192),字景元,比郑伯熊小六岁,人称"小郑公",于隆兴元年(1163)考中进士。与其兄长一样,郑伯英生性耿直,不畏强权,曾上书朝廷,揭露秦桧之罪名。对此,叶适曾感叹:"余尝叹章、蔡氏擅事,秦桧终成之,更五六十年闭塞经史,灭绝理义,天下以佞谀鄙浅成俗,岂惟圣贤之常道隐,民彝并丧矣。于斯时也,士能以古人源流,前辈出处,终始执守,慨然力行,为后生率,非瑰杰特起者乎?吾永嘉二郑公是也!"

值得一提的是,郑伯熊的堂弟郑伯谦和郑伯海也是颇有建树的学者。郑伯谦,字节卿,绍熙元年(1190)进士,是中国会计发展史上的思想家,把永嘉学派的务实之风运用于财政和经济等实际社会问题的研究,留下了包括《太平经国之书》在内的经济专著,为后世研究开创了先例。郑伯海亦是永嘉学派的代表性人物,绍兴二十一年(1151)进士,曾在家乡设立义塾,聘请名师授徒,有学生数百人。据说,郑伯海与郑伯熊家相距不远,当时二人被称为"东西二郑"——这何尝不是另一个接地气版本的"双子星"呢?

事实上,在宋朝温州,像郑氏兄弟这样的"学霸家庭"还有许多,如瑞安曹氏和永嘉薛氏家族等,都拥有颇为光辉的科举成就。此外,名门望族之间常互相联姻,如薛氏家族的薛叔似(薛季宣从侄)与陈傅良既是同学,亦是亲家。而陈傅良,正是当时东瓯名士中不可忽略的一位重要人物。

## 魁星点斗:以陈傅良为中心的文人圈

浩瀚宇宙里,不同星球之间存在着万有引力,遥遥相望的同时亦有着千丝万缕的关系。宋时温州文人的交际圈亦是以点带面,紧密相连。刘埙的《隐居通议》曾记载:"宋乾淳间浙学兴,推东莱吕氏为宗。然前是已有周恭叔、郑景望、薛士龙出矣,继是又有陈止斋出,有徐子宜、叶水心诸公出,而龙川陈同父(甫)亮则出于其间也。"以陈傅良和叶适为代表的永嘉学者与金华学派的吕祖谦、永康学派的陈亮交往甚密,学术精神也相似,不管在地域上还是在学术底色之上,都更相近。如果说宋朝的东瓯名流如瑰丽的星云,那么陈傅良可谓处于这团星云的中心。

陈傅良(1137—1203),温州瑞安人,字君举,号止斋,是永嘉学派中继薛季宣而起的重要代表学者。陈傅良虽然师从薛季宣,但其实只比薛季宣小三岁。而薛季宣不幸于乾道九年(1173)早逝之后,陈傅良便扛起了继承永嘉学统的重担。在他身上,我们可以看到许多个身份标签——陈亮的好友、朱熹的"笔友"、宋代的"教培大佬"、永嘉学派的中坚力量……

对陈亮而言,陈傅良是无话不谈的诤友,亦是永嘉社交圈的灵魂人物。以陈傅良和陈亮为节点,即可辐射出一张交错连贯的社交网。陈亮称陈傅良为"族兄",交情甚好。他俩的交往可能始于乾道六年(1170)同在太学时,两人均为芮烨门人。陈亮在《与吴益恭安抚》里曾认真罗列了他心中的好友排行榜:"四海相知惟伯恭一人,其次莫如君举,自余惟天民、道甫、正则耳。"陈亮心中的至交是金华学派代表人物吕祖谦(字伯恭),陈傅良居第二,再往下就是石天民以及来自温州的王自中(字道甫)和叶适(字正则)。这么一看,陈亮的前五名好友榜单里,温籍人士颇有存在感,占了半壁江山还不止。

淳熙十一年(1184),陈亮与朱熹开启持续数年的"王霸义利之辩"。在陈亮与朱熹论战期间,"不欲与争"的陈傅良担任着调停的角色,心平气和地劝陈亮停战。陈亮为此还特意给陈傅良写了《与陈君举》这封信,赤诚剖白道:"亮与朱元晦所论,本非为三代、汉、唐设,且欲明此道在天地间如明星皓月。"有趣的是,在这封信的末尾,陈亮还附上两句:"雪梨甜榴各一篼,聊以问信。石榴真甜者,但苦小耳。"隔着数百年的时间,藏在书页之间的这份"给你写信,再顺便给你寄点水果"的友人情谊如此生动而鲜活。

如果说陈亮写给陈傅良的信充满人情味和生活气息的话,那么朱熹写给陈傅良的信可谓仅止步于学术切磋和观点探讨了。那边厢,陈亮与朱熹激战正酬；这边厢，虽然陈傅良与朱熹的论见不同，但情绪稳定、不偏不倚的陈傅良与朱熹从未展开过大规模的论辩。或许，在陈傅良看来，与其空谈论辩，不如专注实事——永嘉学派的务实做派，在他身上得到了体现。陈傅良与朱熹更像是有些生分的笔友，偶尔书信往来，多谈学问，鲜少过问彼此的生活。当然，笔友也有线下见面的时候，虽然具体时间多有争议。地方志书记载，绍熙二年（1191），朱熹曾来温州拜访陈傅良，在仙岩书院留下"东南邹鲁""溪山第一""开天气象"等题字。

在古代读书人眼中，魁星是掌管人间科举文运的神。陈傅良当年在温州文人圈，虽不至于是魁星一般的神，但因非常擅长讲授科举时文，获得很高的声望，某种程度上也是科举应试文的风向标。叶适在为陈傅良撰写的墓志铭里记载当年讲学的情况："初讲城南茶院时，诸老先生传科举旧学，摩荡鼓舞，受教者无异辞。公未三十，心思挺出，陈编宿说，批剥溃败，奇意芽甲，新语懋长。士苏醒起立，骇未曾有，皆相号召，雷动从之，虽縻他师，亦借名陈氏。由是其文擅于当世。"

从现代人的角度来看，陈傅良算是战绩辉煌的"教培大佬"。他在家乡设立书院讲学，吸引了无数学生，知名度高到连当时的宋光宗对此也有所耳闻。据《止斋文集》记载，绍熙元年（1190）陈傅良参加廷对时，宋光宗表示："闻卿在永嘉从学常数百人。"虽然陈傅良自谦"臣无所长，只与士子课习聚业"，但也无法抹去他在科场的重要影响力——陈傅良当年被誉为"论之祖"，创立了"永嘉文体"，大致总结出一套应试的程式文，风行一时，"人争诵之"，用叶适的话说则是"时文靡然由之一变"。

当时颇受欢迎的应试宝典《永嘉八面锋》，有说此书为陈傅良和叶适所作，亦有学者认为此书是宋孝宗淳熙以后坊间杂取诸家科举之文而成。无论如何，这部古代版的"高考宝典"经得起实践的检验——陈傅良、叶适及其弟子用实际成绩，证明了永嘉文体的战斗力和可操作性。陈傅良和叶适的门人共有19人进士登科。乾道八年（1172），陈傅良、蔡幼学和徐谊三位温州文人包揽省试前三，成为南宋科场的一大传奇。蔡幼学是陈傅良的学生，师徒二人同场中榜，也是当时的一大佳话。

当然，行走科场，不可能所有人都是一路坦途。比如，陈傅良与陈亮的共同好友戴溪（1141—1215），字肖望，或作少望，号岷隐，永嘉鲤溪乡杏岙村人，也是"元丰九先生"之一戴述的侄孙，淳熙五年（1178）礼部试落第。戴溪心灰意冷时，叶适暖心地写信安慰："少望奇才，于今世不数人。"同年秋，戴溪逆风翻盘，得三甲进士，陈亮特意写了一首《念奴娇·送戴少望参选》相送——无论是顺境还是逆境，戴溪都有好友鼓励，也是幸运。也是在这一年，叶适、徐元德、王自中联登进士第。

说到王自中，这也是一位奇人。王自中（1140—1199），字道甫，温州平阳人，淳熙五年（1178）登进士第。前文已经提到，他在陈亮的好友排行榜里喜提第四名，与陈傅良、叶适也常有诗词唱和，都是同一个交际圈里的好友。陈傅良对王自中评价颇高，认为他在学术方面是潜力股："道甫晚年，抑才为学，去智为恬。假之以年，何造不深。"不过，在学术之外的领域，王自中与陈亮一样，颇有几分不合时宜的不羁。叶适曾这样描述王自中的性格："所历虽知名胜人或官序高重，逆占其无忧当世意，直嬉笑视，不与为宾主礼。"对名人高官全不买账，其狂傲由此可见。

现代人常用"关系好到穿同一条裤子"来形容至交，而王自中与陈亮的交情不仅仅停留在"与子同裳"的层面，甚至连墓志铭都共享同一篇。叶适为陈亮和王自中合撰墓志铭："志复君之仇，大义也；欲挈诸夏合南北，大虑也；必行其所知，不以得丧壮老二其守，大节也；春秋、战国之材无是也。吾得二人焉：永康陈亮，平阳王自中。"

以陈傅良为中心的南宋温州文人交际圈，不仅在学术上互相交流，在情感上也是彼此的支撑，这一点在他们的诗文中有所体现。陈傅良在《乙巳岁首寄彭子复、徐子宜》里曾写道："又过一年空草草，寻思万事太劳劳。岁烦士友愁薪米，日见儿童叹鬓毛。乱卉各随分寸长，新禽已变两三号。及时君亦图良集，莫待春深水一篙。"虽然这首诗听起来颇为沮丧，但很明显，"及时君亦图良集"是灰暗基调里的一抹亮色——生活辛劳，但还好仍有个与好友相聚的盼头聊以慰藉。或许，对他们而言，相聚一堂并不仅仅是为了吟诗论道，更是为了互相鼓励，温暖彼此，唯有这样，在前途未卜的求学求知路上，才更有

"吾道不孤"继续前行的勇气。

## 边缘地带的黑暗行星：温州布衣群体

宋刘宰曾在《上钱丞相论罢漕试太学补试札子》中记载："今天下士子多而解额窄者，莫甚于温福二州。福州终场万八千人，合解九十名，旧额五十四名；温州终场八千人，合解四十名，旧额十七名。解额太窄，出游者众，非他郡比。"诚然，南宋时期温州科举发达，但随之而来的另一个结果就是士人亦饱受科举之苦——应试者多，名额有限，独木桥之外，更多的是未能过河的落榜文人。

就如天空中不同的星辰都有着各自的运行轨道一般，两宋时期的温州文人也有着各自的人生际遇：少部分文人通过科举跨越阶层，进入政治和主流学术的舞台，成为"人生胜利组"；有些读书人科举不第，便选择行医、经商甚至出家为僧等道路，同时也有不少人坚持继续治学，议论朝政，上书献策，以天下为己任——这样的未仕士人群体，我们称之为"温州布衣"。永嘉学派学者和门人有上百位，其中，不少人是布衣。比如，陈傅良的弟子朱黼（1140—约1215）屡举不第，在平阳南雁荡山耕读，终身布衣，留下《记事备遗》和《统论》等著作。

大多数人只会注意到闪耀的星星，但少有人意识到，在太阳系遥远的边缘地带，隐藏着黑暗行星。温州布衣群体宛如东瓯人物里的黑暗行星，虽处于边缘地带，但仍抱有很强的社会责任感和使命感，著书立说，试图改变世界。

在宏大的时间和空间坐标里，一颗星星发出的光芒是微弱而短暂的，但对人类而言，星辰的存在却近乎永恒。你也许没有办法用肉眼捕捉到每颗星星的全部细节，但在仰望星空的那一刻却可以将整片星空的璀璨尽收眼底。聚是一团火，散是满天星。春风得意马蹄疾的科场骄子、"皇祐三先生"和"元丰九先生"，以陈傅良、叶适等人为代表的永嘉学派学者，以及未在历史上留下姓名的人物，都是温州这片土地上文化传承之火的一部分。

# 叶适与永嘉学派

在温州瑞安莘塍镇洛川之畔的商业街上，有一座颇为独特的六层建筑，寻常之中又带有几分突兀，既雅又"俗"——一楼是化妆品店和服装超市，是颇有人间烟火味的"大俗"，而楼上则被辟为叶适纪念馆的展厅，楼顶是传统飞檐的"大雅"，雅俗相融，别具一格。

原来，瑞安叶适纪念馆是2003年7月由瑞安莘塍镇洛川的叶适后裔自发集资所建，一楼店面出租给商铺，所得租金用来作为叶适纪念馆的日常维护经费。乍一看，这似乎有些不走寻常路，但仔细想想，这种"崇实、重商、变通"的做法很"温州"，也很"叶适"——作为永嘉学派的集大成者，他主张"义利统一"，发展商业，"务实而不务虚"，其理论思想颇为接地气，就如这座纪念馆一般，并不是空中楼阁。

叶适（1150—1223），字正则，晚年号水心，人称"水心先生"。南宋思想家，其所代表的永嘉学派是南宋浙东学派中的重要分支，与朱熹的理学、陆九渊的心学并称为"南宋三大学派"。他人如其名，就如永嘉学派这片密林里的一片灿烂红叶，翩然落至时代的水心，而波纹渐渐散开，延绵至今。

# 当春乃发生

如果人生有四季,那么春日当之无愧是最朝气蓬勃的季节。在人生的春日里,一切似乎皆有可能,历史时局、社会环境、家人和良师诤友,都如阳光雨露一般润泽并影响着叶适的生命。

南宋绍兴二十年(1150),叶适出生在温州瑞安的一户普通人家,他曾在《母杜氏墓志》里这样描述自己的家境:"叶氏自处州龙泉徙于瑞安,贫匮三世矣。"虽然家境贫寒,但叶适的精神颇为富足。母亲杜氏"孝敬仁善",言传身教,"无常居,随僦辄迁,凡迁二十一所,所至或出门无行路,或栋宇不完,未尝变色",尽管因为家境困厄而搬了二十多次家,居无定所,仍然安之若素地勤俭持家,坚决不让孩子放弃学业,同时还教育孩子"善不可失也",为子女提供了颇为强大的情感支持和严格的家庭教育。

彼时的瑞安坐拥飞云江的水路运输便利条件,工商业较为发达,人口日渐密集,文化氛围也颇为浓厚。在《林正仲墓志铭》里,叶适曾写到他儿时经常去邻居商人林元章家新造的豪宅玩耍:"余为儿,嬉同县林元章家。时邑俗质俭,屋宇财足,而元章新造广宅,东望海,西挹三港诸山,曲楼重坐,门庸洞彻,表以梧柳,槛以芍药,行者咸流睇延颈。"也就是那个时候,叶适结识了在林元章家执教的陈傅良,由此开启了二人之间长达四十余年的师友情谊。陈傅良也是瑞安人,永嘉学派的中继者。叶适后来的事功思想,正是受陈傅良的影响而形成。

绍兴二十七年(1157),温州乐清的王十朋金榜题名,高中状元,成为南宋时期温州地区的第一位文状元,长大成人后的叶适亦曾赞叹王十朋是"豪杰之士"。宋代举国上下尊崇教育,科举出现平民化的倾向,而对当时七八岁的叶适来说,王十朋这个"学霸"老乡的蟾宫折桂也许是令他记忆深刻的重要文化事件。

绍兴三十二年(1162),叶家迁居永嘉(今温州鹿城区)。永嘉多饱学之士,少年叶适如同一株春雨中的小树苗,张开枝蔓汲取来自世界的滋养,结识了戴溪、刘愈、郑伯熊和郑伯英等师友。从这个角度来说,叶适是不折不扣的学术"社牛"。叶适曾写过这样一段话:"自古尧、舜旧都,鲁、卫故国,莫不因前代师友之教,流风相接,使其后生有所考信。"他相信文化传承的力量与意义,不故步自封,也不会沉浸在闭门造车的小世界里。少年的他带着满腔热忱,广交师友朋辈,在师友身上吸收学问之养分,拓宽自己的边界。

后来,受家庭条件所限,为了兼顾求学与谋生,叶适16岁开始到乐清白石的北山小学舍讲习游学,半工半读,历时三年。在《白石净慧院经藏记》里,叶适对这段经历进行了回顾:"乐清之山,东则雁荡,西则白石。舟行至上水,陆见巨石冠于崖首,势甚壮伟,去之尚数十里外,险绝有奇致……陆地尤美,居之者黄、钱二家,累世不贫,以文义自笃为秀士。北山有小学舍,余少所讲习之地也。常沿流上下,读书以忘日月,间亦从黄氏父子渔钓,岛屿萦错可游者十数……余时虽尚少,见其侃然自得于山谷之间,未尝不叹其风俗之淳,而记其泉石之美,既去而不能忘也。"

学堂之外,大自然是沉默寡言而自带力量的老师。在乐清白石"读书以忘日月"的叶适,想必也是找到了另一种形式的"良师"。许多年后,退出官场并归隐水心的叶适,不知道是否想起了大自然这位昔日的"老师"在他年少时教会他的这堂课——不如意时,去大自然里寻得一些平静,"自得"于山谷之间,以忘日月。

"好雨知时节,当春乃发生。"叶适的人生之春埋下了许多种子,酝酿了无限的可能性。

## 生如夏花之绚烂

春日过后,便是绚烂的夏日。随着时间的推移,叶适开始向往更广阔的世界。

乾道四年(1168)春夏间,19岁的叶适离开温州,到婺州(今浙江金华)游学,辗转永康、武义、东阳和义乌等地,结识了薛季宣、陈亮、吕祖谦和姚献可等文人名儒。离开婺州回到温州雁荡山讲学时,叶适仍与这些师友保持书信往来。他在写给吕祖谦的信里描绘自己求教后茅塞顿开的心情:"乃知天地之大,日月尽明,缉熙工夫无有穷已,其智愈崇,其礼愈卑,向时平实之语,乃今始知味矣。"

当然,叶适的游学之旅也不是一帆风顺。乾道八年(1172)他曾因母亲患病而返乡服侍,又在母亲劝说之下重返婺州,寄居陈亮家中。陈亮在给叶适母亲写的祭文《祭叶正则母夫人文》里描述他与叶适结交的情形:"昔余识夫人之子于稚年,固已得其昂霄耸壑之气。"此时的叶适不再是人们印象中不苟言笑的学者大儒,而是和许多年轻人一样,有感性而脆弱的一面,也是会想家想到"哭唧唧"的青涩后生——"每一食,未尝不东向凄然,有时继以泪下曰:'吾家甚贫,而吾母病,饮食医药宜如何办?又以劳吾父之心,吾将何以为人子?'"陈亮可谓亦师亦友,见证着叶适从一个多愁善感的青葱少年渐渐成长为"俊明颖悟,视天下事有迎刃而解之意"的成熟大人。

对叶适而言,虽然这个阶段也有一些不那么平顺的插曲,但总体上仍是意气风发的。他就像刚学成出山的年轻剑客,兴致高昂地在与这个世界发生联结的过程中一次次试炼自己的"剑法"和学问。20岁刚出头的他写了一篇《上西府书》,洋洋洒洒三千余字,向签书枢密院事叶衡上书,分析时局,提出涉及国计民生的建议。

可惜的是,叶适颇为用心写下的这篇长文石沉大海,并没有得到任何回应。不过从这件事可以看出,叶适热衷读书论道,但并不沉溺于空谈,而是倾向于将理论作为介入现实的工具。叶适的师长陈傅良曾说:"读书固匪易,用书良独难。"叶适亦知难而上,很看重"用书",在写给学生薛仲庚的文章里更加生发了这个观点:"读书不知接统绪,虽多无益也;立志不能关教事,虽工无益也;笃行而不合于大义,虽高无益也;立志不存于忧世,虽仁无益也。"在叶适的身上,既有永嘉学派的"功利",也有读书人的"义理"与天真。所谓"功利",是面对现实,经世济民,将"书"作为改变现实的工具;而"义理"与天真,是看到了现实世界的残酷和复杂之后,仍然不放弃内心的原则和对理想社会的"幻想"。

在我国传统主流文化的语境里,很多时候都倾向于用"君子喻于义,小人喻于利"的价值观将"义"与"利"分割对立起来。因此,"功利"二字常被偏狭地误读,以致大多数人羞于谈"功"与"利"。程朱理学推崇"存天理,灭人欲"和"以义抑利",而以叶适为代表的永嘉学派捅破窗户纸,不惮于谈"利",坦然而不带分别心地看待"义"与"利",在变通之中寻找共赢,正所谓"既无功利,则道义者乃无用之虚语"。

叶适的身上还带有一些"不破不立"的批判性思维与"轴"劲。虽然自小好读经典,但他并不迷信于所谓的权威,而是有点像《皇帝的新衣》里的小孩,直接戳破约定俗成的幻象,毫不客气地对先贤前辈的许多观点提出质疑:"所谓大学者,以其学而大成,异于小学,处可以修身、齐家,出可以治国、平天下也。然其书开截笺解,彼此不相顾,而贯穿通彻之义终以不明。学者又逐逐焉章分句析,随文为说,名为习大学,而实未离于小学,此其可惜者也。"

叶适的这股"轴"劲可谓"大杀四方",不仅对先贤经典著作的纰漏不留情面,面对皇帝也直抒胸臆。淳熙五年(1178),在宋孝宗亲自主持的殿试中,28岁的叶适挥笔写下:"以庸君行善政,天下未乱也;以圣君行弊政,天下不可治矣。"据叶绍翁《四朝闻见录》记载:"水心本为第一人,阜陵(指孝宗)览其策,发有'圣君行弊政,庸君行善政'之说,上微笑曰:'即是圣君行弊政耶?即是庸君行善政也。'有司遂以为亚。"虽然不知道叶绍翁的这番记录有多少戏说的成分,但有一点很明确——叶适在殿试答卷里表述的这个观点虽然中肯,但不一定中听,宋孝宗露出意味不明的"微笑",最终叶适的成绩从原本的"第一"落到了第二,屈居榜眼。

步入官场之后,叶适的批判性思维也延续到了对国计民生的思考之中:"夫四民(农、工、商、学)交致其用,而后治化兴。抑末(工商业)厚本(农业),非正论也。"叶适大胆地批判传统的经济观点,反对"抑末厚本",否定"重农经商",主张"通商惠工"。在从政的数十年里,他针对南宋社会经济的弊端,锐意改革,平息过民间铁钱私铸现象,击退过金兵,守卫过江北,然而这些高光时刻就如绚烂却短暂的夏日,终有消散的那一刻。在风云变幻的宦海起起落落之间,叶适的个体局限性和无力感渐显,满腔热血被时间和际遇所碾磨,热忱退去之后,海面之下的冰山浮现,带来无尽的"秋意凉"。

## 却道天凉好个秋

嘉定元年（1208），被劾落职的叶适回到家乡，在城郊水心村著书讲学。

当时叶适的真实心境，从他那段时期写的诗句中可拼凑一二。"牡丹乘春芳，风雨苦相妒。朝来小庭中，零落已无数。"在这首《前日入寺观牡丹不觉已谢惜其秾艳故以诗悼之》里，叶适内心的悲凉和失落显露无遗。年少时，他不知道命运的深海暗潮与狂风骤雨正静静蛰伏在前方；而晚年的他历经千帆，迈入人生之冬日后，看到了"零落无数"的生活底色，自然难掩心中惆怅。

不过，叶适虽然黯然返乡，空衔虚职，但反而因此解锁了生活的另一种可能性——在这十余年间，他沉下心来，撰写了40余万字的《习学记言序目》，进一步研究并总结了永嘉事功学说，成为永嘉学派的集大成者，同时讲学授徒，传授永嘉之学的精髓和诗文创作的经验。刘宰在《漫塘集》中描绘当时叶适讲学的盛况："叶水心在永嘉，户外之履常满。"

据研究者统计，叶适弟子众多，姓字可考的叶适门人达到55人，其中《水心学案》所载35人，《水心文集》及其他文献所见20人。此外，由于宋朝商业繁荣，温州作为通商口岸，对外文化交流十分频繁，叶适的经济思想和学说亦自然地经由海上丝绸之路辐射到了海外。弘治《温州府志》记载："适生平喜读书，不以世务萦怀，考论古今，品藻人物，自成一家言，名重当世，四方学者仰之如山斗，咸称水心先生，远而高句丽捐金币购求其文。"在遥远的朝鲜半岛，都有叶适的"粉丝"不惜花重金购买其作品。

这不仅是叶适的人生之秋，亦是永嘉学派的"瓜熟蒂落"之秋。如果将目光投向更遥远的时空，会发现命运的齿轮早已悄悄开始转动——

十一世纪中叶，在叶适出生的近百年前，永嘉学派就已经在温州这片土地上埋下了种子。

北宋初年，永嘉和瑞安的县学渐兴。北宋皇祐年间（1049—1054），王开祖与丁昌期、林石合称"皇祐三先生"，形成永嘉事功学说的源头。再后来，周行己、许景衡、沈躬行、刘安节、刘安上、戴述、赵霄、张煇和蒋元中九人先后在元丰（1078—1085）和元祐（1086—1094）年间远赴中原就读太学，被称为"元丰太学九先生",将洛学与关学引入温州,为后来永嘉学派的形成奠定了基础。

这12位先贤是永嘉学派得以形成的最早渊源,其中,位于"元丰太学九先生"之首的周行己给永嘉之学带来的影响尤为深远,在《宋元学案》中被称为"永嘉学派开山祖"。周行己(1067—1125),祖籍瑞安,14岁时举家迁往郡城永嘉,元祐六年(1091)进士。一度在温州任州学教授,晚年罢官归来,在松台山麓建浮沚书院讲学授徒。而在周行己去世前一年才出生的郑伯熊虽未能得到周行己的亲授,但非常敬仰其学问,亦尊之为师。值得一提的是,叶适曾从学于郑伯熊。因此,对叶适而言,周行己可谓素未谋面的"师祖"。在《温州新修学记》里,叶适曾总结周行己与郑伯熊对永嘉学派的重要影响:"故永嘉之学,必兢省以御物欲者,周作于前而郑承于后也。"

在周行己与叶适的身上,可以很明晰地看到传承的力量。尽管他们二人相差83岁,周行己在叶适出生前25年就已去世,二人没有机会相见,但人生轨迹却出奇相似——从瑞安到郡城,从官场到故乡,他们隔着时间,经历了相似的出发与抵达,宛如两条不曾相交却又遥遥相照的平行线,不仅是彼此的镜子,是那个时代许多温州文人的人生缩影,更是永嘉学派文化基因传承的代表。

## 冬之终结,春之开端

嘉定十六年(1223),正月二十,叶适在水心村逝世。

冬日的终结,正是下一个春天的开端。"锄荒培薄寺东隈,一种风光百样栽。谁妒眼中无俗物,前花开遍后花开。"正如叶适在《锄荒》一诗中写的那样,荒凉的冬日里藏着无数个百花齐放的春天,"前花开遍后花开"。落叶回归大地,为生生不息的大地提供养分,是能量的流转,也是无尽的循环和传承。

如今,在温州鹿城区海坛山南麓,筑有叶适墓。而叶适墓不远处,即有建于 2021 年的永嘉学派馆。有趣的是，未必每一个温州商人都知道水心先生其人，但他们可能在自己都未意识到的时候就已经身体力行地循着水心先生的思想轨迹，在"义与利"之间寻找平衡，践行"义利合一"。或许，只要时间的风仍在吹拂，叶适在历史的水心留下的波纹就会荡漾出不同的弧度。

# 永嘉医派一脉传

在温州南塘河畔的中医药特色街区入口处，立着一座引人注目的人物群雕。其中，端坐在C位的是永嘉医派的创始人陈无择，围绕在他两侧或站或坐的五位便是永嘉医派的代表医者王硕、施发、卢祖常、王暐和孙志宁。

永嘉医派是中国最早的医学学派之一，亦是南宋时期江南医派的重要代表，与河北河间、易水学派三足鼎立。在南塘中医药特色街区的一面墙上，写着八个大字："三因学说，宋韵奇葩。"如果将永嘉医派的学术成就比作一朵"宋韵奇葩"的话，那么陈无择的著作《三因极一病证方论》（简称《三因方》）就是至关重要的根茎，在此基础上围绕着陈无择弟子王硕所著《易简方》展开的增修、校正、评述和论争，则是生长出来的绿叶与花蕾。

## 陈无择奠定基石

灼灼其华，永嘉医派这朵"宋韵奇葩"的萌生，始于"龙头"陈无择。而陈无择在温州从医的渊源，需要从更远的年代说起。

自古以来，医者的社会地位并不算高。唐时韩愈曾写道："巫医乐师，百工之人，君子不齿。"到了宋朝，医者起初也仍处于"社会食物链"的底端，

南塘街永嘉医派浮雕

为士大夫所不屑。比如，宋朝学者朱熹就曾为唐代医药学家孙思邈没有选择入仕而扼腕痛惜："思邈为唐名进士，因知医贬为技流，惜哉！"在朱熹看来，从医吃的是"技术饭"，远远不如为官从政那般高端。

不过，在温州这片土地上，这一切随着时代的推移而渐渐发生了改变。宋室南渡之后，偏居东南一隅的温州文化学术兴盛，以叶适为代表的永嘉学派主张"事功"，整体的社会思潮倾向于崇实务实，功名仕途不再是文人唯一的目标和出路。同时手工业繁荣，社会分工逐渐细化，流动人口增多，救死扶伤的医者社会地位提升，直接促成了永嘉医派的产生——从丽水来到温州的"流动人口"陈无择，便是这样一位应运而生的儒医。

陈无择（1131—1189），名言，以字行，原籍青田鹤溪（今丽水市景宁县鹤溪镇），后至温州长期居住并行医收徒。如今大多数人都知道陈无择是南宋名医，但不一定知道他最早是一位儒士。古人常说："秀才学医，笼中捉鸡。"在古代，儒与医，虽然是"跨专业"，但其学习模式和基本逻辑有着极大的重叠。

陈无择认为，儒与医"虽别而同"。他在《三因方》卷二里曾写道："国家以文武医入官，盖为养民设。未有不自学古而得之者，学古之道，虽别而同。为儒必读五经三史、诸子百家，方称学者。医者之经，《素问》《灵枢》是也；史书，即诸家本草是也；诸子，《难经》《甲乙》《太素》《中藏》是也；百家，《鬼遗》《龙树》《金镞刺要》《铜人》《明堂》《幼幼新书》《产科保庆》等是也。"陈无择提到的《素问》和《灵枢》便是我国最早的医学典籍《黄帝内经》。在他看来，学医和学儒一样，都必须研读前人先贤的经典著作。

不过，前人的医学著作浩如烟海，既可以是知识的来源，也可能是一种无形的沉重桎梏。卷帙浩繁的医学方书就如错综复杂的迷宫，如果没有自己的思考，很容易就此迷失。陈无择敏锐地意识到了这一点，感慨"不削繁芜，罔知枢要"。他深知在汗牛充栋的医学典籍面前，只有"由博返约"，才能够执简驭繁。因此，在《黄帝内经》和《金匮要略》等经典医学著作的基础之上，他结合临床实践，创造性地提出了"三因学说"——"凡治病，先须识因，不知其因，病源无目。其因有三，曰内，曰外，曰不内外。"

简单来说，陈无择将病因总结归纳为"内因""外因"和"不内外因"这三种。所谓内因"七情"即"喜怒忧思悲恐惊"，外因"六淫"则是"寒暑燥湿风热"，而"不内外因"便是除了内因和外因之外的第三类病因。作为永嘉医派的创始人，陈无择的《三因方》不仅为永嘉医派铺垫了坚实的基础，也奠定了中医病因学的基本理论框架，影响颇为深远。

在陈无择眼中，研究医学理论是为了更好地推动临床实践。他通过对温州的地理与气候条件的观察，发现这里四季湿润，温州人多数湿气较重，于是在古方平胃散的基础之上加入更适合温州人体质的草药，创造了沿用至今的陈氏养胃汤。当代名中医兼永嘉医派研究者刘时觉亦认为，善用养胃快脾，具有温州的地土之宜，是永嘉医派的学术特色。

总之，温州人比较务实，与虚头巴脑的包装噱头相比，更在乎实际效果。因此，业务能力强、靠本事吃饭的陈无择在温州斩获了好口碑，"乡之富贵贫贱，皆所共闻"。关于陈无择，《颍川郡陈氏宗谱》还曾留下这样的记载："博学多艺，长于方脉，有不可救者，预告以期无爽，故一时医者咸宗之。"总之，彼时的陈无择仿佛当地医学界的一个现象级偶像。一时之间，许多人慕名而来，求医拜师，王硕便是其中之一。

# 王硕化繁为简

王硕，字德肤，南宋永嘉人，淳熙年间师从陈无择。作为陈无择的入室弟子，他延续了"由博返约、化繁为简"的学术风格，编著了《易简方》。

和陈无择一样，王硕认为纷繁复杂的医学方书让人迷惑，干脆快刀斩乱麻，一切从简。从这个角度来说，王硕堪称宋时温州医学界的极简主义者——《易简方》全书仅一卷，书如其名，极为简易，"取方三十首，各有增损，备㕮咀生料三十品，及市肆常货丸药一十种。凡仓猝之病，易疗之疾，靡不悉具"。《易简方》的三十方之中有二十方来自陈无择的《三因方》，极简之中，亦有传承。

王硕追求"病有相类而证或不同，亦可均以治疗"的选方原则，与当时的客观条件有着直接的关系。在这一点上，后来的元人吴澄在给徐若虚的《易简归一》写序时说了一句公道话："王德肤学于无择，《易简》三十方，盖特为穷乡僻原医药不便之地一时救急之设。"在当时医疗资源和医学发展水平有限的情况下，以小博大，由博返约，是相对实际的做法。事实上，王硕的"易简"之道，也颇有永嘉学派的"事功"之风，看重实效，懂变通，不被繁文缛节所束缚，不求完美，只求实用。

很自然地，《易简方》因其便捷与实用性颇受欢迎，盛行域内。南宋藏书家陈振孙曾在《直斋书录解题》里表示："今之为医者，所习多《易简》。"施发亦曾描述这本书的受欢迎程度："今世士夫孰不爱重？皆治病捷要，无逾此书。"如果彼时有畅销书排行榜的话，《易简方》想必在相当长的一段时间内都能够傲居医学工具书榜首。

然而，"易简"是一把双刃剑，有优点，亦有软肋，因此毁誉参半。王硕的《易简方》虽能以简易之方解燃眉之急，但挂一漏万，不可能面面俱到，也有极大的纰漏和硬伤——不事辨证，过于粗略，容易误诊。就这样，《易简方》成为永嘉医派的学术讨论中心，引来许多争论，其中，情绪最为激动、批判言辞最为激烈的，当属卢祖常。

# 卢祖常火力全开

不夸张地说，卢祖常就是永嘉医派里的暴躁老哥，火力全开，在线吐槽。为了对王硕进行系统性批判，他专门写了一部《易简方纠谬》，开篇就毫不客气地批判王硕的《易简方》"可谓半同儿戏，半同屠宰"。

"《易简》行之未几，硕家至无噍类，报应之速如此哉。"不得不说，卢祖常的这句话已经有些人身攻击的意味了。这么浓的火药味，隔着八九百年的时间，我们似乎都还能闻到。不过，卢祖常的情绪如此激烈，也有他的道理："良工为学不可不博，见识不可不广，人命不可不重，取财不可不轻，用药不可不防，不如是不足以尽医道，因此不可妄求'易简'。"从医这件事，关乎人命，责任重大，确实不可儿戏。

有趣的是，性情火爆的卢祖常，面对陈无择，态度却截然不同，不仅柔和许多，甚至还带有十分强烈的欣赏崇拜之情。在《易简方纠谬》中，卢祖常这样评价陈无择："先生轻财重人，笃志师古，穷理尽性，立论著方。其持脉也，有若卢扁饮上池水而洞察三因；其施救也，不假华佗剖腹刳肠而彻分四治。"卢祖常爱憎分明，面对"偶像"陈无择，瞬间变身"夸夸机器"，毫不吝啬溢美之词，甚至还将陈无择比作古代名医扁鹊与华佗。

卢祖常如此明显地区别对待王硕与陈无择，自然也有其原因——卢祖常与陈无择年龄相仿，亦师亦友，经常一起讨论医学问题。他在《易简方纠谬》里曾如是回忆他与陈无择的交往："愚少婴异疾，因有所遇，癖于论医，先生每一会面，必相加重议，以两仪之间，四序之内，气运变迁，客主更胜，兴患多端，探颐莫至。"

"真理越辩越明"，在继承、探讨和批判之中，永嘉医派得以不断发展。不管是温和的进言，还是如卢祖常那般犀利的批判，都可能是弥足珍贵的养分——卢祖常虽然嘴上毫不留情，但其编著的《易简方纠谬》记录了宋时永嘉医派的活动及学术思想，也不失为极具价值的历史资料。更何况，王硕并不是唯一一个被卢祖常激烈吐槽的医者，另一位同样遭受卢祖常火力攻击的是孙志宁。

## 孙志宁剑走偏锋

在永嘉医派诸医家里,"以毒攻毒"的孙志宁绝对是最剑走偏锋的一位医者,坚定而强悍。

人们常道"富贵险中求",而对孙志宁而言,似乎是"治病险中求"。据说,孙志宁艺高人胆大,擅长使用巴豆之类的毒药来治病,比如,在他看来,"巴豆治挥霍垂死之病,药至疾愈,其效如神,真卫生伐病之妙剂"。这种以毒攻毒的做法,不禁让人感慨:真的是一个敢治,一个敢吃。不过,他看似剑走偏锋,实际上心里也有一杆秤,运用毒药的经验颇为丰富,悍中带稳,疗效甚佳。

孙志宁的"稳",还体现在他对王硕的支持和认同之上。一直以来,孙志宁都是王硕的坚定拥趸。他在王硕的《易简方》的基础之上,查漏补缺,编著《增修易简方论》,同时遵循《易简方》之立论,撰写了《伤寒简要》作为补充。某种程度上,孙志宁和王硕在学术思想上有点像一对连体婴,紧密相连。因此,孙志宁和王硕共同承担着来自卢祖常的火花四射的攻讦,可谓永嘉医派的"难兄难弟"。

## 施发和王暐润物无声

与"脾性火暴"的卢祖常相比,施发和王暐二人的性情则显得平和如水。

施发,字政卿,号桂堂,著有《察病指南》《本草辨异》和《续易简方论》。在《察病指南自序》里,他描写了自己从医的历程:"余自弱冠有志于此,常即此与举业并攻,迨夫年将知命,谢绝场屋,尽屏科目之累,专心医道。"他20岁时就已有从医的志向,同时亦准备科考,儒医兼顾,年近50时仍"上岸"无望,便干脆彻底转换职业赛道,放弃科考,专心医道。

在施发的身上,我们似乎能看到许多当代年轻人的缩影——死磕"考编",

却迟迟不能成功"上岸"。因此，从现代人的视角来看，施发的"改行"亦很好理解——眼看几十年的光阴就此流逝，不如及时止损，换一条路走。

于是，他有路时行路，无路时便另辟新途，颇有些"行到水穷处，坐看云起时"的意味。淳祐元年（1241），施发完成脉学专著《察病指南》。在这本现存较早的诊断学著作中，他创造了世界上最早描绘脉搏的形象图，绘制了33种脉象示意图，把脉的波状直观地呈现于纸上。

此外，尽管施发对王硕的《易简方》亦不全然认可，但其表达方式并不激烈，如水一般无声润物，冷静而具有建设性。他表示"其于虚实冷热之症无所区别，谓之为简，无乃太简乎""特以人命所关，不容缄嘿，于是表而出之"，字句之间都透出"对事不对人"的学术探讨态度。施发编著《续易简方论》，更多的是为了补其不足。如果说孙志宁是对王硕进行全然推崇的忠实粉丝的话，那么施发就是王硕的理智粉——他欣赏王硕，但并不偏爱。

与施发一样，王暐在《续易简方脉论》里也温和地对王硕的《易简方》进行了批评和纠正。唯一不同的是，王暐的方式更为圆融，在批评的同时，还建立了相对完整的理论体系。而且，王暐的表述颇为澄澈，他近乎坦诚地承认了某些疾病的诊疗之艰难："劳瘵之病甚多，自古至今未尝有治而愈者。"对于难治之症，他拥有一种无奈却真实的平和心态，承认医生的能力有限，"劳瘵痼疾，良医弗为"。他这种认清现实、知难而退并"躺"然面对的态度，或许也能给今人一些启发。

从陈无择的《三因方》，到王硕的《易简方》，再到卢祖常、施发、孙志宁和王暐在此基础上进行的纠谬、增修和续作，永嘉医派这朵奇葩经历了风霜雨露，在杏林里绽放出了灼灼光彩，还将传统医学之馨香传播至更广阔的地方——永嘉医派的著作传播国外，盛行日本、朝鲜等地，多次再版、抄录。当然，永嘉医派也有过明珠蒙尘的沉寂时期，在历史长河之中差点佚失不传，不过所幸清末时温州名儒孙衣言、孙诒让在日本《经籍访古志》中重新发现并搜集到了《易简方》，从而校正刊行，让永嘉医派的星星之火得以传回起点，焕发出新的生命力。

## 多尚武忠义之士

身处山陬海隅，既要面对险恶的自然环境，又要面对可能出现的山贼海盗，温州人自古有习武的传统，所谓"男壮皆练武，村村有拳坛"，民风剽悍，尚武忠义。

宋代完善科举制度，首开武举殿试先河，给温州人提供了一个施展才能的机会。据史料记载，自北宋仁宗朝开设武科至南宋末年，共举行了78科武举，温州不论是300余武进士，还是18名武状元，数量均位居全省第一，尤其武状元数量占全国近四分之一。而且令人惊讶的是，这些以"武"取得功名的人，武可上马杀敌，文可赋诗填词，原来是文武双全的一代才俊。

"世治尚文，世乱尚武"，宋代在很长一段时间里处于虎狼环伺的险境中。生于战事不断、风雨飘摇的时代，其实不论是文人还是武士，谁又能置身事外。

### 武状元之乡

宋代一度"重文轻武"，直至立朝后69年的天圣七年（1029）才开始设武举。翌年，宋仁宗亲自担任考官，进行武举殿试。当时主要考射长垛、马射、马枪、步射、材貌、言语、举重等七项内容。后来不断调整、完善考试内容和方法，宝元三年（1040）出台新规："自今武举人程试，并以策问定去留、弓马定高下，余依兵部旧制考校。"可见对武举的考试已不单纯看武艺高低，还包括策问，亦即军事理论素养，对习武之人的综合素质有了更高的要求，希望用这套程序选拔出才兼文武的儒将。宋徽宗时期，又规定各州普设武学，仿照文科设置相关考试制度。

永嘉楠溪合溪（今溪口）人潘文虎（1089—?），北宋末年中武状元，是温州第一个武状元。这个武状元即出身于书香门第，光绪《永嘉县志》评价他："文武兼备，博通兵法，擅长文章。"潘状元开风气之先。

宋高宗绍兴十六年（1156），局势逐渐安定，重开武科举考试。经历多年战争离乱，饱尝国仇家恨，南宋朝廷深知武将的重要。临安设立武学，作为培养军事人才的最高学府，并规定武学学例与国子监同，大大提高了武举地位。

高宗驻跸温州时，扈从的部分武将、军士留在本地，很大程度上促进了南北派武术的交融发展，温州武学之风更盛，其中又以平阳（含今苍南、龙港及泰顺部分区域）最突出，武进士数量占温州三分之二强，武状元多达15人，在全国实属罕见，故有"武状元之乡"的美誉。

平阳县金舟乡（今属苍南）人陈鳌（1115—1187）、陈鹗（1119—1183）兄弟，年龄相差四岁，也相隔四年先后夺得武状元，轰动朝野。陈氏兄弟出身世家，父亲陈文，名"文"却是武将，更兼文武双修。家中设有"演武堂"，兄弟俩从小随父习武练文。绍兴八年（1138），陈鳌以右科（武科）进士对策第一，获得武举第一人，被授予"东南第八将"。绍兴十二年（1142），陈鹗又摘得武举殿试廷对第一，被授予"东南第十将"。

武状元朱熠也是文武双全，最后位至宰辅，成为宋代武科状元中职位最高的官员，《宋史》有传。宋代武状元中仅有朱熠、华岳（安徽贵池人）二人在宋史中有正传。朱熠（1191—1269），字明远，号肃庵，平阳水头人。南宋理宗端平二年（1235）高中武状元。其父朱伯魁，尚武好文，为当地知名人士。朱熠自小臂力惊人，能挽二百斤大弓，又爱好读书，文武双全。他为官三十载，历经宋宁宗、宋理宗、宋度宗三朝，一度集军政大权于一身。

其他武状元还有蔡必胜（1139—1203），乾道二年（1166）武状元；黄褎然（1145—1217），淳熙十四年（1187）武状元；林管，绍熙四年（1193）武状元；朱嗣宗（1185—?），嘉定十年（1217）武状元；林梦新，绍定五年（1232）武状元；项桂发，淳祐四年（1244）武状元；章梦飞（1217—1279），淳祐七年（1247）武状元；朱应举，开庆元年（1259）武状元；蔡起辛，景定三年（1262）武状元；林时中（约1230—约1278），咸淳七年（1271）武状元；翁椁（?—1275?），咸淳十年（1274）武状元等。

除武举科考外，据《梦粱录》记载，都城临安常设置角力擂台比武，夺得冠军者，可得旗帐、彩缎、锦袄、马匹等奖品。宋理宗景定年间（1260—1264），温州人韩福夺得冠军，不仅获得奖品，还被封了"补军佐之职"。可见南宋时期温州民间武术实力高强。

## 建功报国

宋朝300多年的历史，始终面临外敌侵扰，特别是经历了靖康之耻，南宋丢失半壁江山，偏安一隅，磕磕绊绊地走过了100多年的风雨。很多年轻人怀抱着建功报国正当时的理想，投笔从戎。

平阳人黄友（1080—1126）就是其中的典型。他出身于书香门第，全家皆能诗。7岁出口成章，赋诗《咏风》，为《东瓯诗存》收录。15岁即入太学读书，奈何考运不佳，在京城两次参加太学补试而失利。其母郑氏颇为善解人意，作诗殷殷叮嘱：

知汝负天材，误失不为错。
远远报汝知，旅怀保安乐。
经史多贯串，德业加磨琢。
交友用慎择，出处当执卓。
京国繁华地，人心险丘壑。

> 切切遵予言，勿为外物铄。
> 文行天所佑，仙籍在掌握。
> 衣锦归故乡，双亲乃欢跃。

后黄友慨然投笔，在边塞军营历练。他为人重情义，所作《哀高都护战没》七首诗，记录高都护战死沙场的事迹，深深打动了徽宗，为高都护赠谥。黄友因在对敌作战中表现出色，免礼部会试，27岁登进士第。先后任永嘉、瑞安主簿和金华县令、檀州通判、河北制置使参谋官等职。

临去河北任职时，其妻陈氏填词《贺新郎》勉励夫君：

> 扬鞭此去关山阻。出都门、匆匆告别，友朋亲故。绿水桥边垂杨舞，此是分旧去处。临去也，殷勤嘱咐。王事维艰身莫惜，便招开，秦风熙河路。归奏凯，庆明主。

那时河北局势已非常严峻，金兵步步紧逼。黄友多次身先士卒，奋勇作战。靖康元年（1126）他率部驰援太原，战斗中力竭被俘，因严词拒降，被倒挂焚身，壮烈殉国，年仅47岁。消息传来，钦宗书"忠节传家"四字予以旌表。《宋史》列入《忠义传》。

弃文从武战死沙场的还有乐清人侯畐。侯畐（1204—1258），字道子，号霜崖，文才出众，三次参加乡试、两次参加转运司的考试，都名列第一，却鬼使神差总是过不了礼部试。最后他弃文习武，于淳祐七年（1247）考中武进士，可见是文武全才。宝祐五年（1257），他调任海州（今连云港）通判兼河南府计议官。次年因叛将引兵突袭，侯畐率部抗击，寡不敌众，力竭战死，海州随之陷于敌手，全家七人遇难。理宗下令在海州及家乡乐清立庙祭祀。善诗文的侯畐，遗著有《霜崖集》。

在战场上建功立业的温州籍将士不乏其人。曾光（？—1169），平阳归仁乡三十八都东溪（今属泰顺）人。相貌魁梧，臂力过人，善骑射，通晓孙武兵法。隆兴元年（1163）考中武科进士，授骑都尉。那年主战派代表张浚重被启用，调兵八万北伐。曾光领兵与金兵鏖战，一举收复安徽灵璧、虹县。在攻克宿州（今安徽宿县）时，曾光斩敌数以千百计。战后张浚将他列为第一功，升殿前太尉右通直郎。

宋代的历史，一直在"战"与"和"之间拉锯、谈判，智勇双全的外交官宋之才为后人留下了这样一段佳话。宋之才（1090—1166），字庭佐，平阳宋桥人。徽宗政和八年（1118）进士。绍兴十四年（1144）奉旨出使金国。金主挑衅地问道："宋大国乎，小国乎？"宋之才不卑不亢地回答："非大国，亦非小国，乃中国也。"金主叹服。回国后，宋高宗赞曰："真我宋之才也。"

## 慷慨悲歌

然而，形势日益严峻，政局日渐崩坏。德祐二年（1276），南宋朝廷已风雨飘摇，元军攻陷临安，年幼的益王、广王在大臣们保护下一路南奔。

危难之时见忠义。花甲之年的刘黻追随流亡朝廷死于颠簸的海上。刘黻（1217—1276）是当年的太学生，"六君子"之一。宋代太学生是一股不可忽视的政治力量，在内忧外患的时代背景下，这些来自各地的青年才俊们书生意气，挥斥方遒，议论朝政，针砭时弊，太学因此被称为"无官御史台"。南宋著名的一场太学生议政事件发生在宝祐四年（1256），太学生刘黻、陈宜中、林测祖、陈宗、曾唯、黄镛六人上书参劾权臣丁大全奸邪误国，结果被削去学籍，押解到边远地。时人称为"六君子"。六人中前三位都是来自温州的学子。后丁大全被劾罢官，"六君子"才免解。

景定三年（1262）刘黻中进士，曾任监察御史、庆元知府、刑部侍郎、吏部尚书等职。当他正在家中为母守孝时，温州同乡、丞相陈宜中约请出山，年已六旬的他没有推却，携眷属随流亡朝廷南下。一路颠簸，突患疾病，逝于海上，"出师未捷身先死"。其妻林氏亦携家人蹈海以殉。《宋史》有传，赞他"分别邪正，侃侃敢言，亦难能者"。遗著有《蒙川集》十卷。

和刘黻同为"六君子"之一的陈宜中，字与权，永嘉青岙（今属龙湾）

人。身为南宋最后一任丞相,他全面主持流亡政府的工作,在温州拥立益、广二王为都督天下兵马正、副元帅,后又撤往福建、广东,立益王赵昰即位,即宋端宗。他力挽狂澜,但一次次面临失败的战局。其弟陈自中也在浙闽分水关抗击元军,战死阵前。流亡政府内部又发生冲突,陈宜中决定去占城(今越南)借兵,张世杰、陆秀夫则率众前往崖山。此后宋军在崖山海战,全军覆灭。知其不可为的陈宜中,再未能回到故国……

当崖山海战的消息传来后,在楠溪芙蓉崖已苦苦支撑了两年的陈虞之,仰天恸哭,策马跳崖。永嘉人陈虞之(1225—1279),字云翁,号止所,咸淳元年(1265)登进士第。他善书画,工墨竹,如果不是战乱年代,必是一位风雅名士。可生逢乱世,他从舞文弄墨的文官成为上马杀敌的武将。德祐二年(1276)十一月,温州城被攻破,守将赵与玂、李世达、方洪等慷慨死难。陈虞之率乡人千余退至楠溪芙蓉崖,据险坚守两年多,元军始终没能攻下。他缴获的元代八思巴文"总把之印"(铜质),至今还保存在芙蓉村陈氏家族中。崖山海战,宋王朝彻底覆灭,陈虞之悲恸欲绝,加之唯一粮道被元军所截,他毅然用布蒙上战马双眼,策马跳崖殉国。子侄妻子乡亲八百余人亦随之跳崖,宁死不降。

还有一位生卒年不详的温州人徐臻,原打算去外地探望父亲,结果因战事被阻,恰遇文天祥招兵勤王,于是决定跟随文天祥。文天祥被元军抓捕后,本已脱险的徐臻却主动自投罗网,情愿一路照顾被押解的文天祥,患难与共。行至江西隆兴,他不幸病故。《宋史》将其列入《忠义传》。后人在温州江心屿建文信国公祠,祭祀文天祥,左右配享二人,一位是台州人杜浒,一位就是温州人徐臻,他们都是一路追随文天祥,至死不悔的忠义之士。

## 文人义举

朝代更迭之时,温州的诗人们不仅用诗词抒写国破家亡、生灵涂炭的深重灾难,更有激于民族大义,起而行动的千古义士,平阳诗人林景熙甘冒风险做了一件惊天动地的大事。

林景熙（1242—1310），字德阳（又作德旸），号霁山，晚年定居平阳县城白石巷。林景熙曾以太学上舍释褐的身份，直接登进士第，步入仕途，可见敏而好学，成绩优异。但面对南宋末年政治腐败、军事无能的局面，林景熙愤而还乡，并常在江浙一带漫游。

南宋祥兴二年（1279），临安陷落三年后，流亡朝廷与元军在崖山生死决战，南宋灭亡，十万军民共赴国难。消息传来，林景熙悲愤难抑，想起陆游的诗句"王师北定中原日，家祭无忘告乃翁"，更是百感交集，写下一首《书陆放翁诗卷后》，隔着近七十年的时光洒泪遥对这位诗坛前辈：

>　　天宝诗人诗有史，杜鹃再拜泪如水。
>　　龟堂一老旗鼓雄，劲气往往摩其垒。
>　　轻裘骏马成都花，冰瓯雪碗建溪茶。
>　　承平麾节半海宇，归来镜曲盟鸥沙。
>　　诗墨淋漓不负酒，但恨未饮月氏首。
>　　床头孤剑空有声，坐看中原落人手。
>　　青山一发愁蒙蒙，干戈况满天南东。
>　　来孙却见九州同，家祭如何告乃翁。

前面的诗句都在描述陆游一生的抱负和遗恨，末两句则发出锥心之问：子孙后辈固然看到了"九州同"，但这是异族铁蹄之下的"九州同"啊！如何将现状告知满怀期盼的先祖？——这份沉痛和绝望，都化作了历史山谷中一声长长的叹息，挥之不去！

元世祖至元二十二年（1285），总统江南释教的杨琏真伽为了盗取南宋皇陵中的金银财宝，率众挖掘会稽（今绍兴）宋故六陵，包括高宗、孝宗、光宗、宁宗、理宗、度宗六代帝王与后妃的陵墓，"弃骨草莽间"，并扬言要在七日后运回杭州，在钱塘江畔筑造"镇南塔"，将六代帝后之骸骨埋于塔底。

当时，正在绍兴诗友王英孙家做客的林景熙与郑朴翁，闻讯悲愤交加。

他们都是南宋的遗民，岂能坐视？郑朴翁（1240—1302），字宗仁，号"初心"，与林景熙既是同乡，也同为上舍释褐生，曾任福州教授、国子监学正等，宋亡后与林景熙一样隐居归里。当时诗友中还有一位名叫唐珏的会稽志士。

他们化装成乞丐和采药老人，肩背竹篓，手持竹夹、勾锄，连夜冒险潜入宝山皇陵区，将先前装入竹篓中的枯骨换出六帝后遗骸，背到兰亭山天童寺北坡深处，装在六只盒子里，裹以黄绫，托言佛经，按顺序依次埋葬于兰亭山中。唯恐年深月久无人知晓，他们又去临安故宫常朝殿前挖来六株冬青树，分植墓前以作标识。林景熙由此赋诗《冬青》："一抔自筑珠丘土，双匣犹传竺国经。独有春风知此意，年年杜宇泣冬青"，隐晦地记录了埋骨的过程，抒发了心中的悲愤。

众人义收宋故六陵事件，史上称为"冬青之役"。元朝覆灭后四年，即明洪武五年（1372），朝廷迎接宋六帝回宝山敕葬时，特地在皇陵旁建造"双义祠"，祠中塑林景熙、唐珏像，文徵明书《双义祠记》，称林景熙、唐珏乃"千古大义士"。明清两代剧作家根据此事编了四个剧本，明代卜世臣编撰的《冬青记》，在苏州虎丘千人石上公演时，"观者上万，无不泣下者也"。

1987年，平阳、苍南两县曾重修腾蛟林景熙墓，被列为县级文物保护单位。还建成"仰霁亭"和"林景熙爱国诗词碑林"，刘海粟、沙孟海、苏渊雷、林剑丹等二十位著名书法家留下墨宝，对这位气节凛然的诗人表达敬仰之情。

# 江心屿和一个朝代的兴衰

八百里瓯江，自西向东，从龙泉穿林越岗迤逦而下，然后贴着温州古城的边，一路连接了西洲、江心、七都、灵昆四个小岛，如穿起四颗明珠般，欣欣然奔入东海。这四颗明珠中最闪亮的非江心屿莫属，在很多诗句中，她被称为"孤屿"。

东西长、南北狭的江心屿，总面积约70万平方米，名列中国四大名胜孤屿之一，今为国家4A级旅游区。江中有岛，岛上有湖，湖边有林，林中有山。江心屿之美酝酿了锦绣诗篇，为她写下第一首诗的是谢灵运，《登江中孤屿》使小岛名扬天下。此后更有众多佳篇秀句为江心屿增添绵绵诗情。据统计，历代歌咏江心屿诗篇达上千首。

然而，孤屿绝不仅仅是恣意浪漫的"诗之岛"，普度众生的"佛之屿"，它更是一座露天历史博物馆，收藏了南宋开国皇帝和末代皇帝逃难的足迹，珍存了文天祥丹心一片英雄泪，见证了一个朝代仓皇远去的背影。

## 高宗逃难登孤屿

潮涨潮落，云起云散，距谢灵运写下《登江中孤屿》已经过去了700年。

20世纪50年代的江心屿 朱家兴摄

然而谁能想到，有朝一日风云突变，绿意葱茏的江心屿打破了静谧的诗意，刀光剑影中激荡着肃杀之气？

那是宋代历史上的危难时刻。宋王朝统治168年后的靖康二年（1127），金兵南下，掳徽宗、钦宗二帝，结束了江山一统的上半场"北宋"，开始了偏安南方的下半场"南宋"。然而宋室南迁后，金兵仍不罢休，渡过黄河，大举攻宋。建炎三年（1129）宋高宗携百官后宫被迫仓皇南逃，辗转经扬州、镇江、杭州、绍兴、宁波等地，登上沿途官员募集来的海船。据《建炎以来系年要录》记载，当时有上千艘海船供使用，"每舟载六十卫士"。

形势已越发危急，杭州、绍兴、宁波相继陷于金兵之手。那年年底，宋高宗率领一众人等漂泊在海上，度过了百感交集的除夕夜，迎来了建炎四年（1130）的大年初一。彼时彼地，那心境想必也如当年李后主"故国不堪回首月明中"的凄凉。

金兵依然紧追不舍，在电闪雷鸣的夜晚，定海也告失守。金兵船只企图袭击高宗御舟，被随行扈从的张公裕拼力击退。高宗只得继续南下，终于在正月二十日进入温州境域内，御舟先后停泊于瓯江口青澳门（今洞头）、温州港、乐清琯头，二月初二，御舟及随行船只停泊在瓯江中，高宗在众人簇拥下，惊魂未定地登上了江心屿。

当时江心屿东西山峰各有一座寺院，东边的是普寂禅院，西边的是净信院，二寺隔水相望。高宗驻跸东峰下的普寂禅院中。

皇帝驻跸之处，当然已不是寻常之地，当即下旨改寺额，普寂禅院改赐龙翔禅院，净信院特改赐兴庆教院。富有艺术气质的宋高宗御笔一挥，题写下

"清辉浴光"四个字。今仅存"清辉"二字刻石嵌于江心寺殿东侧壁间。

稍稍安定下来，宋高宗即向身边的臣僚询问本地有哪些可用之才。御史中丞赵鼎推荐了吴表臣、林季仲等人。吴表臣（1084—1150），字正仲，永嘉（今城区）人，大观三年（1109）进士，曾任通州司理。北宋亡后返回家乡。他闻讯后最先赶到江心屿，在龙翔禅院拜见高宗，提出许多治国理政的主张。高宗颇为赞赏，封他为监察御史。

大批扈从侍卫及后宫妃嫔的到来，显然使小小的江心屿不堪重负。曾任岳飞参谋官的温州名士薛弼提出建议，皇帝一行还是移驾城内郡廨为妥。薛弼，字直老，永嘉（今温州城区）人，政和二年（1112）进士，曾任沧州教授、监左藏东库、太仆丞。他谒见宰相吕颐浩，说岛上毕竟条件简陋，设施不齐备，"无以安上躬，不如跦郡廨，增舟取材，皆有定所，民不加敛，扈从休息"，并提出通过出售官产来解决当时众多君臣经费开支问题。永嘉知县霍蠡也建议将官方没收的田宅出售以解决财政困难，公开拍卖，买者出价，价高者得——这被视为我国官产竞标拍卖的开端。这办法因公私兼顾，公正合理，受到朝廷的重视，后来更是依此做法，向江苏、湖南、福建、四川、广东以及浙江其他地区推广。

在孤屿上驻留了半个月的高宗，欣然采纳进城的建议。二月十七日，高宗一行浩浩荡荡从子城谯楼进入城内，来到州治所在。州治改为临时行宫，儒志坊张氏宅则为州治临时办公点。

温州历史上郡治建于华盖、松台两山之间，从东晋至宋元时期，始终未迁址。今市区中心广场路一带就是温州郡、州、府、道、县各级文武官署所在地，广场路小学即为当年的"州治旧址"。清道光年间，在府署东客厅发现雕镂精致的柱础四方。清代梁章钜在《浪迹续谈》中认为，此即南宋行宫旧物。清郭钟岳《瓯江竹枝词》也有诗云："柱础犹堪认故宫，翠华曾驻宋高宗。"

温州百姓从未见过皇帝威仪，家家户户张灯结彩，焚香奉迎。百官百姓路旁叩拜，山呼万岁。皇帝御驾经行处，都有了新的名称。谯门成了朝门，高宗停驾垂问处，此后改名万岁埭。

随驾南迁的北宋历代皇帝神位、御容像被安放在开元寺和天庆宫——这里成为临时太庙，高规格的皇家祭拜场所。

三月份以来，南宋军队和金兵陆续打了几仗，金兵北撤，退至常州、镇江一带。宋高宗决定离开温州。三月十七日，高宗率百官扈从来到天庆宫拜别列祖神位，次日启驾。相传从城西北的安定门一路向东，经江山门、奉恩门出，从水路返回杭州。这三座新开的城门也由此得名。温州官员百姓一路送到江边，依依惜别。

皇帝贵为"天子"，能近距离亲眼一睹"天威"，对普通百姓来说必然是难忘的记忆。还未金榜题名的乐清士子王十朋，当时也挤在人群中，得以亲见天子威仪，心情久久不能平静，写下一首诗《驾幸温州次僧宗觉韵》：

圣主南巡驻六飞，邦人咫尺见天威。
间关高帝尚鞍马，谨厚汉光犹绛衣。
北斗城池增王气，东瓯山水发清辉。
行看天仗还京阙，无复旄头彗紫微。

高宗这次驻跸温州，前后共停留一个多月。后宫女眷四年后才"自温州泛海如泉州"，太庙神主随后一年"遣权太常少卿奉送"离开温州，累朝神御则直到绍兴十三年（1143）方才"遣吏部侍郎江邈奉迎"离温回京。

## 温州地位上升

皇帝踏上温州的土地，是影响深远的重大事件，带来了温州地位的直线上升，北宋元丰时的"僻远下州"（叶适《题二刘文集后》），成为"次辅郡"。

随着温州地位的上升，来任职的官员多为朝中要员，南宋陈傅良在《重修南塘记》中称"自中兴，永嘉为次辅郡，其选守盖多名卿大夫矣"。如丞相范宗尹、尚书章谊、丞相秦桧等。由于官多职少，官员调动频繁，任职时间都非常短。南宋153年间，温州知州列名的达126人，平均任期仅一年多。时间最短的肯定是秦桧了。绍兴六年（1136），秦桧罢相后被贬谪到温州任职。据文史学者潘猛补考证，秦桧在温州的任职时间极短，五月发文任命，六月即正式开府，七月又接到绍兴府任命的通知，正式上班的时间不过七天。

南宋末年，温州的地位再度上升。宝祐元年（1253），太子赵禥（即后来的度宗）被封为永嘉郡王，温州成为度宗潜邸。咸淳元年（1265），南宋第六任皇帝度宗继位，温州因而升为瑞安府。

皇帝的到来，也使温州迎来了人丁兴旺的时期。

建炎南渡时，众多王室贵胄、文武官员随高宗来到温州，他们中的不少人像发现世外桃源般，发现了山水明秀、工商繁荣的温州，于是定居此地，形成南宋时期温州第一次移民高潮。

按《宋史·宗室世系表》，宋朝宗室分为三个支派，即太祖（赵匡胤）支派、太宗（赵匡义）支派、魏王（赵廷美）支派。三个支派的后裔均有迁居温州者，分布于乐清、永嘉、瑞安、平阳、苍南、文成等地。居乐清者最多，乐清《赵氏宗谱》称"当两宫北狩，宗室徙温者二十八人"。

高氏是南宋迁居温州的外戚望族。安徽蒙城人高世则，英宗皇后高氏之族，为东南地区高氏三大始祖之一。绍兴年间任温州节度使，后定居温州。温州高氏主要散居于乐清、瑞安等地。瑞安阁巷柏树村元代出了戏剧家高则诚，乐清白象高岙因明代出了尚书高友玑而成为温州高氏著名的聚居地。

皇帝的一些随从官员后来也选择留在温州。如绍兴七年（1137）四月甲午，少师、万寿观使刘光世请求自选居住地，获准后就留居温州；南氏始迁祖南巘跟着高宗来到温州，后上表恳请退养，隐居于乐清磐石，其后裔遍布温属各县；郑氏始迁祖随高宗至温后，居永嘉城内鲤鱼桥；冯氏始迁祖冯成扈驾来温，居永嘉德政乡夹屿。其他还有一些在温州任职的官员，任期满后也留居当地。

南宋温州的这次移民潮，定居下来的多是非富即贵有家底的中上层人士，不仅拥有一定的财富和社会地位，同时受过良好教育，他们的到来显然对本地社会经济和文化艺术的发展，起到了促进作用。

高宗离开温州后，在杭州登基，开始了南宋小朝廷偏安一隅的时代。

感慨之余，高宗不免想起了曾经的避难之所。绍兴七年（1137），他下旨诏青了禅师由普陀来江心，主持龙翔、兴庆二寺。

青了禅师全称为"真州长芦真歇青了禅师"，俗姓雍，四川人。生于宋元祐三年（1088），11岁出家。河南丹霞山子淳禅师弟子，河北长芦山祖照禅师的得意门徒，青原行思大师派下第十三世法嗣。

青了禅师是位实干家，他来到江心屿不仅传经设坛，主持佛事，而且加强建设，亲自率领众僧人抛石填土，填塞东西两屿间的川流，并在上面建起中川寺。青了将此事表奏高宗后，高宗非常满意，下旨统"三寺为一"，总称"龙翔兴庆禅寺"，同时赐田千亩。后又敕奉为"高宗道场"。

此后，江心寺声名大振，宋宁宗时品选天下禅宗丛林，列为十刹之一。青了禅师也以改造孤屿山河、开创江心丛林业绩而史册留名。

## 末代皇帝到来

时光易逝，历史轮回。140年后，皇帝再一次来到了江心孤屿。

不过，这次来的是两个娃娃皇帝——九岁的益王赵昰和他四岁的异母弟广王赵昺，这两个不谙人事的小孩子被命运裹挟着，毫无选择地先后成为南宋的最后两位小皇帝——端宗和怀宗。

德祐二年（1276），是南宋历史上一个悲怆的年份。山河破碎，城池沦陷，元军攻下南宋都城临安，五岁的宋恭帝赵㬎和祖母谢氏、母亲全氏都成了元王朝的俘虏，于当年五月被押至元大都（今北京）。只有赵㬎的两个异母兄弟赵昰和赵昺，在一大群臣子的保护下仓皇出逃，一路乘船向浙东方向而来。经过数十天的奔波，他们终于抵达温州，再度踏上了江心屿的土地——循着百年前宋高宗驻跸的遗迹，众人怎不百感交集、抱头痛哭？

弹丸之地的江心屿竟然成了南宋光复大业的据点。陆秀夫、苏刘义、张世杰追随而来，已潜回温州家乡的末代宰相陈宜中也匆匆而来。他们拥戴益王为天下兵马都元帅，广王副之。都元帅府就设在江心寺里。

一个月后，文天祥也历尽艰辛辗转来到江心屿。

文天祥（1236—1283），字宋瑞，又字履善，吉州庐陵人，20岁时高中状元。南宋德祐元年（1275），元军大举南侵，文天祥在赣州组织义师万人勤王。翌年正月，他以右丞相兼枢密使身份出使元营谈判，被扣留。解送途中，他与十余人一起脱险逃出京口，连夜奔赴真州，后又转道扬州、高邮，折回如皋、通州，然后泛海南渡，追寻着二王的踪迹。

这一路上，40个日夜历经艰险，文天祥说这趟行程"寄一生于万死，不复望见天日，至永嘉唯存六人"。可等到他们千辛万苦赶到温州时，众君臣已于一个月前转至福州。

在当年宋高宗的御座下，文天祥等人触景伤情，热泪滚滚。面对着滔滔奔涌的瓯江激流，文天祥情不能已，在江心寺大殿的粉壁上写下著名的诗篇《北归宿中川寺》：

万里风霜鬓已丝，飘零回首壮心悲。
罗浮山下雪来未，扬子江心月照谁。
只谓虎头非贵相，不图羝乳有归期。
乘潮一到中川寺，暗度中兴第二碑。

山河破碎之际，文天祥依然抱着中兴之念，召集温、台、处三州豪杰之士，招募义兵，图谋抗元复国。乐清布衣志士鲍叔廉慨然挺身而出，文天祥命他率当地义勇，防守温台交界处。随着元军大举逼近，婺、处、台等州相继沦陷。鲍叔廉散家财，备兵器，利用当地山岭结寨七十处，山顶处竖旗："台州虽降，温州不愿为之氓！"后因叛徒出卖，遭到偷袭，鲍叔廉战败自刎。元军攻破山寨，全族夷灭殆尽。唯有五岁的曾侄孙被乳母抱匿山中，得以幸免。

在江心屿上支撑了一个多月后，文天祥被二王召至福安（今福州），拜右丞相，都督诸路军马，从此转战福建、江西、广东一带。两年后兵败被俘，在燕京囚禁四年，留下"人生自古谁无死，留取丹心照汗青"的壮语，于元至元十九年（1282）从容就义。

赵家皇帝逃来逃去，最终依然免不了国破家亡的结局，祥兴二年（1279）

二月，崖山战败，陆秀夫背着八岁的小皇帝赵昺投海。

江心一月，温州人记取了文天祥的铁骨丹心。

明成化十八年（1482），正值文天祥就义两百周年。永嘉知县刘逊向温州知府项澄建议在江心寺东侧隙地建祠纪念。弘治十三年（1500）提学副使赵宽和温处道林廷选一起来拜谒文天祥祠时，深感"祠宇卑隘勿称"，便由知府邓淮选址扩充，"在寺之北垂，倚岩临流，崇深虚明"。后祠宇和寺同时毁于火灾，又重建于江心寺东侧。正德十六年（1521）知府陆鳌等加大扩充，崇祯九年（1636）又重修一次，以上修建过程均有碑文记载。

后来的诗人们来到江心屿，都不忘拜谒前朝的英雄，感时伤怀，留下了许多诗人兴亡梦、家国恨的吟唱。虽已是前朝旧事，可锋利的词句一不小心，还是戳到了历史的痛处——阮元《登江中孤屿谒文丞相祠》令人一咏三叹：

> 独向江心挽倒流，老臣投死入东瓯。
> 侧身天地成孤注，满目河山寄一舟。
> 朱鸟西台人尽哭，红羊南海劫初收。
> 可怜此屿无多土，曾抵杭州与汴州。

阮元的这首诗如今就刻在文信国公祠庭院中的回廊上。和阮元的诗一起陈列的还有诗词碑刻二十余方，其中文天祥诗碑四方，即《北归宿中川寺》《江心寺》《过零丁洋》《正气歌》，其余为明清以来名人钱肃乐、朱彝尊、阮元、谢启昆、董正扬、夏承焘等谒拜题咏，由明代吴自新及近现代张宗祥、张伯驹、陆俨少等书写。

现存的文信国公祠为晚清建筑，占地面积800多平方米，为三间二进四合院式，四周古柏苍翠。门楣嵌当代书法家沙孟海书"宋文信国公祠"青石横额。门前楹联表达了温州人对文天祥的敬意：

> 孤屿自中川，逝水难消亡国恨；
> 崇祠足千古，英风犹挟怒涛鸣。

WENZHOU
THE BIOGRAPHY

温州 传

海上繁华

第四章

朔门古港遗址与江心屿遥遥相望 刘吉利摄

# 繁荣开放的商港

宋代温州港的繁荣达到鼎盛，一艘艘远洋大船装载着精美的青瓷、漆器、丝绸、蠲纸，从瓯江口扬帆远航。

后人可以从元代温州画家王振鹏（1275—1328）近10米的长卷《江山胜览图》中，感受到宋元时期温州港的兴盛景象：一座座码头由东至西平行排列，伸向江面。码头平台上撑起的伞盖下是正在指挥人来货往的官吏，推车送货的船工急匆匆走过，稍远处重担在肩的挑夫正颤悠悠地迈步登船。帆船与码头之间架设了供人上下的跳板。

视线拉开到更远处，可以看见码头附近有砖木院落式的驿馆、连成一排的茅舍式店面。院落式建筑大多为平房，也有两层楼房，庭院宽敞，外围竹篱，这是接待来温办事的官员或是外地客商的场所。而店面正对街区，主要经营陶瓷、漆器、象牙、料器等工艺品，也有茶馆、酒店，店门前长竿斜挑出店铺标识。店前开阔的场地上行人熙来攘往，有杂技表演，有流动摊贩，热腾腾的人间烟火气仿佛穿越数百年的时光迎面扑来……

这幅有"百科全图"之誉的纪实性风情画巨作所描绘的码头、桥梁、建筑，在考古发现中得到了验证。2022年度全国十大考古发现之一的温州朔门古港遗址的发掘，使宋元时期千年商港的盛况重现眼前。

# 码头建设

2021年10月，温州市区望江路在实施道路下穿工程中，发现了一处成片相连的遗址。浙江省文物考古研究所和温州市文物考古研究所进行了为期近一年的联合考古勘探。九座长方形的码头遗址、块状石条垒砌的长堤、三艘沉船、一组干栏式建筑、数以吨计的不同产地的瓷片，甚至半圆形的瓮城基址，逐一重见天日。

据专家判断，此为宋元码头遗址。其规模之大、遗迹之全、内涵之丰富，轰动考古界。

九座码头中有三座斜坡式码头，为北宋建造。斜坡式码头依托江边海坛山山脚基岩，以块石砌筑而成，呈平缓斜坡状延伸。其余均为南宋建造的台阶式码头，平面形状呈长方形，石包土心结构。内部填土，上垫木板，板上叠砌大小不一的条石和块石，石缝用石片衬平，外层用长木桩严实加固，以防水流冲击，砌筑颇为考究。

木排桩、木群桩、碇排桩、碇群桩的陆续出土，充分展示了古人处理软土的智慧，如加横木、加厚板、施萁芒等，甚至还有类似现代工程技术的透水固结处理软土的方法。

温州地区属软土地基，瓯江、飞云江、鳌江等河流和海水携带的泥沙沉积而成平原，具有含水量高、地耐力低等特点，必须采用软基加固技术。而这些处理软土地基的方法在元代《永嘉重修海堤记》碑刻中也有描述："列巨木为柱，面设楸柂其上，内攒众木，围之三周，外施萁芒以泼浪，次填以石，次积以瓦砾，而实土其中，加横木，备其欹侧，而贴石其背以便行者。"

《永嘉重修海堤记》刻于元至顺三年（1332），由著名文学家、书画家黄溍（1277—1357）撰文。碑文记录了朔门码头一带的硬件设施和繁忙景象，与王振鹏的《江山胜览图》正可呼应："温为郡，俯瞰大海，江出郡城之后，东与海合，直拱北门。"沿江一带筑成"延袤数千尺"的大石堤，建有"以俟官舸"和"以达商舟"的两类码头，分别供官船和中外商船停泊之用。码头设施完备，有江亭，亭上悬挂着"四时万象"的匾额，旁边还有接待外来人员的候馆，官方工作人员迎来送往，奔忙不止。江亭西南是繁荣的城区，货物集散，商家熙攘，"百货所萃，廛氓贾竖，咸附趋之。"

文中还特别记录了元至顺二年（1331）台风损毁码头，地方官采用当时先进的软基加固技术进行修复的史实。

那年秋天，"水暴溢括苍，出被郡境，飓风激海水，相辅为害，堤倾路夷，亭遂仆，永和盐仓亦圮。水怒未已，且将破庐舍，败城郭"。作为沿海城市，温州常常遭遇台风袭击，更可怕的是台风、暴雨和天文大潮碰头，引发水患灾害，堤垮了，路冲了，亭塌了，附近的盐仓也毁了……面对一次次的损毁，只有一次次的重建。

码头损坏严重，直接影响对外贸易。永嘉县尹赵大讷谋划重建事宜，各方协作，有钱的出钱，有力的出力，"亟议兴作，俾大家之役于官者分任其事，或输以财，或荐以力，经画劝相则身亲之"。经众人努力，修复如初。

碑文中记录的朔门码头布局与规模，尤其是码头修复加固后的细节，与考古发现基本一致，充分印证和补充了历史文献中的描述。

经过一年的发掘和研究，2022年12月28日，国家文物局在北京举行"考古中国"重大项目发布会，向海内外公布了温州古港遗址的考古新发现，认为这处规模宏大、要素齐全、体系完整、内涵丰富的遗址，生动再现了宋元时期温州港的繁荣景象，填补了国内外海丝港口类遗产的空白，是中国古代海上丝绸之路的历史见证，堪称"国内唯一、世界罕见"。

## 天然良港

朔门，也即《永嘉重修海堤记》中所说的"北门"，很多温州人叫它"双门"。

温州古城门，正北面的是望江门，面朝瓯江。据说望江门旁边原来还有一扇小水门，所以老辈人习惯称"双门"。《瓯江竹枝词》有诗描述过这个"双门"：双门城外雁双双，双宿双飞共渡江。郎住江南妾江北，为郎终日望莲窗。

温州城自古有"东庙、南市、北埠、西居、中子城"的功能布局，朔门即"北埠"所在，是扬帆出海的港口，也是商贸繁盛之地。

和陆路相比，温州的水路交通有明显优势。温州港兼备河港和海湾港，江阔水深，少雾不冻，是天然良港。大约在战国时期，已形成港口雏形，唐时水路交通的辐射能力进一步增强。唐天宝二年（743）浙东海盗吴令光曾攻占温州，封锁海上交通，导致"海路塞，公私断行"，可见温州海路交通的重要。中日之间僧人、客商往来，也常选择温州作为中转。

唐武宗会昌二年（842），中国商人李处人花三个月时间造一艘海船，由日本值嘉岛启航，经六天航行抵达温州，这是有记载以来日本与温州的首次直航。唐后期温州成为中日交通往来的重要港口。

多山阻隔的温州，从海上突围，开拓出一条走世界闯天下的通道——北上宁波港，南下泉州港，东南与台湾基隆港海路相通，并与日本、韩国以及东南亚等国一水相连。

南来北往的船只汇聚在瓯江口，桅樯林立、千帆竞发的景象在北宋名臣、铁面御史赵抃的笔下，化为气韵生动的诗句："城脚千家具舟楫，江心双塔压涛波"（《自温将还衢郡题谢公楼诗》）。

温州和泉州之间是海上交通的热线，"永嘉四灵"诗人翁卷《送翁应叟》诗中有这样的描述："远自刺桐里，来看孤屿峰"，"刺桐"即今泉州，可见往来便利。当时泉州是出洋的必经之地，吴自牧《梦粱录》中记载："若商贾止到台、温、泉、福买卖，未尝过七洲、昆仑等大洋；若有出洋，即从泉州港口至岱屿门，便可放洋过海，泛往外国也。"

海上航行日夜兼程，离不开灯塔的守护。千百年来，巍然耸立的灯塔如火炬照亮夜空，指引远行游子回家的方向。

对峙于江心屿上的东西两座古塔，不仅是佛教文化建筑，而且是亚洲现存最古老的灯塔之一，成为温州的地标和名片。东塔建于唐代，西塔建于宋代，唐风宋韵，交相辉映。据记载，东塔高30米，六面七层，砖木结构，外围走廊，可由扶梯直上登高远眺。可惜清末时塔顶、出檐、回廊均被英国领事馆人员强令拆除。今塔中空无顶，奇妙的是小鸟衔来树种生根发芽，绿荫覆顶造就古塔奇观。西塔高 32 米，砖木结构，六面七层，每层各面设佛龛，至今还留有石雕佛像 16 尊，刻工精细，神态自如。

来往于瓯江上的船员们，在长期的航行实践中发现：船舶白天航行，以东西两塔前后并一线为航道，可不致绕道，直达码头。明代皇甫汸《孤屿诗》："双塔峙琳宫，诸天一水中。回看云岛合，直与海门通。"恰好表达了这层含义。

早在北宋，江心两塔就具有塔灯功能，正如知州杨蟠诗云："塔灯相对影，夜夜照鱼龙。"南宋吴驲《纪行诗草》也写下了"半天灯火东西塔，一枕风雷上下潮"的诗句。明清时期，江心塔灯已成为别具特色的一大景致，林元桂《江心观塔灯》极尽描写了灯悬海上的辉煌："浮屠高插寺西东，永夜层层宝炬红。万点星球悬海上，两枝火树落天中。烟凝岛屿看如蜃，光照楼台望若虹。果是老蛟不成寐，几回惊起满江风。"1997 年 10 月，江心屿双塔入选国际航标协会百座世界历史文物灯塔，第二年出版的《世界历史文物灯塔图示》，亚洲分册封面照片用的就是江心屿双塔。2002 年 5 月 18 日，国家邮政局发行《世界历史文物灯塔》邮票一套五枚，其中第二枚为温州"江心屿双塔"。

## 航海技能

在航海技术还不发达的古代，海上航行是件冒险的事，直到人们逐渐掌握了气象洋流知识，使用指南针后，安全系数才大为增加。

日本学者木宫泰彦在所著《中日交通史》中记载了多起日本遭唐使在往返途中遭遇风暴而颠覆漂流的事件。但他观察发现，日本废止遭唐使制度后，来往于中日间的船只几乎都是唐朝的商船，却极少发生遇难漂流的事情。除了造船术的进步外，他分析认为："最重要的原因恐怕是唐朝商人已经掌握了东中国海的气象而航行的。"

中国位于最大的亚欧大陆，又与最大的海洋太平洋毗邻。由于海陆热力性质的巨大差异，形成了随季节而变化的季风。"北风航海南风回，远物来输

王振鹏《江山胜览图》（局部）中的远洋大船

商贾乐"，王十朋的诗句揭示了中国东南沿海商船利用季风进行海上贸易的情景，北风吹的时候出海远航外邦，南风起的时候则满载着货物踏上返航的旅程。

指南针的制造和使用也大大促进了航海的发展。温州博物馆历史厅的展柜内陈列着一件圆形的航海罗盘。高3.8厘米，直径7厘米，朱红色漆盒盖下是采用本地硬质车木制作的针盘，配有支轴架和灵敏转动的磁针。针盘以黑色漆为底色，上用白色漆写有方位刻度：内圈为四卦、八天干和十二地支，共24个方位；外圈对应子、午刻北、南方位，对应四卦刻西北、西南、东北、东南方位，对应卯、酉刻八卦之中的震、兑卦符号。

这是民国时期市区东门一带店铺生产的航海罗盘，与现代指南针功能相差无几。因针位准确，使用方便，密封性能与抗风浪性能尤为优良，深受市场欢迎。

古城门之一的镇海门因位于城东，俗称东门。又因紧邻瓯江，也称为"东门浦"。沿江排列着大大小小的码头，岸上则是各种水产品的集散地、船上用品的生产作坊。

东门一带从宋末开始，就是制造船用指南针的重要产地，延续至清末民国，东门康乐坊、行前街一带还保留着数家生产指南针的店铺。

指南针作为中国古代的重要发明之一，自宋代开始在航海中使用，一举解决了导航定位这个难题。人们凭借指南针引路，一条航线由指南针的不同针位点连接起来，即为针路。航行到什么方位，采用什么针位，一路航线都一一标识明白。关于舟师依针位航海的最早记录，可参考南宋温州人周去非撰著的《岭外代答》，而迄今所见最早的关于航路针位的记载，出现在元代温州人周达观的《真腊风土记》中，可见温州人是较早了解、掌握指南针技术的人群。

## 市舶之利

随着航海能力的提升,原本自发的民间海上贸易日益繁盛,政府也从中看到商机。五代十国时期,吴越国在温州设立"博易务"机构,开始管理海上贸易。那时外贸收入对吴越国来说绝对是重要的经济支柱,"航海所入,岁贡百万"。

南宋时期温州设立市舶务机构,极大促进了宋代温州港的繁荣。南宋建炎四年(1130)高宗驻跸温州,领悟到海上贸易巨大的利润,"市舶之利最厚,若措置得宜,所得动以百万计"。回到临安后即下旨在温州设立"市舶务",同时设立"来远驿""待贤驿""容成驿"等,专门用于接待外商、外宾。

这是南宋设立的第一个市舶机构,位于今城区府学巷附近。宋代两浙路(包括今浙江、上海、江苏南部地区)有五座城市设置了市舶机构,"两浙路惟临安府、明州、秀州、温州、江阴军五处有市舶"。

市舶务是负责抽税、购买进口商品、发放贸易许可证、禁止走私等港口管理事务的官方机构,职能相当于今日的海关。宋代市舶制度创立于宋太祖开宝四年(971),设立的第一个市舶机构是广州市舶司。后又陆续在杭州、泉州等地设立市舶司。

宋朝廷对于海外经商的管理很严格,不准私自出海,必须在市舶机构进行登记,发放证明才能出海贸易。元丰三年(1080)又颁布《市舶法》,将物品分类,征以不同的税率,同时大幅下调关税税率,一定程度上减轻了海商的负担。南宋时期,朝廷更是全力瞄准海洋带来的丰厚利润,鼓励发展对外贸易。

据统计,"北宋中期每年进出口总额为1666.6万缗,北宋后期每年进出口总额为2333.4万缗，南宋绍兴晚期每年的进出口总额为3777.8万缗"。南宋国土虽然丢了一多半，但财政收入却全面超越北宋。

市舶务这个肥差，对官员的廉洁自守是个巨大的考验。嘉定十二年（1219），曾在温州兼管市舶务的徐习因帮助商船逃税，数额巨大，"值以万计"，属于严重失职，以致刚刚上任饶州通判就被罢免。

市舶机构在元代继续延续，相继设立了广州、泉州、宁波、上海、温州等七个市舶司，并制定《至元市舶法则》二十二条，此后又不断修订，成为我国历史上第一部较为系统完善的对外贸易法规。

## 物货丰聚

沿着海上通道，一船船珍奇异宝，如珍珠、象牙、香料、药材、胡椒等特色产品，从遥远的诸藩国运来。

温州曾出土一件宋代蓝色磨花玻璃瓶，仅9厘米高，通体透明，瓶身呈折沿、长颈、球腹、喇叭形圈足的造型，绕肩部一圈有十二颗橄榄形磨饰，腹部还有三组磨刻折枝草花纹。这件玻璃器皿属典型的伊斯兰风格，被收入《中国大百科全书·考古卷》，显然是当年通过海丝之路来到中国。

与此同时，一船船"温州制造"的陶瓷、丝绸、漆器等手工业制品，也从瓯江口启航，远涉重洋，辗转世界各地。

深受海外客商喜爱的陶瓷是第一大宗外贸物品，朱彧《萍洲可谈》称："船载货物，多为瓷器。"中国瓷器远销日本、东南亚、印度一直到波斯湾西亚诸国以及非洲的埃及等地，当时阿拉伯帝国的王公贵族们，都以收藏中国瓷器为荣。海上丝绸之路至宋元时期成为一条名扬世界的海上陶瓷之路。

越窑、龙泉窑、定窑、巩县窑、长沙窑、磁州窑等各类瓷器，在温州城乡大量出土，这些制作精良、风格各异的瓷器，都是当时的外销商品。可见温州港不仅是本土瓯窑和瓯江沿岸大量龙泉窑瓷器外销的起点港之一，而且是北方和内地窑场生产的陶瓷汇聚中转港口。

温州手工业发达，从业者众多，生产品类丰富，技艺精湛，素有"百工之乡"的美誉。除烧制大量外销瓷器外，还出产高档的丝织品、精美的漆器、洁白的蠲纸等。这些也都是外销市场上的抢手货。

尽管温州"地不宜桑"，蚕丝产量远比不上杭嘉湖地区，但温州人在织造技术上费尽心思。织造的绫、纱、绢、帛等丝绸质量上乘，唐代已列为朝廷贡品。南宋时期温州还出现了其他城市罕有的专业织造"机户"，他们从外地高价购进蚕丝等原材料，在织工上狠下功夫，力求工艺精致、花纹华丽。温州最著名的丝织品是缂丝，也称克丝、刻丝，是宋代高档的衣裳面料，"温克丝之名遍东南"。工艺复杂的缂丝，织一匹往往需要一年时间，价格昂贵。

此外，宋代温州知名丝织品还有温绸、溪绢和绉纱等。温州仙岩慧光塔出土的两件丝织品，其中一件是包裹佛经的双面绣经袱，年代应在宋庆历三年（1043）以前。经袱以杏红单丝素罗为底，用黄、白等色粗绒施平针，绣成对飞的翔鸾团花双面图案，线条细腻，形象生动，是至今所见双面绣中年代最早的作品。还有一件采用平针和套针绣花，应是迄今所见瓯绣中最早的作品。宋元时期温州的丝织产品远销东南亚各国。

外销的温州产品还有茶叶、柑橘、食盐、鱼鲞、粮米等。由于"商舶往来，物货丰聚"，大宗交易多，以至于迄今所见重量为全国第二的古代铜权（秤砣）出现在温州。这枚1972年在瑞安仙降垟坑村出土的铜权，铸造于北宋熙宁十年（1077），高33厘米，底径21.5厘米。铜权腹面錾刻15行铭文，共计168字。重达62.5公斤，仅次于湖南省出土的64公斤重北宋景祐铜权。有意思的是，铭文中有"壹佰斤"字样，计算可知，宋代每斤约为今天的625克。

频繁而大量的交易，使得温州商税大幅增加。据《宋会要辑稿》载：熙宁十年（1077）以前，温州商税满打满算两万多贯，包括城区及各县，共计"岁二万二千一百四贯"。而熙宁十年当年，仅温州城区商税就超过此前温州境内各县的总数，"在城二万五千三百九十一贯六文"，比宁波、泉州、潮州都多，是全国平均商税的7倍，可见增长速度之快。因此在瓯江边还专门设立了城北的税收机构，"日招税钱三万亿"（叶适《登北务后江亭赠郭希吕》），这税钱在诗人笔下当然不是实数，但也足见数量可观。

# 造船基地的实力

瓯江边，海坛山下。一艘方艏方艉的帆船倾斜着，搁浅在数米深的淤泥中。

船头和船体已严重变形，硬生生断裂为两半，两段残长共12米多，宽4米多。U形船底由多段纵向半爿圆木拼合而成，并揳有方形铁钉加固。

考古专家推断，这应该是建造于南宋的一艘木帆船，总长度约20米，宽超过6米。可容纳乘员约200人，载重约800斛。船舱还有7个水密隔舱，这是为增强船体的坚固性和抗沉性而设置，实证了中国古代这项技术的运用比西方早约500年。

这艘帆船静静沉睡地下数百年。2022年当它灰头土脸、残缺不全地出现在世人面前时，即成为朔门古港遗址考古中的重大发现。

船是一切海洋活动的前提和载体。有人说，发明船的意义几乎可以等同于火的出现。从简易的木筏、竹排、独木舟到木帆船及至近代的大轮船，造船工艺的每一次改进都标志着人类在认识海洋、利用海洋、创造海洋文明的进程中又前进了一大步。

朔门古港沉船（温州市文物考古研究所供图）

## 横屿船屯"泊万船"

温州的造船从刳木为舟开始，三国时已初具规模。吴赤乌二年（239），会稽郡永宁县境南地，即今温州平阳县万全镇仙口村一带，设有官营造船工场——横屿船屯，与温麻船屯（福建）、番禺船屯（广东），同为东吴江南的重要造船基地。

地处东南的吴国凭借长江天险，大力发展水军，设立官营船屯，以水师立国，与曹魏、刘蜀形成三国鼎立之势。吴国船舰的设计与制造技术先进，规模也很大。吴黄武五年（226），吴主孙权派宣化从事朱应、中郎将康泰远航南洋，远至林邑（今越南中南部）、扶南诸国，这是中国历史上航海到东南亚、南亚的最早记载。黄龙二年（230），孙权遣将军卫温、诸葛直将甲士万人浮海到达夷洲（台湾岛）。有名的赤壁之战，也是因东吴善于水战且战船精良而大获全胜。

横屿船屯位于罗阳江（今飞云江）之南横屿山麓，东濒大海，南屏跳山，地势险要。在横屿设置船屯，有三大优势。一是附近盛产豫樟，这种高大粗壮的树木散发独特香气，防虫蛀，且坚硬、耐腐，是建造船舶的主要原料。就近取材，可大大降低造船成本。二是横屿地理条件优越。在东吴所属三个沿海郡的海岸线上，横屿位置较为靠北，距吴、魏边界尚远，既方便又安全。三是横屿乃天然良港，号称"可泊万船"，方便所造船只停泊。

船屯设有典船校尉，监督罪徒造船。所造舰船，主要是军舰，其次为商船。船种除继承汉代楼船、艨艟、斗舰、赤马、先登、斥候外，还建造了走舸、舫船等。据传吴主孙权御用船"飞云号"也出自横屿船屯。

横屿船屯存在44年，据东晋史籍《晋阳秋》关于晋军灭吴时缴获舰船数量推测，横屿船屯所造舰船有数千艘之多。随着时间的流逝，海陆沉降，横屿逐渐淤积成陆，形成今日平阳的万全水乡。"万全"之名，即由"可泊万船"之"万船"谐音而来。当地至今仍有"沉落七洲洋，涨起万全垟"的民谚。清代平阳诗人张綦毋诗云："横阳两屿夹晴川，故老相传泊万船。不信蓬莱有清浅，眼观沧海变桑田。"可以想见当年横屿船屯规模之大、范围之广。

## 济江泛海造大船

在温州博物馆历史馆展厅里，高悬着两艘长9.6米、中段宽0.8米的独木舟，颇为引人注目。很显然，结实坚硬的木材来自一整棵大树，时间的潮水将它们冲刷出一处处缺损和裂痕，掩不住的沧桑感从木质纹理间渗出。

这是1967年温州市郊西山自来水厂工地出土的独木舟，以单根粗大的树干刳制而成，近艏艉处有对称的方形铆眼。两舟可分可合，造型独特。经放射性碳素测定，两舟为东晋所造，载重可达3吨以上。

双体独木舟宽度比单体独木舟增加近两倍，平稳性好，航行安全，必要时可拆成单体，便于在狭窄河道或小溪上运行。专家分析，这种船可能是附近窑场的水上运载工具。

晋代周处著《风土记》中，描述东瓯舟船"济江泛海""航疾乘风"，舟名有温麻五会、东瓯晨凫、青桐和梧樟等，这一时期温州造船能力已超越江南范畴，成为全国造船基地之一。

隋唐时期，全国主要造船基地分布在东南沿海和山东莱州，海船制造业规模十分庞大。唐贞观二十一年（647），唐太宗下令当时的杭、越、台、婺、括州等江南十二州,"造大船数百艘,欲以征高丽"(《资治通鉴》卷一九八《唐纪》),所造海船"大者或长百尺,其广半之",运输量可观。而括州的造船基地就设于温州瓯江沿岸。温州兵士显然也更习惯于水上作战,据《吴越备史》记载,唐朝末年,温州刺史朱褒训练水军,"治大舰习战",装备的都是能适应于海上作战的巨型船只。

## 造船量居全国前列

宋代温州造船业进一步发展。元祐五年(1090),在距朔门古港沉船遗址不远处的郭公山沿江一带,朝廷设立了官办船场,派遣官兵252人,并雇有大批工匠。温州通判赵岏在《温州通判厅壁记》中解释设立造船场的缘由:"又远近良材由之取道,于是漕运与诸郡官舟实造于此。"此外,温州平阳县蒲门寨也设有官营造船场。

官营造船场一般制造的是纲船(漕运船)、座船(官员客船)、战船、马船(运兵船)等,供官府自用。北宋以纲船为主。宋朝开国不久,宋太宗派人前往南海诸藩国,购进香药珍珠等特产;同时为保障首都开封的粮食供应,大力发展漕运,因此需要大量纲船(漕运船),向全国各大造船机构派遣年造船额度。宋真宗(998—1021)时,全国官办船场每年造漕运船数额为2916艘,温州造船125艘,占4.24%。从元祐五年到政和四年(1114)的二十多年间,温州和宁波造船水平跃居全国首列,"岁造船以六百只为额",成为当时全国十大造船场之一(《宋会要辑稿·食货五十》)。

除了运粮纲船,温州还为朝廷打造浮桥所需的"脚船"。据《宋会要辑稿》所载,仁宗天圣二年(1024)三月,皇帝下诏"澶州浮桥计使脚船四十九只"。澶州地处今河南濮阳西,宋时为开德府,宋真宗多次御驾亲征,定"澶渊之盟"。而这些"脚船"都是"温、台二州打造"。

南宋偏安杭州,运河漕运额锐减,但对战船的需求增加。两宋时期盛行的刀鱼战船即为温州、宁波所创。刀鱼船,俗称"钓槽船",因其形状狭长似刀鱼得名。尾阔便于分水，面敞便于装载，底尖有利于破浪而行。

宋时已有造船图纸，温州船场匠师会根据上级提供的"船样"即图纸建造船舶。如嘉定十四年（1221）"制置司降下船样二本"，温州各做海船25只（《宋会要辑稿·食货五十》）。经验丰富的匠师对上司的不合理要求也提出异议，南宋孝宗初年，张浚的都督府下令：宁波、温州各造平底海船十艘。当即就有两地造船匠师提出反对，理由是"平底船不可入海"。

温州所造船只样式先进，为其他船场所效仿。绍兴三十一年（1161）六月，王宪（后任温州总辖海船）为造船献策，皇帝采纳后下令福建安抚司依照平阳蒲门寨新造巡船式样打造战船。这种新型巡船"舟阔二丈八尺，其上转板坦平，堪通战斗"（《建炎以来系年要录》）。

## 宋代最豪华的"神舟"

2022年从温州朔门古港出土的三艘宋代沉船，造型、结构基本一致，揭示了宋代造船中最复杂也是最关键的三项创新技术。

一为龙骨结构，是船体基底中央连接船首柱和尾柱的纵向核心构件，像脊梁骨一样支撑整个船身。它既增强船体坚固性，以承受海浪的冲击力和水压力，又能减少阻力，保证船行速度，是造船工程的一项重大改良。

二为鱼鳞搭接，顾名思义，多重船板相互搭接，像鱼鳞一样相互叠压，大大提高结构强度。板面的重叠部分，用铁钉垂直钉入板面。十三世纪意大利商人马可·波罗所著长篇游记《马可·波罗行记》中有大量篇幅写到中国的造船，"船用好铁钉结合，有二厚板叠加于上，不用松香，盖不知其物也，然用麻及树油掺和涂壁"，不仅涉及船板叠加用铁钉加固，还提及防渗水技术，外涂一层油脂对船壳起到有效的保护作用。

三为水密隔舱，将船体分成互不相通的若干船舱。如果航行中有舱区破损进水，也不会影响到其他舱区，可以采取措施及时补救。同时，舱壁与船壳板紧密连接，增加船的横向强度，并取代加设的肋骨工艺。这种先进的水密隔舱设置，逐渐被欧洲乃至世界各地的造船工艺所吸取，成为船舶设计中的重要结构形式。

代表当时最高造船水平的莫过于"神舟"。政和七年（1117），温州船场迁至宁波后，宋徽宗钦命造船技师组成攻坚队伍，共同设计制造两艘万斛神舟，以供出使高丽之用。

宣和五年（1123），这两艘分别赐名为"循流安逸通济神舟"和"鼎新利涉怀远康济神舟"的豪华巨轮出使高丽，另有六艘"顾募客舟"同行。据记载，"神舟"长超过百米，分前、中、后三舱，中舱又分四室。排水量达1500吨，是近千年前世界上最大的远洋海船之一。出使高丽的奉议郎徐兢在《宣和奉使高丽图经》中描写巨轮的壮观："巍如山岳，浮动波上，锦帆鹢首，屈服蛟螭。"当神舟抵达高丽港口时，引起轰动，"倾城耸观"，"欢呼嘉叹"。

虽然制造"神舟"的荣誉归于明州（今宁波）招宝山船场，但不可否认的是，这里面也包含了大量温州工匠的心血。温州船场和宁波船场多年来几经分分合合。宋《宝庆四明志》记载："国朝皇祐中，温、明各有造船场。"大观二年（1108），温州船场并入宁波造船场，但造船所需的买木场仍设在温州。政和二年（1112）"为明州无木植"，又将整个造船场迁到温州。七年"依旧移船场于明州，以便工役，寻又归温州"。

## 先进的远洋大船

元代温州打造的远洋大船，无论是吨位还是性能，仍是世界上最先进的船只。元至元二十九年（1292），元世祖命令渡海征讨爪哇，温州路总管夏若水即奉命督造远洋战船。当时的船型可从上文已提到的《江山胜览图》中管窥一二。

王振鹏在这件作品中所绘舟船多达68艘。海船、江船、渔船来往穿梭，来自占城（越南）的远洋船舶正在进港靠岸。这种远洋大船有三桅船、四桅船，大者可张十二帆，设四大橹，甲板下有60个小舱位，载重约300吨，出海水手200余人，称得上是元代最先进的远洋海船。

至元二十八年（1291）忽必烈"命备船十三艘"，派马可·波罗从泉州启航护送阔阔真公主至波斯成婚。那种船式，"每艘具四桅，可张十二帆"，与《江山胜览图》中的四桅帆船相符。

明清时期温州的造船业依然保持了优势，设有官办船场，制造多种船型，特别是苍山船、鸟嘴船等在明代抗倭战斗中，发挥了重要作用。戚继光认为倭舟入里海后，必用温州的苍山船逐之。顾炎武称之"取胜擒贼者多其力矣"（《天下郡国利病书》卷二二）。

大大小小的船只就这样日夜穿梭，行驶在时光的长河中，沉没于命运的风浪间。历史上温州曾多次发现古代沉船的遗迹。明代李日华在《紫桃轩杂缀》中记录了这么一则故事："温州山中有人锄地，忽露两末梢。穷之，百尺大樯也。沧桑之说，信不为谬。"清代赵钧在《谭后录》中记载："道光乙未岁夏秋间，大旱，邑城内湖，凿去一二尺许，见有木向上似海舶桅者，击之尚有木声。木旁又有似舡板者，不知几千百年。"他还在道光二十四年（1844）日记《过来语》中记录自己的耳闻目见："开垦山场，屡见有船板及长钉长尺许者，又屡见有古瓷器、古钱及刀剑、石镞等物。"

它们最终完成了远航的使命，静默成时光的标签。

# 出没风波里

"其货纤靡，其人多贾"(《席益差知温州制》)，南宋绍兴元年（1131），时任中书舍人兼侍讲的衢州人程俱游历温州，发出感叹：这里生产的物品何其精致华丽，这里的民众竟然多半经商！

中国历史上，经商的人从来是被看不起的。"士农工商"四民中，"商"的地位排在最后，被称为"末"，而"农"为"本"，因此有"重本抑末"的说法。在人们的概念中，商人就是逐利的奸商，重利忘义的代表，所谓"争名者于朝，争利者于市"，"义利之辩"始终是一个争论不止的热门话题。

但这种传统观念在宋代受到了冲击，特别是在提倡"经世致用""义利并举"的永嘉学派诞生地——温州。

## 经商致富了不起

温州人何子平（1021—1093）是北宋时期一位成功的商人。

他出生于温州城区的商业世家，祖父、父亲都以经商闻名，"自父祖以来，皆以利术厚其业"。"利术"即指商业活动。从小耳濡目染的何子平，简直无师自通。长大后外出经商，奔走在生意场，"举贷行贾商户间"。虽然开头并不顺利，频频遇挫，但他毫不气馁，不断总结经验教训，对各地特色商品的品质、数量及市场价格了如指掌，"尽知四方物色、良窳多寡与其价之上下"，别的商家弃之不要的物品也都收罗过来，货物种类非常齐全，这样在买家急需时，价格往往就是平常的好几倍。由于他选择货物的眼光独特，经营方式灵活，终于富甲一方。

何子平的事迹很简单，只有这么寥寥数语——多亏学者周行己在《何子平墓志铭》中为后人记录了这样一位成功商人的故事。

古代文人为人写墓志铭是件挺慎重的事，特别是为商人写墓志铭，不仅数量少，而且往往强调墓主不好利的精神。难得周行己这位永嘉学派的先驱，并没有戴着有色眼镜看待商人，他毫不掩饰地叙述了何子平追求利益致富的过程。他认为商人的成功也很了不起，不仅与家庭影响有关，更重要的是在不断历练中积累的经营智慧，"平生直谅用心、勤久之效"。在周行己的笔下，何子平堪比太史公笔下的商业巨擘陶朱、中国汉代最早的物流大亨师史等人。

## 海商财力雄厚

在唐宋时期，涌现了一大批靠出海做外贸生意发家致富的商人，他们被称为"海商"。

海商是伴随海上贸易的兴起而出现的。中国早先对外贸易的重心在西北内陆，主要是通过"丝绸之路"展开。唐安史之乱后，由于陆上丝绸之路长期处于不稳定状态，海上贸易开始活跃，民间海商势力逐渐兴起。有学者统计，唐朝海商赴日贸易的次数从唐武宗会昌二年（842）到唐昭宗天复三年（903），仅见于史载的就有36次。他们大多结队而行，具有一定规模。

宋代特别是南宋时期，更因辽、金占据北疆，西夏阻断西域，贸易只能转向海外。在官方政策的鼓励下，大量船只航行至日本、高丽以及东南亚诸国，甚至远达东非和阿拉伯等地。海域由此大开，人们称之为"宋代的大航海时代"。

海外贸易利润丰厚，"每十贯之数可以易番货百贯之物，百贯之数可以易番货千贯之物"（包恢《敝帚稿略》），巨大的利益吸引了各行各业的人加入海商群体，甚至和尚、道士都下海经商。宋代杭州僧人净源后来就成了知名海商，温州瑞安道士王居常也还俗经商，南宋文学家洪迈（1123—1202）在《夷坚志》中记载了不少海商的故事，其中一位是温州海商张愿。

《夷坚志》是有名的志怪小说，洪迈在每个故事的结尾都会写下讲述者，以表明故事皆有出处，他不过据实照录。洪迈没到过温州，却在书中收录了温州志怪故事二三十则。这是因为他和温州颇有渊源，不仅招了才华横溢、官至副丞相的温州人许及之当侄婿，还把最年轻的温州状元木待问招为女婿。他讲述的温州故事都来源于温州亲戚和朋友。

洪迈称张愿为"巨商"，这个商业家族在"世代为海贾"的过程中积累起惊人的财富。虽然张愿之前在海上往来几十年都平安无事，但常在河边走哪有不湿鞋，终有一天遇到了风险。那是绍兴七年（1137），船在海上遇到大风，无法掌控方向，自行飘荡了五六日。就在张愿深感绝望，自忖要葬身鱼腹的时候，突然看见海上有座山，山上满是高耸入云的翠竹。张愿赶紧离船登岸，伐了十竿竹，打算用来做船篙。刚砍完竹子，就见一位白衣老翁立于眼前，斥责道："这可不是你们应当停留的地方。赶紧离开，不要拖延！"张愿拱手请求："老人家，我们在海上迷路了，恐怕要葬身鱼腹了。您可否给我们指点一下回家的方向？"最终他们沿着老人指引的东南方向，顺利地返回温州港。那砍下来的十竿竹，已经用掉了九竿。船靠岸时，有日本人（倭客）和马来人（昆仑奴）望着竹竿大呼可惜。后来众人发现船内还有一竿竹，都争着要买。张愿出价二千缗（1缗=1000文），众人二话不说就答应了。张愿觉得亏了，又加价到五千缗。双方订立买卖合同，一手交钱，一手交货。后来张愿才知道，这竹叫宝伽山聚宝竹，立于海中会吸引来各种宝贝。

这故事从侧面反映出当时温州有不少日本、东南亚客商来往；另外当然也说明，常在海上闯荡的人固然赚了大钱，但也承担着巨大的风险，稍有不慎就可能有去无回。"商人重利轻别离"，一去数月甚至经年，这样的生活经历想必也是很多人不愿意体验的吧？

宋代贸易范围远远超过唐代，当时有记录和大宋往来贸易的国家超过60个，说是把生意做到了全世界也不过分。宋代成为中国经济社会发展的重要转折点，空前兴盛的海外贸易正是经济转型的鲜明标志。助推中国从封闭的农耕社会转向开放的具有海洋经济特色的商品社会，海商群体无疑是其中最大的功臣。

发财之后还需承担社会责任，巨富海商在政府的引导下，拿出真金白银做公益慈善。淳熙十五年（1188），温州"有流徙之民"，知州楼钥"招来海商，存抚赈恤"，让他们出钱抚恤流民。嘉定十年（1217），知州巩嵘召集海商二十人，每人出资为政府造艨艟大船一艘。

钱多了，名声大了，也难免会被心术不正的人惦记上。据南宋周密所著《癸辛杂识》别集卷上《陈宜中父》记载，南宋末年，温州人、南宋末任宰相陈宜中岳父葛宣义即为海商，居温州城东门外，"资累巨万"。他的财富招来了强盗，半夜闯进家中洗劫一通。后来陈宜中任福建安抚使时，查明那些强盗竟是福州海巡属下的官校。温州海商名声在外，居然引来了官兵垂涎。

## 华侨先驱闯海外

北宋咸平、景德年间（998—1007），一艘开往高丽（今朝鲜半岛）的商船上有位来自温州的乘客周伫（？—1024）。望着远处茫茫的海天一线，这位年轻人不禁凝眉沉思起来。

当时宋朝与高丽之间商贸往来频繁。一副文士打扮的周伫前往高丽，究竟是打算做生意赚钱，还是因科举落第不得已远走他乡谋求发展？史书上没有详细记载，今人已无法知道他真实的想法。但可以肯定的是他是位读书人，因为他到达高丽后不久，就因文才出众得到高丽翰林学士蔡忠顺的举荐。

高丽王穆宗颇为赏识周伫。"留之，初授礼宾省主簿。不数月，除拾遗，遂掌制诰"。周伫负责当时外交文书的写作，高丽致北宋、辽的外交文件，都出自他的手笔，措辞得体，合乎礼仪，深得信任。

周伫留居高丽期间，正是王朝内忧外患之时。大中祥符五年（1012）十一月，契丹大军进攻高丽，京城被攻陷，许多大臣逃离。唯有周伫等少数官员忠于职守，扈从高丽王显宗。周伫作为外国人，危难时刻显露的忠诚果敢，尤其难能可贵。在周伫等人的努力下，高丽王朝终于"内外以宁，农桑屡熟，称为中兴"。他还参与修撰高丽国史，建立完善科举制度，不断得到提拔，官至礼部尚书。宋仁宗天圣二年（1024）卒于高丽。《高丽史》为其立传。周伫作为温州华侨的先驱永载史册。

越来越多的温州人漂洋过海，迁居异国他乡。元代温州人周达观出使真腊时，就意外地遇到了老乡薛氏。薛氏在当地做生意，自述"居番三十五年矣"。大多数侨民凭借自己的勤劳和智慧，在异国他乡站稳脚跟，获得了更好的发展。

但也有少数人聪明反被聪明误，成为反面典型。南宋俞文豹写于淳祐十年（1250）的《吹剑录外集》记载了这样一个温州人的故事：永嘉人王德用多次参加科举考试未及第，他很不甘心，于是动起了歪脑筋，和兄长王德明商议，变卖家中的房子、田地，伪造国书及宫廷物品前往交趾国（今越南）面见国王。国王以为是南宋朝廷使者，非常高兴，主持宴会招待，并授予官职挽留。为了表达对南宋朝廷的好意，交趾国王还派王德明带着一船的珍奇异宝回国。结果刚进入境内，就被要求分赃而不得的船工告发。王德明等人被宋朝廷羁押，死于狱中。留在交趾的王德用则不知所踪。

## 记录海外见闻

在漫长的航线上，不仅有民间的"下海者"来往穿梭，他们为谋利，为搏前程，甘冒风险，还有一批官方背景的使者颠簸其间，他们肩负朝廷使命，远赴外邦。这艰辛之旅，也是奇异之旅，他们用文字记录下了难忘的经历。

记录蒙古国见闻的《黑鞑事略》一书，透露了南宋温州人徐霆（生卒年未详）出使蒙古的事迹。南宋使团书记官彭大雅与徐霆先后出使蒙古，彭大雅著《黑鞑事略》，徐霆为书注疏，将自己的见闻记录与彭大雅书稿互相参照合成该书。这本叙述蒙古立国、地理、物产、语言、风俗、赋敛、贾贩、官制、法令、骑射等内容的著作，是研究蒙古历史的珍贵资料。

元至元十八年（1281），温州平阳人孔文杓随军东征日本，写下大量诗文辑成《东征集》。孔文杓字端卿，孔子五十四代孙。生卒年不详。其《东征集》记录了随军东征日本并长时间逗留竹岛的经历。这比日本宽文七年（1667）齐藤弗缓《隐州视听合纪》关于竹岛的记载要早近400年。

这次东征是六月间从宁波出发，经过六天海上航行到达日本，停泊在竹岛，逗留了一个月。八月十五的夜晚突然刮起飓风，除了帅船避走高丽，其余几乎全军覆没。孔文杓写下一首《莫忘吟》，记录了东征士兵殒命狂风巨浪中的悲惨情景：

岁纪重光大荒落，舟师东征赫且濯。泊向竹岛更月篝，其日甲子仲秋朔。夜来昏雨风色恶，昧爽白浪堆山岳。阳侯海若纷拿攫，艨艟巨舰相躏轹。樯摧缆断犹斧斫，千生万命鱼为椁。百舟一二著山角，跳踯争岸折腰脚。依然魂爽归辽邈，幸者登山走如奰，形命虽存神已索。

这次海上远征对十万元军来说可谓是九死一生，幸运的是，"非将非卒，特一寒士"的孔文杓大难不死，"附小校破舟登所谓合浦者，过平壤之都，渡辽阳之水，历故女真、契丹之境，由平滦州抵燕山"，跋涉94日，徒步7000余里，历尽千辛万苦，终于回到家乡。后来他写作整理了《东征集》。今《东征集》已佚，但在元代著名诗人方回所写《东征集序》中保存了部分内容，特别是录下《莫忘吟》，方回不禁感叹："天所以不死君者，欲留此《吟》以为诗史乎？"

相比上述亲历者的见闻，南宋周去非是一个特例，他自己并没有亲身奔赴海外，但给后人留下了一本记录"海外诸藩国"的名著《岭外代答》。周去非（1134—1189），字直夫，永嘉（今温州城区）人，学者周行己族孙。南宋隆兴元年（1163）进士。淳熙年间初，在静江府（今广西桂林）任县尉。他对海外诸事充满好奇，经常和来来往往的商人、翻译聊天，勤访博问，"随事笔记，得四百余条"。后来不幸笔记遗失，他竟然凭记忆，重写了294条。淳熙五年（1178）成书《岭外代答》十卷，意为以此回复江南亲友对于岭南种种好奇的问询。

书中主要内容包括与岭南地区往来的40多个国家的名称，并对其中20多个国家的位置、国情及通达线路有详细记述。如阇婆（今爪哇）、女人国（今印尼东）、木兰皮（今摩洛哥）、麻嘉国（今麦加）、白达国（今伊拉克）、勿斯离国（今埃及）等国家和地区。还记录了当时伊斯兰教东传及沿海州郡的市舶、贸易及交通状况。学者吴春明在《环中国海沉船》（江西高校出版社2003年版）中称："《岭外代答》对南洋海道上分布的海外诸藩国的记述，在宋代书中是最明确的。"

这是周去非唯一传世的著作，《四库全书总目提要》称"实足补正史所未备"，是研究宋时中西海上交通和12世纪亚洲东南亚概况的珍贵资料。

书中关于南宋海商大船的描写，颇令人震撼："浮南海而南，舟如巨室，帆若垂天之云，柂长数丈，一舟数百人，中积一年粮，豢豕酿酒其中，置死生于度外。"这种航行在南海上的海船，外形巨大，舵长数丈，一船能载几百人，备有可以食用一年的粮食，还能在船上养猪和酿酒。当然其前提是登上这样的海船，就要有"置生死于度外"的勇气。

# 周达观真腊之行

元成宗元贞二年（1296）的二月二十日，一艘载着"圣天子遣使招谕"使团的远洋大船，从温州港扬帆起航，驶往遥远的真腊国。

没人会想到，这趟异国远航为历史埋下深长的伏笔。使团中随行的温州人周达观，将自己在异国一年间的见闻写成《真腊风土记》，这是历史上关于吴哥王朝的唯一记录。五百多年后的1860年，法国生物学家穆奥凭借这本薄薄的小书，寻找到早已湮没的吴哥遗址，由此开启吴哥的发现保护之旅，终使东南亚历史上最辉煌繁荣的王朝古迹重见天日。

周达观（约1266—约1346），号草庭逸民，元代温州路永嘉县（今温州城区）人。他是中国正史上并未留下踪迹的一介草民，但他的名字却穿越岁月迷雾，与遥远而神秘的吴哥文化紧密联系在一起。台湾作家蒋勋在《吴哥之美》一书中写道："全世界游客到吴哥，人人手中都有一本周达观的书。一位十三世纪的探险家，一位伟大的旅行者，一位报道文学的开创者，

温州博物馆周达观塑像

他的书被自己的民族忽视,却受到全世界的重视。"

## 随使团海上远行

历史上的元代,曾一度因对外征战而停止与周边国家交往,但在元成宗推行"招谕"对外政策后,又开始派遣外交使节出使东南亚各国。

元贞元年(1295),朝廷决定派出"圣天子遣使招谕"使团赴真腊。没有任何官职的周达观随团出使,后人根据极为有限的记载猜测他的身份应为翻译,否则就很难解释作为一介草民,有何资格出使外邦。这一趟海上远行颇为不易,周达观在《真腊风土记》中详细记载了旅途的艰辛。

使船自四明港(今宁波)出发,驶至温州港。周达观在温州登船后,使船再度启航,先是途经福州、泉州、广州、琼州、七洲洋(海南岛东北)、交趾洋(海南岛西南至越南海面),一路顺风,经过26天航行,于三月十五日抵达占城新洲港(今越南中部顺化附近)。

稍事休息后,他们继续沿占城海岸南行。接下来的路途没那么顺利,"中途逆风不利",只得减慢航速,总算到达真腊边境的真蒲港口(今巴地或头顿一带),然后转向西南,过昆仑洋入港。进入湄公河后,再溯河北上至查南(今柬埔寨磅清扬市)。查南以下的河道水太浅,不能承载大船,只得换小舟继续前行,过半路村、佛村(今柬埔寨菩萨市),再横穿淡洋(即洞里萨湖)至彼岸干傍。而后弃舟登陆,陆行50里,终于在当年七月风尘仆仆抵达真腊国都吴哥,历时五个月。使团在真腊国逗留了约一年时间,于大德元年(1297)六月返程,八月航船就已靠泊在宁波了。

代表着国家行为的使团远航,乘坐的想必是当时最先进的远洋大船,亦即王振鹏在《江山胜览图》中描画的那种巨大的四桅船。据载,元代四桅船常远航至南洋、印度洋一带,数量之多居航海船舶首位。除了造船技术先进外,航海远洋还要懂得利用季风,选择最佳出海时间——这也是元政府作出派遣使团的决定,半年后才正式启程的原因。此外,远洋海船还需使用指南针指引航向。周达观在《真腊风土记·总叙》中详细记载了指南针的针位:"自温州开洋,行丁未针,历闽、广海外诸州港口,过七洲洋,经交趾洋,到占城。又自占城顺风可半月到真蒲,乃其境也。又自真蒲行坤申针,过昆仑洋,入港。"

温籍考古学家夏鼐对《真腊风土记》进行了校注,他解释道,"行丁未针"和"行坤申针",都是指航海罗盘的方向针位,这是最早关于航海罗盘针位的记载。此前,朱彧著《萍洲可谈》、徐兢著《宣和奉使高丽图经》两书中有关于航海使用罗盘针的记载,但未记载针位。《真腊风土记》中记载使用的针位有48个,比欧洲的32个方位、日本的12个方位都要更加精确,在当时处于领先地位。

周达观走过的这条航线正是海上丝绸之路的部分线路。绵亘几万里、延续数千年的海上丝绸之路,架起了古代中国与东南亚各国之间商贸、文化往来的桥梁。

## 真腊见闻

周达观当年到达的真腊,即如今中南半岛的柬埔寨,早在一世纪便建立起统一的王国,历经扶南、真腊、吴哥等时期,是东南亚地区早期的强国之一,秦汉时期就出现在中国古代史书记载之中。

元代使船到达真腊的时候,正值吴哥王朝鼎盛时期,人口500万,经济发达,国力昌盛,文化繁荣。当时的国王是因陀罗跋摩三世,王城占地面积约10平方千米,以拥有54座四面佛宝塔的巴戎寺为中心。

使团在当地逗留约一年,为周达观提供了"深度游"的绝佳契机。从没见过的奇珍异兽,令人眼花缭乱的异域风情,都深深地吸引着周达观。他通过丈量、观察、访谈、笔记等各种方式深入了解真腊。城门内外的布局、皇宫庭院的建筑、服饰发型的潮流、不同人种的面貌、语言习俗的差异、山川物产的种类、贸易市场的状况等等,都被他细细地记录下来。

周达观观察当地的市集贸易和中国大不相同,做买卖的竟然都是妇女。

小额交易用米谷或中国货物作为交换，其次用钱币，大宗交易则用金银。因此当地人特别喜欢中国货物，最喜欢的是中国产的金银，再次是质地轻薄的五色丝织品，然后如温州的漆盘、龙泉的青瓷，以及水银、银硃、纸扎、硫黄、檀香、白芷、麝香、麻布、雨伞、铁锅、桐油、蓖麻、箆箕、木梳、针等。可见宋时称"天下第一"的温州漆器，在周达观时代依然是备受欢迎的外贸物品。

周达观在真腊意外地遇到了侨居此地多年的温州老乡薛氏。定居真腊的中国人不少，多为风里来雨里去的水手，海上漂泊多年后选择在此地安顿下来。初来时当地人大为敬畏，甚至称之为"佛"，顶礼膜拜，随着来真腊的中国人越来越多，那份神秘感也就逐渐消失。"土人见唐人，颇加敬畏，呼之为佛，见则伏地顶礼。近亦有欺负唐人，由去人之多故也"。当然来此定居需入乡随俗，他们娶当地女子，才能由妻子出面做生意。

真腊的节庆活动颇为丰富。当地以中国的十月为正月。节庆期间也张灯结彩、燃放烟花爆竹，在周达观眼中，"尽挂灯球花朵之属"的当地正月风俗，与温州灯会风俗颇为相似。

周达观还见到了很多奇珍异兽。走兽中的犀牛、大象、野牛、山马，飞鸟中的孔雀、翡翠、鹦鹉都是当时中国没有的。而真腊原先没有鹅，是被人从中国带去后增加的新品种。当地各种鱼类，有黑鲤鱼、吐哺鱼，以及蛏子、蛤、蚬、螺蛳、虾等。鳄鱼大得像船，仿佛传说中的龙，就是比龙多了四只脚。周达观还特意提到真蒲产的"龟脚"可以长到八九寸。"龟脚"之称让温州人感到亲切，这不就是温州方言吗？温州老乡夏鼐在《真腊风土记校注》中指出，多个译本将此注解为"乌龟之脚"是不对的，此系温州人用以称"石蚴"的方言，即一种甲壳类动物，生活在海边岩石缝里，外形如龟的脚，有石灰质的壳，足能从壳口伸出捕取食物。

# 草民著异书

山川异域，风俗人情，在周达观看来，无不充满着新鲜奇特的感觉。回到中国后，周达观将这些见闻感受整理写成《真腊风土记》一书，也由此把自己的名字刻在了历史的册页上。

周达观本一介草民，因此后人关于他的生平事迹所知甚少，甚至他的生卒年月也只能从他和友人留下的只言片语中推测。其友吾邱衍曾作诗《周达可随奉使过真腊国作书纪风俗因赠三首》（达可疑为达观之误，或为达观之别号），收入《竹素山房集》卷二。夏鼐先生据《竹素山房集》集末所附墓志，可知吾邱衍卒于元至大四年（1311），由此推断《真腊风土记》在1311年以前便已成书。

除了《真腊风土记》，周达观存世著作仅有为林坤《诚斋杂记》所作序言。文末有"丙戌嘉平望日永嘉周达观序"，丙戌系元至正六年（1346），距他赴真腊已51年，当是古稀老人了。由此表明他至少活到了1346年。

吾邱衍诗中有这样的诗句："异俗书能记，夷音孰解操""鸠舌劳重译，龙波极大荒"，正是凭借这几句诗，后人推断周达观通晓真腊语，并以翻译的身份随团出使。

《真腊风土记》共40则，约8500字，是现存关于柬埔寨中古时代文物风俗生活的唯一记载，被收入《四库全书》。该书面世几百年来，成为珍贵的域外实证性的地方志，有法、英、日文等十多种译注本。对研究十三世纪元朝与吴哥时代柬埔寨的友好关系，有非常重要的史料价值，一直受到国内外学者推崇。

1860年法国生物学家穆奥到东南亚调查采集，凭借1819年雷穆沙翻译的法文版《真腊风土记》，找到了已沉埋数百年的吴哥王朝遗迹，吴哥文化从此名扬天下，成为珍贵的世界文化遗产。

有感于周达观为传播吴哥文化做出的贡献，柬埔寨当地还流传着周达观的故事：吴哥东北的八角山上的荔枝树，传说就是周达观当年带来的荔枝种子，如今长势茂盛。为感谢这位中国使者，当地人将山名改为荔枝山。金边还建造了一座周达观纪念馆，已于 2023 年建成开馆。

2023 海上丝绸之路城市影响力市长交流大会 11 月在温州举行，"寻找周达观"学术研讨会是其中的三大主题论坛之一。柬埔寨王室成员西索瓦·天索王子特地发来道贺视频，论坛上学者们高度评价周达观是"中国遭遇世界"的样本和典型，是"马可·波罗式"的中国人，是"蒙古帝国时代中国人对外部观察的一大成就"。

周达观出使真腊距今已有 700 多年，他在海外文化交流史上的贡献和价值日益为世人所认知，其好友吾邱衍当年的殷殷期待成为现实："异书君已著，未许剑埋光！"

## 各路海神遍城乡

南宋乾道二年（1166）那场台风引发的大水灾，是温州历史上永远的痛。

正值八月中秋刚过的夜晚，用今天科学分析来看，恰逢天文大潮。狂风暴雨突然而至，裹挟着海潮气势汹汹，所过之处，堤坝尽毁，房屋倒塌，树木拔起，尸横遍野，损失极为惨重。《宋史》《宋会要辑稿》等文献都记载了这次灾害。宋末元初马端临编撰的《文献通考》说因船翻溺死者达两万多人，江边的尸体还有七千多具。弘治《温州府志》更是记载了一个有些神奇的故事：那年夏天，海上有蛟龙出水，一丈多长。紧接着塔头斗门在风中发出巨大的吼声，海面上浮出钱币，有懂行的老人说：海要买人了，大风潮肯定要来了！果不其然，很快风雨交加，山呼海啸，夜潮入城，人们毫无防备。半座城都被淹没，"四望如海"，江心屿的龙翔寺也未能幸免。及至"潮退，浮尸蔽川，存者什一"，沿海平原被海潮冲击的地方，幸存者只有十分之一。住在山里的人家虽然没有被海潮波及，也被风雨摧毁家园、田地，颗粒无收。

台风，古人称"飓风"，也叫"风痴"。温州历史上这次最大、最严重的风灾，导致海水倒灌，盐卤浸入田地，数年无法耕种，各种水利设施毁坏无数，特别是人口锐减。朝廷因此下令邻近的福建来填补温州人口的空缺。此后福建移民陆续来温，开垦田地，繁衍生息，形成又一次移民高潮，也是温州历史上闽人入温规模最大的一次。

临江濒海的温州，在面对巨大的自然力量时，深感人力渺小不可为，于是请出各路海神，祈求风调雨顺，平安富足。那遍布城乡、随处可见的庙宇宫观，无不体现了温州人世俗生活的理想，充满着浓郁的海洋文化气息。

## 温州治水第一人

明宋濂记录过两则发生在宋代的灵异事件：

一则是在宋景德（1004—1007）初年，契丹人入侵。丞相寇准、殿前都指挥使高琼奉真宗御驾亲征。车驾过河，到达北城的时候，忽然看到天边出现了数万摇旗呐喊的兵士，挥舞的旌旗上似乎有"平水王"字样。契丹人非常震惊，求和退兵。

另一则是在大中祥符（1008—1016）初年，皇帝下令建造玉清昭应宫，有一批建筑材料要从温州乐清运到京城。山重水复路途遥远，负责工程的大臣眼看完不成任务，只好去祈求平水王。忽然间狂风大作，山谷震荡，一块块巨石直立起来，大树连根拔起，顺着江流一泻而下。

这两则故事都是平水王显灵的传说。平水王真有其人，本名叫周凯，生活在西晋时期古横阳松山（今属温州市苍南县桥墩镇），被誉为温州治水第一人。宋朝廷赐予"通天护国"的封号，从平民英雄上升为佑护国泰民安的神灵。温州横山周凯庙被列入官府祭祀，宋濂写有《温州横山仁济庙碑文》，详细记述了周凯的功绩。

西晋时期，温州还未建郡，临海郡所属永宁县、安固县、横阳县都是今温州辖境，"地皆濒海，海水沸腾，蛇龙杂居之，民罹其毒"。台风频繁发生，洪水和海潮泛滥成灾，沿海平原的人们生存条件极其恶劣。

横阳县平民周凯挺身而出。这位"生而雄伟，身长八尺余，发垂至地"的壮汉文武双全，"善击剑，能左右射，博文而强记"。他自告奋勇，带领民众开展大规模的治水。"随其地形，凿壅塞而疏之，遂使三江东注于海，水性既顺，其土作乂"。三江，指的是境内三大水系，瓯江、飞云江、鳌江，在这次治理中，三江才被疏通入海，土地也得以治理，恶劣的自然环境得到改善。

永康年中（300—301），又一次台风来临，"三江逆流，飓风挟扶怒潮为孽"，山呼海啸，民众惊恐万状。危难之际，周凯毅然决定舍身平定水患。宋濂在《温州横山仁济庙碑文》中以文学的笔法描述了这一幕：周凯奋力搭弓射箭，怒吼着冲入海潮中，这时只见潮水忽然裂开，电光中冲出一条白龙，龙身上骑着周凯，向东飞去。很快水势退去，"江祸乃平"。

故事神化了周凯，但他舍身治水的事迹无疑是真实的。周凯死后，当地官长将其家乡命名为"平水里"，历朝也屡加封赐，特别是宋代累加"通天护国"之号，并赐"仁济"为庙额。周凯成为地方守护神，南宋《赤城志》卷三十一《祠庙门·平水王庙》称："诸邑皆有祠。"目前，温州境内供奉周凯的庙宇，据不完全统计，还有鹿城水心殿、瓯海平水王庙、永嘉岩头仁济庙、乐清半沙村平水王庙、苍南桥墩平水宫及藻溪平水宫等十余处。

## 民间信仰兼容并蓄

温州人敬鬼神的传统当然不是从宋代才开始的，汉时，"东瓯王敬鬼，俗化焉"，民间历史上更多信奉的是坊间流行的神鬼之类的超自然力量。民众日常生活中非常重要的一件事就是祭拜神灵——那些人力无法解决的问题，都交给各路神仙吧！

为祈求风调雨顺，城乡广泛流行龙神信仰。深潭、江河湖海等水域，人们确信是龙居住的地方，因此形成了很多祠庙。龙潭庙之类尤其多，仅弘治《温州府志》所载的就有二十来个，永嘉、瑞安、平阳等地有漱玉潭庙、玉函潭庙、龙进潭庙、龙畔潭显济庙等。另外还有与龙相关的女性形象，如龙母、龙夫人、龙女之类祠庙。《宋会要辑稿》中记载，位于瑞安仙岩（今属瓯海）的三姑潭祠，据说为唐代刺史路应之女所立，或作为龙女身份来祭祀。乐清的龙母庙，永乐《乐清县志》载有南宋乾道年间祭祀求雨的过程。

海神也是掌管着风调雨顺的神祇，每逢台风灾害或是大旱时节，温州的地方官员们就要前往城区海坛山上的海神庙祈祷，甚至"水火之灾，旱蝗之虐"，也"祷之多应"。这段记载见于宋代温州通判赵㠓《海神庙碑》。

海神庙，是祭海神坛所在，建于唐懿宗咸通二年（861），宋崇宁六年（1107）赐额"善济"，乾道九年（1173）封万顺应王。海神庙所在的小山因此得名海坛山。碑文记载，温州每年夏秋之交频发台风，一时狂风暴雨，掀屋拔树，翻江倒海，决堤漫山，百姓的生命财产安全遭受巨大威胁，尤其是海边人家和海上行商者最为担忧。每当风起，地方官员都亲往海神庙，焚香顶礼膜拜，祈求海神保佑温州风调雨顺，海上安全。

温州的民间信仰特别繁杂，各路神仙兼容并蓄，既有外来的神灵，也有本土的神灵，既有传说中的英雄人物，也有著名的历史人物，体现了温州对外来文化海纳百川的吸收与宽容。

来自国外的新罗神就颇有些传奇色彩。新罗是朝鲜半岛古国，曾为大唐藩属。天宝十二年（753）夏季新罗国王派太子带着大批礼物赴大唐访问。不料途中遭遇台风，新罗太子漂流至温州平阳附近海面时获救，被安置在平阳城关通福门附近的一座山上疗伤，逝世后安葬于此。

传说新罗太子时常显灵，保护百姓水上安全。百姓信奉为神，朝廷先后敕封为忠义、灵济、威惠、广佑圣王。当地人在太子住过的山顶处，建造"太子庙"，称山为"新罗山"。在平阳还有城关坡南街的新罗庙、灵护庙遗址，江头新罗山的新罗太子观，鳌江下厂的新罗庙以及太子亭遗址和供奉新罗太子夫妇的斋室，均为纪念新罗国太子。明天启七年（1627），平阳知县聂于勤忧心于当地长时间干旱，前往灵护庙向新罗神致祭祈雨，不久天降甘霖，聂于勤因此给灵护庙送上一块"灵济天瓢"匾额。

## 本地的人格神

有名有姓的历史人物死后被奉为神，称为人格神。汉代东瓯国君主东瓯王、治水英雄平水王周凯等都是较早时期的人格神信仰。随着社会多元化发展和海上航行的兴盛，温州又发展出一批新兴的人格神。

温州的忠靖王，是出自本地的人格神，地地道道的温州人被封为神灵。据明宋濂《忠靖王碑记》载：忠靖王姓温名琼，温州平阳人。唐长安二年（702）生，26岁因举进士不第，幻化为神，为民除灾害。《岐海琐谈》说是"平阳白石街人也"。民间传说平阳县有个不第秀才温琼，夜读时无意听到窗外疫鬼的对话，第二天他站在井栏边，阻止民众汲水。但大家都不信他的话，情急之下投身入井。待众人捞起他时，只见全身中毒发蓝，人们这才相信他的预警。因他为民而死，被封为忠靖王，又因为是温州人，赐姓温，俗称"温元帅"，为驱疫之神。

杨府爷作为本土神，也是浙南民间影响最大的信仰之一，信众遍布浙闽粤、港澳台乃至东南亚地区，温州城乡的杨府庙就多达五百余座，海坛山上海神庙和杨府庙和谐共处。市区还有杨府山、杨府路，温州下属各县也有多条杨府路。

杨府爷又称杨老爷、杨府上圣、杨真君。据明代姜准《岐海琐谈》、明万历《温州府志》、光绪《永嘉县志》、民国《平阳县志》等地方县志记载，认为杨府爷的身份是唐代杨精义，唐总章二年（669）考中武进士，后官封都督大元帅。65岁辞职还乡后，在瑞安陶山修炼成仙，拔宅飞升。他的十个儿子，个个崇尚道教，有"父子一家皆得道，兄弟十洞都成神"的说法。传说中杨府爷曾在海上拯救渔民，击退海贼，演变为水神和海神。后随社会的发展和人们的需要，杨府爷又增加了庇佑农业、商业、官运、学运、健康和子孙等的多重功能。

## "移民"而来的神灵

温州是移民社会，其神灵也具有"移民"特性，不少都是从外地输入，特别是福建传入的陈十四娘娘、妈祖等，均成为本地著名的神灵。

陈十四娘娘的信俗也和水有关，她日常负责除灭蛇妖，为民祈雨。陈

洞头沙角妈祖庙 蔡文斌摄

十四娘娘，福建古田县临水村人，名靖姑，因生于唐大历二年（767）正月十四日子夜，故小名陈十四。相传她聪慧灵异，14岁上山学法，学成后奔走于闽浙赣各地，斩妖除恶、驱瘟除疫、祈雨求福，深受百姓爱戴。24岁那年，闽地大旱，禾苗干枯，她不顾怀有身孕，决意作法，终因流血过多、寒侵六腑而亡。民众立庙祭祀，宋淳祐年间（1241—1252）被朝廷封为"崇福昭惠慈济夫人"，赐庙额"顺懿"，后历代不断加封。民间称她为临水夫人、大奶夫人、陈夫人、陈太后、顺懿夫人、顺天圣母、天仙圣母、碧霞圣母等，供奉其塑像的太阴宫、娘娘宫、临水宫等遍布温州城乡，因具有祈子、保胎、临产、诞生、养育、婚嫁等多重功能，而成为妇幼保护神。温州鼓词《灵经大传》就是演唱陈十四神迹故事的经典之作。

祭拜妈祖也是沿海地区非常典型的海洋信俗。据不完全统计，温州祭祀妈祖的建筑有二百余座，多集中在洞头、苍南、乐清等沿海地带。洞头妈祖庙以东沙妈祖宫、沙角天后宫保存最为完整。洞头渔民每逢造新船，要在船中舱设妈祖龛，并唱安放妈祖雕像的"安船歌"；每年农历三月二十三日妈祖诞辰纪念日和九月初九日妈祖羽化升天日,各庙宇都要举行隆重的祭拜仪式。妈祖信俗如今已被列入国家级非物质文化遗产名录。

妈祖,又称天妃、天后、天上圣母、娘妈,是历代船工、海员、旅客、商人和渔民共同信奉的神祇。相传,妈祖名林默(960—?),福建莆田湄洲人,因御灾除患,受到人们崇敬,号称海神。元至元年间(1335—1340)敕封天妃,清康熙年间(1662—1722)时加封为天后。

洞头最早的妈祖宫是东沙妈祖宫,位于洞头区北岙镇东沙村东北面岙内。明末清初,福建省惠安、莆田等地渔民在洞头一带捕鱼时,在东沙岙搭棚供奉妈祖雕像。清乾隆年间东沙渔民请求将妈祖像留在当地,并建庙奉祀。东沙妈祖宫占地面积四百多平方米,是青砖墁地的合院式木结构建筑,由门厅、戏台、两厢、拜亭、艄室组成,前后三进五开间。落成以来一直是朝拜、谢神、祭祀以及聚会娱乐的中心。此后洞头不少渔村也将妈祖请到自己村里,建庙祭拜。妈祖宫的香火一年比一年兴盛。

位于城区烈士路的天后宫,也曾是有名的祭祀妈祖的场所。据光绪《永嘉县志》载,系乾隆元年(1736)汀州商人所建。正殿面阔五间,宫前有池,依池有照屏,上书"俨如湄洲"四字,如今只有殿前抱厦保存完整。

WENZHOU
THE BIOGRAPHY

温州传

第五章
百业兴盛

仙岩寺慧光塔出土了大量珍贵文物

## 漂洋过海的瓷器

龙泉窑的青瓷薰炉、盏式碗，瓯窑的青瓷刻花执壶、褐彩碗，景德镇的青白釉盏托，磁州窑的白底黑花罐，建窑的黑瓷兔毫斗笠碗，定窑的白瓷梅瓶、紫瓷葵口碗……两千多件来自宋代的瓷器，2022年在朔门古港码头遗址出土。这些出自各大窑口的瓷器，纵使泥垢遮掩了原本光亮的釉色，却也因岁月的包浆积淀了一份沉静之美。

"陶瓷是送给中世纪东西方世界的一缕长长的情思，同时它也是使东西方文化得以交流的一座桥梁，我愿意把这条海路暂时称之为陶瓷之路。"日本陶瓷学家三上次男深入研究了中国古陶瓷后，在其代表作《陶瓷之路》中写下这样一段话。

陶瓷是人类文化智慧和手工技艺的结晶。在很长一段时间里，中国以精湛的陶瓷工艺领先于世界，成为古代陶瓷业发展与对外传播的中心。通过海上丝绸之路，中国输出的最大宗物品就是陶瓷。

宋代温州作为海上丝绸之路的重要节点城市，不仅是全国瓷器对外贸易的集散码头，大量精美的瓷器从这里走向世界，而且它本身就是重要的瓷器生产基地，尤其在宋代达到历史顶峰，为海上陶瓷之路提供了充足的货源。

## 成名最早的瓯窑

在考古人员的细心挖掘下,朔门古港遗址区发现了四处瓷片堆积带。人们猜测,应是在这里的货运码头装卸瓷器时,发生意外破损,后废弃堆积形成。大量残破的瓷片互相叠压,清理出来一称分量,竟重达10吨以上。好多瓷片上还有墨书的文字,其中一只残损的瓯窑瓷碗底部写着三个褐色字"谢六置",陶瓷专家解释说,这碗是宋代一个叫谢六的人定制的。

瓯窑陶瓷是宋代温州人家中常见的日用品。吃饭用碗,盛菜用盘,储水用罐,插花用瓶,喝酒用杯,品茗用盏……品类齐全的瓯窑瓷器,是温州本地的特色产品。

有人说"瓯"字从瓦,说明温州先民素来擅长陶瓷制造。这从大量出土的文物中可以得到证明:新石器时代,先民已能烧制陶器;新石器时代晚期至夏代,开始烧造印纹陶;到了晚商至西周时期,又创造了原始瓷器。瓯窑作为中国最早有文献记载的古代名窑之一,在二千年前的东汉末年由原始瓷发展为真正的瓷器。

两晋时期,瓯窑制瓷业崛起。产品种类丰富,市场销路广泛,通过海路销售到江苏、福建、广东等沿海地区。瓯窑所产缥瓷,以淡青釉为特色,匀静柔和,是青瓷中的上品,享有盛名。六朝时期,瓯窑出现了釉下褐彩青瓷工艺,点彩、条纹、斑饰、绘花和书写文字等各种纹饰,大大丰富了瓷器的装饰效果,《中国考古年鉴·1989》认为:"温州六朝釉下彩的发现,将我国瓷业釉下彩工艺的起始时间大大提前。"

清人朱琰在《陶说》里提到,晋杜毓《荈赋》中有"器择陶拣,出自东瓯"之语,这是我国迄今为止发现的有关陶瓷器物的最早记载,可见瓯窑青瓷在当时的影响力。乃至"后来'翠峰天青'于此开其先矣",越窑的"翠峰"和柴窑的"天青",也都从瓯窑发展而来,甚至比越窑还更早成名,"是先越州而知名者也"。《景德镇陶录》也说:"瓯,越也,昔属闽地,今为浙江温州府。自晋已陶,当时著尚。"

北宋是瓯窑制瓷业发展的高峰时期,瓯江、飞云江下游两岸集中了大量

永嘉坦头古窑址

窑址，那一条条长达数十米的窑床绵延相续，烟火相望。烧制出的瓯窑青瓷大量外销。但风水轮流转，南宋至元代，和瓯窑有着"近亲"关系的龙泉青瓷后来居上，跃升为行销国内外的名瓷。瓯窑不得已向龙泉窑靠拢，成了龙泉窑的附庸。明代以后，随着江西景德镇瓷业的兴起，瓯窑衰落。

在上千年的发展历程中，瓯窑在胎质、釉色、造型、装饰等方面都形成了自己的特色。唐宋时瓯窑产品以纯粹的青瓷或青黄色为主，胎釉结合紧密，造型和工艺上有重要的突破。

## 瓯窑精美器物

陶瓷是泥与火的共舞,是生活和艺术的完美融合。温州出土的瓷器,大部分都是瓯窑青瓷,器物种类丰富,有些造型颇为独特,细节处反映出受到外来文化的影响。

鹿城区藤桥石埠村出土的两件三国时期的瓯窑青瓷堆塑谷仓罐,明显有西域文化的痕迹。较大的那只罐高42厘米,罐上堆塑五联小罐,肩部四面堆塑杂耍、吹奏、骑马、跪拜等姿势各异的人物,外貌颇似西域胡人。另一件高28厘米的小罐,罐口旁竖有四个小罐,肩部堆塑庆丰收场景。人物形象生动,或吹箫,或击鼓,或弹琴,或杂耍。其中有一高鼻深目者,亦酷似胡人。研究者认为:"出土资料和研究结果向人们揭示,早在纪元前后,西域胡人就频繁入驻汉地,入驻的热区并不是礼制森严的中原,而是民风浮薄的东南沿海地区"(李刚《古瓷发微》)。

鹿城区双屿镇牛岭村东晋墓出土的瓯窑青瓷点彩鸡首壶,高近20厘米。其特别之处在于壶肩部有一圈褐彩点饰,腹面点饰形成八个区间,各区间填饰联珠花一朵。由褐色圆点组成的菱形、环形、十字形和联珠形花、散点梅花,是瓯窑青瓷褐彩的一大创新,主要就是受萨珊王朝波斯式"联珠团窠"艺术的影响。

鹿城区锦山砖室墓出土的五代瓯窑青瓷曲流壶,别致的造型也明显是借鉴波斯银器式样。壶高11厘米,直口,瓜棱腹,喇叭形高足。设计别出心裁,流嘴柔曲细长,先从下越过壶腹,与底足接近,然后曲线向上高出壶口,呈"S"形。

魏晋南北朝时期,中国和西亚地区的波斯已频繁往来;唐朝时期,波斯帝国又多次派遣唐使来中国,王公贵族也在中土居留,因此西域波斯文化的影响逐渐渗入,甚至体现在瓷器的造型上。

宋代以来,瓯窑瓷器中出现了用褐彩绘出花草植物的图案。1984年锦山出土的北宋瓯窑青瓷褐彩叶纹执壶,是一把非常精致的酒具。沉稳的青黄色釉,耐看,不张扬,色泽细腻滋润。器表满饰褐彩,尤其是腹面的釉下褐色蕨草纹，亭亭直立，小叶横伸。这件北宋早期的瓯窑瓷器精品，被专家们认为"褐彩掌控和应用已达到炉火纯青的水平"，定为国家一级文物。

类似的褐彩青瓷绘饰，在乐清大荆、永嘉岩头和瑞安丰和宋代窑址均有出土。这些用褐彩任意绘出的花草植物图案，与日本福冈出土的"黄釉铁绘牡丹纹大盘""黄釉铁绘花盘"以及日本福田县出土的"黄釉铁绘七宝文盘"的釉彩、绘饰风格相一致。

宋代温州还出现了很多与佛教有关的瓯窑产品，反映出当时民间奉佛极为虔诚的社会风气。1965年白象塔出土了一尊北宋瓯窑青瓷观音坐像。高24厘米，周身施青色釉，釉层如凝脂莹润细腻。观音菩萨头戴花蔓宝冠，面颊丰满圆润，双目微睁。半跌式坐在须弥座上，姿势随和，表情温柔。须弥座塑有山峦、缠枝花、莲瓣纹，座沿上立着一只鸽子，整体造型和谐完美。宋代佛教这种世俗化的造型和神态，拉近了与信众情感上的距离，充满人间生活情趣。

另有两件白象塔出土的北宋青瓷菩萨头像，高二三十厘米。一件头戴宝珠王冠，顶束高髻，束发从鬓角贴耳绕到耳后，长眉深目，面含笑意。另一件头戴进贤冠，正中刻有"王"字，高鼻深目，双耳垂环，面带慈祥。这两件雕刻风格与印度九世纪毗湿奴神青铜坐像有相似之处，十分罕见。印度笈多王朝时代雕刻追求平衡、和合、完美，强调力度和美感，显示出古典主义向巴洛克风格演变的迹象，其典型作品就是毗湿奴神青铜坐像。

## 窑址沿江分布

以瓷、陶、碗、缸等字眼命名的村落，在温州各县比比皆是。如瑞安陶山有瓷窑、曹村有碗窑、鹿木有缸窑，苍南观美有碗窑尾、桥墩有碗窑、藻溪有盛陶，永嘉碧莲有缸窑，文成黄坦有缸窑，可见陶瓷制作技艺在温州各地广泛流传。

但真正发现温州第一个瓯窑窑址，已经是1937年的事了。陶瓷专家陈万里来温做田野调查，寻访窑址，在西山护国岭脚发现了首例古窑址，使瓯窑遗物重现于世。

陈万里（1892—1969）又名冥鸿、夷初，江苏吴县人。这位令人称奇的通才，专业学医，喜爱音乐、绘画，又在摄影、古陶瓷考古方面成就非凡。他是我国近代第一位走出书斋，运用考古学方法对古窑址实地考察的学者，被誉为"中国陶瓷考古之父"。1928年起陈万里开始考察浙江青瓷，先后发现了龙泉窑大窑遗址、上林湖越窑遗址等，并完成中国第一部田野考察报告《瓷器与浙江》，引起世界瞩目。

也正是由于他的发现，瓯窑遗址、遗物开始受到世人关注。迄今温州已发现瓯窑古窑址两百余处，主要分布在瓯江、飞云江和楠溪江沿岸。

西山窑址群，位于温州市城区西侧锦山东、北山麓（锦山因位于旧城之西，故又名西山），跨鹿城、瓯海两区。范围包括护国岭、乌岩庙、小山儿、正和堂四处相对集中的窑址分布区。1986年，浙江省考古研究所与温州市文物处联合组队对西山窑进行了调查和抢救性发掘，确定该窑址群起始于晚唐，盛行于五代北宋，至南宋开始衰落。"我们选择乌岩庙窑址进行考古发掘，挖出一条南宋龙窑窑床，长达60余米，宽近2米。窑的一侧开有窑门，出土以碗、盘、盏、壶为大宗，窑具有匣钵和垫具，发掘现场相当壮观。"参与现场考察挖掘的温州市博物馆原馆长金柏东回忆道。

西山窑瓷器一般经由大桥头向外运输，大桥头河床南连西山河，北出瓯江，是古代温州西郊主要河道。1964年在大桥头河床出土了一批西山窑的典型瓷器，包括壶、碗及大量瓷片，其中一块瓯窑青瓷经文残碑，背面有"开宝三年太岁庚午……"等字样，表明其生产日期为970年的北宋时期。这批瓷器可能是在运输中遗落。

从西山正和堂窑址出土的水注、粉盒、灯盏，与古埃及福斯塔特遗址及日本宇治市、京都市等地遗址出土的器物，在造型、釉色方面都很相似。日本上冈恭补在《支那古瓷器手引》一书中，谈及日本镰仓海滨发现的青瓷标本来源时指出："昔时盛产青瓷之窑是温州、泉州与安溪，其他亦有小规模之窑。"

比西山窑时间更早的永嘉启灶窑址属唐五代时期。2017年省、市、县三级组成的考古队，对启灶窑址进行了局部发掘，出土上万件瓯窑青瓷标本，有不少精美的褐彩青瓷，瓷器上还有"余王监""官作碗"等字样，这是瓷器上第一次发现铭文。启灶窑址后被列为全国重点文物保护单位。

除瓯窑窑址外，温州境内还发现两宋时期的青白瓷窑址达10多处，主要分布在泰顺玉塔、碗窑、下革、宫袋山、方厝山，苍南大心垟、小心垟、源美内，乐清窑岙及文成等地。

青白瓷坯体细薄坚硬，器物多为壶、瓶、罐、钵、盘、碗、碟、盏、盒和器盖等，釉面纯净晶莹，白中泛青，以素面居多，纹饰为印纹和刻画纹，主要有卷草、莲花以及双凤穿花、水藻双鱼、出水芙蓉等图案，纹样生动。从造型、釉色来看，比较接近江西景德镇湖田窑烧制的产品。

这批青白瓷窑址均处于边远山区，为了适应当时海内外市场需求，在烧制青白瓷的同时，还兼烧黑瓷、青瓷。善于打破地方传统品牌的生产局限，是温州瓷业的一大亮点。

## 龙泉窑后来居上

朔门古港遗址出土瓷器中数量最多的是龙泉窑青瓷，占90%以上。对比现场沉船周围的瓷片，专家们得出结论：温州港北宋中晚期外销瓷器以瓯窑青瓷为主。到了北宋晚期至南宋初期，龙泉窑青瓷逐渐取代瓯窑青瓷，成为主要的外销瓷。龙泉青瓷沿瓯江顺流而下，经温州港销往海外。温州港对于龙泉窑青瓷的兴起、发展和外销起着至关重要的作用。

瓯江上游的龙泉和温州相邻，历史上曾属温州境内管辖，交往密切。龙泉窑成熟于五代至北宋早期，盛行于南宋至元。早年汲取瓯窑、越窑制瓷技术和经验，后来居上，烧制出影响国内外的名瓷。

宋元时期，龙泉青瓷大量出口，需求激增。瓯窑窑工们开始仿烧龙泉窑青瓷，龙泉窑从瓯江上游迅速向瓯江下游、飞云江两岸扩展，温州的泰顺、文成交界地带，永嘉岩头、港头、鲤溪和桥头一带，形成相当规模的窑址密集区。温州目前发现的龙泉青瓷窑址有五十多处。

位于文成县汇溪乡蟾宫埠村对面山坡的林窑窑址，有上、下两窑场，分布面积 5500 平方米，是当时规模较大的窑场，经考古断定为宋代的龙泉窑系。不仅烧制龙泉青瓷，还烧制黑褐瓷、青白瓷，器物以碗、盘、壶、碟、杯、盏、罐等为大宗，其他还有玩具狗、猴和象棋棋子。胎骨大多细白、坚硬，釉面光洁明亮。主要纹饰有海浪纹、折扇纹、莲瓣纹，间有印记"金玉满堂""寿山福海""十一郎""海滨遗范"等吉祥语。这与日本下关市、福冈县等地遗址出土的朵云纹碗，内底印有"金玉满堂"等相一致。

永嘉南岙村马鞍山龙泉窑址的发现是个意外。二十世纪八十年代，专题文物调查队前去调查已有线索的启灶、坦头窑址途中，需翻越马鞍山。沿着山路拾级而上，两旁是茂密的竹林，走到半山腰时，带队的金柏东突然发现五米开外的小土堆上有几片青瓷残片，他眼前一亮，凭借多年的实践经验，知道"有戏"。这些瓷片与瓯窑瓷片完全不一样，考证后发现这是元代龙泉窑系的罕见瓷片。2020 年，为配合杭温高铁建设，马鞍山窑址正式发掘，揭露龙窑窑床一条、储泥池一处，还发现大量瓷器。马鞍山窑址中占比最大的印花小口罐，在东南亚、西亚、日本等地以及沿海多地沉船打捞的器物上都能找到踪影，国内则少有出土，为典型的外销瓷品种。可见马鞍山窑场产品除部分满足本地需要外，主要服务于对外贸易。当年底，马鞍山窑址发掘成果被评为浙江省十大考古新发现。

龙泉窑瓷器在温州出土量多质精。1956 年出土的南宋龙泉窑青瓷蟠龙瓶，通高 22.3 厘米。直口，多级塔式腹，圈足规整，施粉青色釉，光泽柔和。盖顶鸟钮，作匍匐哀鸣状。颈肩部堆塑一条盘旋起舞的游龙，目光炯炯，体态矫健；龙前塑一火珠。下腹剔刻仰莲瓣纹。堆塑形象逼真，技艺高超。

1960 年出土的南宋龙泉窑青瓷舟形砚滴，全长不足 17 厘米，小巧玲珑，可托于掌上，堪称精品。整体形似瓯江流域的内河小型运输船——蚱蜢舟，有舱篷和艄篷，两侧有栏杆；船舱里有两人席地而坐，似在闲谈。舱外一艄公，探身欲取篷顶上的斗笠。人物生动逼真，船锚、橹桨等细部处理都非常精致，舟体内外施青釉，堪称实用性与艺术性兼具的典范。

## 漆器专卖店开到京城

宋代温州漆器的专卖店，开进了都城的繁华地带，成为当时有名的精品旺铺。

北宋京城开封，宣德楼作为皇城的正南门，这一带是城中的黄金地段，有大晟府、太常寺等重要建筑，也有著名的大相国寺，每月五次开放百姓交易，各种货物齐备，堪称东京的商业文化娱乐中心。能在南门大街上立足的店铺，档次自然不低。"温州漆器铺"就紧挨在大相国寺旁边，它隔壁还有"唐

漆器展示

家金银铺"(孟元老《东京梦华录》)。

南宋都城临安，温州漆器店开得更多了，毕竟温州和杭州的距离更近，交通方便。临安大街小巷开满了店铺，一家挨着一家，没有一间空置的店面，生意兴隆。众多店铺中，被南宋吴自牧记录在《梦粱录》中的"有名相传者"，就包括清湖河下里仁坊口游家漆铺、水巷桥河下彭家温州漆器铺、平津桥沿河温州漆器等多家商铺。

那时的温州漆器，称为"天下第一"。这些店铺自豪地打出了"温州"的旗号。

## 温州漆器最负盛名

漆器一般以木、竹、麻布等为胎，再在表面施漆，有朱漆也有黑漆。漆器产品大致可以分两类，一类是百姓的生活实用器皿，还有一类是专供欣赏的工艺品。

除瓷器外，温州百姓生活中最常用的就是漆器了，这属于比较精致的日用品。像碗、盘、碟、盏、钵、杯、匙、勺、筷子、执壶等饮食用具，盒、罐、盆等生活用具，奁、粉盒、镜盒、篦、梳等梳妆用具，还有拨浪鼓等玩具，都有漆器制品。

漆器讲求稳重端庄，古朴大方。不论圆形、方形，均胎体轻薄，比例匀称，漆面光亮，虽不施点缀，朴质无纹，但常以造型本身的线条之美达到装饰效果。如莲瓣形碗、盘、碟等，起棱分瓣，六瓣至十二瓣均有，追求典雅平易的艺术风格。宋代温州人在嫁女时，条件许可的话，一套精美的漆器嫁妆是必需的，包括盛放首饰的妆奁、盆、礼盒、食盒等。

用于欣赏的漆器工艺品，则多取材于现实生活或佛教故事，应用绘画、雕塑的写实手法和技巧，使作品更富感染力。

自唐代以来，温州就以盛产漆器著名。两宋时形成规模化生产，作坊、店铺分布城区，产销两旺。《中国大百科全书》称："制漆业是宋代小商品生产中发达较早的行业，作坊多设在城市。考古发现宋代的漆器有温州、四明、临安、苏州、江宁、襄州各地制造的。温州漆器最负盛名。"

温州出产的漆器工艺复杂，花样繁多，据弘治《温州府志·土产之器用篇》载：漆器有鹨色、绿色、牙色、锦犀、纯朱、刻花、退光、黑光、磨光、捲素、剔金、洒金、泥金、阗螺、漂霞等各种品类。

温州制作的漆器中有一种利用磨制的贝壳做镶嵌的装饰工艺，非常精致，曾上贡朝廷。一批来自温州等地的"螺钿椅桌并脚踏子三十六件"寄存在镇江府军资库，建炎二年（1128）宋高宗来到镇江，见到后"恶其奇巧，令知府钱伯言毁之"（《嘉定镇江志》卷二十一）。温州工匠制作的漆器，连皇帝也感觉太过奢靡，可见"其初精致之甚，奇彩异制，夺目光烜"并非虚打广告。

温州本来并不产漆，原材料要依赖外地商贩输入，税高价贵，工匠们必须在制作上花心思和工夫，精益求精，才能取得可观的利润，"征重而价贵，故人力取精而倍其赢"。温州人就是这样，上天没有给你一片肥沃丰厚的土壤，因此千方百计在贫瘠的夹缝间寻求生机，只要有一点阳光，顽强的种子就挣脱桎梏，发芽、生长、绽放。古人也不得不感叹："温居涂泥斥卤，土薄艰艺，民勤于力而以力胜，故地不宜桑而织纴工，不宜粟麦而粳稻足，不宜漆而器用备。"（陈谦《永宁编》）不宜种桑的地方，却纺织工艺精湛；不出产漆的地方，却漆器品类齐全。温州人就这样凭着自己的努力创造了一个个奇迹。

## 早期的商品广告

丁卯温州开元寺黄上牢、温州新河金念五郎上牢、辛未温州第一桥金家上牢、乙卯温州净光塔下阮四叔上牢、戊戌温州南郊外游七叔上牢、壬辰温州城西蔡上牢、癸酉五马择文徐上牢……

全国各地出土了不少温州漆器，目前发现的三百多件宋代温州漆器中，一半以上都标记着这样的铭文。

"上牢"即上等牢固之意。这些铭文一般是用毛笔题写在器物外底，少数写在内底、腹部、盖内侧或内壁，主要以朱漆题写在黑漆或黑褐漆之上，也有黑漆、墨水题写在红漆、红褐漆之上，少数用针、竹片刻画在器物内外底或内外壁。铭文字体多为行书、草书，少数为楷书。有的铭文记载得很详细，包括干支纪年、地名（包括街、巷）、商铺（作坊）、工匠名字，如"庚申温州丁字桥巷廨七叔上牢""乙酉温州新河导俗巷林六叔上牢""庚申温州城西郑家上牢"。这些铭文为后人考证漆器的产地、年份提供了重要依据。

有的铭文比较简略，仅有干支、地名或商号。如"乙丑徐家上牢""温州单上牢"，这样的基本上是老字号品牌，不必多说，对自家的知名度很有信心。

毫无疑问，这些铭文对树立产品品牌发挥了积极作用，反映出温州人较早就具有广告意识，也为后人了解温州漆器制造业的作坊分布、生产状况、工艺水平等提供了信息。

据初步统计，铭文记录的街巷、地名有丁字桥巷、百里坊、梯云坊、城西街、五马街、新河街等数十处。可见因市场需求较大，宋代温州城内制作漆器的商家为数众多。"五马街"出现的次数频繁，表明五马街在宋代已是手工业发达的商业街。"新河街"也是漆器制作生产的集散地，两旁巷内作坊林立，前店后坊。新河街有七十二条半巷之说，每条巷弄都有河流相依，且河宽水深可通船，既方便漆器制作过程中的清洗，也便于运输，将制作所需的木材运回，将漆器成品运出销售。直至中华人民共和国成立后，城西街的温州瓯塑髹漆厂最盛时还有400余名员工从事漆木器、漆画的生产制作。

漆器工匠的名字通过铭文留存下来，他们是孔三叔、孔九叔、成十二叔、金念五郎、锺念二郎、廨七叔、林六叔、周三叔、王九叔、周十六叔、姜三叔等，说明当时有一大批制作漆器的能工巧匠。有了名字就是活生生的人，而不是面目模糊的工匠群体。他们分工合作，"陶九叔造王五叔上牢"，说明"造"和"上牢"是两道工序。一件件精美光鲜的漆器就这样在一双双灵巧的手下相继诞生。

# 日常生活中的漆器

漆器在温州老百姓的生活中扮演了很重要的角色。

自 2005 年上半年至 2010 年，温州老城区及其周围建筑工地先后出土三十余批次 300 多件宋元时期漆器，大部分是残件，少数器物较为完整，绝大多数都是素髹日用器皿。

吃饭用的碗，高近 9 厘米。口沿外敞，六瓣花形，高足平底。外壁黑色漆，内壁朱红色漆。外底有清晰可见的铭文"温州都监衙头甘家上牢"。这是城区百里坊建筑工地出土的北宋漆碗，与湖北省武汉十里铺北宋墓出土的六瓣形圈足黑红色漆碗形制接近。

盛物用的盘，高不足 3 厘米。七瓣花形，敞口浅腹，矮足平底。内外均为朱红色漆，口沿描一圈黑漆。外底朱书"甲戌温州石上牢"铭文。这是城区周宅祠巷建筑工地出土的北宋朱漆碟。

除衣食住行的生活外，宋代温州人已把更多的精力和财力投注到精神信仰中。漆器工艺制作的大量庄严、精致的宗教用品，构建出一个气象万千的佛教世界。

1965 年和 1966 年，温州北宋白象塔和慧光塔先后出土了阿育王塔、舍利函、泗洲大圣坐像等一批高档漆器，采用了识文、堆漆、镂雕、描金、泥金等髹饰工艺，繁缛华丽，制作复杂，堪称温州漆艺的典范。

阿育王塔，残高不足 20 厘米，面宽 12 厘米。由基座、塔身、塔刹三部分组成。塔刹已损，塔身方形中空，四面券门内镂雕佛本生故事，四角柱头各刻一只金丝鸟。基座每面镂刻佛像，均跏趺坐。这座塔为黑褐色雕漆，漆层深厚，光泽度好，且与镂刻相结合，反映了北宋时期漆器精湛的工艺水平。

慧光塔出土的经函有内外两盒，檀木胎，长方体，由盝顶盖和须弥座组成，均施褐色漆。内装《宝箧印陀罗尼经》。这个由一位叫严士元的施主捐助的经函，制作非常讲究。

外盒高 16.5 厘米，长 40 厘米，宽 18 厘米。除盒底外通体识文堆塑、描金，稀疏镶嵌白色珍珠。顶盖堆塑缠枝莲、双练鹊和折枝花卉，盒身堆塑莲台佛像，须弥座束腰处堆塑一花二羊、神兽和牡丹，空间有各种描金图案，腰鼓、竖琴、笙、琴、鼓、板、钹、笛等乐器，忍冬、折枝牡丹等花草。外底"大宋庆历二年"等字样依稀可辨。内盒高11.5厘米，长33.8厘米，宽11厘米。除底部外均以工笔金描纹饰，亦是花鸟、神兽等图案。与一般的描金漆器做法不同，此为金粉调胶后直接用笔绘在漆面。线条劲挺而富于变化，生动自如。

慧光塔还出土了一个更大一些的舍利函，同样采用识文工艺，即先将漆灰捶打成团，然后搓成漆线，再盘缠出花纹，构成精细谨严的纹饰，富有金属、珠宝质感，工艺水平极高。王世襄在《髹饰录解说》（文物出版社1983年版）中说："识文漆器不仅目前举不出其他宋代实例，就是明代制品传世也绝少。（慧光塔）此两函的发现，为我们提供了可贵的例证。……识文漆函制作精细谨严，反映了当时该地的漆工水平。"

## 远销海内外

漆器同陶瓷一样都是外销品，除了供应温州本地市场，还远销国内各地甚至海外。

二十世纪七八十年代，江苏武进出土了三件南宋温州漆器，器物上均有漆工的姓名、铺址和制作时间。这三件戗金工艺制作的漆器震惊世人，"有的为前所未见，而又确系漆工文献称道过的南宋珍贵漆器，为髹漆工艺史填补了空白"，人们真正见识了温州漆器的高端产品是什么样。

一件是银扣莲瓣形朱漆盒，通高21厘米，直径19厘米。内装铜镜、木梳、竹篦、银扣镶口的圆筒形漆粉盒等用品，显然是古代女性的梳妆盒。盖内侧黑漆，朱漆书写"温州新河金念五郎上牢"铭文。这件由温州新河金家排行廿五的工匠制作的梳妆盒，被定为国宝级文物。

盒外朱漆底色，盖面戗金刻画了一幅仕女庭院消夏图：庭院花径上两位仕女云鬟高挽，长裙曳地，手中执团扇、折扇，挽臂而行，神态亲昵；旁边婢女穿短袄长裤，手捧长颈瓶侍立。园中山石嶙峋，柳荫扶疏。盒身四周细刻四季花卉，以梅枝起，连接牡丹、萱草、莲荷、芙蓉、茶花等，构成"一年景"花卉图，清新高雅，疏密有致。据专家分析，婢女可能来自契丹。沈从文《中国服饰史》描述道："着旋袄不裙而穿裤，来自契丹。"仕女手中的折扇，也印证了宋代诗文中有关折扇的描写，纠正了过去明代才有折扇的说法。

另有一件小一些的长方形朱漆盒，通高10.7厘米，长15.3厘米，宽8.1厘米。内装一对漆器小粉盒。盖面戗金刻画一幅沽酒图：山间老翁头束发髻，袒腹露胸，肩荷木杖，杖头挂钱一串，远处山坡茅屋酒家隐现。画面平远开阔，意境清逸。盒身和盒盖四周刻牡丹、芍药、栀子、山茶等四季花卉。画面留白较多，在朱漆的衬托下，金黄色花卉清新雅致。盒盖内侧朱漆书写"丁酉温州五马锺念二郎上牢"铭文。上述两件朱漆盒是我国目前已知的戗金漆器中时代最早、保存最完整并带有款识的器物。

第三件是朱漆斑纹长方形黑漆盒，盖面戗金刻画柳塘小景，岸柳飘摇，柳下一泓池水，水中游鱼穿行嬉逐于水草莲花间。四壁戗金刻画梅花、莲荷、牡丹、菊花、山茶、栀子等花卉。景物以外，黑漆底纹上密钻细小圆斑，填以朱漆后磨平，以细小圆斑衬托戗金花纹，显得华丽多姿，充分显现出戗金填漆并用的装饰效果。盒盖内侧朱书"庚申温州丁字桥巷廨七叔上牢"字样。王世襄在《髹饰录解说》中认为这件器物是"十分难得的施加了多种髹饰法的南宋精品，有可能它是戗金间犀皮未定前的一种做法"。

显然，这些化妆盒、小粉盒的主人是一位生活精致的女性。据考证可能是南宋官员薛极的女性亲属，卒年在南宋嘉熙元年（1237）之后。《宋史》卷有《薛极传》，薛极曾任温州通判，想必熟知当地能工巧匠。

元明时期，温州漆器的制作工艺仍保持较高水平。元代温州漆器外销到真腊、韩国等国。元代周达观在《真腊风土记》中明确记载，温州漆盘与中国的金银器、丝织品、锡器、青瓷器等商品广受真腊（今柬埔寨）人的喜爱。

2008年温州城区百里坊建筑工地出土了一把漆木梳，长9.6厘米、宽6.4厘米。半月形，黑漆梳背。齿长，齿距紧密，排列整齐。该木梳与韩国新安海底沉船出水的漆木梳类似，是温州漆器外销的物证。

# 最是橙黄橘绿时

南宋安徽人方回（1227—1307）曾在温州生活过一段时间，他在《送杜景齐归平阳》诗中写下了记忆中温州美好的生活：

> 每忆东瓯郡，柑花入梦香。
> 市人无素服，田妇亦红妆。
> 鲎蟹丰渔户，犀珠聚缫商。
> 年登犹足乐，何必羡钱塘。

这是一座丰衣足食的城市，人们穿着讲究，田野村妇也都妆服艳丽。有鱼虾美味，有柑橘飘香，有珠宝璀璨，有商贸汇聚，在方回的心目中，这样的城市可一点不输给都城杭州啊！

温州柑橘，在各种史籍文献中又被称为温柑、瓯柑、永嘉橘、永嘉柑等。在宋代很多人的印象中，温州这座城市是和好吃的"温柑"联系在一起的。南宋张世南在《游宦纪闻》中更是以不容辩驳的语气一锤定音："永嘉之柑为天下冠。"

温州人特别喜欢柑橘，不仅因为好吃，更寓意着"大吉大利"，是过年的时候必须端出来待客的水果品种。

# 有林皆橘树

宋代温州柑橘的种植非常普遍，用学者叶适的诗来说，是"有林皆橘树，无水不荷花"。它被列为温州六种著名的土产之一（《太平寰宇记》），远离家乡的游子见橘怀乡，在外任职的卢祖皋感慨赋诗："为尔风流似故乡。"（《种橘》）

中国柑橘的栽培历史悠久，《尚书·禹贡》中即有"淮海维扬州……厥包橘柚锡贡"的记载，说明夏朝时期九州之一的"扬州"已栽培柑橘，那时扬州地域广大，包括今江浙皖闽在内。而温州柑橘有明确记载还是三国时期的《临海异物志》，称"鸡橘子，大如指，味甘，永宁界中有之"。罗贯中《三国演义》中还写到温柑的故事，孙权选中温柑馈赠曹操。曹操派使者到温州，选取了四十余担大柑，星夜送往都城邺郡。那时人们对柑橘的珍爱已可见一斑。晋代文人潘岳写过"披黄苞以授甘，倾缥瓷以酌醽"（《笙赋》），剥开黄色的橘皮品尝美味，用青瓷盛着美酒欢饮，真是人间乐事啊！

唐代，柑橘已和麻布、鲨鱼皮这些特产一起被列为温州的贡品（《新唐书·地理志》）。

唐宋时期，达官显贵、同僚好友之间常相互赠送温柑。皇室贵族将温柑送给近臣，谓之"传柑"，以示关系亲近。元林昉《柑子记》载："唐开元，天子元夕会宰执、侍从，饷黄柑。既拜，赐怀其余以归，转相馈遗，号曰：传柑。"

文坛领袖苏轼有一首《答晋卿传柑》，在驸马王诜送来的黄柑面前，仿佛其他的人间草木都黯然失色："侍史传柑御座旁，人间草木尽无浆。寄与维摩三十颗，不知檐葡是余香。"他充分发挥想象力，如果给维摩诘居士寄去三十颗黄柑，那有"花中禅友"之誉的栀子花（檐葡）怕也是要被比了下去。

宋代文人专为致谢好友赠温柑的诗句并不少见。如苏辙写过《毛君惠温柑、荔支二绝》："不有风流吴越客，谁令千里送江南"；梅尧臣写过《和（嘉祐二年）正月六日沈文通学士遗温柑》："竞传洞庭熟，又莫永嘉比。"

苏轼也写过好几首关于温柑的诗，最常为后人引用的是这两句："燕南异事真堪记，三寸黄柑擘永嘉"（《次韵曾仲锡元日见寄诗》）。有趣的是他还以拟人的方式，写了一则寓言《黄甘陆吉传》。两位主人公黄甘即温州的黄柑，陆吉乃洞庭的绿橘。他们先后被楚王招贤入宫，先到的陆吉不如晚来的黄甘地位更高，很不服气，两人来了场辩论。虽然在地域分布、历史久远方面，黄甘不如陆吉，但架不住众人喜欢，陆吉只能悻悻落败。

虽为寓言，却也是以现实为基础。深受喜爱的温州柑超越了早先的洞庭橘，身价日增。人们公认温州柑橘在市场上碾压其他同类。"然橘也出苏州、台州，西出荆州，而南出闽广数十州，已不敢与温橘齿"（韩彦直《橘录》）。北宋京城的商人贮备四方珍果拿到夜市上去卖，"永嘉柑"是最高档的品种："京师贾人预畜四方珍果，至灯夕街鬻。以永嘉柑实为上味"（南宋陈元靓《岁时广记》引北宋吕希哲《岁时杂记》）。

王十朋曾在诗中写道"昔贡千金颗，遥驰万里函"（《知宗柑诗用韵颇险，予既和之，复取所未用之韵续赋一百三十韵》）。作为贡品的温州柑橘，千里迢迢运到北宋京城开封，实在是路途遥远，而且柑橘易腐烂，途中损耗严重，因此运送的数量要多于进贡的数量，以备拣择，大大增加了百姓的负担。为此多有体恤民情的官员、乡绅进言，希望停止进贡。但朝廷还是几禁几复，大约是割舍不下对温州柑橘的喜爱吧？好在南宋时只需运至临安，路程近了许多。

价格不菲的柑橘也成了官员行贿的上佳礼品。据《建炎以来系年要录》记载，绍兴二十六年（1156）瑞安知县因运送万余只柑橘给权臣王会，作为生日贺礼，被侍御史汤鹏举弹劾罢官。

柑橘采摘的最佳时节是在霜降后。"蜜满房中金作皮，人家短日挂疏篱。判霜剪露装船去，不唱杨枝唱橘枝"，叶适首创的"橘枝词"，描写了温州寒冬时常见的这一幕情景：昼短夜长的冬令时节，家家户户竹篱墙外的枝头挂满了果实。那金灿灿的表皮内裹着蜜般的柑橘，趁着霜露采摘后，装船运往外地。后来，也有商家学会巧妙利用时间差，不等青柑成熟就采摘下来，待经过几天运输到达目的地后，口感及成熟度恰到好处。

# 韩彦直著《橘录》

宋代对温州柑橘最了解的人可能要算韩彦直了。

这位来自北方的温州知州,之前没见过橘花,从贩卖橘子的小船上买来的柑橘也不见得怎么好吃。直到来温州任职后才亲眼见到橘花,吃到正宗的温柑,他开心地说:真是幸运啊!

韩彦直(1131—1194?),字子温,绥德(今陕西绥德)人。出生于将门,是抗金名将韩世忠之子。少年得志,绍兴十八年(1148)仅17岁即考中进士,随后在京城和地方上担任过各种官职,在理财、军事、外交等方面都显示出卓越才干,晚年致力于治史,编撰宋以来史事《水心镜》一百六十七卷。淳熙四年(1177),这位多面手的官员出任温州知州。

大概是因为他任过农业官员(司农少卿),对温州柑橘非常感兴趣。于是有人怂恿他:"橘之美当不减荔子,荔子今有谱,得与牡丹、芍药花谱并行,而独未有橘谱者,子爱橘甚,橘若有待于子,不可以辞。"你看,荔子已有人为它写书作谱,而和荔子可以相媲美的柑橘至今还没有人为它著述。它不就是在等待你这个喜欢柑橘的人吗?

韩彦直爽快地应承了下来。第二年五月,他写出了世界上第一部柑橘类专著《橘录》。而这段写作的缘由,他也写进了"自序"。

《橘录》篇幅不长,连序在内一共4000余字,但内容十分丰富,共分三卷。前两卷详细介绍了各品种的来源、特点,下卷则记录了柑橘的"种治""始栽""去病""浇灌""采摘""收藏"等。也对柑橘的药用价值以及加工提炼香精、制作干果进行了详细的叙述。

温州四个县都出产柑橘,品种很多,韩彦直罗列了二十七种,分为橘、柑、橙子三类:"橘出温郡,最多种。柑乃其别种,柑自别为八种。橘又自别为十四种。橙子之属类橘者,又自别为五种。合二十有七种。"其中柑有真柑、生枝柑、海红柑、洞庭柑(种自洞庭山来)、朱柑、金柑、木柑、甜柑;橘有黄橘、塌橘、包橘、绵橘、沙橘、荔枝橘(橘多出于横阳)、软条穿橘(又名女儿橘)、油橘、绿橘(横阳人家时有之)、乳橘(又名漳橘,其种自漳浦来)、金橘、自然橘、早黄橘、冻橘；还有橙子（永嘉植之不若古括州之盛，比年始竞有之）、朱栾、香栾、香圆、枸橘五个"类橘"品种。

所有品种中，韩彦直认为"乳柑推第一"，所以温州人把乳柑又叫作真柑，意思是只有这种味道甘甜、果形圆大且子核较少的柑才是真正的柑，在"真"柑面前其他似乎都不值一提："真柑在品类中最贵可珍，其柯木与花实皆异凡木。木多婆娑，叶则纤长茂密，浓阴满地。花时韵特清远，逮结实，颗皆圆正，肤理如泽蜡。始霜之旦，园丁采以献，风味照座，擘之则香雾噀人。"

泥山出产的真柑最好，"又杰然推第一"。这并不是韩彦直的一家之言，北宋诗人晁补之在《洞仙歌》中赞叹过："温江异果，惟有泥山最。驿送江南数千里。"南宋王十朋诗中也表明："洞庭夸浙右，温郡冠江南……根向横阳觅，泥寻斥卤檐。"横阳是平阳的古称，王十朋称价值千金的黄柑"根"在平阳，实际上指的是平阳泥山。

平阳泥山即今苍南县宜山，韩彦直记载："泥山盖平阳一孤屿，大都块土，不过覆釜。其旁地广袤只三二里许，无连岗阴壑。"当时泥山还是一处孤屿，由海涂田改造成一片肥沃的橘园。这也印证了他在自序中所说："温并海地斥卤，宜橘与柑。"韩彦直详细分析了温州四县均距江海不超过十里，苗圃离滩涂比较近的，果实就长得又大又多，味道也特别好，而且存放时间长，不易腐烂，销量更佳。

韩彦直编撰《永嘉橘录》三卷，《四库全书总目提要》称其"皆详赡可观"。这部世界上最早、最完整的柑橘学术专著，比西方同类著作——欧洲学者葡萄牙人费雷利写于1646年的《柑橘》早四百多年，且有多种版本流传，曾先后被译成英、法、日等国文字。

温柑的品质自宋以后依然备受推崇，至清代仍为贡品。清光绪年间孙同元在《永嘉闻见录》载："永嘉土产果品惟柑为最，以底平而圆者为上。岁例进贡，以备正月十五日传柑之用。九、十月之间摘送县中，装桶封送至省，以为贡品。"

## "温州蜜柑"传佳话

柑橘原先生长的中心在洞庭湖一带,后来才转移到东南沿海。北宋时温州柑异军突起,后来居上,风头压过洞庭橘,这现象让韩彦直也很感叹:"温最晚出,晚出而群橘尽废。物之变化出没,其浩不可考如此。"

其实温州柑橘的崛起,与独特的地理环境、土壤条件以及气候有关。

古人早就发现,橘是一种地域敏感的植物。春秋时晏子使楚时,说过这样一段著名的话:"橘生淮南则为橘,生于淮北则为枳,叶徒相似,其实味不同。所以然者何?水土异也。"

柑橘为亚热带常绿果树,性喜温暖湿润,耐寒能力比较差,哪里气候温和才能在哪里生长得好。已有研究表明,十三世纪中叶中国气候发生了突变,即北宋中叶以后,整个大气候转冷,洞庭产区明显衰落,而温州以得天独厚的自然条件取代洞庭,成为中国柑橘生产的中心。

温柑崛起于宋代,但其影响已远远超越宋代,延续至今。

明代刘伯温曾借温州柑橘进行讽喻,写下著名的寓言《卖柑者言》,批评当时社会现实"金玉其外,败絮其中"的现象比比皆是,其危害比腐坏了的柑橘岂非更严重!这则寓言因收入中学课本而广为人知。

海红柑是《橘录》中所收二十七个品种之一,也就是今天仍备受温州人喜爱的瓯柑,属温州独有品种。韩彦直描述的海红柑"颗极大,有及尺以上围者,皮厚而色红,藏之久而味愈甘。木高二三尺,有生数十颗者,枝重委地亦可爱。是柑可以致远,今都下堆积道旁者,多此种。初因近海,故以海红得名"。个大皮厚的瓯柑,耐贮藏性优于其他柑橘品种,甚至可以经过一个冬季,储存到来年的端午。不仅"越冬抵黄,色味犹新",而且温州民间素有"端午瓯柑似羚羊"的说法。《本草拾遗》《随息居饮食谱》中均记载了瓯柑的药用价值,清黄汉《瓯乘补》中更明确瓯柑有解毒功效:"人之珍瓯柑者,以其能辟煤毒。京御岁除,登荐乃成年例。遇柑稀少,虽颗值二三百,必皆求之。"

初次品尝瓯柑的人可能不习惯那股微苦的味道,不过一口咬下去,等饱满汁水中的甜意慢慢涌上来压过苦味时,那回甘就越发悠长,因此有人称道瓯柑是"先苦后甜堪品味,个中三昧似人生"。瓯柑今被列为中国国家地理标志产品,1990年还曾被北京亚运会指定为运动员专用水果。

当前世界上栽培最多的宽皮柑橘品种名"温州蜜柑",以日本、中国栽培居多,占全世界宽皮柑橘总产量的二分之一强。在日本种植的柑橘中,百分之七八十都是"温州蜜柑",日本的市场、超市里随处可见"温州蜜柑"的字样,这常常让初到日本的温州人倍感惊喜和亲切。说起来,这份渊源要追溯到数百年前。

明代日本僧人智惠来中国取经学法,赴天台山朝圣,回国时带回了一些温州柑橘。没想到就是这些柑橘的种子偶然间在日本的土地上生根发芽,长成橘树。后又经多次嫁接培育,产生了新的优良品种——无核蜜柑。由于它来自温州,日本人将其命名为"温州蜜柑"。清朝末年,这种被改良过的"温州蜜柑"品种,又被温籍日本留学生许璇带回家乡。瑞安人许璇公费留学日本,宣统三年(1911)瑞安务农会写信托他帮忙引入果树良种。当他在东京附近发现"温州蜜柑"时欣喜若狂,立刻选购果苗带回。

这小小的温州柑橘如远嫁的女儿漂洋过海,历经岁月的磨洗和淬炼,带着古老而又崭新的气质重回"娘家",怎不令人惊喜?这是我国最早引种的无核蜜柑,将中日文化交流的一段佳话续写得更圆满。

# "九山书会"的黄金时代

在温州现代建筑林立的市中心，镶嵌着一条"情诗般"的绿荫临堤小道。航拍镜头下，绿绸缎般的九山路和九山河交织依偎，颇有让人"一秒入戏梦回古韵"之味道。

在林间湖畔"轧马路"，品尝"本土版哈根达斯"九山冰激凌是温州人专属的约会标配。这条长1.22千米、宽22.6米的"高颜值"小道不仅展现了温州人浪漫文艺的一面，也回响着悠扬南戏的九百年余韵。

在古时，戏曲亦被视为"小道"，而这条"小道"的源头藏在温州。百戏之祖是南戏，南戏故里在温州。南戏是我国最早成熟的戏曲形式，亦显示了中国戏剧现实主义的传统。

距离九山路不远的松台山西南麓于2022年改造为一座南戏主题文化园。占地近7000平方米的园区复原了古戏台等历史建筑，戏台正中高悬的匾额上书"九山书会"四个大字。

"九山书会"是这座南戏主题文化园的名字，取自一个在中国戏剧发展史上掷地有声的名字。2023年，有着33年历史的央视戏曲春晚首次移步户外取景地，便选择了"九山书会"。

## 九山书会的才人们

如果不是 1920 年叶恭绰在伦敦古玩书店中多看了一眼,"九山书会"或许还一直尘封在历史的深处。

叶恭绰（1881—1968），广东番禺人，出身于晚清文人世家，一生"为官治学两不误"，其守护传统文化的贡献尤为世人推重。毛公鼎便是他参与抢救的一件国之重器。他也是戏曲大师梅兰芳的好友。

1920 年，赴欧考察实业的叶恭绰在即将归国赴任的某日，走进了伦敦的一家古玩店。闲逛间，他发现了一册《永乐大典》的零本，细细翻阅发现竟是专门的"戏字本"，其中辑录的戏文均是闻所未闻的古本。这位博闻广识的藏书家当即买下带回国内。回到北平后，叶恭绰查证发现，这一卷竟连北平图书馆也未收藏。他感慨："此仅存之本，诚考吾国戏剧者之瑰宝也。"

叶恭绰带回的这册《永乐大典》收录了《张协状元》《小孙屠》《宦门子弟错立身》戏文三种。其中的《张协状元》是"迄今发现最早、保存最完整的中国古代戏曲剧本"。温籍戏曲学者王季思认为该剧"应是南宋中叶以后在浙江温州一带流行的戏文"。

日本学者岩城秀夫留意到，其他二剧都清楚地写有编者"古杭书会"的名字，突出"新编""新作"等推广文案，或是以销售为目的而出版的本子，而更早的《张协状元》大概是戏班里的抄本，原文很接近于上演的台本。

借由《张协状元》，我们得以一窥南戏初期质朴原始而亲切的面貌。虽然该戏文没有写明编者，但借由演员的开场白揭开了答案。隐于历史深处的"九山书会"才人们缓缓登场，透着特别直率的语气和豪迈热切之情。

戏剧的开场道出了创作者、创作地点和演出地点——

《状元张叶传》，前回曾演，汝辈搬成。这番书会，要夺魁名。占断东瓯盛事，诸宫调唱出来因。（开场【满庭芳】曲）

九山书会，近目翻腾，别是风味。（第二出【烛影摇红】曲）

这里有两处温州人倍感亲切的关键词：东瓯、九山。岩城秀夫结合各方的考证亦认为，《张协状元》可推定为南宋时期的温州书会所编纂。

有趣的是，和今天许多"大片"集体创作的编剧小组相似，"书会"也是一个汇聚写手的写作班子。

当年的九山书会改编了《状元张协（叶）传》，誓要"霸屏"东瓯会演，勇夺头魁。

从激烈的"夺魁"之争来看，当时的书会绝非"一家独大"。温州于宋元时期的书会可考者至少有两个，除了九山书会，还有一个是"永嘉书会"，首见于明成化本《新编刘知远还乡白兔记》，同样在开场提及"亏了永嘉书会才人"。

书会的成员"才人"多是一些落魄的底层文人，也包括一些富有演出经验的艺人。元代，书会的编剧们"开始拥有名字"，还出现了翁婿编剧组合。明末清初文人张大复的《寒山堂曲谱》记载，元代，九山书会"捷讥"史九敬先创作了一部南戏《董秀英花月东墙记》，女婿刘一棒创作了南戏《风风雨雨莺燕争春记》。

"史九敬先"既是九山书会的会员，也是一位"捷讥"（古戏中的角色名称，一般负责搞笑滑稽）演员。"书会"才人们可自编自导自演，他们可能带着家庭戏班一边卖艺，一边创作，一边排练。据《寒山堂曲谱》记载，史九敬先还与"元曲四大家"之一马致远合写了《风流李勉三负心记》。书中提到的敬先书会似就是九山书会的别名，因其领袖史敬先而得名。

书会的"产业链"继续发展，还出现了"书林""书坊"等编撰或刊刻发行讲史与小说故事的专门组织。

正是在这些才人书会的专业能力"加持"下，南戏诞生了《张协状元》等经典之作。在《张协状元》这部戏中，出场人物多达四十多个，人物矛盾如网交织，戏剧冲突层出叠生。这显示了戏文作者的艺术构思能力和扮演者的艺术表现力均已达到相当水平，而绝非初创时期的"永嘉杂剧"，以"村坊小伎""里巷歌谣"所能胜任。

南戏之前的"古剧"不能算作真正的戏曲，或者是只唱不演的歌舞剧、诸宫调，或者只演不唱的百戏杂剧，或者是一些类似小品的短剧，并没有融合舞台和剧场的综合艺术，亦没有讲长篇故事的叙事能力，唯有南戏融歌唱、舞蹈、说白、科范、音乐于一体，表演一个完整的长篇故事，真正成为一种综合性艺术，中国戏曲由此揭开崭新的一页。

## "鹘伶声嗽"中的温州密码

遗憾的是，关于南戏的史料少之又少。

在古代艺苑中，以娱乐性为主的戏曲，其地位始终难以与载道言志的诗文相提并论，长期居于边缘，"士大夫罕有留意者"。在浩瀚的文山书海中，在漫长的历史进程中，南戏散落在碎片化文献的"吉光片羽"中，甚至藏于文人笔下的"吐槽帖"中，以至于"到了清代，简直不大有人知道了"。哪怕在温州历代的府、县地方志与文人诗文集均无谈到南戏。

在历代学者的不懈挖掘下，终于寻找到了破译南戏源起之谜的蛛丝马迹。最早提及南戏发源于温州的是元末龙泉人叶子奇，他在《草木子》中说："俳优戏文，始于《王魁》，永嘉人作之……其后于元朝南戏盛行……"

历史上很长一段时间，龙泉属温州辖境，两地商贸往来密切，文化交流也十分频繁。所以，"半个温州人"的叶子奇对南戏十分熟悉。

明代中叶，文人祝允明在短篇文言小说集《猥谈》"歌曲"条下载：

自国初来，公私尚用优伶供事，数十年来，所谓南戏盛行，更为无端，于是声乐大乱。南戏出于宣和之后、南渡之际，谓之温州杂剧。见旧牒，其时有赵闳夫榜禁，颇述名目，如《赵真女蔡二郎》等，亦不甚多，以后日增。今遍满四方，转转改益，又不如旧。

祝允明（1461—1527）是江南四大才子之一，长洲（今江苏省苏州市）人，别号枝山，曾任应天府通判。他这段论述是考证南戏原貌的重要文献。从

"猥谈"这个文集名字和"无端"等字眼可见,祝枝山是不太"待见"南戏的。但他是亲眼见到第一手南戏资料"旧牒"之人。文中提到的赵闳夫是当时的皇亲国戚,其辈分年代约相当于宋光宗。当时,他出榜严禁南戏演出。侧面可见,当时戏文已由温州流传到杭州,影响较大。

幸运的是,南戏还是遇到了懂它的人——晚明江南才子徐渭。

徐渭(1521—1593),绍兴府山阴(今浙江绍兴)人,初字文清,后改字文长,号青藤老人等。这位令郑板桥、齐白石甘为"青藤门下走狗"的传奇文人,屡试不第,人生坎坷,"半生落魄已成翁,独立书斋啸晚风"。一生狂狷的徐渭对主流之外的戏曲颇有研究。他深感"惟南戏无人选集,亦无表其名目者,予尝惜之"。由于南戏从来就是民间的产物,剧本大多是"路头戏",边演边丢,即使有了剧本,也不过师徒相授,极少刻印。所以,戏文能流传到明代的已属少数。

他一改历来对南戏的轻视态度,写出了古代唯一一部南戏专论《南词叙录》,在"宋元旧篇"中载南戏剧目65种。他认为,南戏源于温州:"南戏始于宋光宗期,永嘉人所作《赵贞女》《王魁》二种实首之。故刘后村有'死后是非谁管得?满村听唱蔡中郎'之句,或云宣和间已滥觞,其盛行则自南渡,号曰'永嘉杂剧',又曰'鹘伶声嗽',其曲则宋人词而益以里巷歌谣,不叶宫调。"

鹘伶,又作"鹘鸰",引申为"伶俐"或"玲珑"。"声嗽",声调或声腔的意思。"鹘伶声嗽"形容戏文灵活生动,唱腔圆润优美。钱南扬《戏文概论》解作"伶俐腔调"或"玲珑腔调"。

"鹘伶声嗽"可见早期南戏出自民间的生动活泼。曲词趋重白描,宾白全用口语,徐渭认为"皆俚俗语也","然有一高处,句句是本色语,无今人时文气"。徐渭敏锐地意识到,南戏的曲调来源于"村坊小曲",没有严格的音乐体制,具有随心顺口的特点。南戏的这一艺术基因,即使在后来的成熟形态中,依然表现得极为清晰。

正如鲁迅所言:"歌、诗、词、曲,我以为原是民间物。"早期南戏在语言上的最大特色是大众化,语言通俗流畅,清新朴素,并且运用大量的温州方言、俚语。

2023年8月13日,"戏从温州来"2023南戏经典文化周(上海站)的最后一场展演:永嘉昆剧团携"中华第一戏"《张协状元》压轴亮相上海最大的戏曲剧场宛平剧院。剧中有句台词:"开时要响,闭时要迷",普通话解释不通的地方,就轮到温州话了。这里的"迷"是温州方言,指的是两物相合,无一缝隙。

跨越漫长的时空,这些接地气的方言,台下的温州观众还能秒懂,实在令人称奇又亲切。这样独有的"温州话密码"在南戏戏文中比比皆是。温籍戏曲学者侯百朋在《戏文中的温州方言》一文中,从《张协状元》《琵琶记》《白兔记》《荆钗记》四剧中找出"人客"(温州话:客人)"做生活""买归头须"(温州话:买个头梳)等50多处温州方言。

此外,《张协状元》里还有不少民间俗语,其中尤以"有缘千里能相会,无缘对面不相逢"流传最广。

某种意义上,徐渭是懂得九山书会才人的,他们和南戏互相成就:同处富庶之地江南,这里的城市文化和商业文化在全国发展得最快;同处动荡时局,在以农业文明为基础的皇权社会,随性恣意的他们在科举之路上郁郁不得志。时代赋予了他们一种夹缝中的机遇,那便是萌芽状态中的市民社会和工商经济。在时代转向中,在广阔的市井生活中,他们找到了更大的艺术可能性。

## 何以是温州

南戏如此重要,却为何诞生于僻处东南一隅的温州呢?答案或许并不止有一种。

温州戏曲研究者唐湜用诗意的文字,试着复原南戏诞生之初的温州:

> 九山附近,有一座矗立在西南城墙上的思远楼,在思远楼上可以向东南远眺长长的市街直延伸到十里之遥的膺符镇(今瓯海梧田),向西南远望锦带似的会昌河尽头会昌镇(今瓯海瞿溪)热闹的市街……更可注意的是城西还有个众乐园,那应该是一个上海城隍庙、北京天桥那样的

游艺场。《县志》说它就是后来的府城隍庙。杨蟠还有《众乐园诗》，说明北宋时已有了这个园……如向西再延伸一二里，就到了九山湖边。那儿既有个九山书会领导艺人们演出南戏，就应该是一个瓦舍勾栏集中的地方。那儿正是西山、西湖、行春桥、思远楼与众乐园之间的一个中心。

剧场有了，还需要演职人员和创作团队。如上所述，九山书会的才人们是当时的编剧主力。两宋之交，偏远的温州意外成为逃难大后方。逃难的人群中有不少来自大都市汴京的"路岐"（流动演出的民间艺人），他们带来丰富的演出，极大充实了温州本地的"演出力量"。

剧场有了，演职人员和创作团队有了，那么最关键也是最核心的便是看戏的观众群体了。

经济繁荣是南戏产生的物质基础。宋高宗赵构的"驻跸"开启了温州发展的"快车道"。繁荣的商业，刺激娱乐业发展，正如《永嘉县志》所说"商货云集而物用饶，奇技淫巧之艺作"。温州出现了前所未有的繁荣局面，人们娱乐和审美需求日益高涨。南戏正是在这样的背景下应运而生并迅速兴起。

温州百姓看戏之风，确实自古兴盛。温州市第三次全国文物普查资料显示，全市古戏台现存541处，多为明清以后各个时期所建，部分始建于宋元。其中，仅永嘉县就有236处，数量远远多于号称"中国古戏台文化之乡"的宁波市宁海县（现存120座古戏台）。

王国维定义戏曲为"歌舞演故事"。温州自隋唐以来即以"尚歌舞"著称，温州鼓词所唱方言故事更以长篇为主，每本词书几乎均要唱几个昼夜。而不论歌舞还是鼓词，都和宗教活动紧密相连。地处沿海的温州，民间祈福辟禳的风气浓厚。各类丰富多彩的祀神活动以及与此相关的种种才艺表演，既有酬神又有娱人的作用，无疑是南戏生成的绝佳温床。

三月三"拦街福"是清明祭神祈福的日子，满街有热闹的百戏表演，与英国十六世纪的游行戏车萌生戏剧相似，唐湜认为南戏也就是在这种游行表演中萌生的。

俞为民在《南戏通论》中提出："南戏的渊源除来自宋杂剧外，也吸收了当时为下层民众所喜闻乐见的一些表演艺术，如诸宫调、唱赚、说话、傀儡戏、影戏等艺术门类……"它们在瓦舍勾栏内同台演出，相互交流，彼此影响，于是，一门新的高度综合的表演艺术，在这种汇合与交融中诞生了。

## 时代之"二霸"

值得注意的是，南戏诞生的时代也是永嘉学派诞生的时代。最早注意到这一独特之处的人是"温州女婿"冒广生。

冒广生（1873—1959），字鹤亭，号疚斋，江苏如皋人，"明末四公子"冒辟疆后人。他是瑞安名士黄绍第的女婿，又在民国初年出任瓯海关监督兼外交交涉员，任内对温州地方文化发展颇有影响。

他在温州任职期间，在海关关署建"后戏彩堂"迎养其母，时邀戏班演出。他首次把温州戏学和"永嘉学术"放在同等地位上并称之为"二霸"。

永嘉学派提倡"通商惠工"、反对"横征暴敛"、否定扼杀婚姻自由的理学教条等种种主张亦无不通过南戏舞台予以折射。

唐湜认为，永嘉学派尖锐地批判了当时的现实政治生活，给当时的市民与工商业阶层以一定的思想影响。南戏初期的一些代表剧目同样有着强烈的批判现实主义倾向和时代感，"我以为与永嘉学派的思想影响也有着千丝万缕的关系，正如英国的人文主义思想也影响了英国文艺复兴时代的戏剧一样。"

这些富有独立思考精神的才人们以新创南戏为利器，有力抨击科举制度和"富贵而易妻"的负心书生，让观众痛快笑骂一场。早期南戏《王魁》与《赵贞女》就是以"负心书生悲剧"为主题，最后"渣男"的大结局，一个被厉鬼活捉，一个遭天雷轰击，这是大快人心、老百姓特别喜闻乐见的典型"爽文"。

这也是南戏为什么没在首都临安（杭州）形成的一个原因。"山高皇帝远"的温州，上层文人的势力相对不大，商人、手工业者等下层市民人口众多。南戏的形式贴近百姓，更适合市民阶层的审美情趣。

南戏关注现实题材的"战斗传统"和正义感甚至延续到了元代。元初文人周密在《癸辛杂识》里记载了一则故事：江心寺僧祖杰，强夺人妻并杀其夫家七口人，被地方官擒治。由于祖杰靠山强大，温州人怕官府不能秉公处置，便把祖杰的恶行编成戏文"曝光"。"旁观不平，惟恐其漏网也，乃撰为戏文以广其事。后众言难掩，遂毙之于狱，越五日而赦至"。

宋元南戏注重舞台呈现效果，其表演性是极为突出的特征。但是在传统诗学的影响下，古人绝少从综合舞台艺术的视角对南戏进行考量，而是置于案头品读，这就使得文辞与抒情性大大弱于北曲杂剧的南戏，因其审美特征与当时文人情趣相悖，终至湮没无闻。

如同"永嘉学派"在清末民初之际被温州大儒孙诒让等人重新发掘，赋予强烈的时代意义，南戏的价值也在数百年之后得到了珍视。

在西方文明的强势冲击下，读书人彻底从科举中解放了出来，"白话文运动"与"小说界革命"使戏曲等民间通俗文艺的社会价值重新为人们所认知。

在新文艺思潮的哺育中成长起来的郑振铎创作了中国第一部俗文学通史——《中国俗文学史》。他在战乱中抢救了许多戏曲善本，他也是第一位将南戏引入文学通史体例的学者。

近代学者王国维以西方科学形态的逻辑思维，重新审视传统戏曲内生性的审美结构与价值关怀。1913年，他在《宋元戏曲史》中指出："南戏之佳处，亦一言以蔽之，曰自然而已矣。申言之，则亦不过一言，曰有意境而已矣。"

## 南戏今何在

温州继书会才人之后，正统文人高则诚（元代进士）也涉足南戏，并创作出了《琵琶记》这样的巅峰之作。

在时代的十字路口，南戏和北剧一度比肩而坐。如今仍在舞台上演的戏曲，延续的基本是南戏血脉。北杂剧由于形成一套束缚过严的声律和体制，如语言雅化、一人主唱等，因而脱离民众，过早消亡。王国维认为，南戏的自由灵活的体制相较于元杂剧，是一个"不得不大书特书"的巨大的进步。南戏始

南戏《张协状元》 郑鹏摄

终扎根民间，与时俱进，不断创新，借繁衍不同腔系以延续生命。

原生态的南戏虽然早已湮灭，但这并不意味着南戏的失传。在当代，南戏一方面以静态的形式流传，剧目遗存丰富，这种曲词、说白、科介（舞台指示）相间的文学形式，是中国戏曲数百年来相沿采用的脚本体式，同时也被不断注入时代活力。

另一方面，南戏以动态的形式流传。南戏遗范存在声腔中。可以说，我们现在看到的戏曲，绝大多数的声腔剧种都是从九百年前的南戏演变而来。比如昆曲就是宋元南戏的一种"嫡系"延续，昆山腔是南戏四大唱腔之一且沿用南戏的大部分曲牌。由昆腔嫡传的剧种有苏昆、北昆、湘昆、永昆等。

唐湜认为从温州本土的永昆中就能找到南戏的余韵。永昆与苏昆在唱腔乃至表演上有着明显不同，更加古朴、粗犷、单纯。例如《琵琶记》中赵五娘在《吃饭吃糠》这一出开场时，唱的曲子非常朴实、苍凉。这种悲痛呼喊似的歌唱，接近南戏的原来面目。据说，亲身经历过大饥荒的明太祖朱元璋特别喜爱这个戏。唐湜坦言："自己听到这些不像唱，倒像哭叫的喊声时，心灵上就觉得有一阵阵震动。"

南戏的动态流传，还体现在表演中。有学者认为："广义来讲，中国所有的戏曲都是南戏。"因为后世剧种表演中的"唱、做、念、打""手、眼、身、法、步"以及"生旦净末"角色行当等，无不继承南戏的表演传统。

还是以《张协状元》为例，该剧计有生、旦、净、丑、外、末、后（贴）七种基本角色。这种角色体制，直接为明清传奇和后世戏曲所继承与发展。

《张协状元》全面地运用了唱、念、做、打、舞多种艺术表现手段，杂糅了说唱、歌舞、杂技、武术、滑稽表演等多种技艺成分。在演出时，有丝竹锣鼓伴奏，讲究人物行头装扮，演员涂面化妆、砌末（道具）音效应备。

《张协状元》中"副末开场"的形式——在正戏开始之前，由戏外之人先来介绍剧情和主题——也成为后世戏曲"自报家门"的开场传统。

永昆版《张协状元》保留了诸多南戏的原始演出形态。比如舞台上没有传统的"一桌二椅"，一人饰演多个角色，甚至要扮演道具"门"。表演手段诙谐，颇具草根性。这些近千年前的创意，即使放在世界戏剧之林中，依然令人拍案叫绝。

南戏的生命力在于紧贴现实。1987年5月，温州市举办首届"南戏学术研讨会"，同时成立中国第一个"南戏学会"。温籍学者王季思任名誉会长。二十世纪末温州启动"新编南戏系列工程"，成功改编上演了《荆钗记》《白兔记》《拜月记》《杀狗记》《张协状元》《洗马桥》六大改本南戏，使古老南戏再次"圈粉"。新编《荆钗记》上演后，成为温州市越剧院的"吃饭戏"，三代演员已经演出近1300场。《张协状元》获首届中国昆剧艺术节"优秀展演奖"和第十届文华新剧目奖等奖项。《张协状元》成功后才有了现在的永嘉昆剧团，可说是"一部戏救活一个剧种"。

而到了2023年，温州启动有史以来声势最为浩大的"戏从温州来"南戏经典文化周品牌活动，走进上海、京津冀、粤港澳，开展经典剧目巡演等活动。更可喜的是，无论是剧场内外还是网络空间，出现了很多年轻人的身影，在朋友圈、短视频平台听到了很多青春的表达。这场南戏的"圈粉"破圈，让我们看到传统文化焕发出的勃勃生机和深厚生命力。

## "琵琶"声声犹可闻

元延祐年间（1314—1320）一个普通春日的清晨，骤雨初歇，雨收云散，天边灰蒙蒙的云层之下露出一方澄澈的湛蓝，少年高明于似梦非梦之间，听到屋外传来隐隐约约的鼓词声，便知道又有盲人流浪鼓词师来村里唱戏了。而且听这熟悉的曲调，八成唱的又是《赵贞女与蔡二郎》。

彼时，小小年纪的高明还不知道自己的笔下会流淌出传遍天下的《琵琶记》，竟被后世称为"南曲之祖"。

高明，字则诚，自号菜根道人，人称东嘉先生，元末明初戏曲作家，出生在温州瑞安崇儒里（今南滨街道柏树村）一个书香世家，其创作的《琵琶记》盛演不衰，代表着南戏的最高成就，被朱元璋评价为"山珍海错，富贵家不可无"。

看高则诚的一生，就好像在看一部有起承转合的戏剧——起初，主人公出生于书香世家，和大多数传统文人名士一般，从小在四书五经之间浸染，早早生出读书明志报国之心，历经坎坷，考得功名之后，原本以为就此渐入佳境，却在经历十余年的仕宦生涯之后产生"不如归去"的念头，便辞官隐退，躲进小楼成一统，写出经典之作《琵琶记》。

锣鼓响，一场好戏即将开场。

# 此地曾蕴玉，其人可铸金

温州瑞安阁巷的柏树村，乍一看与大多数的浙南村落并无二致——水田连绵，小河悠悠，历史的风从这里拂过，尽管表面上没有给平凡的乡村日常带来太浓墨重彩的痕迹，但村里的"高明路"也彰显了些许过往的余韵。所谓"高明路"，正是为了致敬柏树村历史上的那位"传奇之祖"——高明。

沿着高明路往柏树村深处走十几分钟，过了小桥，就能看到飞檐挺立的传统建筑，那是相传幼年高则诚的读书处——集善院。集善院的西侧就是高则诚纪念堂，虽然颇为低调，但门口的那副楹联"此地曾蕴玉，其人可铸金"、横额的"南曲祖师"以及由著名戏剧家曹禺亲笔所题的"高则诚纪念堂"匾额都彰显了此处深厚的人文积淀。

关于高则诚的出生年月，历史上并没有非常明确一致的记载，有说是元大德九年（1305），有说是元大德十一年（1307），唯一可以确认的是他出生于十四世纪初。在他出生的20多年前，历史上发生了著名的崖山海战，宋室覆灭。高则诚的父祖辈都经历了这段宋亡于元的动荡时期，带有很明显的"遗民"意味。

而高则诚与南戏和文艺创作的渊源，也要从其家庭说起。高则诚的家中长辈，包括祖父高天锡和伯父高彦都擅诗文。除此之外，与高家世代交好联姻的阁巷陈氏也是当地颇有名气的书香门第。高则诚的祖母是宋末诗人陈供的女儿，陈供的儿子陈兼善、陈则翁和陈任翁都学问颇深，少年高则诚读书处集善院是陈则翁所建。而且，陈供的曾孙女又嫁给高则诚为妻，高陈两家渊源相当深厚。

据明代《温州府志》记载，高则诚"性聪明，自少以博学称"，是远近闻名的神童。高则诚纪念堂的展览里就讲述了少年高明机智对对子的故事——

据《坚瓠集》记载，有次高家宴请宾客，小高明一时嘴馋，就在桌边直接拿东西吃。有客人看到了，便想逗他："小儿不识道理，上桌偷食。"小高明才思敏捷，很快就反应道："村人有甚文章，中场出题？"

客人继续出上联："细颈壶儿，敢向腰间出嘴？"言下之意就是：你这个乳臭未干的小朋友，竟然还敢和大人顶嘴？小高明却一点也不怯场，继续回击："平头梭子，却从肚里生繻。"这一下，客人哑口无言，只能尴尬而笑。

明代冯梦龙在《古今谭概·谈资部》里也记载了一件高则诚小时候的事，据说高则诚有位邻居是退休尚书，一日穿绯袍送客出门，正好看到小高明穿着一身绿袄从私塾回家，老尚书便调侃道："出水蛙儿穿绿袄，美目盼兮。"高则诚年纪不大，但脾气不小，一点闷亏也不吃，立马作答："落汤虾子着红衫，鞠躬如也。"

这些小故事听起来虽然颇有一些后人自由发挥的戏说意味，但其实与高则诚的人设画风也挺符合——所谓"三岁看老"，长大成人之后的高则诚，许多时候也是如此犀利，耿直得近乎不留情面，"数忤权贵"。

## 本将心事托明月，谁知明月照沟渠

年纪渐长之后，高则诚到乌伤（现浙江义乌）游学，师从黄溍，受儒教伦理思想影响颇深。与当时的许多读书人一样，他有着修身齐家治国平天下的远大抱负，曾表示："人不明一经取第，虽博奚为？"年轻的高则诚还曾在《游宝积寺》中写道："几回要挽银河水，好与苍生洗汗颜。"这口气和格局，颇为宏大。只可惜，他生不逢时。

时代的一粒沙，落到一个人头上就是一座山。这座无形的高山，对包括高则诚在内的许多个体来说，都是难以逾越的，现实世界给了他重重一锤，用《琵琶记》里的那句话来概括便是："本将心事托明月，谁知明月照沟渠。"我们无从得知当时高则诚的真实心境，只能从有限的历史记载里窥得一些碎片——

延祐元年（1314），元代统治者恢复科举，但没持续多久，元统元年（1333）之后又一度废止，直到七年后才再度恢复。科举制度"走走停停"的这几十年间，恰恰覆盖了高则诚的青壮年时期。此外，当时蒙古统治者将全国不同种族分为四个等级，自上而下是蒙古人、色目人、汉人与南人。所谓"南人"，便是原南宋统治区的汉族和其他各族。高则诚，毫无悬念地，就处在当时最底层的"南人"范畴之中。"南人"参加科举,不仅要比蒙古人、色目人多考一门,考题也更难一些。就算中举考得功名,分配的官职也被降低一品。

元至正四年(1344),已近不惑之年的高则诚乡试中举,算是大器晚成。第二年考中进士,任处州录事。高则诚为官期间,耿介正直,不畏权贵,颇受当地民众爱戴。根据《温州府志》和《瑞安县志》记载,高则诚任满调离处州时,民众还特地为他立了去思碑,高则诚的好友刘伯温曾撰文纪念。

不过,他的仕途发展似乎与年少时满腔热血之设想有所出入,他后来担任的多是如江浙行省掾、福建行省都事等小官。也许是阅历渐增之后心境也随之改变,也许是身处乱世中看多了宦海风云变幻后更易生隐逸之愿,后期的高则诚不觉已有辞官归隐的念头,并且回忆起当初前辈对他的劝诫,反省道:"前辈谓士子抱腹笥,起乡里,达朝廷,取爵位如拾地芥,孰知为忧患之始乎!余昔卑其言,于今乃信!"最终,高则诚告别官场,隐居宁波沈氏楼,以词曲自娱。而此时,高则诚即将迎来他人生中最重要的作品——《琵琶记》。

## 呕心沥血的创作

没有一个人能够脱离其身处的时代与故乡而独立存在,高则诚也不例外。他与南戏结下的千丝万缕的关系,也源自他所生活的故土温州。温州是南戏的发源地,南戏已经成为温州人日常生活里重要的一部分,在这样浓郁的氛围中成长起来的高明,对南戏自然抱有一种亲切感和归属感。这一切为他后来创作《琵琶记》铺就了基础。

对高则诚而言,赵贞女与蔡伯喈的故事是从小听到大的熟悉戏文,但他看待这部戏的视角与大多数观众不一样。当众人皆唾弃蔡伯喈的负心无情时,高则诚似乎对蔡伯喈这个最终被"暴雷震死"的剧中人物生出了惺惺相惜之心。据徐渭的《南词叙录》记载:"永嘉高明,避乱四明之栎社。惜伯喈之被谤,乃作《琵琶记》雪之,用清丽之词,一洗作者之陋。于是村坊小伎,进与古法部相参,卓乎不可及已。"

古本戏文里赵贞女与蔡二郎的故事，融合了"负心书生与痴情糟糠之妻"的元素，传唱度极高，可谓当时家喻户晓的大热"IP"。如果以现代人的主流价值观来看这个故事，赵贞女这个人物的头上多半要被扣上"恋爱脑"和"牺牲型人格"的帽子，而蔡二郎十有八九要被贴上"渣男"标签。但其实不同时代的故事拥有每个时代的特质与重量，我们无法剥离时代本身去看待其中的人、事、物，就如我们不可能武断地用当代人的视角来审判《琵琶记》里不同人物的价值观。在那个北剧衰而南戏兴的时代节点，高则诚在古本戏文《赵贞女与蔡二郎》的基础上以双线结构的形式重新创作，以他自身的理解重塑了这个颇有些"狗血"的故事，把蔡二郎从负心书生改为忠孝之人，把原来残酷的结局改为"一夫二妻和睦相处"。《琵琶记》成为我国第一部由文人士大夫参与创作的南曲戏文，具有开拓性意义。正如明代胡应麟评价的："《琵琶》特创规矱，无古无今，似尤难。"

要达到"无古无今"的境界，其背后付出的代价自然很大。高则诚写《琵琶记》的过程可谓呕心沥血，闭门谢客数年，全身心投入，"极力苦心，歌咏久则口吐涎沫不绝，按节拍则脚点楼板皆穿"。当然，他也不会彻头彻尾地被戏文格律节拍所束缚，正如他自己所说的那样，"也不寻宫数调，只看子孝与妻贤"——比起曲律规整，他似乎更重视文句本身的内涵，更在乎是否精准表达了他想要输出的价值观。

高则诚在《琵琶记》的第一折里曾写道："论传奇，乐人易，动人难。"作为一个创作者，他太明白，逗人欢笑是短暂的成就，而打动人心才是更难达成的艺术臻境。若想写出打动观众的戏文，作者需要先打动自己。关于高则诚创作《琵琶记》，还有这样一个"沉浸式创作"的故事——据说，高则诚写到赵五娘吃糠的"糠和米，本是两倚依，谁人簸扬你作两处飞？一贱与一贵，好似奴家共夫婿，终无见期"这部分字句时，几乎也要跟着书中的赵五娘一起落泪，此时他桌上的两支烛火突然交合为一发出瑞光，就此留下了"瑞光楼"的传说。"双烛交合"的传说听起来有些玄幻，但从另一个角度来说，恰恰证明了后人认为高则诚写的这段词句是《琵琶记》的"高光"片段，动人心弦。

南戏博物馆

## 《琵琶》一记，卓然千古

《琵琶记》问世之后，在明清时代的戏曲舞台上盛行多年，不仅成为昆腔演员的入门戏本，还是"江湖十八本"之首。《琵琶记》的双线结构，也成为后世戏文作家沿用的框式，奠定了后世传奇的基本体制与格局，被誉为"诸词之纲领"。

历史的洪流可能会模糊了一个人的真实生平，众说纷纭之中，能够清晰发声的，也许唯有其留下的作品。戏文作品与史书不同，它可能也经历了后人的微调和时间的磨砺，但在作者投注全部心力写下它的那一刻，在被传唱演绎的千百年里，它就拥有了专属于自己的鲜活生命。《琵琶记》就是如此，它不仅是承上启下的南戏经典，更是高则诚心力的浓缩。徐渭对《琵琶记》的评价甚高："《琵琶记》句句是本色语，无今人时文气。"清代文人李渔更是将《琵琶记》推为"曲中之祖"。

不过，高则诚的人生，想必也是留有遗憾。《宁波府简要志》里，高则诚的人生结尾就这样被寥寥几行字概括："高明，字则诚，温州永嘉人。庆元路推官。文学行谊著称于时。后因世乱，遂隐于鄞。后归卒定（宁）海。"他劳碌奔忙一生，所著《柔克斋集》二十卷和《闵子骞单衣记》都已散佚失传，五六十岁时因病去世，亦有一说法是他于归乡途中病卒。

虽然高则诚去世之前未能回到家乡，但数百年后其家乡瑞安柏树村一位名叫陈炳金的老人，为他弥补了遗憾。陈炳金老人是与高家世代交好的陈家后人，虽不识字，但从族谱上得知祖上曾出过高则诚这样的著名文人，便发愿要为高则诚修建纪念堂。老人到处奔走筹款，不惜卖掉家中赖以为生的一匹白马，终于在二十世纪九十年代初，于集善院原址西侧建成高则诚纪念堂。纪念堂南边有高则诚衣冠冢，每年清明都摆满白花。

## 曲终人未散

《琵琶记》的魅力辐射，绝不仅仅局限于国内这一方天地，还蔓延到了海外。十九世纪上半叶，《琵琶记》被翻译成法文，成为第一个被翻译成欧洲语言的南戏剧本。此外，《琵琶记》还被翻译为英、德、美、日、朝鲜、拉丁文等语言，被引进介绍到全球各个国家。

1924年，闻一多曾指导中国留美学生将《琵琶记》改编为英语话剧，在美国波士顿公演，梁实秋扮演蔡中郎，谢文秋扮演赵五娘，冰心扮演牛丞相之女，顾毓琇担任编剧和导演的同时也扮演牛丞相。梁实秋为此还特意写了一篇文章作为记录，并且表示演出结束时得到了现场观众的热烈反馈："最后幕落，掌声雷动，几乎把屋顶震塌下来。"

艺术无国界，音乐和文艺之美能够穿越语言的藩篱。1946年2月，由剧作家威尔·伊尔温与西德尼·霍华德联手改编的英文版《琵琶记》——英语音乐剧《琵琶歌》，在美国纽约上演。融合了中西文化之美的《琵琶歌》震惊了美国观众，被评为1945—1946年度本恩斯·曼托尔"十大最佳戏剧"之一。

或许，将时间和勾栏瓦舍的场域拉长，每个时代的人，各个国度的人，都可以是《琵琶记》这场戏的看客。只要戏曲还被传唱，那么观众永远都会在场，从过去到未来，从海内到远方。

WENZHOU
THE BIOGRAPHY

温州传

第六章 江山胜览

楠溪江上游的林坑古村 吴登远摄

# 雁荡奇秀看不足

"温州雁荡山，天下奇秀"，宋神宗熙宁七年（1074），沈括来到温州雁荡山，经过实地考察之后，在《梦溪笔谈》里如是写道。

雁荡山，地处东海之滨，位列"三山五岳"之一，被称为"东南第一山"，有"海上名山"和"寰中绝胜"之誉。有一说法是因山顶有湖，芦苇茂密，结草为荡，南归秋雁多宿于此，故得"雁荡"之名。作为5A级景区和通过联合国教科文组织评审的世界地质公园，这座因火山爆发而形成的白垩纪流纹质古火山，当得起"奇秀"二字，是穷工极巧的"化工造物"。

古往今来，谢灵运、沈括、徐霞客等无数个光彩粲然的名字都曾与雁荡山联结在一起，其中三度游历雁荡山的徐霞客曾说："欲穷雁荡之胜，非飞仙不能。"那么，就让我们借一双"飞仙"的眼睛，以不同的角度开启一段行山之旅，穷雁荡之胜。

## 佛教名山

禅僧是最早来到雁荡山的那批人。"天下名山僧占多"，雁荡山亦然。早期人迹罕至的雁荡山，正是僧人修身养性的幽静林泉。僻居东南海滨的雁荡山起先寂寂无名，后来日渐繁盛，很大程度上是因为与禅僧的渊源。

梁武帝大通元年（527），昭明太子在芙蓉峰下建寺造塔，有人认为此是开山之始。亦有史书记载西域高僧诺矩罗（亦作"诺讵那"）最早来雁荡结庐修行，是雁荡的开山之祖。

沈括则认为雁荡山后来为人所知，主要原因在于伐木开林，他在《梦溪笔谈》里曾记载："后因伐木，始见此山。"可以确定的是，唐代之后，雁荡山不再是鲜为人知的低调僻远之地，随着山中古刹的建立和山路的开发，影响力渐增。唐代大历十三年（778），被称为"草圣"的唐代僧人怀素云游至雁荡山，在雁荡精舍（今雁荡山灵峰景区雪洞）完成了妙绝古今的草书长卷《四十二章经》。

宋室南渡之后，地处温台驿路之间的雁荡山车马渐多。据《浙江通志·雁荡山专志》记载，宋代雁荡高僧有35人，其中包括横川如珙、无学祖元等高僧。宋元以来，随着海上丝绸之路的发展，中日禅宗文化交流密切。宋祥兴二年（1279），临济宗高僧无学祖元（1226—1286）应日本北条时宗邀请东渡弘法，出任镰仓建长寺第五世住持，后为圆觉寺开山初祖，有《佛光国师语录》遗世。横川如珙禅师的弟子、乐清人古林清茂（1261—1329）亦对日本文化有着深远的影响，当年日本禅僧入元求法，"多以能入其门为荣"。寺院林立，法流不绝，雁荡山就此渐渐成为佛教名山。如今，在雁荡山十八古刹之一能仁寺内仍可以看到重达千斤的千年大铁镬，"当其盛时，日食千人"，可见当时香火之旺盛，海内外僧人往来之频繁。现在，日本仍保存着不少宋元雁荡高僧的墨迹。

从这个角度来说，雁荡山看似僻远，实则"内敛"与开放并存。它的"内敛"与幽深奇峻提供了避世修行的土壤，同时由于地处东南沿海，它又不完全封闭，具备走向更广阔的世界的可能性——当温州渐渐成为海上丝绸之路上的重要节点时，雁荡山也完成了从历史上的边缘化到与世界紧密联结的转变。如今，若你走进雁荡山的能仁寺，会发现寺里有一座竺摩纪念馆。竺摩法师（1913—2002）出生在温州乐清，幼年在雁荡山出家，辗转到港澳弘法，被誉为"港澳现代弘法第一人"，后赴南洋，足迹遍布马来西亚、新加坡等东南亚国家，被称为"大马汉系佛教之父"。他从雁荡山走出，经海上丝绸之路成为较早抵达新马地区弘法的僧侣之一。在他身上，我们似乎也看到了温州的缩影——始于"荒凉落海陬"的东南僻地，在有限的先天条件之下，保持流动，不断寻找生存和交流的缝隙。

宋代释惟一在《雁荡山》里曾写道："四海名山曾过目，就中此景难图录。山前向见白头翁，自道一生看不足。"确实，就算拥有一双飞仙之眼，终究还是如雁荡山间的白头翁一般，对这座山"看不足"——它虽兀自不动，屹立原地，但时刻变幻，是历史汪洋里一直破浪前驶的大船。

## 诗画雁荡

千百年来，无数文人墨客来到雁荡山，以一双敏感的艺术之眼观察、审视，留下了纷繁的诗篇和画作。从这个角度来说，雁荡可谓一座诗画之山。

而说到雁荡山与诗的缘分，自然不得不提山水诗鼻祖谢灵运。

当年，谢灵运曾脚踏特制的"古代版登山鞋"谢公屐来过雁荡山。据沈括的《梦溪笔谈》记载："谢灵运为永嘉守，凡永嘉山水，游历殆遍，独不言此山，盖当时未有雁荡之名。"彼时雁荡山还未得"雁荡"之名，因此谢灵运在游雁荡筋（斤）竹涧所作的《从斤竹涧越岭溪行》里未明确提及"雁荡"二字。

关于谢灵运在雁荡山的足迹，南宋王十朋在《雁荡山寿圣白岩院记》里亦有记载："（雁荡）山之东有岭曰谢公，世传灵运好游山，而不知有雁荡，蜡屐穷幽，至此而返。"根据此说法，谢灵运当时只窥得雁荡山的外围风景，并没有深入山内多做探索，在谢公岭就已折返。

简而言之，谢灵运与雁荡山，更像是打了个浅浅的照面——由于当时雁荡山尚未得到成熟的开发，山高树莽，他只在山谷外短暂停留，就此与雁荡更多的胜景擦肩而过。

谢灵运与雁荡山"擦肩而过"的遗憾，被许多后世的诗人所弥补。从"状元郎"王十朋到"永嘉四灵"徐照、徐玑、翁卷、赵师秀，从林景熙到李孝光，许多诗人都留下关于雁荡山的咏叹。其中，元代诗人李孝光对雁荡山的诗咏，尤为耀眼。如果说谢灵运将温州山水的灵秀呈现到世人眼前的话，那么李孝光则是以诗词和游记的形式将雁荡山之瑰丽留存。

李孝光（1285—1350），出生在今雁荡山北麓的大荆镇五峰乡。他对脚下这片山水自带天然的亲切感，对过往的游人抱有热切的好客情怀，这一点在他的《始入雁山观石梁记》中展露无遗："予家距雁山五里近，四方客游者，或舍止吾家。吾岁率三四至山中，每一至，常如遇故人万里外。"他与雁荡山的诗文渊源，亦可以追溯到谢灵运。在《入雁荡山》里，他如是写道："兴国年间路始开，前朝碑墨半苍苔。雁横宕月碑秋到，僧踏湫云看瀑来。一岭未教灵运识，万松谁道了翁栽。此山曾共秋风约，说与山猿不用猜。"从这首诗中也可以看出，唐宋以降，雁荡山进入发展的鼎盛期，渐渐吸引了八方来客，留下许多"前朝碑墨"摩崖石刻。

清代诗人江湜曾有诗云："欲写龙湫难着笔，不游雁荡是虚生。"雁荡山以峰、岩、洞、瀑的奇特景致而闻名，美景密布，若要用诗词一一描绘，确实难以下笔。所幸，在没有任何摄影设备的年代，除了文字之外，人们还可以用绘画的方式来还原雁荡景致。

雁荡山，不单可以用"天下奇秀"来形容，更蕴含着"内秀"的气质。沈括在《梦溪笔谈》里对此也有所着墨："雁荡诸峰，皆峭拔险怪，上耸千尺，穹崖巨谷，不类他山，皆包在诸谷中。自岭外望之，都无所见，至谷中则森然干霄。"雁荡山与其他山不同，从岭外看，很难窥得全貌，不过一旦深入谷中，就能看到"森然干霄"的奇景。因此，雁荡山是需要不断深入，去探索、行走、感知和寻觅的山。也许，正是因为雁荡山具备这样并不"一目了然"的内敛面貌，才吸引了古往今来那么多画家来此写生创作挖掘，用画笔描摹出不同的雁荡气韵。

时代流转，多数画作早已散佚在时间大潮之中。我们当然已经不可能得知第一位让雁荡入画的艺术家姓甚名谁，唯一可以确定的是明代之后"卧游"之风渐盛，许多画家将雁荡山的奇秀风光落诸笔端。如今我们仍可以在一些博物馆里看到关于雁荡山的珍贵画作，北京故宫博物院里现藏的明代画家叶澄所作的绫本设色画《雁荡山图》就是其中之一。继叶澄之后，包括吴彬、杨文骢在内的明代画家也留下了关于雁荡山的画作。杨文骢对雁荡之"怪诞"情有独钟，他评价道："奇不足言，几于怪矣；怪不足言，几于荒诞。"他创作的《雁荡八景图》现存南京博物院，描绘了包括琼台双阙、石门潭、灵岩寺、大龙湫和谢公岭在内的八处名胜。

清代画家钱维城第一次游览雁荡时创作出《雁荡五十三景图》。这幅作品不仅颇受乾隆皇帝青睐，被列入《石渠宝笈》，也是钱维城一生中最著名的两幅长卷之一。

近现代以来，陆俨少、潘天寿、张大千、李可染和黄宾虹等画家都曾来雁荡山写生作画。陆俨少发出感慨："我独爱雁荡，它的雄奇朴茂，大巧若拙，厚重而高峙，似丑而实秀，为他山所无。我多画雁荡，一以山之气质与我性格相近，二以不欲与人雷同，可以多所创意。"在陆俨少看来，"海内名山，各具典型"，每座山的秉性都不同，而雁荡山与其性情相近，"丑"与"秀"兼具，拥有一种矛盾的和谐。

诗画不分家，潘天寿于1955年游览雁荡时曾写下十余首诗，汇集在《乙未初夏与弗之等八人赴雁荡山写生，遂成小诗若干首以纪游踪》里，其中的小诗后来逐一转化为描摹雁荡风景的画作。与其说是雁荡山需要这些画家来记录其风姿，不如说这是画家们需要在雁荡山见天地、见自己。画家们以自己的触角感知雁荡性情，或以小见大，以局部见整体，或奇，或秀，与雁荡的自然山水达到共振。

## 雁荡过客

"借问采茶女，烟霞路几重。屏山遮不断，前面剪刀峰。"万历二十五年（1597）的一个秋日，"戏圣"汤显祖造访雁荡山，半途迷路，向采茶女问路，得到指引，留下了这首《雁山迷路》。

对雁荡山而言，汤显祖只是万千过客之一。对汤显祖而言，雁荡山也只是他在人生旅途中短暂停留的一站。来到雁荡山时，他仕途不顺但入世之心未减，《雁山迷路》亦是他那个人生阶段的真实写照——烟霞重重之中，迷失方向。离开雁荡山的第二年，他迎来了人生中的柳暗花明又一村，创作出了我国戏曲史上的杰出作品《牡丹亭》。这种巧合式的呼应，似乎就是雁荡山与许多过客的微妙机缘的写照之一。

汤显祖离开雁荡山十六年之后，雁荡山迎来了另一位颇有缘分的过客——徐霞客。"沿涧深入，约去灵岩十余里，过常云峰，则大剪刀峰介立涧旁。"他与汤显祖一样，曾在剪刀峰下走过。以现代人的视角来看，徐霞客可以算得上是明代著名旅游博主，踏遍名山大川，寻访地理水利，三次游览雁荡，留下了两篇雁荡游记，与这座山的缘分可谓深厚。

瞬息万变的当下，有些旅行的游记，一经写出，就已过时。但对于雁荡山来说，古人留下的"旅行攻略"，似乎永远都不会过时。历史传说可以被修饰或者涂改，但山与水却拥有近乎永恒的诚实与倔强，能够修饰它们的只有风。时隔四百多年的今日，若拿着《徐霞客游记》，按图索骥游雁荡，会发现古今游客虽然身处不同时代，仍可能收获同款风景。

"龙湫之瀑，轰然下捣潭中，岩势开张峭削，水无所着，腾空飘荡，顿令心目眩怖。"明万历四十一年（1613）四月徐霞客第一次来到雁荡大龙湫瀑布前，他看到的景象与十几年前汤显祖感受到的"坐看青华水，长飞白玉烟"达成了重叠。时隔数百年，如果你在水量充沛的季节来到大龙湫，站在瀑布之下，当如细雨白烟般的水珠自上而下以看似慢放、实则迅猛的速度将你包围时，也会切身体会到徐霞客所说的"心目眩怖"与汤显祖所写的"洞箫吹不去，风雨落前川"。

在这里，无数个时空的节点同时交会。循着徐霞客当年的脚步，会发现他眼中的风景与沈括笔下的记录亦有交集："潭上有堂，相传为诺讵那观泉之所。堂后层级直上，有亭翼然面瀑。"如今，徐霞客所说的"诺讵那观泉之所"早已不存，但大龙湫的水潭前确实也有一小屋，门上挂着"讵那歇"的牌匾，目前作为游客休憩之所，也是对过往的遥远呼应。堂后的小坡上亦有一观瀑亭，亭上的楹联正是唐代贯休在《诺矩罗赞》中所写的诗句："雁荡经行云漠漠，龙湫宴坐雨濛濛。"

如今，大多数游客来到雁荡山，必去的打卡景点是"雁荡三绝"——大龙湫、灵岩和灵峰。而像徐霞客这样的"资深旅游博主"，亦早已在游记里将这些打卡点一一涵盖。他对灵峰景区奇峰怪石的描述，现在读来仍非常精准："危峰乱叠，如削如攒，如骈笋，如挺芝，如笔之卓，如幞之欹。"

事实上，现代人来到雁荡山旅行，会发现可以毫不费力地拥有超豪华"导游"队伍。除了徐霞客之外，雁荡山历史上的无数文人名士，都可以成为穿越时空的免费导游。他们慷慨地分享自己在雁荡山的游览经历和体会，以他们的方式在这里留下痕迹和旅游小贴士。大龙湫之下的连云嶂壁上、灵岩的龙鼻洞、灵峰古洞、三折瀑磴道旁……处处可见古人留下的石刻和"热帖"。虽然古代没有微博或者朋友圈，但古人也有他们的打卡妙方——所到之处，必留下痕迹，把"到此一游"的感慨都转为碑刻，也是留给今人怀古的理想片段。

如今雁荡山共有 300 余件摩崖碑刻，从中可以窥得古人的不同性情，也可以怀想雁荡古时风貌。灵岩景区内的龙鼻洞有"雁山碑窟"之称，洞内汇集了摩崖碑刻 80 多处，其中最有名的当数沈括的题刻。虽然时隔数百年，但若仔细观摩，仍能在崖壁上找到清晰可见的"沈括"二字。南宋著名理学家朱熹亦曾在龙鼻洞岭脚巨石上题有"天开图画"，如今人们在灵岩游玩时也可看到刻有"天开图画"四个大字的岩石。除了古人留下的碑刻之外，在雁荡山还能邂逅当代名家在此埋下的"彩蛋"——灵岩景区内立有一块石碑，上面刻的是 2008 年莫言到雁荡山观光时当场创作的一首诗："名胜多欺客，此山亲游人。奇峰幻八景，飞瀑裁九云。石叠千卷书，溪流万斛金。雁荡如仙境，一见倾我心。"

灵峰景区内也有前人留下的碑刻："雁荡风景天下甲，晚游更比早游佳。"此处的"晚"有一语双关之意，其中一层的意思就在于夜游灵峰亦可收获白日不曾得见之美。郭沫若在游览雁荡灵峰时也写下这样的诗句："灵峰有奇石，入夜化为鹰。势欲凌空去，苍茫万里征。"灵峰的奇石，不仅有移步换景之趣，在入夜之后亦能增加想象空间，拥有与白昼截然不同的幻化之美。

从另一个层面讲，天黑之后，正是雁荡山最接近远古的时刻。夜幕中的雁荡山，被剔除了时间的标签，森然而立。在这样的时刻，走在雁荡山间，群山静默如谜，游人会更真切地体会到人类如芥子蚂蚁，只是宇宙里微不足道的尘埃。在这一点上，郁达夫最有发言权。你可曾见过凌晨四点钟的雁荡？郁达夫见过。在《雁荡山的秋月》一文里，郁达夫描绘了他眼中的雁荡夜色："周围上下，只是同海水似的月光，月光下又只是同神话中的巨人似的石壁，天色苍苍，但余一线，四围岑寂。"在灵岩投宿的那个夜晚，郁达夫梦见许多岩壁在四面移走拢来，几乎要将他压成碎粉，凌晨三四点钟醒来之后，看到雁荡天柱峰头的月亮，觉得"奇异，神秘，幽寂，诡怪"的同时亦觉得"不虚此行"。

凌晨的灵岩，独坐台阶上望月，郁达夫之所以觉得"神秘而诡怪"，或许是体会到了一种更广阔的孤独——他孤身一人，相形之下以雁荡山和月光为代表的浩瀚宇宙极具压迫感，凸显出他的渺小与孤寂，但同时正因为他身处辽阔的天地之间，明月遥遥，彼时彼刻人与自然之间的默契对峙与共舞。人类与自然的悬殊对比是残酷的——山永远比人更长寿，对山水而言，人类宛如七日之蝉。但在这种残酷里，又存在着一种深切的美，人虽然微不足道，却可以在大自然的宏大面前，彻底臣服与融入，在每一个全身心感受山川的瞬间达成短暂的物我两忘。

像郁达夫这样与雁荡山有过短暂交汇的过客并不少见，而这般稍纵即逝的限定版相遇和可遇不可求的吉光片羽，大抵就是雁荡山馈赠给访客的小小礼物。

# 悠悠塘河岁月长

"出门日已晚,棹短路何长。赖有风相送,荷花十里香。"知州杨蟠的这首《南塘》描写了他泛舟南塘河上尽享清风荷香的惬意。

南塘河一带如今已成为温州城内的4A级景区。塘,是人工修建的堤坝,用于阻挡海潮。温州位于强潮海岸,在漫长的岁月中,一代代先民们建起一道道堤塘,将海潮阻隔在外,同时又将河水蓄积起来,用于农田灌溉和水上行舟。

温瑞塘河是瓯越大地上最早形成的一条塘河,南塘河则是它的主河道。古老的瓯江在奔腾入海的途中,因陆地阻隔分流南北两支,南支一路经下河、帆游、塘下,又承接了西部山区流聚而来的丰沛水系,终汇入浩瀚东海,形成最早的温瑞塘河雏形。

随着海退人进,冲积平原逐渐扩大,堤塘也不断向东外扩。原有的堤塘失去了曾经的功能而演变为道路,恰如"年轮"刻录下温州这座城市"依山拓海"发展变迁的历程。

塘河系统集造地、防洪、灌溉、交通等多种功能于一体,是我国古代海塘工程中十分罕见的历史地理景观,是温州先民突破"瓯居海中"的地理局限,开拓生存空间的创举。

## 塘河水网如织

塘河水系是大自然与人类共同的杰作。

据《温州府志》记载，温瑞塘河于晋时初成河道，水源主要来自瞿溪、雄溪、郭溪的"三溪"以及大罗山、集云山的山涧溪流。唐大和、会昌年间都曾大规模疏浚。唐会昌（841—846）年间，河水经常泛滥，导致洪灾频发。时任刺史韦庸率领民众修坝治水，历时四年将三溪之水经温州城西南与瑞安段河道连通。疏浚会昌湖，建成十里湖堤，这段堤坝从此被百姓称为"韦公堤"。

后经历代温州主政者的深挖、修缮，纳入众多支流，连接起南塘、丽田、梧田、老殿后、南湖、霞坊、南白象、鹅湖、帆游、下川、社帆、河口塘、穗丰、塘下、汀田、莘塍、瑞安东门等城乡数百个大大小小的村落，贯穿瓯江以南、飞云江以北的温瑞平原，形成了全长近70里的七铺塘河（一铺为10里），即温瑞塘河。纵横交错的水系河道，对于防洪、排涝、供水、航运、灌溉、景观及生态环境保护，都有十分重要的作用。沿岸民众枕水而居，"以船为车，以楫为马"，耕种着两岸肥沃的土地，基本以种植水稻、柑橘等经济作物为生。

瑞平塘河也是温州古塘河之一，开凿于东晋年间，北起瑞安飞云马道，南到平阳昆阳，全长30里，因此也称为三铺塘河，是温瑞塘河的南延水道，接连浙闽交通的重要水路。

温瑞塘河与瑞平塘河连起来共百里，方志记载这百里皆荷花盛开。唐代诗人张又新曾描述王羲之自南门登舟赏荷出游的盛况："时清游骑南徂暑，正值荷花百里开。民喜出行迎五马，全家知是使君来。"南宋地方志《方舆胜览》也记了一笔："自百里坊至平阳屿一百里皆荷花，王羲之自南门登舟赏荷花即此也。"由此可知东晋时温瑞塘河与瑞平塘河之间百里航运已畅通。

还有从瓯江岸茅竹陡门经蓝田陡门至瑞安梅头入海的永强塘河，从乐清乐城镇至琯头的乐琯塘河，从平阳县城昆阳镇至鳌江镇流入鳌江的平鳌塘河，从龙港市至苍南县金乡镇的江南塘河……

这一条条流淌在瓯越大地上的河流，蜿蜒穿行于各个村镇之间，傍着大片的菜花橘林，流经两岸的古榕大屋，穿越古朴苍老的石板桥洞，载起长长短短的船只……塘河的网状水系滋养和串联起温州各平原的城乡聚落，贯穿了现有八成以上的建成区，形成了温州"城市绿肾"三垟湿地。约13平方千米的三垟湿地内，河道密如蛛网，将陆地缠绕分隔成161个大大小小的"岛屿"，形成独特的水网湿地景观。

## 治水千古事

南宋温州诗人林景熙（1242—1310）把河道比作人身上的血脉，他在《州内河记》中写道："邑犹身也，河犹血脉也。血脉壅则身病，河壅则邑病，不壅不病也。"血脉堵塞了，人自然就要生病。

疏通城乡血脉，是温州历代政府持续在做的一件大事，事关农业生产、交通便利、水患灾害，总之一句话，事关老百姓生活的幸福指数。

然而疏浚河道、水利建设都不是一劳永逸的事情，随着人口繁衍、生产发展、建筑密集，河道堵塞越加严重。特别是宋代以后，"桥水堤岸而为屋"（叶适《东嘉开河记》），沿河的房屋建得越来越多，甚至有搭建在河中的"驾浮屋"，日益挤占河道空间，由于疏浚不及时，河道污染变得严重，以至于"大川浅不胜舟，而小者纳污藏秽，流泉不来，感为疠疫，民之病此，积四五十年矣"。治理河道成为摆在地方官员面前的一道重要课题。

宋代朝廷在这方面不断引导，特别注重对内河河流的疏浚，并将此作为考核官员政绩的重要指标。庆历四年（1044）宋仁宗明确下诏："自今在官有能兴水利、课农桑、辟田畴、增户口，凡有利于农者，当议量功绩大小，比附优劣，与改转或升陟差遣……其或陂池不修、桑枣不植、户口流亡之处，亦当检察，别行降黜"，将水利治理的成效和官员升迁直接挂钩。

在朝廷政策的激励下，温州地方官员无不将兴修水利作为执政的主要政绩之一，因而两宋时期兴修了大量水利工程。据史料记载，温州四县共修建陡门137座，疏浚河道83条，修建埭堰271处。这从温州地名中多有"埭""塘""陡门"字样也可见一斑。"塘"，有石塘、南塘、塘下、内塘、塘沽外等地名;"埭",是堵水的土坝,有万岁埭、河埭桥、宋家埭、埭上、埭下、埭头、夏埭、河口埭等地名;"陡门",即斗门,指水门中闸,有上陡门、陡门头等地名。

治平元年(1064),乐清县令焦千之在县西八里永康乡一都建石马印屿埭及石塘,长三十丈。

熙宁三年(1070),乐清县令管滂于东溪建石塘,引导河水自塘南入海,十余年而无水患。

元丰四年(1081),温州知州李钧、瑞安县令朱素等率众建石岗陡门。此为温瑞塘河排洪蓄水的重要枢纽,也是温州率先采用条石代替木头砌筑的水利设施,堪称温州古代陡门建筑史上的一项创举。

绍兴二年(1132),乐清知县刘默发动民工,修筑乐清至琯头50里海塘,后人称为刘公塘。

淳熙四年(1177),温州知州韩彦直,招募民工13000余人,疏浚环城河二万余丈。叶适撰写《东嘉开河记》。

淳熙十三年(1186),温州知州沈枢重修温瑞塘河70余里,次年竣工,将整个温瑞塘河及其东岸改造成温州最重要的水陆交通要道。陈傅良作《重修南塘记》。

淳熙年间(1174—1189),平阳县左司议蔡必胜率众修万全塘,平阳城北至飞云江南岸长35里。

嘉定二年(1209),平阳县令汪季良与乡绅林居雅在阴均山下滨海之处建造大埭和陡门,温州知州杨简为撰《永嘉平阳阴均堤记》。

嘉定五年(1212),温州知州杨简倡导平阳江南(今苍南县)官民修筑下涝陡门、塘湾陡门、塘埔陡门、江西陡门、新陡门、萧家渡陡门六座陡门,合称为"嘉定六陡"。

……

很多水利工程能够顺利实施,是官员与乡贤共同努力的结果,如金乡、杷槽(今龙港市肥艚片区)的水利建设有赖于林仲彝、林居雅叔侄与平阳县令汪季良的相互支持、通力协作。林仲彝在家乡出资兴建乌屿、新潜、湖南三座陡门，并开凿河道多处，四乡农田得到灌溉。为了筹集工程经费，林居雅甚至"毁居以助"，变卖家产。为建阴均陡门，汪季良与林居雅多次赴现场勘测地形，拟订修建计划。嘉定元年（1208）开工建设，第二年即完工。大埭长八十丈（267米），陡门共三孔。排涝、排灌面积达数万亩。这是今苍南县现存历史最久、规模最完整的水利枢纽工程。朝廷褒奖林居雅"水利迪功郎"称号。温州知州杨简亲书"遗爱恩波"大字，刻石立碑于阴均陡门旁。汪季良逝后，当地百姓建阴均庙，供奉汪季良为"阴均大王"，又将林居雅的塑像配祀于该庙。可见百姓对这些治水功臣的感激之情。

重大水利工程实施，是当地一桩盛事，地方文化名人多有撰文记载，并刻石立碑。南宋韩彦直启动水利工程，是温州古代历史上规模最大的一次河流治理。淳熙四年（1177），叶适作《东嘉开河记》，记载了韩彦直自掏腰包50万银两，弥补官方经费不足，招募民工上万人开河两万余丈的壮举。

淳熙十四年（1187），陈傅良写《重修南塘记》，记录了温州知州沈枢主持发动修筑南塘的始末。南塘原本是就地挖掘土方夯筑而成的堤塘，本就经不起汛期湍急水流的冲击，加之年久失修，多处塌陷，每遇洪涝便难以行走，甚至有人溺死其间。从福建前往杭州的仕宦商旅经过此地，无不怨声载道。要想彻底改变堤塘状况，必须以石代土，筑成石质堤路。前几任官员也想解决这个棘手的难题，皆因工程浩大半途而废。

沈枢上任后，下决心造一条石筑堤塘。他发动永嘉、瑞安两县吏民疏浚南塘，东岸挖河堆土，历时半年终于完成百里石堤。至此，温瑞塘河主干河道成型，温瑞间的南北大道——七铺塘河路建成通行，行舟者和行路者无不欢欣以贺。而且这项投资1100万钱的浩大工程，没有收取老百姓筹集的650余万钱，人们感恩戴德，"或为诗谣，或香火以祝公"。

平阳乡贤吴蕴古三代四修沙塘陡门的动人故事，也是通过宋之才绍兴十八年（1148）所作《沙塘陡门记》，以及徐谊淳熙十二年（1185）所作《重修沙塘陡门记》，得以流传至今。

沙塘陡门位于瑞安、平阳交界处，有84条溪流汇集于此入海，可以灌溉良田4000顷，是瑞平平原最重要的水利设施。原先周边只有简陋的塘堘，"决于既溢，塞于将涸"，难以旱涝保收。绍兴十五年（1145），平阳人吴蕴古"费银十三万余"，建成沙塘陡门。不料仅一年，耗资不菲的陡门就毁于洪水。第二年，吴蕴古之子吴通直挑起了集资重建的重任，并在平阳县丞范寅孙支持下，"役工四千，縻钱百余万"，终于完成了这项浩大工程，佑护了平瑞百姓近二十年。乾道二年（1166），温州历史上最惨烈的大水灾再次冲毁沙塘陡门，老百姓的生命财产遭受了巨大损失，官方拨款修复。淳熙二年（1175），陡门再度损毁，吴通直之子吴国学率众重修。又十年后，陡门木腐土溃，平阳县令委托吴国学再次集资修复。四十年间仅吴家就牵头四修沙塘陡门，温州先民同水患灾害的抗争，称得上艰苦卓绝。

这些文章不仅记录了水利工程建设的过程，而且记录了不同时期技术手段的进步、管理水平的提升，为后世存留一份珍贵的历史档案。

《沙塘陡门记》表明，南宋初温州已采用木桩技术建筑陡门，即用木桩将陡闸固定在塘岸上。"乃用巨木交错，若重屋者凡七间，周以厚板，柜土其内，用以壅截河流，连络塘岸。虚其中三间之上增置闸焉，其左右上下又沉石攒楗，功不可计，以护土力，以敌水势。"木桩技术大大提高了陡门的牢固度。

《重修沙塘陡门记》提到沿江有涂，募民耕种，"岁收涂租以资葺理公费"，这是温州"以涂养陡"的最早记载。此前温州水利建设的资金靠官府拨款和民间集资，而"以涂养陡"则是通过出租涂田的收入以养护水利设施，这大约是温州水利建设市场化的雏形。

《重修石岗陡门记》则记录了温州陡门建设的两项重要技术。一是木鹅选址。陡闸选址很有讲究，既要近海，又应是河流汇合处，才能最大限度发挥陡闸泄洪蓄水的功能。人们在各条溪流的源头放出数十只木鹅，顺水漂流的木鹅陆续汇合于石岗之地，因此得以确定陡门的位置。

二是以石代木。南宋以前，温州陡门的大部分构件都是木质材料，年久易腐，"以石代木"技术大大延长了陡门的使用寿命。这一改进很快被推广到各地，平阳县重修沙塘陡门时，"凿石为条、为板、为扦、为块，自斗吻及左右臂闸之上下，柜之表里，牙错鳞比，以蜃灰锢之"。除了闸板及起落装置，其他部件几乎都用石料取代，一直沿用至近代。

《重修南塘记》也记录了温州堤塘建筑技术的重大进步。宋代以前温州的塘埭均用土筑，易毁难固。北宋开始改用巨石铺砌，大大延长了堤塘的使用寿命。乐清东塘、平阳万全塘等都采用石塘技术，故至南宋淳熙时，"有石塘百里所"。

## 水乡文化记忆

千百年来，人们沿塘河而居，形成了诸多繁荣的村落市镇。塘河沿岸的民居、埠头、祠堂、庙宇以及河上的桥梁等诸多建筑物，共同构筑了温州水乡的独特风貌。与塘河有关的民俗信仰、传说故事、诗词歌赋，也成了温州历史文化中最具代表性的组成部分。

流经瓯海南白象段的塘河，岸边耸立着七层高的白象塔，看到这座塔，进城的船只知道大概还有两个时辰，就到温州南门了。"白象"其实原先叫白塔，但"塔"与"塌"同音，经商的温州人可不希望生意塌下来，所以改叫"白上"，"上"用温州话读来和"象"字同音，后来就演变成了"白象"，寄予着温州人"要上去，不能塌下来"的美好心愿。当然今天看到的已不是始建于北宋政和五年（1115）的古塔，而是重建于1999年的新塔。登上30多米高的白象塔，可俯瞰塘河枝丫般纵横盘旋的姿态。

塘河流经一座座形态各异的桥梁，"大高桥连小高桥，近水楼开红绮寮。笑倚栏杆盼郎过，花船来往漫停桡"（郭钟岳《东瓯百咏》），至晚清时温州城区仍有桥梁135座。塘河上现存的古桥大多为石梁桥，如瓯海仙岩沈岙村的祠堂桥、瑞安东门轮船码头的白岩桥、瓯海潘桥河上的仁寿桥、瓯海郭溪任桥村的任桥等，承受了千百年的风雨洗礼和洪水肆虐，依然默默守护着这方水土。

石桥墩一般由三至五根方形条石并列，也有用块石砌成菱形。桥洞有单孔和多孔之分，多孔为三、五、七等奇数。桥面纵向铺条石，并开凿横、斜或几何图案，以增加摩擦，便于行走。栏杆则由青石板及青石覆莲望柱构成，造

塘河上的桥　王超俊摄

型精美的栏杆柱上多半还有飞禽走兽雕像。

小南门外的双莲桥，是始建于宋代的九拱石桥，桥名的由来有一个凄美的传说。张儿和李女青梅竹马早有婚约，张家家道中落后，李家便欲悔婚，两个年轻人相约从桥上跳水殉情。次年水中长出并蒂莲，桥得名"双莲桥"。

古朴秀丽的石桥，点缀了塘河风景；悲欢离合的故事，映照着世情冷暖。人们在桥上相遇，又在桥上道别。在桥上看风景的人，成了别人梦中的风景。

和这些古桥相伴相生的还有绿荫如盖的大榕树。榕树是民间的风水树，也是温州的市树。石桥两边必定有榕树，枝叶舒展，气根悬垂，甚至半边身子俯探水面，清风拂来，枝条摇曳着荡开水中的波纹。塘河边长大的孩子，童年记忆里必定生长着小伙伴们伸长双臂都抱不过来的大榕树，而自家就住在从茶院寺数起的第N棵榕树那里⋯⋯

榕与亭的搭配也是塘河沿岸随处可见的景观。修桥造亭都是积功德的事，"长亭更短亭"，供路人挡风躲雨歇脚，是水乡人家迎来送往的情感驿站，是奔波的客商交流信息的场所，更是慈善爱心代代传承的见证。入夏时节，路亭旁、榕树下处处可见伏茶点，几大桶已经烧好的伏茶，一排排摆开的茶杯，榕树上贴着捐款人姓名的红纸，是温州城乡夏日里最美的一道风景。唇焦口燥的过路人、汗流浃背的劳动者、无家可归的流浪汉，都可以来此取免费的茶饮。

塘河最热闹的时候还要数端午划龙舟。"一村一船遍一乡，处处旗脚争飞扬"。叶适的诗句形象地描述了端午前后龙舟竞渡热火朝天的景象。宋时龙舟竞渡已普遍流行，场面壮观，特别是那时龙舟竞渡设有锦旗夺标，地方官亲自主持，悬赏夺标龙舟。竞渡之日，堪称水上狂欢节，旌旗招展，万桨齐飞，呐喊声声，锣鼓震天，男女老幼举家观赏，盛况空前。斗龙舟时，艄是命，鼓是令。划手们听到鼓声令下，使出浑身的力气，同舟共济，奋力向前。谁能说这其中不是蕴含着温州人引以为豪的"敢为人先"的精神？

如果说龙舟是以速度和力量见长，那台阁就是以华丽和气势取胜。身形巨大的台阁一般要在水上悠悠然漫游四五天，其华彩绮丽的外观、笙歌缭绕的排场，令人叹为观止。民国时期张棡在日记中记录了水上台阁的盛况："遥见旌旆飞扬，光彩夺目，自城隍庙河边缓缓而来。龙舟身约长数丈，中有亭，结彩高矗，内扮秋千架一口，诸小童各扮古人杂剧，演打秋千。舟两傍各插五色绸旗，舟前头有一小童，头戴金冠，双插雉尾，身穿蓝绸洒金蟒袍，面如冠玉；舟尾坐一小童，装扮女儿，头戴珠簌斗篷，身穿湖色纱衫，大红裤子，三寸弓鞋，手执画楫，貌若天仙。观者无不喝彩。两岸均有香案迎接龙神。"水上台阁因造价昂贵，并非每年都能造船出游，民国后更是很长一段时间不见踪影。直到2012年6月18日，一艘集温州百工技巧、绘有2012条蛟龙的台阁，重现温州龙舟文化节，轰动塘河两岸。

每一段塘河都有属于自己的故事，掩藏着人事的聚散，沉浮着命运的悲欢，在不动声色中流过千年……

# 楠溪江畔古村落

"澄碧浓蓝夹路回，崎岖迢递入岩隈。人家隔树参差见，野径当山次第开。乱鸟林间饶舌过，好峰天外掉头来。莫嫌此地成萧瑟，一緉茅鞋去复回。"清代诗人陈遇春在楠溪江畔留下这首《楠溪道中》时，肯定无法料想两三百年后的楠溪江音乐节之盛况——数万名年轻人在春夏之交专程来到这片"萧瑟"之地，到岩头的楠溪江滩地音乐公园赴一场音乐之约。

楠溪江，古称瓯水，贯穿温州永嘉县南北，东邻雁荡，西接缙云，北临仙居，自北向南蜿蜒流经三百里注入瓯江，享有"天下第一水"之美誉。有人曾说："楠溪江没有美术馆，村子就是美术馆。"楠溪江以"水秀、岩奇、瀑多、村古、滩林美"的独特景致而闻名，是中国古村落分布最集中的地区之一，两百多座大小不一的古村落散落在沿江两岸，保存较为完好的宋、明、清等时期的乡土建筑星罗棋布，犹如一个巨大而开放的古村美术馆，难怪清华大学建筑学家陈志华教授称之为"中国乡土文化史书宝库"。

## 中游地带古村密集

楠溪江是沉静的，这种沉静源自它的自然环境和地理位置。据《浙江通

永嘉丽水街

志》记载:"楠溪太平险要,扼绝江,绕郡城,东与海会,斗山错立,寇不能入。"祸兮福之所倚,楠溪江虽然地处僻远,"斗山错立",却也因此具备"寇不能入"的自然条件,成为战乱年代的理想避风港。据各村宗谱记载,楠溪江古村落的始迁祖和缔造者大多是为了逃避世乱而来到这片封闭之地。

楠溪江畔古村落的开发与发展,是自南向北、从下游向上游推进的。地势和缓、水丰地腴的中游一带古村密集,文风鼎盛。这与晋、宋两次人口大迁徙有着密切联系。为避世乱,许多仕宦人家移民至楠溪江中游的谷地和盆地,陆续形成村落。如建于晚唐的茗岙村和下园村,建于五代的枫林村、花坦村、苍坡村和周宅村,建于北宋的芙蓉村、廊下村、鹤阳村和渠口村,建于南宋的豫章村、溪口村、岩头村、东皋村、蓬溪村和塘湾村,以及建于元代的坦下村等,都是楠溪江中游最具代表性的古村。它们就像古代宗族社会形态的活化石,在这里,"天人合一"的建筑美学理念与"耕读传家"的传统被呈现得淋漓尽致。

相比而言,楠溪江的上游由于峡谷紧窄,溪流湍急,开发得较晚,更为僻静。因此上游一带的古村落,弥漫着"野蛮生长"的原生态味道。其中,林坑村是颇具代表性的一座古村，它地处楠溪江风景区源头，依山而建，一条小溪从山上流淌而下，贯穿全村。

　　林坑村始建于明朝，一直寂寂无名，真正走入大众的视野，还需追溯到20多年前。2001年，清华大学教授陈志华走访楠溪江上游的林坑、黄南和上坳三座古村落后，推荐凤凰卫视《寻找远去的家园》摄制组去拍摄。令人痛惜的是，摄制组的"中国航拍第一人"赵群力在完成林坑村航拍工作后不幸因飞机失事而殉职。自那之后，更多人看到了"遗世而独立"的林坑村。如今林坑村里有一座赵群力纪念馆，馆内陈列着失事的"小蜜蜂3C"超轻型飞机残骸，纪念"属于蓝天"的赵群力先生。

## 最出圈的三座古村

　　以岩头村为中心的盆地是整个楠溪江流域最大、最富庶的盆地，苍坡村、芙蓉村和岩头村则是这片区域最为出圈且紧密相连的三座古村。古人择地而居，尤其看重风水，分别以"文房四宝"和"七星八斗"为布局的苍坡村和芙蓉村颇具代表性。

　　苍坡村位于岩头镇北面的大山脚下，始建于五代后周显德二年（955），至今已有上千年，是楠溪江流域耕读文化最为发达的村落之一。跨过苍坡村的溪门，便能感受到这座小村庄的古意。苍坡村按照"文房四宝"来规划布局，西面是三峰并立的笔架山，东西走向的石板路是"笔街"，村里的东、西两池为"砚"，池边放置的大条石为"墨"，纵横交错的村内街巷则形成了田字格的"纸"。大到全村的布局规划，小到村民家门口的"应知学问难，在乎点滴勤"家训，都可以看出耕读文化的基因早已渗透到苍坡村的日常之中。

　　随着宋代以来科举制度的发展，楠溪江畔古村落的耕读风气愈加浓厚。"朝为田舍郎，暮登天子堂"，对当时的人们来说，耕作是解决温饱的生存基础，而读书不仅可以明理修身，亦有非常实际的益处——有可能实现从"田舍"到"天子堂"的阶层跃迁。乾隆《永嘉县志》曾记载："（楠溪江）山峰挺秀，洞水呈奇，人生其地者，皆慧中而秀外，温文而尔雅。"苍坡村虽然不大，但在历史上与永嘉学派亦有着渊源——南宋的永嘉学派集大成者叶适童年时期曾随父母迁居苍坡叶岙并且拜苍坡十世祖李伯钧为师。清嘉庆年间，为了纪念叶适，苍坡村民在池边建了义学祠。如今，义学祠是楠溪书院研究活动站点之一，虽然已不可能再看到"牛角挂书"的半耕半读场景，但人们仍可以在这里遥想当年的书香氛围。

与静谧的苍坡村相比，两三公里外的芙蓉古村命运更为坎坷一些。芙蓉村内本无芙蓉，因其西南山上的三座高崖宛若芙蓉而得名。这座古村建于唐代末年，是陈姓聚居之地。据《陈氏宗谱》记载："唐末，为避乱世，有陈氏夫妇从永嘉县城北徙，沿楠溪江就深山坳里，至芙蓉峰旁，只见此地前横腰带水，后枕纱帽岩，三龙抢珠，四水归塘，于是筑屋定居。"如今，穿过芙蓉古村的车门，便能在陈氏宗祠的门口看到宋末抗元名将陈虞之的坐像雕塑。陈虞之率领全村义士据守芙蓉峰近三年，最终跳崖殉难。后来，芙蓉村被元兵焚毁，到元顺帝至正元年（1341）才得以重建。

现在我们看到的芙蓉村，经历了千年的沧桑，仍保有"七星八斗"的整体规划布局。"星"是丁字路口高出地面的鹅卵石平台，"斗"则是水池，所谓"七星八斗"不仅结合了天人合一、八卦和阴阳五行风水思想，寄托了期望村里子孙后代如天上星斗一般文才辈出的美好希冀，还有非常实用的一面——村里多为木质结构建筑，修建水池可防火灾，还可调节气候。走过如意街，来到立于水池之上的芙蓉亭，"七星八斗风光奇，六洞三岩景色艳"的红底黑字楹联旁，经常会看到村里老人枕着亭里的美人靠睡得正酣。在这里，乡土建筑不仅仅是承载历史的容器，更是融入日常生活的一部分。

南宋时期，芙蓉村一连出了十八位大官，被村民骄傲地称为"十八金带"，至今村里还世袭珍藏着相关古物，这种"与有荣焉"的自豪感和崇文重教的传统也延续到了当下——芙蓉村里的公告栏上贴着芙蓉村教育基金会的光荣榜，向村民公示为本村优秀学子发放奖学金的明细。以前，芙蓉村用田地来奖励学有所成的读书人，如今则每年自筹奖学金，奖励考取高校及重点高中的本村学生。

与耕读氛围浓厚的芙蓉村和苍坡村相比，因"金山丽水"而闻名的岩头村多了几分园林气质和商贸气息。位于芙蓉村与苍坡村之间的岩头村是楠溪江中游的最大村落，因地处芙蓉三岩之首而得"岩头"之名，始建于五代末年，是金氏聚居之地，也是楠溪江唯一以一座综合水利设施来布局的古村。水利设施始于元代，塔湖庙与丽水湖园林于明嘉靖三十五年（1556）形成。在永嘉流传着这样一句话："不到丽水街，枉到楠溪江。"虽然此说法略有些夸张，但也可以看出丽水街的存在感之强。清代有许多贩盐的商人从沿海奔赴内地，岩头村的长堤是必经之路，清末时长堤便发展成现在的丽水街。

## 柳暗花明又一村

　　"江山千古秀，俎豆四时新"，不管在苍坡村的李氏宗祠，还是芙蓉村的陈氏宗祠或岩头村的金氏宗祠，都能看到千百年来宗族文化留下的痕迹。

　　农耕时代，在楠溪江畔的古村落聚族而居的人们更看重宗族之间的"抱团取暖"与"合族相帮"的凝聚力。因此，许多楠溪江畔的古村现仍保有宗祠和记录宗族历史的宗谱文本。这些世世代代流传下来的宗谱恰恰填补了地方志可能有所遗漏的空白地带。从这个意义上来说，古村里的宗谱不仅仅是某个宗族的家族史的载体，也是楠溪江古村乡土文化的珍贵注脚和参考资料。

　　比如，谢灵运与楠溪江的缘分，在谢氏宗谱里就有迹可循。他曾在楠溪江畔漫游，留下诗句，也开启了中国山水诗的篇章。时隔五六百年之后，谢灵运后裔与楠溪江"再续前缘"，于北宋初年迁居至楠溪江中游鹤盛溪畔的鹤阳村，代代繁衍，沿鹤盛溪建立了包括鹤盛、鹤湾、东皋和蓬溪在内的更多村落。

　　如今，楠溪江畔共有二十多个谢氏村落，其中最可以用"溪山揽胜"来概括的两个古村便是蓬溪村和建有谢氏宗祠的鹤阳村。鹤阳村从宋代到清代诗人辈出，有史可查的至少38位，被称为"温州诗人第一村"。而蓬溪村的文运虽不及鹤阳之盛，但也处处可见诗之古韵，村里立有"山水诗宗"牌坊和谢灵运雕像。可见,楠溪江古村落虽然距离文化中心较远,但并没有与主流社会隔绝。在不断深入的过程中,"山重水复疑无路,柳暗花明又一村"的渐入佳境之感不禁油然而生。

两宋时期,温州农业、手工业和商业飞速发展,成为繁荣的海上商港。作为温州腹地的楠溪江流域处于"一片繁华海上头"的辐射范围内,渐渐开始与更广阔的世界接轨。清代中叶,楠溪江的商品经济发展迅速,航运也随之日益发达,江上千帆竞发。作为永嘉山底通往温州市区的唯一一条交通运输通道,楠溪江将杨梅、红柿、笋干、毛竹、木材、楠溪素面、沙岗粉干、乌牛早茶等特色产品运销到温州市区、瑞安、玉环等地。

从竹筏、舴艋舟到机帆船,从深山到商港,从传统的农耕经济到商品经济,看似偏安一隅的楠溪江古村落并不是停滞的,而是拥有与楠溪江颇为相似的气质。每一条江河,都拥有自我净化的生命力。楠溪江亦然,它清浊并存,不可能不掺杂任何杂质;相反地,在流动的过程中,它需要接纳泥沙俱下的现实,有所得,有所失,有深水,亦有浅滩,时而暗流诡谲,时而清澈澄明,在奔腾不息的过程中不断演变,最终汇入瓯江,奔赴更广阔的大海。

楠溪江畔的古村落也是如此矛盾而统一,既封闭又开放——像芙蓉村和苍坡村都立有石砌的寨墙,这似乎也反映了此地人们的生存之道,既要划出明确的界限自保,同时对外界也保持开放和沟通的态度;既传统又现代——世代遵循"耕读传家久,诗书继世长"的传统理念,但也不排斥作出"敢为天下先"的改变。

## 古今相映之美

走在楠溪江畔的古村落里,经常能看到朴素的石墙上印有"出售老酒汗"的字样。古建筑历经沧桑岁月后会日渐斑驳,但包括永嘉老酒汗酿造技艺在内的非物质文化遗产却在一代代人的接棒过程中被原汁原味地传承下来。

《岩头金氏宗谱·重修族谱叙》里写道:"涧溪如故,塘堑依然,庙社常新，松楸无恙，士习民风，数百载如一日也乎。"山川不改，民风也自有另一种传承的永恒。正如芙蓉古村的陈氏宗祠里那副对联："祖德与高山并峙，孙枝同流水俱长。"铁打的乡土，流水的居民，具体可视之物虽不易永存，无形的世代相传之物却自有其生命力。在水长而美的楠溪江畔，在磊磊群山之间，古村落里的一代代人还会不断涉过时间的河，与楠溪江一般，经历荣衰兴替。

"问渠那得清如许，为有源头活水来"，要想古村不断焕发出新光彩，也许在珍视传统村落之"古"的同时，还需要引入源源不断的活水。楠溪江畔的古村落也正尝试着输入新鲜的血液。

比如，芙蓉古村近年来入驻了一些艺术工作坊，以灯光艺术展和古朴的村落碰撞出了奇妙的化学反应，将村里的老屋变成举办先锋艺术展的情绪美术馆，形成"在千年古村做艺术，听雨雾聊天"的古今相映之氛围。

而苍坡古村里的经典古建筑水月堂现在亦是一家麦饼咖啡店，将楠溪特色食物麦饼与咖啡相融合，保有古意的同时亦焕然一新。

门前写着"清风明月本无价，近水遥山皆有情"的苍坡村仁济庙现在被辟为永嘉昆剧展览馆，而庙内的太阳宫则是赵瑞椿美术作品展馆，馆内陈列的18米长卷画作《永嘉旧事》被誉为永嘉版《清明上河图》，描绘了宋代李氏后裔为避战乱移民至苍坡村的场景，让无价而珍贵的山水风物就此定格。

近几年来，在与岩头村相隔一两公里的岩头镇小港村，每年会举行楠溪江音乐节，吸引了许多乐迷与游客，让岩头镇成为名副其实的"Rock Town"（摇滚小镇）。"春山加锦晓烟低，柳底莺声款客啼。结伴连朝频载酒，行吟不惜绕长堤。"古人诗中楠溪江畔的"结伴"与"行吟"与当下的现实交叠，奏出一曲古今相汇的乐章。

参差多态的楠溪江古村落，有藏在深山的桃源之美，也有偏居一隅的僻壤之困；有风起云涌，也有和风细雨；有乱世焚劫之苦，亦有安稳的耕读之乐。楠溪江畔的家园并未远去，后人亦不必用想象和历史的滤镜为它镀上如梦似幻的光环。走进楠溪江，触摸具体的古村落，才能更真实地感受到这片水土的一呼一吸。

## "永嘉四灵"的温州印象

数百年前的某一天,当宋朝诗人杜耒向赵师秀请教如何精进句法时,赵师秀给出了一个颇为俏皮的回答:"但能饱吃梅花数斗,胸次玲珑,自能作诗。"

多吃梅花,即可作诗?这段被韦居安记载于《梅磵诗话》的逸事,虽然听起来有些荒诞,但荒诞之中又带有几分现实主义色彩——不管"嚼梅作诗"是否只是一时的戏言,身为"永嘉四灵"之一的赵师秀(1170—1219,字紫芝,号灵秀),行事作诗确实都颇为"轻灵",爱以"梅"入诗,曾留下诸如"人立梅花月正高"和"黄梅时节家家雨,青草池塘处处蛙"的经典诗句。而且,他不是孤独的一个人,与他同样拥有"灵性"诗风的还有徐照(?—1211,字道晖,又字灵晖)、徐玑(1162—1214,字文渊,号灵渊)和翁卷(生卒年不详,字续谷,又字灵舒)。徐玑和赵师秀曾涉足官场,但"家贫难择宦",微官不遇,"出仕归来贫似旧",徐照则终生不仕,而翁卷虽做过幕僚但最终亦隐居乡野。这四位诗人虽然人生际遇各不相同,但性情的底色相似,诗风相近,且字号皆带有"灵"字,世称"永嘉四灵"。

若"诗仙"李白与"诗圣"杜甫的诗句如黄钟大吕,那么"永嘉四灵"的作品则有点像小而美的夜曲,颇有"螺蛳壳里做道场"之美感。叶适曾在《题刘潜夫南岳诗稿》中写道:"往岁徐道晖诸人,摆落近世诗律,敛情约性,因狭出奇,合于唐人,夸所未有,皆自号四灵云。"作为南宋中后期的重要诗歌流派,"永嘉四灵"提倡以贾岛、姚合为代表的晚唐诗风,像贾岛那般"两句三年得",反复苦吟推敲,鲜少用典,崇尚白描,确实当得起"因狭出奇"的评价,也在一定程度上纠正了当时江西诗派以学问为诗、"资书以为诗"的习气。

在"永嘉四灵"的诗句里,鲜少见到宏观视角的恢宏叙事,多的是精细的日常景致还原和白描手法。比起时代浪潮,他们似乎更关心当日的天气是晴是雨,更乐于记录霁风朗月之中亲友结伴同游的珍贵时刻,更愿寄情山水之间,享受相互酬唱的一期一会。

"永嘉四灵"的白描式诗句穿越时空,弥补了"现代人无法目睹古时风物"的缺憾,如同摄影机一般将宋时的温州山水与日常——记录,将无数个瞬间定格在书页之间。当我们翻开"永嘉四灵"的诗集,读到的不仅仅是古诗的平仄韵律之美,更是一段段未褪色的温州记忆。他们的足迹遍布温州,从会昌湖畔到雁池坊,从松台山到积谷山,从江心寺到石门庵,从雁荡山到楠溪江,他们且行且吟,留下一帧帧生动的宋时风物画面,勾勒出彼时的城内外风光,拼成一部动态的温州山水纪录片。

## 会昌湖畔,诗友酬唱

首先,镜头切向数百年前的温州会昌湖畔。

炎炎夏日,会昌湖上清风缕缕,荷叶田田。远处隐约传来袅袅渔歌,如果你侧耳倾听,也许还能听到诗人在湖上的吟唱。翁卷在《同徐道晖、文渊、赵紫芝泛湖》里,还原了"永嘉四灵"结伴泛舟于温州会昌湖上的情景:

> 相见即相亲,吟中得几人?
> 扁舟当夏日,胜赏共闲身。
> 山雨曾添碧,湖风不动尘。

晚来渔唱起，处处藕花新。

唐会昌年间，温州刺史韦庸开凿疏浚郡城西南的旧湖，后便以年号命名此湖。到了宋代，会昌湖畔成为文人雅士的私家花园集聚地。会昌湖离城区不远，但人口并不稠密，是远离尘嚣、亲近乡野的城郊，对动不动就想要隐居归去的文人而言颇具吸引力。与"永嘉四灵"交往甚密的叶适、鲍清卿、薛师石等人都曾在会昌湖畔筑室而居。其中，薛师石在会昌湖西所建的瓜庐就是颇具存在感的一处"据点"。

薛师石，字景石，生性好隐逸，亦善诗工书，与"永嘉四灵"颇有共同语言，他们经常在会昌湖畔聚会吟诗。古人虽然没有随时可以拍照的工具，但吟诗酬唱留下的作品就是最好的纪念，精心推敲而成的诗句比随手拍下的海量照片和视频更隽永且更有情感密度。尽管薛师石建造的瓜庐早已不存，但后人完全可以循着"永嘉四灵"的诗句想象当年的瓜庐与周边环境。

"永嘉四灵"都曾为瓜庐题写过诗句，其中赵师秀所作的《薛氏瓜庐》还是他留存于世的五律代表作之一，诗中那句"野水多于地，春山半是云"广为传诵。如今，会昌湖一带高楼林立，车水马龙，早已不再是"野水多于地"的格局，但若天气相宜，远望景山，仍可领略"春山半是云"的风景。

如果说赵师秀记录的是瓜庐周边的远景，那么徐照和徐玑采用的则是中近景视角。在《题薛景石瓜庐》中，徐照写道："何地有瓜庐，平湖四亩余。自锄畦上草，不放手中书。人远来求字，童闲去钓鱼。山民山上住，却羡水边居。"

徐玑的《题薛景石瓜庐》与徐照的诗也是异曲同工："近舍新为圃，浇锄及晚凉。因看瓜蔓吐，识得道心长。隔沼嘉蔬洁，侵畦异草香。小舟应买在，门外是渔乡。"

虽然都是采用白描手法，但与赵师秀相比，徐照与徐玑二人更关注"畦上草"和"瓜蔓"的菜圃细节，着眼于"钓鱼"和"锄草"的乡野之趣。另外，徐照还顺便给这部瓜庐"纪录片"加上了"却羡水边居"的内心独白——自号山民的他，属实很羡慕好友薛师石的这处视野绝佳的"水景房"。

## 雁池今何在，犹可见松台

徐照为何如此艳羡薛氏瓜庐？我们不妨跟随徐照的《塔山作》，将镜头切向他的昔日住处附近：

> 东岸沙新淤，西村半失田。
> 夕阳明望外，寒雁落愁边。
> 懒下遮风帽，谁添买酒钱。
> 小坡人不渡，灯火压潮船。

诗中提及的地址不详，有研究者认为当时徐照住在孝义乡二十二都（今温州市鹿城区仰义街道）。可以确定的是，山居生活并不一直都是完美的，如果说前期徐照还乐在其中的话，那么后期他也渐渐感受到了生存的压力，字里行间笼罩着若有似无的愁绪，亦曾在《和翁灵舒冬日书事三首其一》里向翁卷透露过搬家的计划："城中寻小屋，岁晚欲移家。"从翁卷的《寄山友徐灵晖》里所写的"深径无来客，空山自读书"来看，徐照的山居之处确实过于萧瑟荒凉了。后来，徐照得偿所愿，搬到了城中的雁池一带，为此还特意写下《移家雁池》："不向山中住，城中住此身。家贫儿废学，寺近佛为邻。雪长官河水，鸿惊钓渚春。夜来游岳梦，重见日东人。"

据《温州府志》记载："永宁河，在府治南，为一城水口，由永宁门内过敬亭桥，而西为雁池。"雁池在今温州市区乘凉桥一带，虽然如今已被鳞次栉比的高楼大厦和人来人往的街道所替代，但历史上曾是城中胜地，风光旖旎，杨柳依依，有"城中最佳处"之称。这一点，是经过翁卷"盖章"认证的——他曾在《雁池作》里不吝赞美地写道："包家门外柳垂垂，摇荡东风满雁池。为是城中最佳处，每经过此立多时。"

在与雁池只有数百米之遥的松台山麓，住着"永嘉四灵"之一徐玑。四灵经常在徐玑家相聚，同游松台山，留下许多诗句。徐玑和徐照还曾围绕着松台山（亦称"净光山"）的四大胜景——绝境亭、会景轩、茶山堂和宿觉庵写下同题诗。在徐玑所作的《净光山四首·会景轩》里,我们得以瞥见宋时松台山的风貌:"屋自与山背,西原景最清。凉风从下起,新月向前明。林静闻僧语,四虚见鹭行。此方多积翠,略似镇南城。"这样的诗句,是如今已不存在的会景轩的"重生"和"再建"。

而徐照在《净光山四咏呈水心先生·会景轩》里写的那句"逐时看景异,风物入诗清",是对松台山风景的另一种诠释——他似乎已经跳出了时空,清楚地意识到"景随时异"这亘古不变的规律,以风物入诗,让他眼中的景观达成书页间的永恒。

在四灵之中,徐照可谓头号旅游爱好者。徐照虽然一生清贫,但对生活抱有极高的热情,平生有三大爱好——喝茶、作诗、登山临水。关于徐照,叶适曾评价:"上下山水,穿幽透深,弃日留夜,拾其胜会,向人铺说,无异好美色也。"而徐玑也与徐照一样,热爱自然,不囿于书斋,"诗思出门多",颇为享受在路上的状态,"诗句多于马上成"。因此,志趣相投的"永嘉四灵"经常会来一次说走就走的旅行。除了松台山外,温州城内其他名胜亦留下了"永嘉四灵"的足迹。

翁卷年少时曾在温州太平山读书,写下一首《太平山读书奉寄城间诸友》:"寥寥钟磬音,永日在空林。多见僧家事,深便静者心。虚亭云片泊,侧径石根侵。此去城间远,君应懒出寻。"太平山即现在的温州鹿城区翠微山,从现代人的角度来看,其实这座山距离市中心并不遥远,驾车一刻钟即可抵达市中心的松台山,但在车马不便的宋朝,那里已足够偏僻,"此去城间远",适宜潜心苦读。如今,翠微山麓仍屹立着始建于后晋天福七年(942)的太平寺,想必当年翁卷听到的"寥寥钟磬音"里,亦包含太平寺晨钟暮鼓的清音。

读翁卷的诗,会觉得画面感十足,眼前仿佛呈现出一幅生动的温州山水图。"半川寒日满村烟,红树青林古岸边。渔子不知何处去,渚禽飞落拗罾船。"《南塘即事》里,翁卷用寥寥数字,将温州南塘的深秋风景勾勒出来。纵使时过境迁,读者仍可以在动静结合的诗句里感受到暮烟缭绕、水鸟纷飞的江南水乡之美。

在"永嘉四灵"的诗句中,后人不仅可以看到温州的城中风景,也能感受到四季的流转。"又取纱衣换，天晴起细风。清阴花落后，长日鸟啼中。水国乘舟乐，岩扉有路通。州民多到此，独自忆髯公。"徐玑的这首《初夏游谢公岩》，让人身临其境地穿越到那个微风拂面的初夏，与诗人一起换上清凉的纱衣，去积谷山的谢公岩看花落，闻鸟啼，追忆昔日在此留下足迹的"髯公"谢灵运。如今，温州鹿城区的中山公园积谷山附近亦有一座后人修建的谢灵运纪念馆。在徐玑的那个时代，"州民多到此，独自忆髯公"，七八百年后的今日，同样的追忆也仍在延续。

## 雁山瓯水，参差之美

"永嘉四灵"性本爱丘山，自然不会满足于只在温州郡城之内漫游，而以奇秀山水闻名的"东南第一山"雁荡山就成为他们结伴出游的目的地之一。他们不仅游览了"雁荡三绝"灵岩、大龙湫和灵峰等景点，亦造访了包括石门庵、能仁寺、宝冠寺在内的古刹庙宇，每到一处，各作题咏。

在大龙湫瀑布面前，他们表现出了相交多年的默契——徐玑用"瀑水数千尺，何曾贴石流"和"道场从建后，龙去任人游"来概括大龙湫带给他的震撼，而徐照的《游雁荡山八首·大龙湫瀑布》亦强调了"数千尺"的飞瀑与"龙"的意象："飞下数千尺，全然无定形。电横天日射，龙出石云腥。"相形之下，赵师秀下笔则要含蓄一些："一派落寒空，如何画得同。高风吹作雨，低日射成虹。西域书曾说，先朝路始通。或言龙已去，幽处别为宫。"

在寻觅山水美景这方面，"永嘉四灵"颇有谢灵运之风。同样钟情山水的四灵都视谢公为偶像，寻古怀旧之时总不忘在诗里提及谢公。"雁荡最奇处，众岩生此间。问名僧尽识，得句客方闲。洞峻猕猴入，天晴瀑布悭。古时山未显，谢守只空还。"从徐照的《游雁荡山八首·灵岩》里可以看出，他颇为当年未深入雁荡而"只空还"的谢灵运感到遗憾。

除了瀑布和奇石这样的自然景观之外，山中古刹也是"永嘉四灵"笔下的素材。

在雁荡山的石门庵，翁卷留下这样的诗句："山到极深处，石门为地名。岚蒸空寺坏，雪压小庵清。果落群猿拾，林昏独虎行。一僧何所得，高坐若无情。"徐照写下的《游雁荡山八首·石门庵》与翁卷也颇有重叠之处："庵是何年立，其中有一僧。苍崖从古险，白日少人登。众物清相映，吾生隐未能。夜来新过虎，抓折树根藤。"

而赵师秀却以《石门僧》为题，将重点从庵转移到僧身上："石门幽绝甚，独有一禅僧。寺废余钟在，房高过客登。山蜂成苦蜜，崖溜结空冰。如此冬寒月，他人住岂能。"同样的料峭冬日，同一座石门庵，同一位僧人，徐照和翁卷想到的是在幽暗树林里独行的老虎，赵师秀关注的则是在细微之处酿苦蜜的山蜂；当翁卷看到庵堂之上的积雪时，赵师秀关注的却是凝结的冰。虽然他们着眼的细节不同，但殊途同归，本质上都写出了石门庵的冬寒与空寂。

若想感受数百年前的雁荡山宝冠寺风貌，不妨读一读徐照的这首《游雁荡山八首·宝冠寺》："寺基低且狭，半被石岩分。水响常如雨，林寒忽聚云。空房人暂宿，半夜雁初闻。此处能通荡，僧家却不云。"

同样是位于雁荡山宝冠峰北的宝冠寺，赵师秀的见闻亦与徐照有所不同："行向石栏立，清寒不可云。流来桥下水，半是洞中云。欲住逢年尽，因吟过夜分。荡阴当绝顶，一雁未曾闻。"到底是徐照的"半夜雁初闻"还是赵师秀的"一雁未曾闻"更符合实际情况？还是如翁卷写的那样"山多猿鸟群，永日绝嚣氛"？这有点像文学上的"罗生门"，真正的标准答案或许并不存在，许多细枝末节，后人亦无从知晓——"永嘉四灵"在同一处景点所作的不同诗句，就像是同一部纪录片里不同机位拍摄出来的不同画面。没有人是全知全能并且看到一切的神，但后人可以在四灵留下的诗句里，用想象力拼凑还原出不同景别的参差之美。

此外，有"瓯水"之称的楠溪江，同样也曾留下永嘉四灵的足迹。徐照在《李溪曲别郑遇》里曾这样写道："七十二滩声共闻，一朝路向李溪分。梅花无情动春梦，未好忆家先忆君。"《温州府志》曾记载："李溪在城北三百里仙居乡，水出菰田，入楠溪。"徐照以诗记录下与好友郑遇在李溪别离的时刻，而溪水绵长，跟着他的诗，至今流淌。

## 江心远影,千帆过尽

江心屿位于瓯江入海口,是过往船舶的必经之地。无论是出发,还是归来,江心屿都是来去的船客无法忽略的重要坐标。作为"中国诗之岛"与"世界古航标",江心屿亦留下"永嘉四灵"的不少诗句。

在《题江心寺》里,翁卷如此描绘他眼中的江心寺:

名与金山并,僧言景更幽。
寺无双屿近,地占一江浮。
曾是龙为宅,还疑蜃吐楼。
他乡远归者,望此得停舟。

对翁卷来说,江心屿一带不仅拥有海市蜃楼一般的奇幻色彩,亦交织着迎接远归游子的故土情怀,在这一点上,徐玑应该会与翁卷颇有共鸣。只不过,对徐玑而言,这里不是自他乡归来的游子的终点,而是离别的开始。正是在这里,徐玑挥别胞弟,他所作的《中川别舍弟》也记录下了二人在此依依惜别的时刻:

中川人语别,南国夜何其。
江回风来急,山低月落迟。
缆从前浦远,角在古城吹。
五亩耕锄地,何当手共治。

有时候,人世间的悲欢并不真正相通。同一处江心,对不同人来说,承载的情绪和记忆都不尽相同。江心屿周围潮起潮落,人聚人散,徐玑在此为沉重的离愁所扰,而对徐照来说,江心屿触发的思绪则要轻盈明快许多——他不仅喜欢江心屿的清凉禅意,还爱去江心屿追寻偶像谢灵运的足迹。踏上江心屿之后,徐照兴致盎然,更关心某块石头是不是谢灵运曾经坐过。在《赠江心寺钦上人》里，徐照如此写道：

> 客至启幽户，笋鞋霆曲廊。
> 潮侵坐禅石，雨润读经香。
> 古砚传人远，新篁远塔长。
> 城中如火热，此地独清凉。

对徐照而言，江心寺不仅是清凉净土和怀古的好去处，更是文化交流极为活跃的名刹，他写的《题江心寺》就是最好的证明：

> 两寺今为一，僧多外国人。
> 流来天际水，截断世间尘。
> 鸦宿腥林径，龙归损塔轮。
> 却疑成片石，曾坐谢公身。

宋时海运商贸发展迅速，温州作为重要商港，中外文化交流也极为活跃，许多外国僧人经由海路来到这里。"僧多外国人"，正是彼时江心寺的真实写照。

《温州府志》曾载："师秀与徐照、翁卷、徐玑寻绎遗绪，日锻月炼，一字不苟下。"有些诗人选择大而化之，一气呵成；有些诗人精雕细琢，恨不得将每一个字镂刻得棱角分明。"永嘉四灵"明显属于后者，是文字上的完美主义者，就算"苦吟"，也要推敲不断，三年磨一诗。

读"永嘉四灵"的诗，有点像在看慢火烹小鲜，他们不疾不徐，一字一句描绘温州的山水。读翁卷的《乡村四月》，我们眼前便浮现"绿遍山原白满川，子规声里雨如烟"的江南乡村初夏风光，亦能感受到"乡村四月闲人少，才了蚕桑又插田"的田园生活节奏；读赵师秀的《约客》，可以一秒进入"黄梅时节家家雨，青草池塘处处蛙"的世界，与被友人"放鸽子"的作者一同度过"有约不来过夜半，闲敲棋子落灯花"的独处时光；读徐玑的《中秋集鲍楼作》，就能领略"秋在湖楼正可过，扁舟窈窕逐菱歌"的会昌湖畔之良夜，跨越时空与诗人共度"淡云遮月连天白，远水生凉入夜多"之中秋；读徐照的《宿翁灵舒幽居，期赵紫芝不至》，在"江城过一雨，秋气入宵浓"的背景下，通过"月迟将近晓，角尽即闻钟"这两句，想象徐照在翁卷家借宿并苦苦等待好友赵师秀直至深夜的"执拗"，颇有一种透过诗句翻看古人朋友圈的感觉。

或许，这就是"永嘉四灵"的魅力所在——他们的诗不是"大鱼大肉"，也不是令人惊心动魄的商业大片，更像是精心拍摄的文艺纪录片，节奏缓慢，没有浮夸的噱头，只有简约而清新的细致日常。人间有味是清欢，像"永嘉四灵"这般，褪去华丽辞藻的修饰，让后人在白描式诗句里看到恬淡自然的温州山水，亦不失为一种返璞归真的清欢。

WENZHOU
THE BIOGRAPHY

温州 传

明时风华

第七章

2011年刘伯温700周年诞辰纪念，文成举行盛大的太公祭 郑晓群摄

# 谁人不识刘伯温

明洪武八年（1375）四月十六日，一代帝师刘伯温在故乡南田武阳（今属温州文成县）与世长辞，临终时叮嘱后代，"上草下土"，一切从简，"薄葬"处理。

刘基，字伯温，谥号"文成"，"三分天下诸葛亮，一统江山刘伯温"，作为著名谋士和大明的开国功臣，刘伯温在历史上的重要地位不言而喻，其家乡文成是我国第一个以古代名人的谥号命名的县。

走在文成，看到盘根错节的沧桑古树，会发现刘基"通天地人"的一生也颇像一棵树在天地之间生长的过程。南田曾经萌生了这样一株树苗。在故土的滋养之下，小树苗日渐茁壮，开枝散叶，经历了狂风暴雨的乱世洗礼之后，不仅未被摧毁，还成长为更加稳健的苍天大树，最后落叶归根，尘归尘，土归土，在文成这片土地上留下经久不衰的传说和延续至今的文化遗产。

## 南田福地

元武宗至大四年（1311），刘基出生在江浙行省处州路青田县南田山武阳村（今温州文成县南田镇武阳村）。此时距元兵攻占温州城已过去了35年。谁能想到，这个婴儿长大成人后，竟成为助力推翻元朝统治的关键人物？

南田位于文成县的西北部，坐落在飞云江流域和瓯江流域的衔接地带。虽然偏僻，却坐拥得天独厚的"高山平原"。《太平寰宇记》记载："天下七十二福地，南田居其一，万山深处，忽辟平畴，高旷绝尘，风景如画，桃源世外无多让焉。"

刘伯温也曾经在《题富好礼所畜村乐图》里描述自己的家乡："我昔住在南山头，连山下带清溪幽。山巅出泉宜种稻，绕屋尽是良田畴。"寥寥数十字描摹出富足而充实的田园耕作场景。如今吸引了无数游客前来打卡的网红景点百丈漈，也曾留下刘基的踪迹——"悬崖峭壁使人惊，百斛长空抛水晶。六月不辞飞霜雪，三冬更有怒雷鸣。""人物亦随山川"，有山有水之地，更容易孕育出风流名士，祝以豳在《讱美堂集》卷二十四的《读浙志偶书》中曾写道："今天下雄藩首吾浙，山川清淑之所渟毓，间生伟人，若刘文成、于忠肃、王文成，其巍伐振代，非它建树可万一望而至。"

在文成南田这片钟灵毓秀的土地上，刘基这株"新树"，开始萌芽。而一株树苗萌芽之前，也是集聚了许多天时地利人和的契机条件才能最终让种子落地。刘基与文成的渊源，要从其祖辈南渡至南田说起。据史书记载："(南田山)上有沃土，多稻田，岁旱亦稔。唐广德中，袁晁之乱，邑人多避难于此。明初刘基亦家于山中。"刘基的祖先刘光世曾随宋高宗南渡，刘光世之孙刘集后定居南田山的武阳村。刘集之子刘濠就是刘基的曾祖父，南宋末年曾任翰林掌书。刘伯温的祖父刘庭槐曾任太学上舍，而刘伯温之父刘爚在元任儒学教谕。

在这样的家学熏陶之下，刘伯温从小受到良好的教育。据《行状》记载："(刘基)年十四，入郡庠，从师受《春秋》经。人未尝见其执经读诵，而默识无遗。习举业，为文有奇气，决疑义皆出人意表。凡天文、兵法诸书，过目洞识其要。"过目不忘，记忆力超群，除了圣贤书之外，对天文和兵法也有所涉猎，这样的"学霸"人设，刘基当之无愧。

当然，祖辈对刘基的影响不仅限于治学读书，更在于为人处世。"积善之家，必有余庆"，刘家祖辈在积善行德方面，也是身体力行。张时彻所写的

"神道碑"里曾有这样的记载:"(刘濠)慈惠好施,每淫雨积雪,登高而望,里中有不举火者,即分廪赈之。"刘基的曾祖父刘濠每逢雨雪天的饭点,就登高而望,看到哪户人家的烟囱没有冒烟,判断这家人可能正在挨饿,继而进行救济。这样的心细与仁厚,不管在哪个时代,都弥足珍贵。

## 开启仕途

十六七岁时,刘基赴处州拜名儒郑复初为师。元明宗至顺三年(1332),刘伯温赴杭州参加江浙行省乡试,中第十四名举人。翌年,刘伯温赴大都会试,考中进士。

刘基的仕途开局异常顺利。元朝灭宋后三十多年没有举行科举考试,史称"吏道杂而多端",直至延祐二年(1315)才恢复科举取士,规定"每三年一次开试",蒙古人、色目人考两场,汉人、南人则要考三场。元代终其一朝开考16次,共录取进士1139名,比不上南宋两科所录进士的数量,金榜题名的难度可想而知。据学者胡珠生统计,温州路仅有十余人上榜,和宋代科举兴盛的局面相比不啻天壤之别,世家大族几乎衰落殆尽。

就在这样的大背景下,元顺帝至元二年(1336),26岁的刘伯温出任江西瑞州路高安县丞,就此开启仕途。据《殿阁词林记》记载:"及丞高安,有进贤邓祥甫者精于天文术数,乃以其学授基焉。"刘基不愧是学霸,任何时候都能抱有极高的学习热情,在江西高安做官时也不忘向身边的能人学习天文术数。技多不压身,这也为刘基日后辅佐朱元璋的事业打下了基础。

为官期间,刘伯温黑白分明,性格耿直,"不避强御,为政严而有惠,百姓安之"。年轻气盛的他,碰了不少壁,但仍对官场抱有一些期待和幻想,四处奔波,寓居各地,交游广阔。这段时期对刘基而言是非常重要的自我完善阶段,在与现实社会磨合的过程中,他从一个初入官场的新人,渐渐转变为趋向成熟的"社会人",而家乡在他心中仍占有一方柔软之地。他在异乡遇到同乡人,不禁感慨作诗:"门有车马客,云是故乡人。执手前借问,乡语知情真。"

彼时的故乡对他而言,是他的出发之地和根基所在,而他还要奔向更广阔的天地——"极目乡关何处,渺青山髻螺低小。"

## 从蛰伏到出山

一棵树经历了多少个无人知晓的时日,才会呈现出无可复制的弧度、弯曲枝节和树结?一个人要经历了多少大风大浪、委屈、龃龉和难以言说的苦楚,才能够渐渐形成独有的人生观和处世之道?动荡的时局之中,刘伯温的仕途颇为坎坷,数度浮沉。

元顺帝至正十八年(1358),已近知天命之年的刘基任行省郎中一职,年底却因卷入方国珍之事而被抑军功,官职不升反降,且被夺去兵权。刘基愤而辞官,回到家乡,"居青田山中,乃著《郁离子》"。

对刘基来说,退无可退之时,至少还有山野之间。如果说外部的世界是开阔的江湖,充满机遇的同时也危机四伏,那么家乡南田对刘基来说就是一方可以随时退隐安居的桃花源。当仕途不顺,心灰意冷之时,他选择归隐田园,韬光养晦,重新汲取故土给予他的养分,潜心撰写《郁离子》一书,"以待王者之兴"。《郁离子》共有十八章,195篇短文,凝聚了刘基的心血,借古讽今,托物明志,是他颇为自得的一部代表作,奠定了其"与宋濂并为一代之宗"的文学地位。

在《郁离子》这本书里,刘伯温写了一个关于梓树和荆棘的寓言《梓棘》,梓树嘲笑荆棘"修修而不扬,欋欋而无所容",而自己"梢拂九阳,根入九阴,日月过而留其晖,风雨会而流其滋",接受阳光雨露的滋养,将来会成为"明堂之栋梁"。荆棘听罢,不卑不亢地表示,梓树虽是良材,但不一定都能够成为明堂之上的栋梁,反而有可能用来做棺材,长埋地下,不见天日。而荆棘因身上有刺,反而能躲过许多潜在的危机,自由而逍遥。刘伯温在写这个故事时,想必将自身代入其中了。

在家乡隐居著书的这两年,对刘伯温来说,就是一次蛰伏。元至正二十年（1360），已攻下浙东的朱元璋一心网罗英才，邀请刘基成为其帐下谋士。尽管史书和文学作品中都提到刘基曾再三拒绝，但最终还是决定出山，他与宋濂、章溢、叶琛共赴金陵，呈上了《时务十八策》，审时度势，辅佐朱元璋集中兵力先后歼灭陈友谅和张士诚等势力，成为开创大明王朝的重要功臣。特别是鄱阳湖一战，朱元璋采纳刘伯温的计策，大败陈友谅，可谓一战定乾坤，此后越发势不可当，顺利夺得天下。朱元璋将刘伯温比作辅佐刘邦的张良，多次称他为"吾之子房也"。

## 落叶归根

一棵大树，拥有扎实的根基，才得以坚韧地立于大地之上。天地给了这棵大树滋养，让它得以朝着天空不断伸展枝蔓。但同时，天地也可能是它的桎梏——它再伟岸再繁茂，都不可能冲破苍穹；它再有生命力，也难以真正摆脱外界环境的终极影响。时代和王权就是刘基这棵大树的隐形玻璃罩，最终他都难逃无形穹顶的压迫。

刘基为朱元璋献计献策，参与军机数年，屡立大功。然而伴君如伴虎，飞鸟尽，良弓藏，在多疑的朱元璋面前，刘基也敏锐地意识到了帝王之侧不宜久留，心中再起"不如归去"的念头。"何当脱尘鞅，归卧园田居"，他在诗中这般描摹归园田居生活，然而真的要达成回乡之夙愿，似乎并没有那么简单。

洪武元年（1368），刘基奏请回乡。不过这次在家乡未待多久，刘基就被朱元璋的圣旨火速召回。两年后，朱元璋授命刘基为弘文馆学士，封他为诚意伯，每年俸禄仅有240石，不及汪广洋的一半。

朱元璋与刘伯温之间既近又远的微妙制衡关系，体现在诸多方面。虽然朱元璋对刘伯温有所保留，但也会以他的方式给予刘伯温一些补偿，颇有"打一个巴掌，给一个甜枣"的意思，"帝特命青田县粮止五合起科，余准所拟，且曰：使刘伯温乡里子孙世世代代为美谈也"，托刘基的福，刘基家乡可以减轻赋税，这可谓真正意义上的泽被乡里。此外，刘伯温的祖父母、父母和夫人富氏分别受封为永嘉郡公、永嘉郡夫人，并敕封永嘉郡祠。

然而不过一年，刘基再次告老还乡。行前，朱元璋赠诗："先生此去归何处，朝入青山暮泛湖。"

这次刘基归乡，颇有就此遁世之意味。《明史·刘基传》曾这样记载他归乡后的低调生活："至是还隐山中，惟饮酒弈棋，口不言功。邑令求见不得，微服为野人谒基。基方濯足，令从子引入茆舍，炊黍饭令。令告曰：某青田知县也。基惊起称民，谢去，终不复见。"刘基闭门谢客，见到知县就敬而远之，恨不得与官场划清界限，都小心翼翼到这分儿上了，最后仍然难以逃出无形的网。

回乡两年后的明洪武六年（1373），刘伯温为了当地百姓生计，因瓯括闽交界地带盐贩子猖獗而向朱元璋提议设巡检司，却被胡惟庸趁机诬陷说是刘基看中此地有王气，欲私用作为墓地。朱元璋原本就敏感多疑，便立案调查。为此，刘基特地入朝，向朱元璋表明自己的一片丹心，"留京不敢归"。两年后，刘基病重，回到家乡之后没多久就溘然而逝。

刘基之死，给后人留下了许多谜团，史书上有各种不同的说法。《明史·刘基传》对此有所记载："其后中丞涂节言惟庸逆谋，并谓其毒基致死云。"而《行状》则表示，刘基病重时胡惟庸曾遣医视疾，"（刘基）饮其药二服，有物积腹中，如拳石……自是疾遂笃"。有人认为胡惟庸与刘基之死脱不了干系，也有人认为朱元璋才是背后的主谋，亦有历史研究学者认为胡惟庸与朱元璋都没有毒害刘基的动机。众说纷纭之下，唯有一点可以确定——最终刘基落叶归根，在故里南田武阳离世，而且后事一切从简，相当低调。

《行状》里关于刘基的后事，只有简单一句："公之子琏、仲璟以是年六月某日葬公于其乡夏山之原，礼也。"与刘伯温同时代的名士相比，他的后事确实可以用"至简"来形容，不像大多数名士那样在建祠立碑上大做文章。

未知死，焉知生？或许，刘伯温对身后事的态度，正折射出他看待生命的态度。相传某日刘基经过余阙庙时，作了一首《沁园春》，词里写道："生天地间，人孰不死，死节为难。"而在《薤露歌》里，刘基写道："人生无百岁，百岁复如何。谁能将两手，挽彼东逝波。古来英雄士，俱已归山阿。有酒且尽欢，听我薤露歌。"可见刘基的生死观颇为豁达，在他看来，人死如灯灭云散，千古英雄无人能逃过这个结局，因此，他怀着"有酒且尽欢"的心态，活在当下。

刘基65年的人生中，近半时间在家乡文成度过。他在南田出生长大，从这里走向更大的世界，最终还是回到这里，落叶归根，如一棵老树，最终仍立在生命的原点。

## 生生不息

诚然，每一株大树的"活动范围"是有限的，但它仍然可以拥有另一维度上的自由，扎根大地的同时，也可以拥抱天空，拥有另一种穿越时空的辽阔。刘基的生命虽早已终结，但给温州乃至全世界留下的绿意仍在。

如今，在温州仍然流传着许多关于刘伯温的传说。在民间，刘伯温的形象被神化了，在人们心中，刘伯温似乎超脱了"谋士"这样的凡人角色，而是飞升为"前知五百年，后知五百年"的神人异士，是接近"神仙"一般的存在。正如明代吴应箕说的那样："本朝一切怪诞之事，皆附会于刘诚意，犹前此异闻奇举，尽归诸葛武侯也。"

从预知未来的《烧饼歌》，到"得天书"的奇幻传说，刘伯温承载了太多充沛的想象力，既可以是才华横溢的文学家和运筹帷幄的权谋之士，还可以是风水大师和预测未来的神算子。人们之所以对他有这样的"移情"和神化，可能正是因为他上通天文下知地理的人设与颇具传奇色彩的一生，都完美契合了各种传说所需的设定和语境。

刘伯温文化不仅在国内为人所乐道，还随着全球风走出国门，传播到了日韩和欧美世界。在日本，刘伯温诗名远扬，日本明治时期汉诗人垣内保定编纂了《诚意伯诗钞》，至今藏在早稻田大学图书馆。2013年，浙江古籍出版社与法国东方书局合作出版了《刘基之道》法文版。此外，包括欧洲刘基文化学会和德国刘基文化学会在内的组织就如蒲公英一般，将刘基文化的种子播撒在世界的各个角落。或许，这就是树的力量：它扎根于故土，却可以飞向四面八方，让满溢的绿意与文化之美在更大的世界里生根发芽，生生不息。

# 军民协力筑海防

元末天下大乱，民变、兵变交织在一起，对温州影响深远。

与温州相邻的台州黄岩方国珍兄弟，原本以海上贩盐为业，后趁机起事反元。不久被朝廷招降，但他们反复无常，在元末政府力量衰微鞭长莫及的情况下，屡降屡反。至正十八年（1358），方氏兄弟攻占温州，长达10年之久。后又占据台州、庆元等地，成为一方割据力量，与朱元璋相抗衡。

至正二十七年（1367），朱元璋部下朱亮祖与方氏兄弟作战，攻下瑞安、平阳、温州等地，11月21日，温州全境收入朱元璋囊中。次年明朝建立，即洪武元年（1368），元制温州路改为温州府。

然而，在与朱元璋争夺天下中失败的方国珍、张士诚旧部潜逃海上，与倭寇勾结，烧杀抢掠，成为危害滨海百姓的祸患。《筹海图编·浙江倭变纪》载："洪武二年，倭犯温州中界山，永嘉、玉环诸处皆被剽掠。"这是明代浙江被倭寇侵犯的最早记录。此后东南沿海成为明代帝国一道深重的伤口，旧伤未好频添新痛，史书上多次出现"杀人溪水变赤""烧毁民房十之八""田禾不能下种"等记载，字里行间浸透了血水和泪水。

## 倭寇"来如奔狼，去若惊鸟"

温州府作为浙闽门户，有南起金乡、北到蒲岐的数百里海岸线，倭寇常以此为突破口大肆入侵。温州成为受侵扰最久、受害最惨烈的地区之一，海防形势非常严峻。

洪武初期几乎每年都有倭寇侵犯温州的记载，特别是洪武三年（1370），倭寇从山东转掠浙闽一带，骚扰温、台、明州沿海居民，横跨地域之广前所未有，确如德庆侯廖永忠所言"倭夷窜伏海岛，因风之便，以肆侵掠，其来如奔狼，其去若惊鸟，来或莫知，去不易捕"，他们借助风力，倏忽而至，又飘忽而去，难以防范。永乐十五年（1417），倭寇攻打磐石卫，遭到抵抗，没能攻下，转而进攻乐清。毫无防备的民众惨遭屠戮，有人逃到北山坑穴中藏起来，也被追杀殆尽。当地百姓说后来这里常常雨夜闻鬼哭声，被称为"鬼洞坑"。这是明前期浙江地区遭受的最为惨烈的倭患之一，史书记载"屠乐清"。

在与倭寇作战中，官兵们伤亡惨重。洪武二十七年（1394），倭寇进犯壮士所，副千户战死；建文三年（1401），倭寇在炎亭登岸，金乡卫指挥佥事戴顺率兵前往迎战。当时倭寇已杀死守御的官兵，冒充官兵在海口布列。戴顺不知有诈，被敌合围遇害；永乐八年（1410）十月，倭寇犯乐清，蒲岐所千户杨文、崔兴，百户冯春在与倭寇的正面交锋中，先后战死；永乐十一年（1413），倭寇犯金乡卫沙园所，温州卫副千户沈忠、磐石卫百户罗铭因寡不敌众，战死。

每次战事胜败，朝廷均有赏罚，胜则广为赏赐，败则杀一儆百。洪武十六年（1383），倭寇侵扰金乡、平阳、小濩亭，被官兵击退，得到朝廷嘉奖，温州、台州擒杀倭寇有功的将士1964人各有赏赐。洪武二十六年（1393），倭寇侵扰金乡炎亭，金乡卫指挥佥事察罕帖木儿率兵打退倭寇进攻。察罕帖木儿是蒙古人，足智多谋。他对士兵说：敌众我寡，不可正面交锋。于是安排一批弓箭手埋伏在城门内，他自己带领数十名步兵迎战，佯装不敌后退，引诱倭寇舍船登岸。这时骑兵冲出，弓箭齐发，斩获大批倭寇。事后察罕帖木儿升职，任绍兴卫指挥同知。乐清惨遭屠戮的那次倭患，则有多名官员受到严厉处罚，

"朝廷以失机戮指挥千百户官三十余人，革其世袭"，三十多名军官丢掉了性命。

## 设立"三位一体"防卫体系

为应对严峻的海防形势，明朝建立以后，采取了各种措施。

出台了严厉的海禁政策，限制民间海外贸易，避免沿海居民和任何海上势力的接触。禁止沿海渔民下海捕鱼、禁止夹带禁物出海、禁止使用走私番物、禁止私造大船等。洪武七年（1374），明政府撤销了成立不久的广州、泉州、宁波三个市舶司机构（后来又经数度兴废），标志着海禁政策全面实施。违反相关规定将依照《大明律》进行处罚。永乐二年（1404），更进一步强令沿海民众将海船改成平头船，因为平头船难以海上航行，只能做近海之用。

严苛的海禁政策，给温州沿海居民的生产生活带来极大影响，赖以谋生、致富的途径被官方政策彻底堵死。

军事上，明政府采取了卫所制，每卫配置兵员5600人。洪武元年（1368）四月，平定方国珍势力没多久，朝廷就设立了温州卫，这是浙江沿海地区最早设立的卫。

温州的地理位置在明统治者看来，十分重要，"瓯虽僻在一隅，实在东南要害，其牵缀弹压，关系十倍它州"（万历《温州府志》）。洪武初年，朱元璋就是由温州而定福建，由福建而取两广，"有功于明者大矣"（郭钟岳《瓯江小记》）。温州的安危影响到整个东南一带的海防形势。

随着倭寇侵扰加剧，洪武十九年（1386），朱元璋请已退休的老将汤和出马，"卿虽老，强为朕一行"。汤和（1326—1395）是明朝开国大将，安徽凤阳人，生前封中山侯，进封信国公，死后追封为东瓯王，谥襄武。他以花甲之年重新出山，巡视浙江等地，选址设防，兴办海防事务，"凡卫所、城池、巡司、关隘、寨堡、屯堠皆其所定"（《明史》卷九一《兵三》）。

浙江沿海自北而南，嘉兴府、绍兴府、宁波府、台州府、温州府共设置了11卫、30所。温州府设有磐石卫、温州卫、金乡卫，磐石卫辖有宁村所、蒲岐所、磐石后所，温州卫辖有海安所、瑞安所、平阳所，金乡卫辖有蒲门所、壮士所、沙园所（郑若曾《筹海图编》）。金乡、磐石二卫是专门为加强海防设立的卫所。明洪武二十三年（1390）筑城设置的金乡卫，是浙南沿海的军事重镇。

洪武二十六年（1393），防守要地又增设巡检司，温州沿海共设立11处巡检司，以弥补卫所力量的不足。

烽堠作为一种古老却行之有效的军事通信方式，又称烟墩、烽火台等，是古代为报警和传递军情而建的高台，遇有敌情发生，则白天燃烟，夜间举火，与相邻的烽堠交相传递，向上级报警。"卫所、烽堠，为边防第一要务"，因此温州沿海各卫所在洪武时期逐步设立93处烽堠。

至此，温州沿海地区形成了以卫所为核心、沿海巡检司为辅、烽堠为警的三位一体防御体系，洪武以来的倭患逐渐平息，海防建设取得了良好的成果。

## 倭患惨烈的嘉靖朝

明中后期，宁静许久的温州沿海再起波澜。尤其嘉靖一朝，东南倭患前所未有的惨烈。据统计，嘉靖朝四十五年间，倭患次数猛增到628次，占明朝倭患总数的八成，史称嘉靖倭乱。

嘉靖三十七年（1558）是温州历史上不堪回首的日子，府县均被侵犯，几乎遭遇灭顶之灾。

三月，倭寇入侵乐清，先是劫掠瑶岙、芙蓉等地，后入侵石马，攻打磐石后所，紧接着围攻县城。因县城久攻不下，倭寇四处焚劫，百姓遇难者无数。

四月初五，倭寇八百余人进攻海安所城。同日，另一伙倭寇在瑞安梅头登岸，永昌堡王德、王沛率领乡兵抗击，不敌遇害。

四月十二日，倭寇再次入侵乐清，从瑁头登岸直逼磐石卫城。城外被倭寇焚掠殆尽。

四月十六日，倭船数十只渡江而来，在朱村登岸。

四月十七日，倭船百余艘，从黄华江口斩关而入，磐石官军不敌，倭寇乘势进攻，"犯麻城，劫掠村落"。嘉靖倭患中，乐清城屡次被犯，数十年间城虽保全而死者甚众，"东西两乡河上闻鬼哭，井中嗅人腥，有邑以来未经之惨迨至"。

温州府四月十七日也进入战时状态，府城被围困达七日之久。承平日久的官兵作战不力。嘉靖《永嘉县志》记载详细：十七日，在城墙上望见敌船黑压压一片驶来，守军吓破了胆。倭寇占据大南门外，每天在市面上杀人示威。知府因担忧倭寇占据近城的房屋射杀守城军士，下令将这些房屋统统烧毁。倭寇见城一时难以攻破，于是绕城烧杀劫掠，多日来火光冲天，浓烟蔽日。后来倭寇又分头侵入乡村，即使深山僻壤也不免遭劫。十九日，倭寇至仙垟。这里是水乡不通海路，民众都以为是避贼的好去处，大小船只装满货物充塞河道，谁料被倭寇截击，所有货物被抢劫一空，无数男女老少被杀溺死河中。连逃匿山中的民众也不能幸免，倭寇抓住当地人做向导，遍搜山间洞穴，放火烟熏，每天搜索数十遍，搜十余日仍未停歇。直到五月十二日，府城戒严才宣告结束，关闭了二十多日的城门开启。

五月初十，倭寇夜袭宁村所城，趁守兵疲惫之际，百余倭寇架梯爬上城墙，杀死守军。当时城内聚集了大量逃难来的乡民，一时间惊慌失措。幸亏宁村所总旗黄廷富沉着冷静，号令士兵奋力杀敌。见当时天色渐明，倭寇才退去。

九月初九，倭寇由瑞安渡江至平阳县东。登仙坛山，向城中射箭，烧劫南门外及岭门，东西牌坊尽毁，喊声震地，几日之后又烧东门附近，"男女被杀及赴水者不可胜计"……

温州境内硝烟弥漫，战火纷起。各县卫所守军困守城内，任由城外烧杀抢掠无可奈何。直至戚继光带兵驰援温州，在磐石卫、北白象等地大败倭寇，取得著名的台州大捷后，又亲自率军追至温州，破敌于雁门岭，杀贼无数，倭寇方才遁海而去。

在这个温州历史上倭患最为深重的年份，"乡间民房烧毁十去八，杀死男妇约有万余，其沉溺水中及饥渴困顿因而死者更多"。

嘉靖时期，明朝已陷入政治腐败的泥潭，军纪败坏，士气消沉。正是在这样的背景下，倭患气焰嚣张，四处出击，对东南沿海军事力量造成了沉重打击。

温州府调整海防设置，修筑乐清、瑞安等县城墙，同时修筑了一批卫星城如永嘉沙城、瑞安沙城等，以加强防御能力；充实原有的五座水寨，即黄华水寨、白岩塘水寨、飞云水寨、江口水寨和镇下门水寨，同时在陆上要冲之地新建一批旱寨，弥补了沿海防御线上的漏洞，形成以卫所为面、兵寨为点的防御体系。

卫所士兵也从原来的世袭制转变为以招募为主的营兵，改变嘉靖时期卫所士兵数量不足且多为老弱病残的现象。士兵从原先的亦兵亦农转化为职业兵，大大提升了军队的战斗力。

## 义士奋起保卫家园

明代中叶以后，卫所制度日渐颓坏，官方主导的海防力量已难以抵御倭寇的侵扰，民间力量开始自发地集聚起来，保卫家园。

众多民间义士奋勇抗倭的事迹广为传扬，得到政府表彰、百姓敬仰。嘉靖八年（1529），倭寇进犯乐清，守御士兵不进反退，乐清平民方辂用弓箭射敌，寡不敌众被俘杀害。政府命官员主持祭奠，表彰其"义勇"。嘉靖二十五年（1546），生活在乐清的处州义士牟洪、方旃撅率众抗击入侵倭寇，保得地方平安，当地百姓建昭义楼以示敬仰。嘉靖三十七年（1558），乐清秀才邬世显支援守城官军，上阵杀敌牺牲，官府赐匾"出勇"。嘉靖三十九年（1560），乐清义士连树率众迎战倭寇，受伤力竭而死，官府表其墓"忠勇"。这样的事例不胜枚举。

当地乡绅出面组织民间武装力量，在守卫地方的战斗中发挥了重要作用。其中人数最多、影响最大的，要数永嘉场王沛、王德所领导的乡兵。英桥王氏自始祖王惠传至七世王钲（号溪桥），娶妻张氏，生澈、激、沛三子。长子王澈、次子王激都走上"学而优则仕"的道路，在外为官多年；三子王沛则精研医术，行医乡里，在地方上颇有威望。

嘉靖二十九年（1550），倭寇七犯温州。王沛和族侄王德组织了一支由王氏族人为主的2500余人的劲旅。王德是嘉靖十七年（1538）进士，官至广东按察司佥事，当地民众立生祠纪念他，可见政绩卓然。但他在官场上屡受排挤，35岁年富力强之际愤然辞官归奉母亲。倭患起时，王德挺身而出助力族叔。

王氏乡兵首战发生在嘉靖三十五年（1556）九月，当时倭寇劫掠永嘉场，王沛、王德率领乡兵大败倭寇，斩首16人，生擒14人，将被倭寇胁迫的80人释放还乡。王氏义师名声大振。然而，嘉靖三十七年（1558）四月六日，梅头一场恶战中，因寡不敌众，王氏家族70余人罹难，年逾古稀的王沛战死。王德率众增援被围的宁村所城，在金岙中伏被俘，《明史》载他"手射杀数人，骂贼死"，民间传说他被倭寇"剥皮滚沙"，时年仅42岁。

在外任官职的王澈之子叔果、叔杲兄弟，惊闻惨讯后立即告假还乡。他们意识到"固营垒以待敌"的重要，因此和族人商议修筑城堡抗敌。两人带头卖了自家的田地财产，乡民也响应倡议纷纷捐资。王叔果倾囊负担大半建城经费，自家宅院却因"相地取险"大局的需要被隔在了城外。

那年冬天开始动工，石块斜垒城墙内外壁，中间夯土，历时年余，嘉靖三十八年（1559）完工，共花费金钱7000余两，永昌堡巍然崛起。"堡周五里，凡八百六十余丈，高二丈五尺，厚半之，陆门四，水门四"，是明代温州民间修筑的规模最大的民堡。城呈长方形，坐西朝东，负山面海，水陆畅通，便于察看，利于进退。堡外有护城河，堡内凿有两条南北走向的河流，河旁又开10条浃，既便于农田灌溉，又有储水、防火、防贼之用。堡内留有良田150多亩用于生产自救——可见筹划妥善，深谋远虑。

王叔果又上疏建议中界山巡检司移入堡内协助防守，获官方批准。它与附近的永兴堡、宁村所，在抗倭战斗中互为犄角，成为温州府城东面强有力的屏障。

从此倭寇望而却步。也曾企图围城，"筑指挥台以观堡内动静"，及见"堡内水田，遂退"；又传说，倭寇曾长期围城，城内粮食渐缺，有智者让舟船压巨石，满载谷糠，来往运载，倭寇见城内粮丰，遂退。

永昌堡北门

在持续的倭患中，永昌堡曾八次成功地抗击了倭寇的大规模进攻，附近"官办"的磐石卫城、蒲岐所城、宁村所城都有失陷的记录，唯独"民办"的永昌堡成了"永不沉没的救生艇"。

永昌堡兼具军事功能和人居生活功能，是我国唯一现存完整的民间抗倭城堡。今被列为全国重点文物保护单位。

除永昌堡外，温州地区还修筑了一大批民堡。

平阳县民堡的修筑时间较早，嘉靖二十三年（1544）就得到官方批准，相继修筑了余垟堡、前仓堡、宋埠堡、仙口堡、蔡家山堡、东魁堡、肥艚堡、龟峰堡等，但规模都较小。乐清也建起多座民堡，寿宁堡、石梁堡、永康堡、宁安堡等，当地至今流传民谣"处州九县无一城，乐清一县九条城"。

## 驻军留守融入当地

倭寇实为海上武装走私集团，组成人员复杂，有在日本内战中战败的武士、浪人，有为牟取暴利铤而走险的海商巨贾，有海禁政策断了生路的沿海百姓，早期还有与朱元璋争天下败退的残余势力，更有暗中受贿通敌的政府官员，因此明朝后期官方已有"倭人占十分之三，中国人占十分之七"的说法。

在明朝坚持不懈的清剿之下和丰臣秀吉统一日本后发布"八幡船禁止令"

后，倭患逐渐平息，最后一次有关倭患的记载出现在天启四年（1624）。有明一代猖獗肆虐的倭寇终于退出历史舞台。

抗倭战斗前后持续了二百余年，驻守在温州各卫所的军士们大部分来自外地，他们逐渐定居下来，融入当地，繁衍生息。如乐清戴氏始祖戴福即洪武间磐石卫指挥使，乐清蒲岐崔氏、何氏、芮氏、张氏，其始祖均为蒲岐所千户，平阳冯氏、马氏始祖则为温州卫副千户、平阳所千户。

他们的到来不仅大大增加了温州人口，而且形成了特点鲜明的聚居区域，改变了所在地原有的居民结构和语言习俗。如当年的"宁村所"，今日的龙湾宁村，三千多人口竟有上百个姓氏。那些招募自五湖四海的官兵，有事则战，无事则耕，并和当地居民结婚生子，形成了远近闻名的"百家姓村"。每年农历七月十五日，这个"百家姓村"还要举行一项别具特色的民俗活动——汤和巡游。人们感念汤和的功绩，正是他主张修建的卫所城堡，犹如筑起一道道海上长城，有效地打击了倭寇的进犯。这项传承了四五百年的汤和信俗，如今已被列入国家非物质文化遗产名录。

温州还形成了两大方言岛：一是处在蛮话区与浙南闽语区之间的金乡镇，二是浙闽界上的蒲城。

金乡镇即当年的金乡卫（今属苍南县），被称为"瓯郡之边疆，昆阳之要隘"。如今的金乡话由当时驻城御倭官兵传承而来。这些来自浙江北部和苏皖江淮地区的驻军及家属迁入定居，日久形成了北部吴语夹杂当时官话的一种混合型语言，使用人口不足四万，成为典型的方言岛。近代宋恕曾描述过金乡独特的方言习俗："金乡卫者，温之平阳一城也。温有温语，北不通台，南不通闽，除泰顺一县外，虽上流社会，鲜能粗作普通语者。而金乡卫独人人语普通语。温有七昼夜闹新房之蛮俗，府县城皆然，而金乡卫独不染。则语普通语、不闹新房二者，金乡卫一地之城粹也"（《国粹论》）。

蒲城位于今苍南县境内，即当年的蒲壮所城，现为国家重点文物保护单位。城内无论老少，均操一口外人听不懂的方言。蒲壮所城当年的戍守将士主要来自浙北和苏南，彼时规定只能与城内女子通婚。其后裔与闽南移民后裔共同居住，各地方言交汇形成了今日特殊的蒲城方言。

## 宫廷书画圈里的温州团队

有人在书桌前赋诗作画，有人聚在一起高谈阔论，有人正缓步走向棋案边，一旁的侍童或抱琴侧立，或笔墨伺候，或准备茶点——疏密有致的人物组合，丰富细腻的面部表情，层次分明的空间背景，都在这幅绢本设色的《杏园雅集图》中生动呈现。

明正统二年（1437）春，宫廷画家谢庭循受邀在当朝内阁大臣杨荣的府邸杏园参加聚会。他用画笔记录了杨士奇、杨荣和杨溥等九位内阁大臣的聚会场景，创作出著名的《杏园雅集图》。

大多数时候，画家都是隐形的记录者，鲜少在自己的作品里现身，而谢庭循让自己也走进了画面。这幅画有多个版本，现藏于镇江博物馆的版本，画家游离于人群之外，独自站在树下，仿佛一个具象化的隐喻——画家是作品的创造者，同时亦将自我藏在作品之中。

十四世纪至十六世纪，当欧洲经历着文艺复兴时，大洋彼岸的中国明朝也迎来了另一层面上的"文艺复兴"——自元代废除画院以后，宫廷院体绘画一度衰落，到了明代，皇帝重新征召书画人才入宫，虽然规模不及宋时，但官方大力扶持奖励丹青名士，颇有重新点燃书画文化星星之火的趋势。而谢庭循就是这团时代之火中的一簇火苗。

## 谢庭循的"红"与"黑"

谢庭循（1377—1452），名环，号乐静，永嘉鹤阳人，是谢灵运的后裔，其父谢时中亦擅长书画。明永乐年间，谢庭循被召入京师，供事内廷。宣德年间入宫廷画院，授锦衣卫百户。除了《杏园雅集图》之外，谢庭循还有《云山小景图》《香山九老图》《寿朴堂图》等作品传世。他所绘的人物画，宛如一台历经数百年仍正常运作的摄像机，向今人呈现了明宣德时期的宫廷人物。

《明画录》曾记载："（谢庭循）山水宗荆关二米。宣德间征入画院，大被赏遇，侪辈莫及。"明朝宣德和弘治年间可谓明代画院的鼎盛时期，宛如宋朝的宣和和绍兴之世。与之相应的，明宣宗和明孝宗亦热爱并擅长书画，宛如宋徽宗和宋高宗。从这个角度来说，谢庭循算是生逢其时，赶上了适合他的平台和时代，"宫廷职场之路"走得相当平顺。明宣宗很有艺术鉴赏力，亦常常亲自创作书画，《明画录》称其"尤工绘事，山水人物花鸟草虫并佳"，而谢庭循恰恰擅长描绘山水、人物和走兽。或许是艺术品位与喜好相近的缘故，明宣宗尤其器重谢庭循，"恩遇之隆鲜有比者"，除了经常赏赐图章和奇玩宝物之外，还多次赐诗，留下《题谢庭循临流亭图》等诗作。

然而，作为皇帝身边的"红人"，谢庭循亦拥有颇为晦暗的"黑历史"截面。历史上流传着这样一段记录，谢庭循曾在明宣宗面前评价画家戴进的《秋江独钓图》："此画佳甚，恨野鄙耳。红，品官服色，用以钓鱼，失大体矣。"有人认为，由于谢庭循在明宣宗面前讲的这一番话，戴进的宫廷画师生涯自此止步，"遇谗放归"。尽管这段逸事真假难辨，但也确实给谢庭循的形象蒙上一层晦暗的面纱。历史上关于他的评价颇为两极化：一方面，有人认为谢庭循"画品极好，人品极差"；另一方面，许多与谢庭循有过交往的名士对他赞赏有加，比如，明朝内阁胡俨在《乐静斋记》对谢庭循不吝赞美："永嘉谢环庭循，景仰先德，好学而有文，清修玉立，迥出流俗。"在明代内阁大臣杨士奇的眼中，谢庭循亦是"清谨有文，每承顾问，必以正对"。礼部尚书王直在《翰墨林诗序》对谢庭循的评价则是："庭循通儒书，喜吟诗，端厚清慎，每退然自处，未尝以色骄人，而亦不妄与人接。"

在一千个人眼里，有一千个哈姆雷特。谢庭循其人到底如何，众说纷纭，后人很难得到真正确凿的细节佐证。而历史上有一个人，对谢庭循的人生起着至关重要的作用和莫大的影响，他便是谢庭循的"世交""老乡"与推荐人——明初内阁大臣黄淮。谢庭循少时随父迁居郡城，与黄淮同里而居，"少小相与聚处游乐"，二人交往甚密。后来谢庭循进宫，亦是由黄淮举荐。或许，从"老熟人"黄淮对谢庭循的评价里，后人可以拼凑出一些遥远的细节。

黄淮（1367—1449），字宗豫，号介庵，永嘉（今温州城区）人，30岁登进士第，授中书舍人，官至荣禄大夫少保户部尚书兼武英殿大学士。明成祖朱棣对黄淮颇为信任，评价甚高："黄淮论事，如立高冈，无远不见。"明初朝廷想要重振书画，黄淮奉命负责征召书画人才，举荐了不少才华横溢的温州老乡进宫"入职"。

作为知根知底的"温州老乡"，黄淮表示谢庭循从小"温和简重"，后来"以艺事征至京，历经三朝"。二人在南京亦常相聚，"向在南京时，庭循多暇，日数相过，谈诗间出奇语，清新婉丽，每为之击节"。黄淮在《书梦吟堂卷后》里还特意提到谢庭循的"梦吟"之号源自其远祖谢灵运的"梦草"之事。在黄淮看来，谢庭循不仅"彼美若人，裔出名门"，擅长画画，亦有诗书才华，"是乃蓬瀛之仙侣，人间之凤麟也"。黄淮对谢庭循的欣赏之情溢于言表。事实上，谢庭循并不是黄淮推荐入宫的第一位温州籍画家，在经由黄淮举荐的"大明宫廷美术师团队"里，还有一位颇为重要的温州籍画家——郭纯。

## 以"纯"制胜的"老员工"

郭纯比谢庭循年长七岁，亦更早受举荐入宫。而且，他与"红黑参半"的谢庭循不同，人如其名，在历史上的口碑要"纯粹"许多。

郭纯（1370—1444），号朴斋，温州乐清人，擅长山水画，其传世作品《赤壁图》现藏于首都博物馆，被称为国宝。郭纯的人生故事，若以现代角度来看，完全可以打上"励志"和"逆袭"的标签。他出身贫困，"产业薄，不足以致养",少时学画的原因亦很现实,主要是为了能有一技之长谋生。在他身上,可以看到温州人典型的务实性格特质——不好高骛远,先解决生存问题,再谈其他。郭纯学画数年,为了生活,一度弃文从武,投军成为普通士兵。在京城当兵期间,郭纯也没有荒废画艺,广交雅士,精进书画造诣。后来黄淮奉命网罗书画人才时便推荐了郭纯,而郭纯也凭借自身业务能力,抓住了这次机会。

值得一提的是,郭纯原名郭文通,后永乐皇帝朱棣赐名为纯。黄淮在《阁门使郭公墓志铭》对此亦有记载:"永乐十二年十月廿二日,上偶阅文通画,大悦。"朱棣毫不掩饰对郭文通的偏爱:"此是江南秀才郭文通,善画,事朕十余年,谨厚纯朴无矫伪,朕今赐名纯,以旌其德。"

宫廷画师与皇帝之间的关系,有点像是难度系数加强版的甲乙方关系。作为甲方的皇帝不仅拥有一票否决权,且要求与标准较为个人化,不能用大众眼光或者市场调研数据来衡量。掌握此间的平衡,宫廷画师不仅要有足够强的绘画能力,更要有识时务的眼力和适应能力。他们有时扮演着现代的摄影师角色,不仅要负责拍摄记录,还要负责修图美化,绝大多数时候记录的不仅仅是真实,而是某种被允许的真实。

郭纯的适应性颇强,被朱棣赐名"纯"之后,便以"朴斋"自号,而在绘画方面,亦一以贯之地保持清旷纯朴的风格。因此,他能够得到朱棣的赏识,倒也非常自然。明叶盛在《水东日记》里亦写道:"(永乐皇帝)于画最爱永嘉郭文通。"他不仅是永乐朝最重要的宫廷画家,还服侍过仁宗、宣宗和英宗,"竭诚奉职,而无愧于始终",是待机时间超长的"宫廷老员工",用黄淮的话来说则是"历四朝而一致兮,职业日跻乎显荣"。

波谲云诡的皇宫宛如一个复杂版的职场,或许,最高端的职场智慧往往采用最质朴的手法,郭文通的"纯"与"朴"似乎就是他最坚不可摧的盔甲——他的宫廷画师之路顺风顺水,晚年告老还乡,安然退休。

明英宗正统九年(1444),郭纯在家乡温州去世。而温州宫廷书画家的故事还在延续——就在同一年,姜立纲出生。

# "一代书宗"姜立纲

姜立纲（1444—1499），字廷宪，号正庵，又号东溪，瑞安梅头东溪（今属龙湾海城街道东溪村）人，从小天资聪颖，以能书出名，简直就是天才儿童，7岁被召入宫廷。当同龄孩子还在流鼻涕、玩泥巴的时候，他已成为翰林院秀才。

天顺七年（1463），20岁的姜立纲授中书舍人，内阁制敕房办事，为皇帝誊录诏旨。《明孝宗实录》记载："立纲书法为一时所重，而小楷尤精，凡进诸书及大制诏，多其手录。法书行于天下，称曰姜字。"

作为"台阁体"的殿军人物，姜立纲以"善书"闻名海内外，被誉为"一代书宗"，日本京都国门上的大字就是由他所书。《名山藏·艺妙记》对此亦有记载："姜立纲书体，自成一家，宫殿碑额多出其笔。日本国门高十三丈，遣使求匾，立纲为书之，其国人每自夸曰：此中国惠我至宝也。"

姜立纲的字"楷法严正"，点画精到，一丝不苟，颇具秩序感，非常契合当时的官方文书需求，朝廷书写吏员和朝野学人举子争相效仿，称为"中书体"。因此，他在世时颇受推崇，"人得片纸，争以为法"。但随着时代的推移，后人对姜立纲的书法亦是有褒有贬。在标榜个性的年代，像姜立纲这样的"台阁体"反而是一种非主流，"字体端正"这一点也成了颇受诟病之处，被批评为缺少个性，显得匠气而刻板。遵守规则，在规则圈定的范围内创作，似乎会被看作"循规蹈矩"的无趣和庸俗。但从另一个角度来看，姜立纲拥有一种"规则之内的叛逆"——不与规则硬刚，而是用遵守规则的方式打破规则的束缚，是经过思考、消化、反刍和自身实践试炼锻造出的"体制内叛逆"。

有一种书写技法，名为"藏锋"。或许，姜立纲的一生，也体现了"藏锋"二字。大多数时候，姜立纲为人处世如同其楷书的风格一般，工谨平稳——他历官景泰、天顺、成化、弘治四朝，"在职"期间，专攻书画，远离宫廷政治，颇有明哲保身的先见之明，像极了每天准点上班打卡且从不参与办公室政治或者站队斗争的"老黄牛"式员工。明孝宗对他的评价是："操心非懈，奉职惟勤。"

但如果再细细研究姜立纲的人生，会发现风平浪静的表面之下，亦藏着暗潮汹涌和收敛的锋芒。书法只是他众多才能的一部分，事实上他还擅长绘画，只是没有画作传世。徐沁在《明画录》里对姜立纲的绘画才能亦有提及："其画山水，深得黄子久法。世人但知其书法为院体，不知其精于画也。"后人看姜立纲，大多数时候只是看到冰山一角的"台阁体"，却很少意识到，在平稳端正的楷书之外，藏着他鲜少展露的锋铓；规矩法度之外，亦藏着他肆意挥毫的一方自在天地。

其实，姜立纲虽因端正的"台阁体"而闻名，但他同时亦擅长行、草和篆书。如今在温州瑞安博物馆，藏有一幅姜立纲的《李太白梦游天姥吟留别》草书作品。在这幅字里，人们可以看到姜立纲洒脱放逸而不羁的那一面。如果说中规中矩的"台阁体"是姜立纲的官方职业之作，那么草书和行书作品便是他隐藏在职业化背后的鲜活而生动的灵魂。

此外，姜立纲不仅集柳公权、赵孟頫、王羲之和王献之等古人碑帖之大成，亦不断从当朝前辈的作品中汲取能量，拥有许多"引路人"和精神导师。其中，对姜立纲影响颇大的就是同样来自温州的宫廷书画家黄养正和任道逊。

## 最悲情的"宫廷打工人"

黄养正（1389—1449），名蒙，温州瑞安人，工诗文，也善书画，永乐中授中书舍人，以擅长书法值内阁，朝廷碑刻宫殿坊匾多出自其手，有"国手"之称。山东曲阜孔子墓碑"大成至圣文宣王墓"的碑文就是黄养正所书。如今，国家博物馆藏有黄养正以正楷书写的《孝经》，温州博物馆亦藏有他的山水画。

虽然黄养正去世的那一年，姜立纲才是五六岁的幼童，二人并无面对面的交集，但在书画艺术方面，他可以算是姜立纲神交已久的前辈与良师，对姜立纲影响深远。《无声诗史》曾记载："养正写山水，得黄子久（公望）佳处。"而姜立纲的绘画亦是"深得黄子久法。"姜立纲幼时初学书法，学的恰是黄养正的字。

不过，与姜立纲平顺的经历相比，黄养正的人生要坎坷许多，充满悲剧色彩。黄养正文能提笔作画，武能随军出征。永乐十一年（1413），黄养正随明成祖亲征蒙古。临行前，老乡黄淮作诗《送黄养正中书扈从出沙漠》相赠，诗中那句"帐殿每闻天语近，锦笺时见笔花生"精准概括了黄养正彼时的生活状态。

虽然说技多不压身，但有时候，如果时运不济，人的才华亦可能灼伤自己，众人所羡的"光荣"也可能是"生命中不可承受之重"。颇受皇帝器重的"天语近"未必是福祉，也可能是命运早就悄悄埋下的地雷。明正统十四年（1449），瓦剌大军南下攻掠明朝边境，明英宗欲御驾亲征，黄养正劝阻未果，只能护驾随行，最终在土木堡遭遇大败，被乱军杀死。

谁能想到一个书画家，会有如此惨烈的结局？原本与"锦笺"相伴的宫廷书画家，最终却被自己的武才所累，死在干戈之下，令人唏嘘。在黄养正身上，我们似乎看到一个悲催的职场打工人的人生缩影——就算你是拥有文才武略、没有能力短板的"多边形战士"，如果遇上不靠谱的上司，那么一腔热血终究也还是错付，难逃悲剧的宿命。或许，一个人很难真正超越或者抵抗他身处的时代，就像一个普普通通的打工人很难真正挣脱所处公司的系统桎梏。

当然，像黄养正这样"用生命在打工"、鞠躬尽瘁的"宫廷打工人"仅是个例。身为皇宫里的在编人员，宫廷书画家们虽然拿的是官方俸禄，但这不意味着他们就要让渡出所有的时间和心力。在这个群体里，也有像任道逊这样保有个人空间并且懂得享受生活的"松弛派上班族"。

## 以任道逊为代表的"梅花联盟"

如果说黄养正是姜立纲素未谋面的"师父"的话，那么任道逊则可以算是姜立纲名副其实的"良师诤友"。在黄养正、任道逊和姜立纲的身上，可以看到艺术的传承与延续——任道逊从黄养正身上汲取书画的养分，而姜立纲当年进入翰林院后曾向任道逊学习书画。

任道逊（1422—1503），字克诚，号坦然居士，温州瑞安人，明宣德年间以神童被荐上京应试，获得明宣宗的嘉赏，后官至太常寺卿。与黄养正相比，晚了三十三年出生的任道逊在"宫廷职场"打拼的运气要好一些，"熬满工龄"之后于弘治初致仕回乡，杜门谢客，不与官府来往，过上了清静而安逸的退休生活。

总体而言，任道逊提倡修身养性的慢生活，人如其名号，颇为淡泊而坦然，还自创了"八一养生法"：看一会书、弹一曲琴、饮一杯酒、作一首诗、画一枝梅、著一局棋、静坐一时、熟睡一觉。他的"松弛派哲学"在书画之间也有所体现——他书法风格恬淡宽博，同时还善于画梅。

有文献记载："任道逊字克诚，孙从吉之婿，画梅花尽得妇翁之法，苍凉多致。"任道逊画梅，亦有家族渊源。他的岳父孙隆，也是来自温州瑞安的宫廷画师，因擅长画梅花且曾任徽州太守，有"梅花太守"之称。

孙隆（约1386—1465），字从吉，号雪斋，瑞安仙岗（今瑞安仙降镇）人，明永乐九年（1411）以贡生入选宫廷画师。据说，孙隆画梅，颇有王冕笔法之神韵，曾在明宣宗朱瞻基寿诞时进贺四幅梅花图，颇受赞赏。明朝大学士杨士奇盛赞孙隆所画的梅花"瓣中有诗，诗中有瓣"，还曾在《送孙从吉主事》一诗中写道："由来襟抱清于玉，写得梅花好寄将。"值得一提的是，《画史会要》记载："孙雪斋父女并有'孙梅花'之称。"孙隆有一女儿，得其画梅之真传，不仅是画梅高手，亦擅山水，可惜名字不详，在历史上只留下"任道逊之妻"和"孙隆之女"的称呼。

同样来自温州瑞安的明代诗人季兰坡曾在《孙太守梅》一诗中写道："一点二点梅头雪，五里七里香不绝。"孙隆的梅花之馨香，在其女儿和女婿任道逊的继承之下，确实"香不绝"，亦是一段佳话。

如果明代宫廷有"爱梅俱乐部"或者"梅花联盟"的话，那么其中温州人密度应该很高——在孙隆之前，还有一位来自温州的宫廷画师，名为胡宗蕴（一说"韫"），亦对梅花情有独钟。胡宗蕴（1372—1461），号爱梅道人，永嘉豫章村人，与许多温州籍宫廷画师一样，也是受同乡黄淮举荐进入宫廷，擢任中书舍人。黄淮在《推篷图梅花记》里曾写道："（胡宗蕴）于梅之精神、骨格融会充达于方寸之间，放笔运思，远追元章家法。"对胡宗蕴而言，画梅是业余闲暇之际的个人爱好，"日侍清燕，退直之暇，惟作书画梅以自适"——在宫廷中为皇帝写字作画是身不由己的例行公事，但下班之后，画梅是他个人的自由创作，是专属于他自己的精神世界。

胡宗蕴喜欢画梅，几乎到了如痴如醉、人尽皆知的程度。比胡宗蕴年轻五岁的老乡兼同事谢庭循曾作过一首《送中书舍人胡宗蕴归田》，诗中亦写了他最爱的梅花："苍茫古诗茅檐静，潇洒梅花过客稀。"

说来也是有些神奇，胡宗蕴在宫廷中奉命而画的作品都已散佚，藏于首都博物馆的《墨梅图》是他唯一存世的绘画作品。艺术家的寿命是有限的，但艺术创作在某种程度上让他们接近了永恒，世事无常，画中梅花的清香仍能恒久萦绕，"只留清气满乾坤"。胡宗蕴业余之际倾注了无限热爱的梅花也没有辜负他，当他将自己的心力投掷在梅花之上时，被画的梅花亦在遥远时空之中给出了回应，让他的爱梅之心与那株梅花一同在纸上定格永生。

纵观明代的宫廷书画艺术发展，会发现温州籍书画家颇具存在感，除了上述的郭纯、胡宗蕴、谢庭循、黄养正、孙隆、任道逊和姜立纲等人之外，还有包括柳楷、张环、周令、赵性鲁、赵士祯和包容等人在内的书画家活跃在明代宫廷。这些书画人才在同乡前辈的提携和举荐之下，入朝供职多年，而致仕归乡之后，亦推动影响了家乡的书画文化发展，这样的循环似乎是刻入温州人DNA的行为模式——抱团取暖地走出去闯荡世界，再不吝分享地走回来反哺家乡。

他们从瓯江畔出发，一路北上，从民间走向宫廷。他们用一笔一画与时间海浪对抗，以他们的方式改变潮水的方向。诚然，历史浪潮不会为任何人停驻，但绵延至今的，正是艺术在浪潮里留下的回响。

# 永嘉场名门望族

"罗斯山以郁郁，观夫海之洋洋。"大罗山观海寺的这副对联，诠释了永嘉场的山海气象。

老辈人还是喜欢"永嘉场"的叫法，这个"场"指的是盐场。《永嘉县志》载："永嘉场，在郡东南三十里"，位于大罗山东麓，今属温州龙湾区中心区域。

盐是生活必需品，俗话说：开门七件事，柴米油盐酱醋茶。居住在东海之滨的永嘉场先民，早已掌握了从海水中提炼海盐的技术，"煮海为盐"的历史大约可追溯到周代。唐代开始在这里设置盐监院，名列江淮两浙十监之一。宋代，温州境内已形成五大盐区：天富北监场（今台州玉环境内）、长林场（今乐清境内）、永嘉场（今龙湾境内）、双穗场（今瑞安境内）和天富南监场（今苍南境内）。明政府非常重视盐利，温州盐业发展至高峰。洪武元年（1368）朱元璋刚登基就在永嘉场设置了盐业管理机构，盐课司大使主管缉私、税收、督煎盐务。明代承袭宋代的团甲制，将煎盐的灶户举家编入团、甲，官收灶盐，严禁私煎。洪武年间（1368—1398），永嘉场有灶户1400户，正丁1990名。永强一带至今犹存的"七甲""三甲"等地名，正是当时灶户编制的历史遗留。

永嘉场灶户数量及盐业产量在温州各盐场中名列前茅。明万历《东嘉英桥王氏族谱》中描述了数百里盐田绵延,一都至五都皆为灶民,盐灶依次排开的壮观景象:"永嘉场东临大海,邑之里一至五都,居氓鳞比为灶,而办盐业丁数独位于他场……沙坦延袤数百里。"

盐场富庶的经济支撑了文化的发展,孕育了永嘉场众多的名门望族,催生了独特的永嘉场文化,崛起为明代温州的文化高峰。

## 外来移民勤致富

"山海之秀,钟于人文",王叔杲这样解释永嘉场的辉煌:"温之龙自括西驶,至海而尽,为永嘉场……北为瓯江,南为飞云江,两江夹龙东汇于海,而岛屿环列……又适当海之弓,故温之显仕巨室多产兹土。"负山滨海,有鱼盐之利的永嘉场,经济发达,数代积累终成世家望族。

民间有"永嘉场,王半场"之说,王叔杲所属的英桥王氏称得上明代温州第一望族,才俊子弟占了半壁江山。永昌堡图书馆书柜里整整齐齐摞着已经十数次修订的族谱,记载了英桥王氏家族的来历:"我王氏世居永嘉华盖乡英桥里,旧传五代唐时自闽来徙。"王家与唐五代时期大量的福建移民一样,主要是为躲避战乱来到温州。唐僖宗乾符五年(878),黄巢义军从仙霞岭进攻,闽北居民逃难入温。五代十国时期,不仅闽越国之间内战,而且闽越国和吴越国之间也开战,闽地百姓再度大批迁温。很多温州家族的宗谱里,都明确记载因"避王曦(时为闽国国君)乱"而迁徙。这些移民成为今日众多温州家族的始迁祖。

王家几经辗转,定居英桥,落地生根,枝繁叶茂。传至五世祖王毓,在当地已颇有名声。他不仅性至孝,而且为人热心,急公好义,邻居失火,数百家房屋化为灰烬,他拿出自家储粮救济邻里。明初,王家被纳入永嘉场灶籍,族人担任过"长里赋"之类的差役,子弟也参与盐业生产。七世祖王钲年轻时靠卖盐糊口,挑着盐篓从茅竹岭进城,翻山越岭,乘船渡河,深知灶户之苦。他靠贩盐起家挣得第一桶金,成为永嘉场首富,有"盐篓王"之称。一代代人就这样白手起家，积累财富，买田置地，创下可观的家业，最终"为邑巨室"。

普门张氏是南宋时期从福建迁来。据《普门张氏家乘》载：南宋乾道年间（1165—1173）张氏始迁祖自福建莆田赤岸迁居永嘉场华盖乡普门村（别名三都村，今属温州市龙湾区永中镇）。那应是乾道二年（1166）温州水患之后，人口伤亡惨重，官方令福建移民补籍温州，由此形成一次大规模的移民潮。

张氏先祖"有勤劳俭朴之德，淳笃友爱之行，力学奋发之风"，发展至明代中叶，家族人丁已逾千，成为资产殷实的大户人家。富裕起来的张氏族人颇有生活情趣，凿池养鱼，观荷赏菊，有客来则待以美味佳肴，对酒当歌。

大户人家之间常彼此联姻，强强联合。张家和王家就是姻亲，王钲娶了张家女儿为妻，大器晚成的内阁首辅张璁要叫他一声"姐夫"。

李浦王氏、七甲项氏等家族也都自外地迁来。据《李浦王氏宗谱》载，李浦王氏始迁祖，南宋初自汴京迁居永嘉县锦春里，后转徙至李浦村，从此安居乐业，渐成望族。而据《项氏族谱求序状》载，世居辽西的项氏已不知何时来到浙江，因为谱牒散失，无从追考。永嘉场的始迁祖为项璧，自青田迁来，繁衍生息，子孙百余口，"彬彬然有礼仪之风矣"，可见是知书明理的家族。

## 才俊子弟入仕途

永嘉场有二"王"，不仅有人才济济的英桥"王"，还有名声赫赫的李浦"王"，虽同为永嘉场望族，然此王非彼王。李浦王瓒为永嘉场的科举书写了一个精彩的开局。

王瓒（1462—1524），字思献，号瓯滨，一号环庵。永嘉场子弟多半与盐打过交道，年少时他也曾驾驶盐船在下河乡南仙垟（今三垟乡）一带卖盐。弘治九年（1496）高中进士第二名"榜眼"，一鸣惊人，开场即是巅峰。

走上仕途的王瓒授翰林院编修，参与纂修《大明会典》。后参与校注《四书》《五经》，任国子监祭酒、礼部右侍郎等职。

为官近三十载，历事三朝，四次出任科举考试官，王瓒的仕途其实并不顺当。他在任经筵讲官时，作为辅导帝王学习的导师，列举宦官宫妾干政的史实进行讽喻，触怒了当时"八虎"之首的权宦刘瑾，被贬为国子监司业。直到刘瑾被告发以逆反罪处死，他才有机会晋升为国子监祭酒。嘉靖初，遭遇历史上有名的"大礼议"事件。礼部尚书毛澄、内阁首辅杨廷和等朝廷重臣极力反对明世宗奉自己的生父兴献王为皇考，并放言有不同意见者"即奸谀，当诛"。王瓒却认可同朝为官的老乡张璁的见解，甚至公开表明态度，触怒了首辅杨廷和，被贬为礼部侍郎。

清太仆寺卿孙衣言撰《王氏宗谱序》中对王瓒耿介的品行赞扬有加："观其谏回銮、请建储、斥逆瑾，立朝侃侃，不避权贵，卓然有古大臣风，尤不仅以文章名世。"王瓒是永嘉场第一代名臣的代表。

英桥王氏的科举之路则由七世祖王钲的子孙开启。长子王澈（1473—1551），字子明，号东厓，正德八年（1513）中举，授礼部司务，累官至福建布政司左参议。次子王激（1479—1537），字子扬，号鹤山，嘉靖二年（1523）考中进士，授吉水知县，擢南京通政司右通政，官至国子监祭酒兼经筵讲官。他学问渊博，为艺林推重，著有《文汇集》《鹤山文集》。

王澈子孙更青出于蓝而胜于蓝，长子王叔果、次子王叔杲都金榜题名，且平生事业成就不凡。王叔果（1516—1588），字育德，号西华。嘉靖二十九年（1550）进士，官至广东按察司副使。著有《半山藏稿》等。比他小一岁的弟弟王叔杲（1517—1600），字阳德，号旸谷。嘉靖四十一年（1562）进士，官至福建参政。

据统计，明清两代，英桥王氏族人经考试进入县学的读书人（庠生）近900人，自嘉靖初至明代末120余年，温州地区考中进士（文）共计41人，其中永昌堡居民有10人，而英桥王氏家族就占了9人。王激与王叔果、王叔杲兄弟被誉为"一门两代三进士"。另有族人王名世考中武状元，他是率领王氏义军抗倭战死的王德之孙。明代侯一元赞誉："英桥王氏者，吾温士族之冠也。"传至当代依然人才济济，如曾任浙江大学代校长的电机专家王国松教授、中山大学著名戏曲学家王季思教授等均为学界泰斗。

比王激迟六年考中进士的项乔是七甲项氏家族的佼佼者。项乔（1493—

1552），字迁之，号瓯东。嘉靖八年（1529）进士，历官南京工部主事、福宁州（今福建省霞浦县）同知，抚州（今江西省临川县）、庐州（今安徽省合肥市）、河间（今河北河间）知府，湖广按察副使，广东左参知政事等职。

为官二十多年，项乔始终抱定兴利除弊、为民办实事的主张。嘉靖十四年（1535）出任抚州太守，一到任就提出："天下患无好官员，不患无好百姓。凡有利当兴有害当除，一一相告。吾能行之。"半年即政绩斐然，当地百姓赞不绝口。调任庐州后，为发展当地文教事业，将废弃的宝应寺改为学校，亲自选拔培养学生。为整顿吏治，他刻《军民赋役册》《牧民条约》等，革除吏役向百姓索要贿赂的官场潜规则。

项乔的一系列举措在官场上都显得颇为另类，遭同僚打压，仕途很不顺。嘉靖二十四年（1545）遭贬谪，任福宁州同知；刚赴任河南按察司副使，又被卷入王联诬陷胡瓒宗事件，被关押。出狱后，有感于官场险恶，请求致仕，却被擢升广东左参知政事，不得已赴职，卒于广东韶关任所。

项乔生性廉洁简朴，曾作《劝楚王为善启》，阐明自己对物质的态度："良田万顷，日食三升而已，三升之外，皆无用之物也；广厦千间，夜眠七尺而已，七尺之外，皆无用之物也。"这淳朴的人生道理，又有多少人能真正明白呢？

尽管正直清廉的人在官场上往往很难如意，但"学而优则仕"依然是永嘉场众多学子执着的追求。在那些"家世业农，未尝有人仕籍"的家族中，生活固然无忧，但改换门庭进入士族阶层的愿望始终迫切。张璁（1475—1539）出自普门张氏，小时候父亲张昇就对他们兄弟说："四民士为首，农次之，我竭力耕田，以养汝祖母。今家颇足赖，惟愿汝曹勤励士行也。"于是父亲供养张璁入郡庠读书，勤学苦练，参加科举考试。弘治十一年（1498），24岁的张璁考中举人，父亲闻讯激动不已，与小弟慕本互相搀扶着来到祠堂，在列祖列宗牌位前热泪长流，通报家族中第一个中举的喜讯。不过张璁进士之路格外艰辛，历经七次落榜，等到正德十六年（1521）考中进士时，已是47岁的中年人。

好在后面的路又走得出奇顺利，55岁时，张璁任内阁首辅，位极人臣，

王氏宗祠 王莉摄

成为永嘉场文人登仕的巅峰。他实现了父亲的愿望，张氏家族从此成为仕宦门第，"兹荷蒙圣天子厚恩，自曾祖以下三代皆获赠一品官矣"。

张璁子孙，除早夭的三子外，其他都在官府任职，且"三孙男俱有声于时"。特别是传至从玄孙张天麟，明天启二年（1622）进士，官至湖广左参议。从"力农起家"到"耕读传家"，普门张氏最后发展成为"累世簪缨"。

## 著述宏富启后人

作为书香世家，英桥王氏给后人留下了大量文化财富，据清道光年间刊刻的《英桥王氏家录续刻》记载，英桥王氏著作多达六十余种。

王氏族人中擅长诗文者众多，较早的是王毓，他经常与诗社中人唱和，著有《槐阴集》，多写温州地方的人与事，为永嘉场存世最早文献之一。近年整理出版的《明代英桥王氏诗录》（中国文史出版社2010年版）收入44人诗作计38万字；《清代英桥王氏诗录》（中国文史出版社2014年版）收入22人诗作计20万字。加上点校本《王德馨集》38万字，《王叔果集》35万字，《王叔杲集》45万字，王氏著述仅诗文创作即达176万字。

王瓒以善书名于当世，他提倡实学，主张"故知必行"，为学须"务实"而贵"有为"，致知之道，"穷理为先""知必力行"，与王阳明"知行合一"之说，同出一辙。传世著作有《正教编》《瓯滨集》等。

张璁也著作颇丰。年轻时他发奋读书，专攻礼学。著有《礼记章句》八卷、《大礼要略》二卷、《罗山奏疏》七卷、《罗山文集》一百二十卷等。南宋永嘉学派注重研究经世致用的事功之学，在张璁这里续上了文脉。本土历史学者胡珠生高度评价："张璁《大礼奏议》战胜举朝迁论，达到明代高峰，堪称永嘉学派杰出后殿。"

项乔亦是酷爱读书之人，"未尝一日废书"，著《瓯东私录》，初刻十卷，后分刻《瓯东私录》卷（《明史艺文志》存目）、《瓯东文录》六卷、《瓯东政录》二卷。另著《董子故里志》六卷（《明史艺文志》存目）、《福建屯志》一卷（佚）。

明代是温州地方志编纂空前繁荣的时期，明代皇帝对方志的编修十分重视，"诏纂修天下郡县志书"。在明代270多年间，温州共纂修府志五种、县志十五种。永嘉场望族子弟成为明代温州地方志书编纂的一支重要力量。

明代五部温州府志，现存三部，均出自永嘉场望族子弟之手。弘治十六年（1503），温州知府邓淮听闻王瓒在家守制，即邀请他主持编修府志。王瓒欣然答应，一来他对家乡志籍非常熟悉，二来他此前已有编纂《大明会典》的经验。于是会同蔡芳等在南塘日新寺埋头编写，最终编成二十二卷弘治《温州府志》。

这部志书是《温州府志》中现存最早的一部，也是温州地方志书中最翔实的一部，记载了温州历史沿革、人文地理变迁，以及历史上重大的事件。框架体例、文字表述、资料选用都堪称严谨，且体量颇大，足有50多万字，在温州历代方志中有承先启后的意义。学者胡珠生盛赞王瓒"史德、史识和史才堪称第一流"，"开创书目专卷，化繁为简，同类合并，设立词翰、人物等专卷；各类章目前叙后评，为总纂所作史论，论点鲜明，识见卓越，堪称承前启后的佳作"。

三十多年后,张璁致仕归里,"观旧志深有憾矣",于是着手编纂《温州府志》六卷,于嘉靖十六年(1537)完成,增补了弘治后的内容,虽然也有论者质疑他塞进很多个人"私货",但毕竟多为其亲历一手资料,实属珍贵。

万历二十二年(1594),温州知府汤日昭倡议重修府志,后经过四任知府接力,费时11年才完成。王叔果之子王光蕴受邀参与修订,编成《万历温州府志》十八卷,在体例上有改进和创新,大量增补史料,孙诒让认为"诚吾乡之宝笈也"。

除了这三部府志外,王叔果、王光蕴父子还先后修订了永嘉县志。嘉靖四十二年(1563),王叔果、王应辰合编嘉靖《永嘉县志》九卷,费时三年后完成刊印,被评价为"秩然有序,粲然有文",是现存最早的完整本《永嘉县志》。三十七年后王光蕴又应知县林应翔之请,编成万历《永嘉县志》十七卷。他在父亲所编县志基础上,"抄而续之,间补其略,而仍旧者什五",对当时征科弊政、海防寇患叙述较为详细,被评价为"法严格正,事核辞宜"。

## 慈善公益助民生

英桥王氏靠盐业发家,王钲为永嘉场首富,深知灶户之苦。因此嘉靖十三年(1534),当他的两个儿子王激、王澈相继在朝为官,妻弟张璁又高居内阁首辅之位时,他上奏朝廷表明灶民穷困不堪,不少灶户逃亡,皇帝"览而悯之",减除了部分盐科,"五都之灶民得以无徙死",永嘉场灶民都得到保全。王钲深受灶民爱戴,逝后被迎入社庙祭拜(王慎中《封通政司通政黥桥王公墓志铭》)。

王叔果也很关心家乡盐场的发展,他撰文《与当道议盐法》中分析温州地区私盐泛滥的原因,建议开放灶户贩卖私盐,以使官得税收,灶得谋生。

从永嘉场走出去的这批才俊子弟,虽长期在外为官,但乡土情深,项乔与友人书信中时时称自己是"永嘉场土产",他一直关心家乡的文化建设和重大民生工程。他和英桥王氏族人共同推动修建沙城，发挥了重要作用。沙城即沙堤，原堤为土建易毁，王氏族人曾向朝廷请求改建石堤，但官方认为工程太大，"有司畏其难"。嘉靖二十七年（1548），经再次请求后动工。这条长约2619丈（约7830米）的海堤由块石砌筑，耗时三年、费金逾5400多两终于完成。这项明代温州最大的水利工程，全赖王钲及其二子王澈、王激以及项乔全力以赴，多方奔走推动，促成地方政府与民间合作修筑成功。这是永嘉场的一件大好事，"外用以御寇，内以固斥卤而资灌溉，大惠德于永嘉场，居民庆祝之"。

作为永嘉场第一代官员，位居礼部右侍郎正三品的王瓒面对家乡父老时，始终保持着非常和善、体恤人情的形象。姜准的《岐海琐谈》中记录了这样一件事：王瓒每次回乡，必定要设宴款待父老乡亲，还每桌敬酒话家常。当问到一位邻居近来生意如何时，对方答曰比以前差多了。他问是什么原因，对方吭吭哧哧半天，最后说就是因为你家盖的楼房影响所致。王瓒笑说，这容易，怎么不早说！第二天他就找了个理由告诉家人，把那个楼拆了，说换些新的材料重建。等楼拆了后，他就不再提重建的事了。

世家大族都热心公益慈善。普门张氏出资修建新永嘉学宫、铺路修桥筑堤坝、救济贫苦百姓等；英桥王氏家族修建的桥梁保存至今的还有八座；王叔果、王叔杲兄弟捐资修建永嘉县学、温州府学、瑞安县学，修建尊经阁，新建文昌祠，重修江心屿东塔、浩然楼和澄鲜阁，建造镇宁楼，出资重建江心寺山门、两廊及钟鼓楼等。学者张宪文在《王叔杲集·前言》中说王叔杲"家世殷富，而疏财乐施，所在名山胜迹，如东山、孤屿、仙岩、东瓯王庙、镇宁楼、镇东塔，均先后加以葺修，所费以万千计"。当然王氏兄弟最为人称颂的还是慷慨解囊倡修永昌堡，庇护一方百姓平安。

## 族规家训传家风

一年一度的永昌堡春祭仪式是英桥王氏家族中的重大事件。每年农历正月十二举行，延续至今已四百余年。整个流程包括94项程序，其中司礼诵读族训，是最为庄严肃穆的环节。身为王家子弟，每年都要在这个隆重的时刻，聆听祖先的规训，反省自己的不足。

王澈所著《王氏族约》，共十章，计12500余字，以古代圣贤格言、事例说明做人、治家、修身的道理，言简意赅，深入浅出。主要包括六大内容：一是家族成员要敦宗睦族；二是重视子弟处世、为官的训诫；三是对子孙勤俭持家的训诫；四是对子孙修身为善的训诫；五是家族、家族成员与国家的关系；六是家庭治理与婚嫁要义等。宗族还立义塾、设义田、置义仓，资助贫苦族人读书应试。

族规家训是凝聚家族人心的重要载体，这些规约无疑推动了王氏家族的兴盛。他们进则济世安民，泽被天下，退则独善其身，造福乡里。明清以来族中为官者达50余人，都能恪尽职守，勤政爱民，传承清廉家风。"铁御史"王诤（1508—1581）是其中杰出代表。他惩治豪强、怒砸贪官酒席、为民申冤的故事至今流传，被称为"硬骨头""好御史"。一生清廉的王诤，致仕归乡时，私人财物仅几箱书、一张琴。

祠堂修建、族谱编修、购置族产，历来为温州家族所重视。当一个家族发展到一定阶段必然开始强化内部建设，讲求礼制，规范人伦，以促使家族良性发展。族谱编修中非常重要的一个内容就是收录家法族规、家训家范等，以倡导家风传承。

嘉靖十七年（1538），项乔因丁母忧回乡，服丧期间的主要精力就是投身于家族建设，修谱立祠，出祠田，刻《项氏家训》《祠祭论》等。《项氏家训》分"孝顺父母、尊敬长上、和睦乡里、教训子孙、各安生理、毋作非为"六条目，明确子孙的行事规范，如"毋学说谎，毋学恶口骂人，毋学谈论人过恶，毋学滥交不好朋友，毋玩法而淹杀子女，毋贪财而不择妇婿，毋信僧道而打醮念佛，毋惑阴阳讳忌、风水荫应而停顿丧灵"；告诫族人："子孙强是我，要钱做甚么？子孙不如我，要钱做甚么？""有好子孙方是福，无多田地未为贫"，文字通俗易懂，又引人深思。

祠堂作为家族的象征，是处理事务、举行活动的场所，祭祀、议事、教化等重大事项无不在此举行。英桥王氏宗祠是龙湾区最大的祠堂，位于国家级文保单位永昌堡内。二进合院式木构，占地面积约8670平方米，也是龙湾至今唯一保存的明代风格宗祠建筑。李浦王氏家庙和普门张氏家庙都是省级文保单位。李浦王氏家庙又名"榜眼公祠"，三进二院式布局，占地面积1855平方米。普门张氏家庙今名张璁祖祠，占地面积3300平方米，二进七间，重檐悬山顶。七甲项氏祠堂则为龙湾区文保单位。

这些历史悠久、规模宏大、建筑精美的祠堂，是家族世代核心精神的象征。后世子孙不论走得多远，它永远矗立在心中，指引着回家的方向。

## 民间传说中的张阁老

温州有句俚语："讲一世的张阁老，不晓得张阁老姓张。"在温州，张阁老可谓家喻户晓的人物，关于他的民间传说不胜枚举。温州历史上出现过不少名人，但如此融入民众的日常生活且有存在感的，这位张阁老是独一份。

张阁老，即张璁，字秉用，号罗峰，明成化十一年（1475）出生于永强华盖乡三都的普门堂（今温州龙湾区永中街道普门村），官至内阁首辅，被称为"中兴贤相"，明世宗赐名孚敬，字茂恭。

在温州的民间传说里，张阁老不仅仅是历史上的名臣张璁——他宛如孙悟空，可以七七四十九变，幻化成任何一个符合民众想象和情感需求的形象，可以是机灵的少年，可以是志存高远的青年，可以是重情重义知恩图报的学生，可以是清廉正直的退休太师，亦可以是爱憎分明的性情中人。

"古镜照今人，人好镜亦好。鬟发忽苍浪，人在镜中老。"五百多年前的张璁写下这首《古镜行》时，还是屡次科举不中的失意书生，亦不知数年之后自己将考中进士，迎来人生的巨大转折。有趣的是，他仿佛无意之间预言了自己的人生——在历史之镜中"老去"的张阁老，其传奇的人生亦如一面多棱镜，投射到温州的方方面面，从风俗人情，再到时代环境，制造出绚烂而多元的历史光影。

## 从少年得志到大器晚成

张璁的人生一开局就已颇具戏剧性。在《北桥季氏家乘序》里，张璁如是写道："我嫂季氏，幽娴性成，孝慈天植，孚敬瘰生，惊怖父母，将弃之，嫂固请育之。因抚我、鞠我、乳我、哺我。我嫂也，实我乳母也。"可见他的出生甚为坎坷——所谓"瘰生"，就是胎位不正。在医疗技术欠发达的明代，经历难产的惊吓之后，张璁的父母原本打算弃养这个孩子。而他的顺利长大，很大程度上仰赖于好心嫂嫂的悉心抚养。

和许多传奇故事的套路一样，张璁这位开局坎坷的"大男主"，自小就志向远大。13岁那年，他写下《题族兄便面》："有个卧龙人，平生尚高洁。手持白羽扇，濯濯光如雪。动时生清风，静时悬明月。清风明月只在动静间，肯使天下苍生苦炎热。"少年张璁已经心气颇高地以卧龙自期，胸怀天下苍生。

温州民间亦流传着张璁少时刻苦读书的传说：为了在蚊虫肆虐之地专心读书，他特意搬来两个空酒埕，将双腿放入酒埕，以布封住埕口；为了在深夜苦读时保持头脑清醒，他不惜将脑袋浸在冷水里，名副其实地让自己"冷静"一下。尽管这些细节不一定属实，但传说也并非全无依据。明人李诩在《戒庵老人漫笔》中曾感慨张璁的勤奋："张罗峰谓：'四书五经，我俱读千遍。'是怎样用功……故其建立殊自伟然，不龌龊于末世局面。"张璁就是明代当之无愧的"卷王"，在读书方面"卷"到了极致。

温州民众不仅津津乐道张璁苦读好学的精神，还充分发挥主观能动性，给张阁老的故事加入"叛逆"和"不羁"的元素。温州流传张阁老怒沉文昌君的故事：传说张璁当年考中举人之后，上京赴考前到温州大南门附近的文昌阁烧香点烛，祈求文昌君保佑他接下来的科考顺利，然而现实不尽如人意，他多次名落孙山，于是一怒之下将文昌君的泥塑木雕推进河里，断了求神拜佛的念头。这个传说非常微妙，一方面并不符合张璁深耕研读儒家礼经的人设，但另一方面，民众之所以把这么"大逆不道"的故事套在张阁老身上，与他二十余载科举不第的真实经历亦有着很大的关系。

现实生活中，张璁天资聪颖，少年得志，据《永嘉县志》记载，弘治七年（1494），20岁的张璁"游乡校，考取秀才"，当时的学官惊其才华："此子异日不特以文鸣世，立朝气节殆不可量也。"四年后张璁又考中举人，但自此进入了"会试不中"的循环怪圈，连续七次会试都未考中进士。从二十出头志得意满的少年郎，一路考到四十不惑之年，他屡战屡败，屡败屡战。在这"公考"不顺的二十余年里，张璁是否想过放弃？是否曾经怨天尤人唉声叹气？他经历了怎样的挣扎，无人知晓，但民众有自己想象并重组名人经历的方式——在民间传说《怒沉文昌君》里，张阁老起先科举不顺时会怀疑自我并进行调整，但多次调整后仍旧遇挫，就干脆反抗掀桌。这折射出温州民众心理的一个截面：面对权威和命运的重挫之时，并不总是低眉顺眼地选择全盘接受。或许，在温州人的性格基因里，也如传说中的张阁老一般，存在着几分倔强和不畏权威的叛逆。

而且，从今人的角度来看，会发现这个故事颇具找回自身主体性的现代意味。面对文昌君，张璁从一开始的遵守规则，到质疑规则，打破规则，再到创造属于自己的全新规则，都透出一股不破不立的莽劲。而这种挑战权威和打破陈旧格局的行为模式，亦映射着张璁在真实官场中的表现。

## 从"大龄见习生"到"中兴贤相"

如果将张璁的人生拍成一部电视剧，会发现他既不是落俗套的"宛如开了金手指一般"的左右逢源的万能男主，也不是一生落魄的怀才不遇的惨兮兮主角，他的人生既真实，又有些魔幻——真实在于，每一次所谓的世俗的成功，都来得不是那么容易，都是他切切实实付出血汗心力换来的；魔幻在于，每一次他人生的转折，都极具戏剧性，带着一些"乱世出英雄"的时代节点的巧合。

正德十五年（1520），46岁的张璁第八次参加会试，这一次，总算考中贡士。次年，他参加朝廷补行的殿试，考中进士。随后被分配到礼部观政。所谓"观政"，类似如今的实习。张璁彼时有点像是大龄考生终于"公考"上岸，成为单位里年纪最大的见习生。他既没有显赫的家世背景，也没有富甲一方的雄厚家底。但就是这样一位看似平平无奇的大龄实习生，在短短数年时间里，"光速升职"，成为内阁首辅。他之所以能够"弯道超车"，还要从明代那场著名的"大礼议"说起。

所谓"大礼议"，便是明世宗时期君臣之间关于明世宗生父的尊号及其祭祀仪礼的一场争议。明正德十六年（1521），明武宗朱厚照去世。朱厚照无子，他的堂弟朱厚熜是明宪宗唯一在世的皇孙，因此被认为是最合适的皇位继承人，应召入嗣帝位。彼时年仅15岁的明世宗朱厚熜从藩王登上帝位，认为其父兴献王亦应有帝号，不愿被纳入明孝宗与明武宗的帝系。而以杨廷和为代表的武宗旧臣主张朱厚熜应改称其叔叔明孝宗为父，断绝与生父的父子关系并且改称为叔，反对追尊兴献王为皇帝。

这场持续数年的政治斗争，是旋涡，亦是机会。初入官场的张璁可谓"最勇猛的新人"，大胆上疏，与包括杨廷和在内的元老群臣持不同意见，提出"继统不继嗣"的理论，支持追尊明世宗的生父为皇帝。对此，姜准在《岐海琐谈》里亦有记载："（张璁）以一新进郎佐，屹立其中，不慑不悚，辞严义壮，卒破千古之谬，成千古之孝。"清代毛奇龄赞张璁："更阁臣礼官之议，似亦酒国中之能独醒者。"

"独醒"的"职场新人"张璁，就这样脱颖而出，成为明世宗的"最佳辅助"。自此青云直上，得到明世宗的信任与重用。他这宛如奇迹一般"扶摇直上九万里"的仕途轨迹，颇具传奇色彩，是普罗大众最喜闻乐见的"逆风翻盘"式的反转剧情。如今，温州民间亦有《张阁老冒死折朝臣》的传说。从民众的角度来看，张璁的人生经历有点像明代版"爽文"。通过他的经历，大众看到了"坚持努力就会有回报"和"一飞冲天"等理想化的逆袭励志小说情节——现实中缺失的部分在虚构的传说里似乎得到了弥补，能给人带来莫大的精神慰藉。

当然，现实之中，张璁之所以成功，并不仅仅因为他赶上"大礼议"这阵东风，还因为他个人的业务能力和性格特质。虽然他如许多具有争议性的历史人物一样，拥有褒贬不一的评价，但大多数史书对他的描述都提到了"刚明峻洁,一心奉公,慷慨任事"。《明史》对张璁的评价是:"刚明果敢,不避嫌怨,持身特廉,痛恶赃吏。"据记载,张璁在职期间,"清勋戚庄田,罢镇守内臣,百吏奉法,苞苴路绝,而海内称治矣"。张璁的同乡兼晚辈项乔曾评价他:"有赤心报国之忠,有知进知退之哲,有百折不回之刚,有一介不取之节,有龙咆虎哮之威,有风过霆驰之捷。"也许,项乔对前辈张璁的评价略显浮夸,相形之下,张璁的自述倒更实在一些:"自少生长草茅,性不谐俗,疾恶太甚,习气已成。"如他自己所言,他为人处世带着几分疾恶如仇的轴劲。这一点,与传说里的张阁老形象亦达成了重合。在温州,民众喜欢流传张阁老整治贪官污吏的故事,在《审梅妃》《严惩门生》和《计除恶僧》等民间传说里,张阁老都是以奉公廉洁和大公无私的正义形象出现。

## 温州人性格基因

在庙堂之上,张璁是被誉为"中兴贤相"的一代名臣;而在温州民间传说里,张璁是更具人情味的张阁老,一个非常接地气的典型温州人。张璁人生的宽阔与复杂性,使之成为许多传说的"绝佳载体"。比如,在广为流传的《张阁老做官带携一省》里,张阁老就表现出了温州人的"抱团"特质和互助情怀,达则带挈同乡,回馈故里。而在《三个瓯柑》《王朋竹卖杨梅干》《苎蟒袍》和《太师饼》等民间故事里,我们不仅可以看到瓯柑和杨梅干等颇具代表性的温州特产,还能看到张阁老身上典型的"温州人经商基因"——张阁老都扮演着"解决问题者"和"出谋划策者"的角色,善用人脉关系,拥有接地气的智慧,务实而不乏变通,帮温州老乡解决危机。故事里,张阁老兼具智慧与仁义,擅长化不可能为可能,一条路走不通,就换一条路走,认清现实,当发现无法反抗规则时,就拥抱规则,利用规则。这看似说的是张阁老,实则折射了故事讲述者本人或者他们眼中的温州人。另外,也折射了彼时温州商品经济发展的社会背景。

当然,与张阁老有关的民间传说里,也不乏张冠李戴、"夹带私货"的部分。比如，关于张璁智斗何文渊和张璁助力同乡周旋中状元的民间传说，都是与历史不符的故事。现实中，何文渊是颇得民心的官员，而周旋是年长张璁几十岁的前辈。在这些与现实不符的传说里，也可以看出彼时温州民众的心理。从这个角度来说，与张阁老有关的传说也是颇为珍贵的温州社会心理档案。

总之，在温州民间，关于张阁老的传说，自有其介于"根正苗红"与"野蛮生长"之间的生命力。在这些民间传说里，我们可以看到温州民众生动鲜活的爱与恨。

如果说张阁老传说的"骨骼"来自庙堂之间的张璁，那么其"血肉"则来自普罗大众的日常生活。口口相传之间，每一个故事的加工者、改动者和转述者，都或多或少用自己的理解和想象去塑造传说的面貌。张阁老传说就如温州民众共同创造的"黏土作品"，在许多不知名的"工匠"手里经过，被一次次地揉捏成不同的形状。看张阁老与温州的传说，有点像在观赏一场皮影戏——在历史的光影魔力之下，张璁的人生故事，幻化成许多模样。

与任何人一样，张璁并不完美，但没关系，不完美，才鲜活。"万事万物需要裂缝，那是光进来的地方。"正是在这些不完美的裂缝里，落下了无数颗故事的种子。2007年，张阁老传说被列入浙江省非物质文化遗产名录。

WENZHOU
THE BIOGRAPHY

温州 传

瓯江潮涌

第八章

清末温州地方官员和外国领事在瓯海关合影 选自黄瑞庚主编《温州老照片》

# 呼啸而来的巨变

江心屿东塔山西南麓有两座西式小洋楼。西边的三层小楼占地 1300 多平方米，中间入口小厅设主梯，两边各六间房屋；清水墙面从顶到底，券柱式外廊规整有序。东首相隔几十米处还有一座风格相仿的两层三间小楼。这两座典型的西式建筑 2019 年被列入全国重点文物保护单位，还挂着"温州近代开埠史馆"的牌子。

140 多年前，这两座小楼就是英国领事馆所在地。

中国百年近代史，一直伴随着屈辱与反抗、妥协与开放。清朝末年，鸦片战争的炮火虽未波及温州，但这座东南沿海的港城，以其优越的地理位置被英国觊觎已久。光绪二年（1876）中英《烟台条约》签订，宜昌、芜湖、温州、北海四处被列入通商口岸，温州被迫开埠。

第二年，瓯海关、英国领事馆相继设立，国内外航线陆续开通，外商、洋行纷纷入驻，西风东渐，一场前所未有的巨变在瓯越大地上酝酿。

## 设立英领事馆及瓯海关

温州开埠前就常有外国商船私自驶入进行贸易。清代温州人赵钧《过来语》中记载：（1844年1月16日）有夷船三只入温州港；（1846年夏）有英吉利夷船一只停泊外海。

选中温州港作为通商口岸，英国是做过多番考量的。夹在宁波港和泉州港之间，且位于北纬28°以下，"盛产华茶"，便于商船"驶进贸易现场"，因此温州港的条件很符合英方对贸易港口的需求。早在道光十二年（1832），英国即派出"阿美士德号"海船，到达瓯江口外进行了为期八天的勘察，并多方搜集海防资料。十余年后英军舰更是直接驶入温州港口测量南北水道，绘制海图，掌握进港航道情况。

温州英领事馆 王璨摄

《烟台条约》签订的第二年，即光绪三年（1877）四月，英国首任驻温领事阿查理乘英舰"莫斯特克号"抵达温州。领事馆设在江心屿上，英方更多的应是从安全角度考虑，毕竟需要船只摆渡才能登岛。事实证明这确实不失为明智之举，七年后爆发的"甲申教案"中，温州六所教堂被民众焚毁，城中的洋人都纷纷逃到江心屿上，才得以脱离险境。

英国领事馆设立后，不仅监管英国侨民及相关事务，更介入了温州港口的管理。瓯海关所订章程，事先都需征得英领事馆的同意。其监管范围还涉及德国、西班牙、奥匈帝国、瑞典等在温州的欧洲各国侨民及通商事务，协助打理外国船只通商贸易的相关事宜。

温州英国领事馆从光绪三年（1877）首任领事来温，至光绪廿六年（1900）后不再设常驻领事，相关事务由宁波领事兼任，23年间先后有11位外籍人士担任领事。他们中有著名摄影家、汉学家、探险家，拍摄了目前所见温州最早的一组照片，写出了最早关于温州方言的研究论文。任职时间最长的有两度出任领事的施维祺，前后共计八年，任职时间短的不过一年左右，如首

280

任领事阿查理、第六任领事谢立山、第八任领事满思礼、第九任领事富美基、第十任领事傅夏礼、第十二任领事额必廉等。

清光绪三年（1877），和英国领事馆同时设立的还有温州海关，半年后改名为瓯海关（新关）。瓯海关貌似是由清政府任命的海关监督与总税务司任命的外籍税务司共同管理，实际上由税务司执掌大权。总税务司委派任命的税务司，悉数由外籍人士担任，是瓯海关的真正主管。从设立之时至1926年，瓯海关税务司名单中，英国人共有14任，法国人3任，美国人1任，德国人2任。

瓯海关是温州港的主管部门，主要负责征收进出港洋式轮舶（包括轮船及洋式帆船）及其所载货物的关税，制定相关规章制度对港口进行管理。此外还有引水管理、船舶登记、测量航道、卫生检疫、设置航标以及兼办邮政等事务。

邮政事务初时仅限于传递海关内部和领事馆、洋行、外籍传教士的来往信件。光绪八年（1882）后开始对外设置信箱，出售邮票，接受民间投寄信件，可谓温州近代邮政的开端。光绪二十二年（1896）九月，温州正式设立邮局，瓯海关税务司、法国人那威勇兼首任邮政司。

瓯海关的建立，标志着温州港正式对外开放，从此结束了原来帆船加码道的传统状态，开始了近代化的历程。

## "屡见洋轮鼓浪来"

温州开埠后，首次驶入的外国轮船是英国怡和洋行的"康克斯特号"（Conquest），满载棉布等洋货从上海抵温。这艘318吨位的轮船改变了小城木帆船一统水乡的局面。此后，瓯江上轮船、夹板船以及传统的木帆船来来往往千舟竞发，剧作家洪炳文写了24首《新竹枝词》，描述当时社会巨大变迁，其中有诗云："和议初成海禁开，美欧互市擅雄财。自从瓯埠通商后，屡见洋轮鼓浪来。"

国内外航线纷纷开通。清光绪四年（1878）"永宁号"客货轮从上海首航来温。后中途停靠宁波，加强温甬之间联系。普济轮、广济轮、海晏轮相继行驶该航线。七年后，英籍新加坡夹板船"特克里号"行驶温州至新加坡航线。又八年后，英国麦可浦洋行"特克里号"轮船开辟温州至香港航线。

温州港陆续开通了与上海、宁波、福州、厦门、汕头等沿海港口，南通、镇江等长江沿岸港口，以及日本、新加坡、马来西亚、印尼等国家和中国香港、台湾地区的航线。

随着轮船频繁进入温州港，码头建设急需跟上。温州港原先无码头供轮船停靠，到港轮船只能锚泊江中，依靠舢板船来接送旅客或过驳货物到岸，条件非常简陋。光绪十年（1884），轮船招商局温州分局在朔门建造了温州港历史上第一座浮式码头，并安装钢制趸船，即招商局码头，也就是后来的朔门一号码头。从此温州港才有了可供大型轮船停靠、装卸货物的码头。

1916年宝华轮船局在新码道岸边修建了宝华码头，即后来的安澜码头。1917年永川轮船局和永宁轮船局联合在化鱼巷江边设立永川码头。此后还有1933年建造的平安码头、1936年建造的株柏码头、1938年建造的振华码头等。

日益完善的设施、优良的港口吸引了外国公司入驻。继英国怡和洋行率先在温州设立代理行后，更多的公司和商行遍布温州大街小巷，数量多达35家，其中英国最多，有13家，包括英美烟草公司、英瑞炼乳公司、卜内门肥田粉公司、太古白糖公司、亚细亚煤油公司、永泰公司、德意礼士轮船公司等；其次是10家美国公司、9家日本公司，另外还有2家德国公司、1家法国公司。温州贸易伙伴开始由以周边国家为主转变为以欧美为主，形成了"瓯为海国，市半洋商"的局面。市面上货品琳琅满目，应有尽有。洪炳文写下这样的诗句："通商轮舶达沪闽，四方之物无不得。昔时称为小杭州，近日名曰百有国。"

大量货物从温州港进出，内外贸易增长迅速。从1877年至1930年50多年间，瓯海关的洋货进口增长20多倍，而温州本地的土货出口增长多达300多倍。据《1877—1919年瓯海关贸易册》记载，当时温州进口主要商品为棉布、金属、煤油、糖类、火柴、玻璃、肥皂、鸦片等。出口商品则主要有茶叶、纸伞、柑橘、烟叶、木板、原木、木炭、明矾、滑石器、猪油等。茶叶一直是温州最主要的出口商品，大部分通过上海远销欧美各国。纸伞销往日本、南洋等处；产于平阳矾矿（今属苍南）的明矾，销往全国各地。

贸易繁荣激发了人们生产的积极性。开埠前，瓯柑种植仅几千亩，开埠后，迅速增加为两万亩。而茶叶出口贸易的发展，催生了清光绪十九年（1893）裕成茶栈的创办，这是温州近代工业史上的第一个工厂。三年后，温州的茶厂增至九家，并采用一种滚茶小机器制茶。温州学人梅冷生的诗作形象描写了当时的情景："贸易如今说永嘉，商家出品在农家。冬春两季无闲月，才做京柑又做茶。"

## 出现了新式学校和医院

温州最早的新式学校、医院都是清朝末年传教士开办。为了吸引教徒，这些传教士开办新式学校，把西方教育理念和内容引入温州，使一批家庭贫困的儿童特别是女童有了受教育的机会，客观上促进了温州近代教育的进步和发展。

清光绪五年（1879），英国传教士李华庆在城西教堂创立艺文学塾，后学塾规模扩大，搬迁至城区瓦市殿巷，即今温州市墨池小学的前身。光绪二十九年（1903），英国传教士苏慧廉在海坛山脚下创立艺文学堂新校园，即今温州市第二高级中学的前身。

与此同时，随着清末延续了1300年的科举制度的废除，旧式学校纷纷改弦易辙，建立新式学堂。温州各县成立劝学所，发动社会各界赞助办学。在一代大儒孙诒让的倡导下，温州教育一时突飞猛进，办学风气极为高涨，共创办新式学堂约300所（包括处州，今丽水），居全省前列。自光绪二十二年（1896），孙诒让开始接触西方科学文明，致力于教育兴国。他在任温处学务分处总理、浙江教育总会副会长期间，筹集资金50多万元，在温处两府倡办各类各级学校，其中还包括女学。他身体力行提倡男女平等，至光绪三十四年（1908）底，浙江省有46所女校，其中温州地区就有15所，占全省的三分之一。新式学堂的开办，不仅使小学教育得到全面扩展，而且奠定了师范教育的基础，为温州培养了大批人才。

与新式学校类似，温州最早的西式医院为传教士创办。光绪二十三年（1897），英国传教士苏慧廉将在英国募集的资金带来温州，创办了定理医院，这是浙南地区最早的西医院。后扩建为白累德医院，即今温州市中心医院的前身。同时白累德医院还创办了护士职业学校和助产士职业学校。毕业于爱丁堡大学医科专业的英国人施德福（1887—1971），1914年5月来到温州，出任白累德医院院长。他每次回国休假，总是为医院募捐购买医疗仪器。在温州寓居近40年，以精湛的医术、优良的医德赢得患者的广泛尊重和信任。1949年底回国，温州医师公会与各界人士举行欢送会，并将其宅旁巷弄改称"施公里"，立坊纪念。夏承焘1948年9月曾在温州报纸发表文章《温州人的榜样——记施德福》。

温州还有一所修女创办的医院——董若望医院（今温州市人民医院前身），光绪三十四年（1908）由法国籍修女类思与英国籍修女玛丽捐资创办，二人分别担任首任院长、副院长。

温州人自己创办的西医院瓯海医院于1919年对外开诊。这是社会各界名流吴璧华、杨玉生、潘鉴宗、黄群与瓯海道尹黄庆澜共同协商发起的。杨玉生率先捐银洋1000元，黄群、潘鉴宗、吴璧华各捐银洋500元；黄敏之、徐寄庼也有捐赠，连同瓯海道拨款银洋1000元，合计银洋4000元作为开办费。设立董事会经管，推举吴璧华为董事长，杨玉生为院长，并从杭州等地聘请名医七八人，在古炉巷租三间民房作院舍。

次年黄群父亲黄冠圭再捐款银洋4800元，社会士绅又集资银洋19000元，在积谷山麓兴建新院，即今温州医科大学附属一医前身。1921年夏新院建成开业。1933年瓯海医院因经费困难，几乎无法维持下去，杨玉生与热心士绅叶志超、吴百亨等商议，医院改由慈善机构济善堂管理，继续维持到温州和平解放，由人民政府接管。

## 文化碰撞带来的改变

西服洋装穿起来了，洋油洋火用起来了，中西合璧的小洋楼也一幢幢建起来了。西方文明和现代科学技术的到来，给温州打开了一扇眺望世界的窗口，中西文化的碰撞对当时的人们来说，其冲击力不啻飓风海啸。善于接受新鲜事物的温州人在生活娱乐、思想观念等方面发生了巨大改变。

这种变化首先体现在衣食住行上。追求时尚的男性脱下长衫长袍，换上笔挺的西装、锃亮的皮鞋，系上领带；女性则系起丝巾，穿上百褶裙，洒上香水，充满时尚妩媚的气息。"时髦衣饰效西装，渐染欧风举国狂。俗谚昔云温不出，至今游历遍重洋"（花信楼主人《新竹枝词》之二十四）。"裙系西洋百褶新，一瓶香水洒丝巾。不施脂粉不缠足，装出时装也可人"（效颦子《新竹枝词》之一）。西式服饰装扮成为人们竞相追逐的时尚。"温红处绿"原是温州一带固有的色彩偏好，而今这种传统的色彩观已发生了变化："服饰年来大不同，闺流装束十分工。砖灰墨绿夸新样，寄语侬家休染红"（吟红女史《新竹枝词》之四）。

传统的餐饮风味也遭遇挑战。西餐传入温州后，得到不少人的喜爱。反应快速的"醉乡楼"酒店已推出"番菜"，供人们尝新。"厌说郇厨备八珍，醉乡风味别翻新。蜀姜口酱葡萄酒，偏是西餐最可人"（芙蓉吟馆主人《新竹枝词》之七）。

中西合璧式建筑是当时的新宠。不论是伴随着开埠通商而兴起的交通、市政、金融等行业领域的建筑，还是外籍人士、本土绅商的家居住宅，多为中西合璧式建筑。在城市的繁华街道、商业中心甚至出现了以中西合璧建筑为主的街区，如温州城区的解放街、五马街，瑞安市区的飞云路，那些巴洛克式门套、宝瓶式栏杆、拱券式窗棂、几何式图案等至今留存，带着深深烙刻的时代印记，伫立成大街小巷里的一道道风景。

相比商业建筑的气派、豪华，民居虽显得内敛、低调，但在中西建筑文化的交融上，则体现得更为广泛。温州市文物部门调查发现，居民建筑最迟在清末已形成中西交融风格，而且各县（市、区）都有实例分布。

这些建筑运用了多种西方建筑的手法，如外立面的柱式、拱券、花式、齿状饰等。施工中也采用了当时较先进的技术，如楼房用砖混结构，门窗及廊楼板上采用现浇的混凝土，解决了大跨度部位的结构受力。但在细部装饰及很多做法上仍沿袭本土的特色，梁架和装修部分更多是和传统接轨。

温州市区飞鹏巷陈宅，青石门台和四面围墙圈住了一个封闭的院落，院内有传统的六角半亭，亭旁有大树荫蔽，主楼立面是西式的风格，简练而精致。这座占地900平方米的建筑是温州目前保存最完整的近代典型建筑之一，据说也是温州第一个安装有抽水马桶的人家。

市区七枫巷胡宅，三间两层楼房，华丽的巴洛克式夹带哥特式风格建筑，前后有廊，青石栏杆，半圆拱窗，顶部饰以涡卷，墙面青砖红砖相间。虽然如今庭院里杂草丛生，檐间缝隙里也探出一丛丛的嫩绿，但落寞中掩饰不住曾经的气派。

还有丁字桥陈宅、军装局岳宅、解放街吴宅、杨柳巷谢宅、瓦市巷季宅⋯⋯一砖一瓦无不裹附着岁月的包浆。

街头巷尾还出现了一种新式交通工具——东洋车，又称黄包车、人力车。光绪三十年（1904）东瓯通利公司从上海购回数辆单座黄包车，在温州城区试运行。孙诒让率先乘坐，从五马街出发，经解放路、打锣桥转府前街、四顾桥，在城内兜圈宣传，一时成为市民热议的话题。至1949年，市区已有黄包车1154辆。

人们生活中出现的新鲜玩意儿越来越多。1917年，永嘉《瓯海潮》周报（第十三期）决定公开征集《新竹枝词》，专为吟诵新生事物，以"察邻观政"。这次活动由洪炳文等人发起，推定梅冷生主持此事。征集到的124首《新竹枝词》中，有大量吟咏高科技产品的主题，那些闻所未闻的新鲜玩意儿带来了生活品质的极大提升。

首先是电灯。1913年，普华公司从上海美商慎昌洋行购买了一台奇异牌100千瓦透平发电机（年发电量仅20万千瓦时）和魏廷敦卧式锅炉一座，总价为30000余两银子，并聘请洋行的美国工程师密尔来温指导设备安装。1914年3月27日夜晚，电灯第一次照亮鹿城。恰逢传统的"拦街福"民俗活动,也是五马街口的宁台旅馆开张之日。为招徕顾客,旅馆里里外外安置大小灯泡两百余盏。城内居民几乎倾城而出,争看这不用灯油的神奇之火。后来电灯开始在家庭中普及,正如诗中所言:"南门一路接城东,颗颗灯珠篆眼红。但愿郎心如电火,触机无处不相通"(姜门外史《新竹枝词》)。

电话、电报等现代通信设施纷纷落户温州。1919年东瓯电话有限公司在打锣桥春花巷设立,购进一百门磁石式内电话交换机一台,这是温州第一台电话机。"电学原将造化穷,倏然来去夺天工。漫言东渐风声早,赖有音书顷刻通"(章安潜庵《新竹枝词》)。

摄影为越来越多的人所接受。清光绪三十年(1904),市区铁井栏开出温州第一家照相馆"同昌摄影社"。年轻情侣间流行互赠照片慰相思。"与郎摄影怕人知,妙术同昌亦自奇。片纸珍藏宜宝匣,时时取看慰相思"(听秋楼主人《新竹枝词》)。后来照相馆遍地开花,1933年,市区公园路一带有真面目(露天照相馆前身)、大地、大光明、东方、就是我、南洋等照相馆。1947年,市区照相馆已发展到22家。

电影还没来得及进入1917年《新竹枝词》的征稿中,温州人第一次大饱眼福看上电影,已经是1918年的事了。1918年2月22日,英国驻宁波领事馆以筹集红十字会经费名义,在温州城隍庙舞台演出旧址,放映了第一次世界大战欧洲战场资料汇编的无声纪录片,连映五夜。这是温州市民首次看到的外国影片。那稀罕的"电光影戏",白布上会动的图像,都让人们瞪大了好奇的眼睛。

1922年7月,中一席厂老板郑恻尘为办新民小学筹集经费,从上海百代唱片公司购回一台雄鸡牌旧式放映机,在今府学巷附近的永嘉公园,播放梅兰芳主演的《天女散花》及《爱的情操》等数部短片——这是温州市民首次看到国产影片。

1924年春,五马街上头脑灵活的五味和老板,为了扩大自家商号的影响力,从上海洋行租来一部手摇式电影放映机,在大同巷设置了露天放映场,播放英国拍摄的各种商品广告片、风景片以及赛船、赛马的新闻片。市民们奔走相告,赶来观看。这些时髦玩意儿让老百姓大开眼界,也让五味和的名声广为传扬。

相比衣食住行、生活娱乐，近代出现的大量新式报刊对思想观念的冲击无疑才更加深刻而持久。1912年温州出现地方自办报纸《东瓯日报》，此后报馆林立，有《瓯江报》《飞霞报》《温处公报》《瓯海公报》《瓯海潮》等。"自由言论渐文明，一纸乡评遍鹿城。漫羡汝南公月旦，近从瓯海听潮声"（仲宽《新竹枝词》）；"报章自可开民智，清议难逃笔削权。瓯海风声收笔底，是非黑白谅无偏"（章安潜庵《新竹枝词》）。自由、民主、科学，成为当时人们热烈追求的理想。

女性的解放是近代化历程中值得大书特书的重要事件。有识之士办起了女校，女性放开缠足，迈出闺阁，接受教育，走向社会，开始接受平等自由的思想。"东瓯女校育才多，不把双眉斗画蛾。橐橐履声山畔路，春晴好唱旅行歌"（听秋楼主人《新竹枝词》）；"智识开通女学生，平权力把自由争。皮鞋穿上天然足，三五齐群结伴行"（鹅爱轩主人《新竹枝词》）——橐橐的皮鞋声踏着清亮的歌声，女孩子们生动活泼的天性自由地挥洒在春风里。

卫生观念也开始传入，人们的行为随之发生一些改变："从今注意卫生方，择地新开食品场。依旧街心陈百货，由来积习总难忘"（芙蓉吟馆主人《新竹枝词》），但毕竟积重难返，旧习惯亦一时难以完全改观。

接受西方教育的男女青年追求新式礼仪，特别是举办新式婚礼成为时尚。新郎穿着西装，新娘身披婚纱，摈弃许多传统的繁文缛节，移风易俗的风尚逐渐传扬开来。"新式礼章细细论，来宾满座待黄昏。西邻姊妹私相约，也学文明好结婚"（闻潮馆主人《新竹枝词》）。

一个裹挟着枪炮和霸权，夹杂着科学和文明的时代，就这样不由分说呼啸而来。

## 重叠交错的轨迹

瑞安是温州辖属的县级市，也是文化底蕴深厚的历史名城。在瑞安老城区的忠义街东首，静静矗立着浙江四大藏书楼之一——玉海楼。这座藏书楼由瑞安名儒孙衣言和孙诒让父子建于清光绪十四年（1888），是温州最著名的文化地标之一。

若将眼光投向忠义街的西首，会发现入口的石柱上有两副古联，由黄体芳和黄绍箕父子所撰，分别是"懿德元通后世凯式，清修劝慕神明协欣"与"通经综纬雅艺攸载，履道修德先民是程"。

无论从哪个入口走进忠义街，都能看到以"三孙"（孙衣言、孙锵鸣和孙诒让）与"五黄"（黄体正、黄体芳、黄体立、黄绍箕和黄绍第）为代表的孙黄家族在此留下的历史印记。

如果登上瑞安飞云江畔的"瑞安之眼"摩天轮，以高空的视角看瑞安忠义街，它不过是古城内不甚起眼的一片区域，然而若将镜头缓缓推近，会发现这条老街宛如藤蔓，枝叶交错。瑞安孙黄两大家族在此繁衍生长，命运轨迹重叠交错，亦如互相缠绕的藤蔓，尽管形状和根蔓的走向不同，但在生长过程中互相攀缘支撑，并于彼此的存在中得到力量。

# "兄弟翰林"与"叔侄三进士"

时间回溯到十九世纪初的温州瑞安廿五都盘谷（今瑞安潘岱砚下村），当时没有人能想到从这个偏僻的小山村里会走出"兄弟翰林"——孙衣言与孙锵鸣。

他们出生在一个平凡的耕读之家，其父孙希曾"弱冠时读书郡城，交友名士"，崇文尚学的家风浓厚。孙锵鸣晚年写《家训随笔》时提到父亲常年把"但愿润身不润屋，虽无恒产有恒心"的对联挂在厅堂内，希望后辈子孙抱有"恒心"，以学润身。而孙衣言和孙锵鸣兄弟二人，确实如父辈所希望的那样，一心向学，考中进士，是"读书改变命运"的典型代表。

孙衣言（1815—1894），号琴西，斋名逊学，官至太仆寺卿。平心而论，他的科举之路，不如比自己小两岁的弟弟孙锵鸣那般顺利。孙锵鸣（1817—1901），号蕖田，晚号止庵，19岁时中举人，25岁考中进士。九年后，37岁的兄长孙衣言考中进士。一门二进士，这对"学霸"兄弟为孙家的文脉绵延奠定了厚实的基础。

孙家兄弟没有雄厚的家底，也没有显赫的家世背景，几乎赤手空拳从瑞安走向更广阔的天地。他们站在时代的风口浪尖，与近代史上许多重要人物产生了深度交集。

孙锵鸣首次担任会试考官时就识拔了李鸿章和沈葆桢，有"天下翰林皆后辈，朝中将相两门生"之誉。而孙衣言是曾国藩的门生，与俞樾同年中进士，交游广阔。曾国藩曾纂句赠孙衣言："大笔高名海内外，君来我去天东南。"之所以说孙衣言"大笔高名海内外"，是因为"琴西有琉球弟子，东洋盛传其诗"。清时，琉球国（今日本冲绳县一带）作为中国的藩属国，朝贡时亦派遣陪臣子弟经由海路随贡使北上，到京师国子监学习。道光二十一年（1841），27岁的孙衣言考选国子监教习，向清代第七批琉球官生传授中国文化，"泛览汉魏唐宋以来诸家作者，间语以古人作诗格法蹊径"。后来，孙衣言的琉球弟子学成归国，孙衣言便择选弟子的优秀诗作，刻成《琉球诗录》，推动了古体诗在琉球的盛行。

十九世纪中叶，清政府陷入内外交困的局面。乱世之中，如何自处？同治五年（1866），52岁的孙衣言亦开始经历"存在主义危机"："恐碌碌其无闻，不知天下后世，当以汝为何等之人？"古往今来，许多文人名士，亦如身边每个普通人一般，也有迷茫和自我怀疑的时刻。光绪五年（1879），孙衣言致仕回乡。回到瑞安的孙衣言以诒善祠塾为据点，与弟弟孙锵鸣一同培育了许多人才。

在如今的瑞安玉海楼西侧，可以看到重建的诒善祠塾门台，门前是孙衣言的手书石刻楹联："务求知古如君举，尤喜能文似水心。"孙衣言可谓水心先生叶适的资深粉丝，因此以永嘉经制之学垂为世训，以陈傅良和叶适为榜样。身处汹汹乱世，孙衣言试图在历史中汲取力量。他写道："吾尝由水心之言，考诸乡先辈之遗书。"孙衣言所推崇的永嘉学派在南宋时走向鼎盛，至元明时却日渐式微。孙衣言在弟弟孙锵鸣和儿子孙诒让的协助下，多方收集永嘉学派著作和乡邦文献，精心编纂了《永嘉丛书》，包括宋人著作十种，清人著作五种，使得永嘉学派的著作重新流传，"于是温人始复知有永嘉之学"。从这个角度来说，"三孙"宛如永嘉学派的摆渡人，将沉寂数百年的永嘉学派从旧世界引渡到新时代的岸边，焕发出全新的生命力。

回乡九年后，孙衣言又在瑞安金带桥北建一座玉海楼，"南北相向，各五楹，专为读书藏书之所"。玉海楼落成后，孙衣言撰写《玉海楼藏书记》，定下《藏书规约》，其中写道："若天资颖异，有志通今知古者，方可借阅楼中所藏，然亦须立定主意，抱有恒心，务在循序渐进，不可喜故厌新。"多年前其父孙希曾谆谆教导的"恒心"，在此产生了回响。

孙衣言建的玉海楼，"不徒为一家设也"。他表示："乡里后生，有读书之才、读书之志，而能无谬我约，皆可以就我庐、读我书，天下之宝，我固不欲为一家之储也。"格局之大，可见一斑。很明显，孙衣言由衷地希望凭己之力提携乡里后生，让故乡的文风愈发勃兴。刘绍宽曾在《籀园笔记》里写道："吾乡自太仆后，科甲蝉联而起，文风远胜于前，不可谓非其倡导之功。至今新学盛行，而后进蔚起，尚能承其遗绪，惟瑞安为最，则饮水思源，功何可没也。"

"五黄先生"之一的黄体芳，亦是受到孙衣言深刻影响的乡里后生之一。黄体芳（1832—1899），字漱兰，号循引、莼隐，是孙衣言的门生，人称瑞安先生，亦与张之洞等人并称"翰林四谏"。他在江苏学政任内曾创办南菁书院，培养了大批人才。

拐进瑞安忠义街附近的小沙巷，会看到一座古色古香的建筑，门前有对联："闲庭宅院千古秀，人杰地灵花木香。"一个多世纪之前，就是从这里走出了瑞安"五黄"——三兄弟黄体正、黄体芳、黄体立，以及黄体芳之子黄绍箕、黄体立之子黄绍第。世居小沙巷的黄家，留下"叔侄三进士"与"一门四翰林"的历史佳话。除了黄体芳的长兄黄体正（1810—1850）因科场考官疏忽而被误列副榜外，"五黄"的其余四位均中进士入翰林。值得一提的是，黄绍箕与黄绍第皆为孙锵鸣的弟子，可见孙家对瑞安文脉的重要影响。

## "瑞安二仲"的和而不同

如果说孙衣言和孙锵鸣点燃了文脉的火种，那么孙衣言的次子孙诒让便是接过父辈火炬的传承者。孙诒让（1848—1908），幼名效洙，又名德涵，字仲容，晚号籀庼，著名经学家、文字学家、教育家，与俞樾、黄以周合称"清末三先生"，是甲骨文字学鼻祖，亦有"朴学大师"之誉，被梁启超称为"清末第一大师"。出生在"学霸"家庭的孙诒让从小就跟着父亲孙衣言辗转各地，广结贤达，"年未弱冠，即受知于南皮张相国（张之洞）"。从这个角度来说，孙诒让是近代颇早的那一批"游学"项目践行者——读万卷书，行万里路。

孙衣言和孙锵鸣全凭自己发愤图强改变命运，而生长在父辈仕宦庇佑之下的孙诒让则是站在巨人的肩膀之上，拥有得天独厚的教育资源和治学土壤，宛如"天选之子"。顾颉刚曾这样评价孙诒让："诒让在其（孙衣言）荫育之下，读书、生活均无问题，性本聪敏好学，得斯无忧无虑之环境，而又配以佳妇，代为安排著作生涯，故能有此伟大成就，为近百年稀有人物。"

当然，没有谁的人生是完美的，幸运如孙诒让者，也有难以攻克的人生课题。与父辈相比，孙诒让的科举之路相当坎坷——他虽然于同治六年（1867）即考中举人，然而，接下来他从21岁一路考到47岁都未能考中进士，八试礼部均不第，自此不再赴考应试。孙衣言曾在回复张之洞的信里提到孙诒让科举不顺的原因在于不擅长八股文破题。孙诒让虽然天资聪颖，博闻强识，但仍受清朝版"申论"所钳制。后来，清廷开经济特科，张之洞奏保表荐孙诒让，然而孙诒让彼时已经意兴阑珊，不再赴考。

塞翁失马，焉知非福，若用今人的视角来看，孙诒让屡试不第，倒也未必是坏事。"失之东隅，收之桑榆"，"科场不幸学问幸"，当老天给孙诒让关上通往官场的这扇门时，也给他打开了研究学问这扇窗。书斋之外，时代的风雨飘摇；书页之间，风平浪静。而孙诒让似乎并不满足于这样的平静。面对时代的巨变，他开始思考自己全身心投入的学问研究是否已陷入"刍狗已陈，屠龙无用"的困境——如果学问不能反哺现实，那么它就显得单薄而虚无，是没有用武之地的屠龙之技。

孙诒让虽然投身朴学和甲骨文等"旧"学问，久居家乡自称"蜷伏家巷，不复与世相闻"，但其实他并不是食古不化的古板学究，也没有"躲进小楼成一统"，而是时刻保持学习新知的态度，从在外的朋友身上跟进了解时代趋势。黄绍箕便是他最为重要的诤友之一。

黄绍箕（1854—1908），字仲弢，晚号鲜庵，黄体芳之子，光绪六年（1880）进士，与孙诒让一起被称为"瑞安二仲"，其草创的《中国教育史》对我国教育史学科的建立有开创之功。看黄绍箕与孙诒让的人生，仿佛在看对照的平行世界。他们二人的成长背景颇为相似，都出生在瑞安的名门世家，然而，在命运的分岔口，他们走上不同的道路——孙诒让一路考到47岁都未中进士，最后放弃科考，埋首书页之间，专心搞学术；而黄绍箕科举顺利，27岁就考取进士，从故乡瑞安走向远方，宦于京朝，结交康有为等维新派人士，加入强学会，提倡教育，"头脑崭新"，曾担任京师大学堂（北京大学前身）的总办。伍铨萃在《黄绍箕传》里写道："时学务萌芽，科举未废，士夫或茫昧莫知其原。绍箕本中国教法，参考东西洋学制，手定管理教授规则，是为中国有学堂之始。"

与孙诒让一样，黄绍箕亦曾受业于张之洞门下且颇受赏识。张之洞评价黄绍箕："品端学博，沉细不浮，于中西政治纲领、学校规则实能精思博考，而趣向纯正，力辟邪诐之说，洵为今日切于世用之才。"

在孙诒让和黄绍箕生活的时代，中国正在经历新旧交替的震动与阵痛。孙诒让地处僻远的瑞安，距离"震中地带"较远，因此他感受到的"时代震动"，具有延后性，带着"时差"。而宦游在外的黄绍箕，则扮演着传达者与并肩同行者的身份。二人虽人生道路不同，但在许多方面都颇为投契，拥有共同的教育理念和使命感。孙诒让认为："夫学无新旧，唯其致用，教育之道，既欲通合诸科以陶铸国民……盖凡百新政，无不以此为本，又非徒学已也。"而黄绍箕将教育视为"身心性命之事"。

光绪十九年（1893），张之洞在武昌创办自强学堂，开设方言（外国语言）、算学、格致、商务四门，专门培养外语和商务人才。甲午战败之后，举国思变，孙诒让意识到"敝乡近海，杞忧未已，此后恐无复仰屋著书之日"，一直以来埋头于书页之间的他，萌生走出书斋并迎接时代考验的念头。黄绍箕与孙诒让、黄绍第等人联手创办瑞安算学院（后改名为学计馆），设立数学、物理、化学等课程，由张之洞题写"学计馆"三字校牌。该馆不仅是浙江最早的新式学堂，亦是我国最早的算学专门学校之一，也为后来温州成为"数学家之乡"奠定了基础。在《瑞安新开学计馆序》里，孙诒让如是写道："瑞安褊小，介浙闽之间，僻处海滨，于天下之形势，不足为重轻。然储材兴学，以待国家之用，而出其绪馀以泽乡里，则凡践土食毛者皆与有责焉，固不容以僻远而自废也。"

后来学计馆遇到办学经费不足等现实问题，黄绍箕与堂弟黄绍第致函浙江布政使恽祖翼转陈巡抚，建议从温州盐局解款中提取白银四千两，存典生息，以解决学计馆的经费问题。黄绍箕遇到困境时，总是能见招拆招，从多个角度想方设法找到利益相关方的契合点，探索并实行有效的解决方案。

光绪二十八年（1902），瑞安学计馆与方言馆合并为瑞安普通学堂（今瑞安中学前身），公推黄绍箕为总理，孙诒让为副总理。三年后，温处学务分处正式成立，孙诒让任总理。在此期间，孙诒让曾叹"众谤辟疑，纷然四集""荆棘丛生，极难措手"。而黄绍箕多次伸出援助之手，为其扫除许多障碍。正如刘绍宽说的那样，"吾乡新学之开先，人皆知由籀颇先生，而不知鲜庵先生之隐为主持，厥力甚巨。"

事实上，黄绍箕在近代史上经常扮演着隐形守护者这一角色——在无人知晓的时刻，悄悄地影响了某个历史节点，"事了拂衣去，不留功与名"。光绪二十四年（1898）九月，戊戌政变前夕，黄绍箕得知消息，设法劝告康有为易装离开北京并且不要在天津停留。康有为曾表示："无黄仲弢之告，宿天津必死。"在《祭黄仲弢文》里，康有为动情地写道："惟余万死之幸免兮，实仲弢之肉其骨。嗟生我者父母兮，救我者仲弢之德。"

光绪三十二年（1906），黄绍箕率团赴日考察教育，回国后将赴日考察所得资料编纂成册寄给孙诒让。事实上，黄绍箕关于教育方面的创见，在国内外都影响深远。他提倡兴办新学，谓"不通西学，不足以存中学"，拟定《推广商业学堂章程》《开设工业学堂章程》《开设理化讲习所章程》，开办工业、商业中学堂，还鼓励选派优秀学生出国留学。有感于日本学制完备，人才众多，他考察归来后捐俸二千余金补助武昌初等小学经费。《清史·儒林传》称"今日海内学校如林，教科成立，皆绍箕首先倡导之力"。日本学界尊崇黄绍箕为"仲尼后一人"，日本教育会还推举他为"汉学统一会"名誉会长。

光绪三十四年（1908）初，黄绍箕因操劳过度，在武昌病逝。同年六月，孙诒让去世。三年之后，辛亥革命爆发。虽然他们的生命终止于时代曙光出现之前，但他们思想的火苗仍在闪耀。

## 多元开放不设壁垒

用现代人的眼光来看，瑞安孙家的诒善祠塾，就如一个"文化创业"孵化基地，为温州乃至国家培育输送了许多人才。作为宗族义塾，诒善祠塾本来是有门槛的——根据孙家的族规，诒善祠塾"专为子孙读书之地"，但孙家之外的学子经过允许亦可入学附读。

孙诒让故居

　　从这个角度来说，诒善祠塾的发展也折射了温州人的部分性格特质：以血缘和地缘联系为纽带，"抱团取暖"，集群运作，但亦留有"敞开大门"的更多可能性。小小的诒善祠塾，不仅养育了包括孙诒钧、孙诒绩、孙诒泽等人在内的孙家子弟，亦培育出黄绍箕、黄绍第、洪锦标、项芳兰、林庆衍、池志澂、周珑、周拱藻、周恩煦、周恩锜等诸多人才。

　　从诒善祠塾的学生群体和后续发展可以看出，孙黄家族作为瑞安的两大名门，并没有就此成为一个排他的封闭阵营，更没有形成自带壁垒的圈层，而是联系紧密，演变成互帮互助、共兴教育实业的群体。诚然，以诒善祠塾为中心的知识分子群体仍集中在中上层士绅圈层，带有一些旧时代的惯性痕迹，但仍是相对流动而敞开的。

　　面对新旧交替的大变局，只要对这个世界抱有基本的洞察，就很难不为家国命运而感到忧心。像孙黄家族这样的知识分子群体，成长于温州这片沃土，亦以自己的方式对故土进行反哺。在"互起互伏，波波相续"的过渡时局里，他们呕心沥血兴业救国，在黑暗里摸索前行。没有灯塔，他们便试着以星星之火照亮黑夜，而这束渐渐聚成的光，百年之后成为后人的灯塔。

孙诒让之子孙延钊大抵就是这样跟随祖辈灯塔的指引，接过了文化传承的火炬。孙延钊（1893—1983），字孟晋，毕业于北京法政专门学校，历任温州籀园图书馆馆长、浙江省图书馆馆长、浙江通志馆编纂、浙江省文史研究馆馆员。作为瑞安玉海楼的第三代传人，他不仅悉心整理保存祖辈苦心经营的玉海楼藏书，还将玉海楼部分藏书捐赠给瑞安公共图书馆、温州市图书馆和北京市图书馆等公共文化机构，真正做到了祖父孙衣言所说的"不欲为一家之储"。

1913年，为了纪念孙诒让，温州学界人士筹资在温州城区的九山湖畔依绿园故址建籀公祠，名为"籀园"，而这正是温州市图书馆的前身。如今，在温州市图书馆的正门，有一对楹联："刚日读经柔日读史，十年树木百年树人"，出自孙锵鸣之手。走进图书馆二楼大厅，看到的则是黄体芳书写的对联："书从历事方知味，理到平心始见真。"1907年，在给日本汉学家馆森鸿的回信里，孙诒让写道："平心以求古人之是而已。"在这封信里，孙诒让还表示："窃念环球文明日进，百年以后，各国势力平均，必有投戈讲艺之一日。"现在，孙诒让的这个梦想算是照进了现实。如今在图书馆里阅读学习的读者们大概不会想到，他们稀松平常的每一天，是一个多世纪前孙诒让想象并遥望的奢侈之梦。

瑞安孙黄家族就这样在无数个时空里一次次地重逢，在许多地方留下交错重叠的历史纹路，亦与无数后人在书页之间产生穿越时空的对望。而时间的藤蔓仍在坚韧生长，但行前路，无问西东。

# 大变局中探路人

会文里是瑞安古城中心一条有着千年历史的小巷，因巷内的"会文牌坊"而得名。走在这条小巷中，就仿佛走进了时光隧道，不经意间在某处庭院门台前便与先贤相遇。

乾隆《瑞安县志》记载，会文牌坊是为宋代瑞安望族项公泽一门先后十八人登第而立。古朴典雅的会文里有项氏故居，有许氏宗祠，还有陈黼宸故居。

陈黼宸故居是民国初年的建筑，历经百多年风雨，门台上精美的雕饰犹存。主楼为砖木结构的西式洋楼，两层五间，楼上前廊饰以四方柱形栏杆，两边原各有三间厢房，现已被分割改建，整个空间显得逼仄凌乱。

陈家从城内虹桥里搬来。少年陈黼宸在这里成长、开智，16岁结识了陈虬，与这位大自己8岁的青年意气相投；18岁结识了宋恕，与这位小自己3岁的少年切磋砥砺——他们后来有了一个共同的称谓"东瓯三先生"。

他们的青少年时期正遭遇"三千年未有之大变局"，虽身在小城却也如每个有良知的知识分子那样，苦苦思索国家和民族的前途命运。

鲁迅先生说："我们从古以来，就有埋头苦干的人，有拼命硬干的人，有为民请命的人，有舍身求法的人……虽是等于为帝王将相作家谱的所谓正史，也往往掩不住他们的光耀，这就是中国的脊梁。"确实，在历史的转折点，总

利济医院旧址

有这样一些人，他们振聋发聩的言论、身体力行的奔走、不惧生死的勇气，都汇成了点亮世道人心的火炬。

## 创办利济学堂的陈虬

三人中，年纪最大的是陈虬（1851—1904），原名国珍，字庆宋，号子珊，后改字志三，号蛰庐，祖居乐清，后迁居瑞安。

三人中，出身最清苦的也是陈虬。其祖父以更夫为业，父亲原是个漆匠，后因参加当地团练抵抗太平军，获得军功。父亲发誓要培养孩子读书，五个儿子也颇为争气，都考取功名。老三陈虬跟着两个哥哥读书写字，虽因经济拮据一度辍学，但酷爱读书的他时常跑到城东的私塾窗外旁听。陈虬十来岁时正值太平军攻打瑞安城，他跟在父亲、叔叔后面舞刀弄棒，"保卫地方"，激发出了天性中不羁的豪侠之气，"使酒负气，习拳棒，善泅水，见不平，叱咤用武，虽不敌不计"，有股子不为瓦全的劲头。他读的书很杂，又过目不忘，常常提一些让私塾先生难以回答的问题，"于是得狂名"。

经历了战乱的陈虬，意识到要改变不合理的社会现实，只能通过科举考试。于是他发奋学习八股文章，17岁第一次走上科举考场，一举取得廪生资格。主考官是督学浙江的礼部左侍郎徐树铭，翁同龢的老师。他盛赞陈虬的文章，并写下评语："尔文恢怪奇伟，他日当以文章横行一世。"

但没料到此后考场上的陈虬步履维艰。20岁时参加秋试名落孙山，这让志在必得的陈虬遭受沉重打击，"日日咳血，夜不能寐"，由此激发了学医的念头。后来开始寻访名医，攻读医书。后又五次赴省城参加乡试，直至光绪十五年（1889）才成为名列榜末的举人，此时距他初涉乡试已过去了二十年。

二十年间，他初以教书为生，后悉心钻研医学，26岁开始挂牌行医。他认同"上医医国，下医医人"，医术之道与治国之道同理。其医著《瘟疫霍乱答问》后收于《中国医学大成》，被誉为"试之多验，远近传抄"。光绪十一年（1885）他与友人陈黼宸、何迪启、陈葆善等共同集资，后又得到永嘉名士王德馨的巨额资助，在瑞安城东创办了利济医院。"利济者，利世济民也"，这是中国第一所中医院，借鉴当时大城市兴起的西医院模式，"以医院代替传统个医"，提升治疗质量。同时开设利济学堂，培养中医人才。这同样是我国采取西方办学制度、传授中医理论的第一所新式中医学校。十年后，由于疗效佳名声远扬，在温处道宗源瀚资助下，温州城区分别开设了利济分院和分院学堂。

陈虬精力远超常人，他在把中医创办成一份事业之余，还要大量阅读经世致用的书籍，撰文阐述自己的救世主张，同时坚持不懈地准备科举考试，难怪两江总督沈葆桢评价他"面削瘦，颐无肉，胸骨直竖，腰窄若束，而精神十倍于常人，发声若雷，目光炯炯射人"，且谈吐"精当无匹"。

陈虬还有非凡的组织能力和创新能力。同治十一年（1872），好友许启畴联络众友，商议为本城普通读书人创办免费借阅书籍的馆舍，这在全国史无前例。陈虬双手赞成，但他深知大家都不是有钱人，提出了"扩而充之"的方式，也就是今天说的众筹。大家联络了20人为共同发起人，筹资300千文钱（千文系清咸丰、同治年间货币单位），除用于购置书籍外，还将余钱购田，出租田地维持发展，这种市场化运作方式可谓超前。这就是著名的"心兰书社"，创造性地推出了"信用借阅"的理念，开启了中国近代公共图书馆先河。小城贫寒之家的读书人纷至沓来，在此借阅图书，还可切磋交流。许启畴逝世后，陈虬等人又购得地基二亩，扩建书社，改名为"心兰书院"。

借鉴心兰书社的经验，光绪七年（1881）陈虬与志同道合者又谋划在山村创建一个理想社会的试验田——"求志社"，经费由同意入社的25人分担，每人500贯钱，用于前期建设经费。在陈虬的构想中，社内人人平等，皆穿布衣，住房由社内统一分配，社员自食其力。这是一批不得志的下层知识分子，他们结社聚会，畅议古今，常常到深更半夜才兴尽归家，陈虬后来回忆那段经历，"半生友朋之乐无逾斯时"，虽然后来因被诬为"布衣党"而被迫解散，但他希望"千秋万世后永知吾瓯有求志片土"。

在不断地阅读、思考和实践中，陈虬思想观念也经历了从"经世变法"到"维新变法"的转变，完成了从"变器（器物）"到"变政（政治制度）"的飞跃。光绪十九年（1893）他整合之前的成果，写出著名的《治平通议》八卷，由温州瓯雅堂出版。这是最早明确主张全面变法的一部论著，出版后声名鹊起。他提出"开新埠""广商务""兴地利"等"富策"十四项，"开铁路""并督抚""弛女足"等"强策"十六项，"开议院""广言路""培人才"等"治策"十六项，由此形成比较完整的改革方案。特别是他首次提出设立议院的政治改革主张，振聋发聩，时人誉为"熔铸今古，贯穿中外，开中国变法之先河，其最著者也"。梁启超将本书收入《西学书目表》。陈虬因而成为早期维新派人士的一面旗帜。

清光绪二十三年（1897），"维新变法"运动在中国掀起高潮，陈虬充分利用新式报刊的力量，大声疾呼变法主张，努力开启民智。当年1月20日，陈虬在利济医院和利济学堂创刊《利济学堂报》，自任主编，每月两册，每册50页，共出了16册，面向全国发行，最多时每期发行两千多份。《利济学堂报》在"医学独详"的基础上，传播变法维新思想，不仅是浙南首张近代报纸，还成为中国第一份学院学报。

同年8月2日杭州《经世报》创刊，陈虬兼任主笔，陆续发表十多篇文章，剖析中国落后挨打的原因，探讨救国救民的对策以及当时外交关系的得失。同时，他还在利济医院代销维新派影响最大的《时务报》（梁启超任主笔，汪康年任总经理），据报馆统计，当时订阅《时务报》人数最多的地区居然是远离政治中心的瑞安。

第二年春陈虬第三次参加会试，和陈黼宸等人来到京城。4月17日梁启超借会试的机会发起成立"保国会"，184人联名参与。浙江籍19名考生列名其中，为各省人数最多，陈虬是其中之一。之后各地设立分会，陈虬挺身而出，与章太炎、蔡元培、陈黼宸等人成立分会"保浙会"，并执笔起草《呈请总署代奏折稿》，要求实行民主，提出"治乡团以杜乱萌""设学堂以开民智""兴矿务以裕利源"三策，最后表明变法决心："覆巢之下安有完卵，蝼蚁微忠，急当自效，故不避斧钺之诛，冒死上陈。"

然而就在陈虬意气风发，于上海、北京多地奔走演讲之时，形势急转直下，戊戌变法仅仅持续了103天就以失败告终。陈虬被指为"康党"，身陷"罢学堂，闭报馆，云散二百徒，累败八千金"的困境，一度避走沪杭，终是"任当世之污谤、笑忌、倾挤，百折不回"。

晚年陈虬深知政治改革已无希望，将全部精力扑在中医实业救国的理想上，于光绪二十七年（1901）发行瑞安利济医院股票，筹得资金，当年新院落成。他还苦心创造"瓯文"新字，著《新字瓯文七音铎》《瓯文音汇》，希望劳苦大众学习月余即可脱盲。两年后的春天，陈虬在郡城利济分院开办了新字瓯文学堂，开学典礼上，他有一番通俗易懂的演讲："人有人的病，国有国的病。现今吾们大清国的病呢，是坐在'贫弱'两个字哪！只有富强是对症的方儿，因此造出新字，当那富强药方的本草。"

第二年元旦，陈虬依然抱病做演讲，不几日便溘然长逝，享年53岁。

## "为苦人代言"的宋恕

宋恕（1862—1910）是"东瓯三先生"中年纪最小的一位，比陈虬小11岁。他们二人相遇时，宋恕26岁。这个来自平阳富庶家庭的年轻人，原名存礼，字燕生，号谨斋；后改名恕，字平子，号六斋；晚年又改名衡。自幼聪慧，16岁"举茂才，为邑诸生"。19岁师事孙衣言、孙锵鸣兄弟，并随孙诒让问学，后拜名儒俞樾为师。俞樾赞赏这位高足有"排山倒海之才，绝后空前识"。孙锵鸣看中其才华，将小女儿许配于他。

光绪十四年（1888）宋恕来到瑞安岳父家，有缘结识陈虬。两人一见如故，"纵谈政教，每连宵昼"，有说不完的话。两人也常有争论，年少的宋恕不假辞色，"不合辄面折，声色俱厉"，年长的陈虬并不怪罪他，"反益扬许"。当时陈虬正着手撰写《治平通议》，宋恕也在酝酿其代表作《卑议》，他们互相启发，颇多受益。

两人相约第二年同赴杭州参加乡试，不料双双落榜。陈虬从宁波乘船回到瑞安，宋恕则寓居杭州七宝寺。此后他常在外奔波，寻求实权人物的赏识，希望得到施展政治抱负的机会。先是在俞樾介绍下到武昌谒见湖广总督张之洞，后又北上天津，上书大学士李鸿章，提出变法维新主张，深深打动了李鸿章，被赞为"海内奇才"，荐任北洋水师学堂教习。

光绪二十一年（1895），甲午海战失败，北洋水师全军覆没，深感幻灭的宋恕回到上海，开始系统研究中国政治、社会问题，广交康有为、梁启超、郑观应、黄遵宪、容闳等维新派人士。梁启超非常欣赏宋恕，寄《强学会启》及书信给他，邀他入会。梁启超还曾写诗赞宋恕："东瓯布衣识绝伦，梨洲以后一天民。我非狂生生自云，诗成独泣问麒麟。"梨洲是黄宗羲，宋恕最为敬仰之人，他曾说，本朝学者著述，以黄宗羲的《明夷待访录》最有真知灼见。他看到这本大著时，"喜且泣"，是发自肺腑的认同和激赏。

宋恕与谭嗣同尤为相契，相互设宴招饮，多次促膝畅谈。光绪二十二年（1896），宋恕与谭嗣同、梁启超、孙宝瑄、汪康年等七人前往光绘楼合影，留下了一张珍贵的"七贤图"。戊戌变法失败后，六君子死难，宋恕写下《哭六烈士》七律四首，首哭谭嗣同：

> 悲哉秋气怨扬尘，命绝荆南第一人。
> 空见文章嗣同甫，长留名字配灵均。
> 英魂岂忍忘天下，壮士终期得海滨。
> 遗恨沅湘流不尽，何年兰芷荐芳春。

宋恕在上海期间还应邀代拟《光绪皇帝罪己诏》，曾担任《经世报》主笔，写作多篇政论，呼吁变法主张。尤其是他倾力撰成的《六斋卑议》，关注民间疾苦，主张设议院、行西律、办西学、易西服，批判夫为妻纲，宣传妇女解放，全面提出维新变法的政治纲领，被梁启超列入《西学书目表》。史学家熊月之在《中国近代民主思想史》中评价："其大胆激进之程度，非但王韬、郑观应，即便戊戌变法时期的康有为、梁启超也不能望其项背。他的思想对章太炎、梁启超、夏曾佑、谭嗣同等人都有一定影响。"

"如心为恕"，宋恕之所以改名为"恕"，正是把"恕"作为自己为人、为学、为文的准则。"著书专代世界苦人立言"，是宋恕改良社会、思考世界的出发点。他尤其对女性的痛苦有很深的了解和同情，认为女性是苦人之中的最苦者。他痛斥缠足"残苦女人，莫此为甚"，要求限期"永禁缠足"；强烈呼吁禁止童养媳现象，把妇女被卖为童养媳并遭侮辱和欺凌视为女性的第一极苦；重视女子教育，主张"今宜每保设女学馆一区，公择识字女人为师"；倡导女性争取婚姻自由，还对离婚制度进行了有利于女性的安排，提出具体的保障措施。宋恕成为最早系统探讨女权问题的重要代表。

宋恕是个情感特别丰富的人，相知甚深的陈黻宸这样描述：宋恕见不得别人受苦，走在路上，看到有行乞者，或是被痛苦折磨的妇女，一定同情地上前询问，并倾囊所有进行资助。这个极易共情的青年男子"睫中泪常满，潸潸然终日无断时，或作终夜泣，穿衣枕常湿，或成血"，这是一颗怎样细腻而敏感的心灵啊！

戊戌政变后，宋恕日渐消沉。先是在杭州求是书院任教，后东游日本。回国后任山东学务处议员兼文案、代理山东编译局坐办等，在济南首尾四年。宣统二年（1910）三月六日逝世于瑞安，年仅49岁，终是没能等到辛亥革命的那一天。

1947年，正中书局出版《宋平子评传》。1993年，中华书局出版《宋恕集》，并列入《中国近代人物文集丛书》。

## 游走于学界政界间的陈黻宸

陈黻宸（1859—1917），字介石，晚年改名芾，瑞安人。他的人生轨迹与陈虬有多处重合。22岁加入陈虬牵头创建的求志社；陈虬创办利济医院及学堂时，27岁的陈黻宸也是坚定的支持者，他除了留一些衣食用度外，还把自己开办私塾当老师赚的辛苦钱统统拿出来资助："举其修脯所得，衣食外辄以付陈君，为建造学堂之费。"他俩是志同道合的知己，两人常"夜庐风雨，一灯相对，纵谈古今，悲愤所激，令人不知哀感之何从，古性情中人也"。

与陈虬一样，陈黻宸青年时也以教书谋生，只是他的教书生涯更长久。光绪四年（1878），他考取生员，第二年即在家里创办颍川书塾，培养了外甥林损（国学大师）、侄子陈怀（清史学家）等。光绪十三年（1887）起，他走出瑞安，先后执教于乐清梅溪书院、平阳龙湖书院、永嘉罗山书院，讲授永嘉事功之学，门生数十百人，"皆学成为有用才"（高谊《陈介石先生五十寿序》）。光绪二十四年（1898），他更是走出温州，离开家乡在上海速成教习学堂任教。

首次离家赴沪任教，是因了宋恕的推荐。宋恕非常推崇黄宗羲，评人论事也常以黄宗羲为标准。他赞赏陈黻宸："志趣品行、识解文字，皆近黄宗羲。"

两年后，陈黻宸应聘于杭州养正书塾，并开始与蔡元培等人交往。他传播新思想、新理念，培养了马叙伦、杜士珍、汤尔和等一批得意门生，成为许多青年学子前行路上的"掌灯人"。

光绪二十八年（1902），陈黻宸因学潮离校，之后赴上海应聘主编《新世界学报》。《新世界学报》为半月刊，"以通古今中外学术为目的""取学界中言之新者为主义"，是中国最早的纯学术期刊。这为陈黻宸传播学术思想提供了一个施展的舞台，正是在这里，他被更多的人所看见。从当年9月2日创刊，至次年4月27日，出刊15期。陈黻宸先后发表《经术大同说》《独史》《伦始》《地史原理》《德育》《辟天荒》等文。《经术大同说》后被收入国立中央大学教材《国学概论》中。

学报出版后，在社会上引起较大反响，特别是陈黻宸的文章引人关注。

学务大臣张百熙告诉孙家鼐："余闻东瓯名士有陈介石者，品学纯粹，余观其所著《经术大同说》《独史》《德育》《地史原理》诸篇，辄抚摩不释手，叹为一代绝作。"

教书、办报之余，陈黻宸与陈虬、宋恕一样，仍在努力参加科举考试。办报第二年，他离沪进京，再次参加会试。虽然在科举场上蹉跎多年，从考取生员到考中举人，中间隔了15年；从举人到进士的路又走了10年，但他终究还是三人中的幸运儿，45岁的陈黻宸梦想成真，金榜题名。

光绪二十九年（1903），陈黻宸开启仕宦生涯，授户部贵州司主事。他出众的学识，加上张百熙的赏识，此后在教育界一路"开挂"，每年都有新的任命。

第二年即在京师大学堂（今北京大学）任教，兼充京师编译局编撰，与瑞安同乡黄绍箕同事。第三年任计学馆教习，仍兼京师大学堂教习。旅京浙江学堂成立，被浙人推举为副总理，总理黄绍箕任湖北提学使后，又接任总理，与孙宝瑄一起订立《浙学章程》。第四年秋，浙学堂开学典礼举行后，两广总督岑春煊上奏，调派陈黻宸到粤办理学务，并在奏文中评价他："志操坚卓，器识闳深。平日讲求其乡永嘉经制之学，具有本原，而于西学尤能融澈贯通，非如时流涉猎附会者比。"当年10月，陈黻宸离京赴粤，任两广方言学堂监督，兼两广优级师范学堂教务长。

两广方言学堂是广州最早的外国语高等学校。陈黻宸告诫学生："须知学无中西，惟求有用耳"，他的办学宗旨很明确："要以通达方言之故，俾明异国之情势，非仅习其语言文字而已"（项葆桢《书陈介石师监督两广方言学堂事》）。

作为研究、传播永嘉学派思想的学者，陈黻宸把"经世致用"的理念贯穿于实践中，始终关注实事，努力在政治舞台上发挥积极作用。光绪三十一年（1905）四月，时任军机大臣兼外务部尚书的瞿鸿禨召见他，"询及今天下事"，面谈后，他仍觉不过瘾，又上了洋洋八千余言的条陈，论述立宪的必要性，"以今日而言外交，言内治，惟立宪二字，强于百万之师"，并提出若干具体建议和办法。

宣统元年（1909）陈黻宸当选浙江谘议局议长，在谘议局成立的开幕致辞中，他要求议员"竭力尽心，为民请命，以冀上不负国家，下不负选举"。

在他的主持下，谘议局在商议本省兴革事务、推进立宪运动等方面都发挥了较大作用。《重修浙江通志稿》评价："在专制政体之下，能行使代议职权，而克尽其使命，其成绩固有足多者，首述谘议局。"

辛亥革命后，1913年国会成立，陈黻宸当选众议院议员，兼国立北京大学文科任史学教授，讲授"诸子哲学""中国哲学史"等课程，他是北大讲授中国哲学史的第一人。许德珩、冯友兰、金毓黻等著名人士出其门下。1915年8月，袁世凯图谋复辟时，筹安会派人到北京大学发动师生上书劝进，陈黻宸坚决反对。

冯友兰曾撰文《我在北京大学当学生的时候》（《北大旧事》，陈平原、夏晓虹编，北京大学出版社2009年版），回忆给他上了一年课的陈黻宸：

"他讲的是温州那一带的土话，一般人都听不懂，连好多浙江人也听不懂。他就以笔代口，先把讲稿印出来。上课时候，他登上讲台，一言不发，就用粉笔在黑板上写，写得非常快，学生们抄都来不及。下课铃一响，他把粉笔一扔就走了。妙在他写的跟讲义上所写的，虽然大意相同，但是各成一套，不重复，而且在下课铃响的时候，他恰好写到一个段落。

"最难得的是，他虽不说话，但却是诚心诚意地为学生讲课，真有点像庄子所说的'目击而道存矣'。说话倒成了多余的。他的课我们上了一年，到1916年（注：应为1917年）暑假后我再回北大的时候，听说他已经病死了，同学都很悲伤。"

陈黻宸的去世确实很突然。1917年夏，陈黻宸小弟陈侠生病，他日夜兼程赶回老家探望。7月7日，陈侠病逝，年仅45岁。兄弟情深，陈黻宸悲恸之下一病不起，相距仅20多天后，于7月31日在瑞安病逝，享年59岁。

东瓯三先生均不足花甲之年即谢世，与三人都有交往的北京大学校长蔡元培为陈黻宸作挽联，历数这些年失去的好友，倍感沉痛："数故乡人物渺然，若志三（陈虬），若仲容（孙诒让），若平子（宋恕），死别经年，而今又弱一个；得天下英才而教，在杭州，在广东，在北京，师承作记，相期共有千秋。"

学者蔡元培、沈尹默、张元济、许德珩等全国名流及地方人士690多人以悼诗、挽联送别陈黻宸。章太炎一声长叹："浙东今无人矣！"

## 西行东游看世界

> 六国纵横起宋径，扶摇万里此西行。
> 天将骄敌人嗟乱，世正需材道正亨。
> 海外山中双世界，乘风破浪一书伧。
> 平生别有筹边术，好听声名冠裨瀛。

当陈虬听闻宋恕将随清廷外交使团出访俄、德等四国，口占这首七律为好友送行。他为宋恕能目睹西方列强的真实状况，切实感受其社会经济发展而深感振奋。"海外山中双世界"，闭塞得太久，仿佛已经和其他先进、开放的国家成为两个平行世界，他期待好友能取回民富国强的成功经验。虽然宋恕后来未能成行，但从这首诗中可以看出，对西方国家的好奇、探究、学习之情，是当时进步知识分子普遍的心声。

温州开埠后，随着商品贸易的繁荣和人员往来的频繁，温州通往世界的大门豁然敞开。浙江省近代最早的外语专门学校——瑞安项氏家族于光绪二十二年（1896）创办的瑞安方言馆（外语学校）助力打破语言障碍，越来越多的温州人有机会走出国门，睁眼看世界，了解不同文化间的差异。

# 赴日考察

作为与中国一衣带水的邻邦，日本经过明治维新一跃而为亚洲强国的事实，令国人震惊。特别是甲午海战的惨败，使很多人清醒过来。两国文化相近，应该更有可借鉴之处。当然很重要的一点，两国邻近，从上海至日本，海上航行只需两天，省时省钱。因此一批怀抱救国理想的知识分子首选日本作为考察学习的目的地。

在清末赴日考察的温州人中，黄庆澄是较早的一位。黄庆澄（1863—1904），原名炳达，字钦敬，改字源初（或作愚初），平阳县钱库（今属苍南县）人。光绪十五年（1889）于上海梅溪书院任教习，热衷于西学研究，且有出洋游学的意愿，为当朝要员沈秉成所赏识，举荐赴日本考察。

光绪十九年（1893）五月初四，30岁的黄庆澄搭乘日本三菱公司神户丸号轮船从上海出发，出吴淞口，过黑水洋，"是日晴曦照耀，波平如镜。入夜寒月近人，娟然可爱。澄心远眺，天风泠泠，万籁俱寂。海上移情，不图于今日遇之。"兴奋之情跃然纸上。初六抵达长崎。

在日本两个月期间，黄庆澄游览东京、西京、奈良、长崎、神户、大阪、横滨等七大城市，参观各地名胜，考察民情民俗，并接触各界人士七八十人。由于语言不通，他只能通过笔谈的方式与对方交流，有时问答回复写满十几张纸。在长崎寻常师范学校，他见到了早就听说却无处觅购的几何教具，颇为惊喜。

在一次次的观察、交流中，黄庆澄叹服日本明治维新领导人是"豪杰谋国"，赞赏其"洞烛外情，知己知彼，甘以其国为孤注，而拼付一掷"的精神。他思考着中国的未来之路：必须向西方学习，学习一切可以纠正我们弊端的知识，包括政治制度、军事科技、天文地理等，而且要坚定地越早实行越好，"勿以难能而馁其气，勿以小挫而失其机，勿以空言而贻迂执者口实，勿以轻信而假浮躁者以事权事。"字里行间洋溢着改良兴国的热忱。

回国后黄庆澄著《东游日记》一书，老师孙诒让为他作序。孙诒让深切体会到黄庆澄的拳拳之心："愚初之行也，盖欲诹其政俗得失，以上裨国家安攘之略。"

"今之世界，一通商世界，亦一机轮火器世界。"黄庆澄痛感科学不兴是国家贫弱落后的重要原因，此后他全力投身温州的数学教育，创办数学刊物，撰写数学专著，温州成为数学家之乡有他的奠基之功。

在黄庆澄赴日考察11年后，又一位平阳老乡踏上了东瀛的土地。

"少不如人壮志虚，名场困我廿年余。此行聊补蹉跎憾，敢贩新闻当著书？"光绪三十年（1904）八月十六日，刘绍宽乘法国轮船东渡日本，赋诗感怀。

刘绍宽（1867—1942），字次饶，号厚庄，平阳县白沙刘店（今属苍南县）人。温州著名教育家。光绪二十四年（1898）赴京参加会试，正值戊戌变法年，途经上海，得以结识陈虬、宋恕，在京拜见同乡前辈黄绍箕、徐定超等，思想大受洗礼，用学生王理孚的话说，"刺激殊深，浩然有当世之志"。四年后任龙湖书院山长，翌年又入上海震旦学院就学于马相伯。当时新学初兴，平阳筹办县学堂，刘绍宽与陈子蕃任中文教任。为了办好学校，培养栋梁之材，两人决定自筹经费赴日考察。

从八月出发，到十月返国，两人此番行程共70日。刘绍宽自述："足迹大半在于东京，而于西京、大阪、北海道未能一涉。良由落拓书生，交游素尠，无钱财以恣远游，无权贵以通声气，徒以热肠忧国，无事可为，自分于教育一途稍竭智虑，庶于国民分子略有补救。"

当时，中国科举制改革迫在眉睫，新式学堂越来越多，但是教科书很不完备，没有统一规范的要求，刘绍宽在考察中对此极为关注，购买中小学课本二十余种。他了解到教科书的编纂需要考虑儿童的年龄和心理特点，以及教授的时间："始悉课本编纂之法，须按儿童之年龄与其心理，兼审教授之时间，以为编制。"他们还随堂听课，学习新奇的实物教学法，大开眼界。从幼稚园、小学、中学、师范、专科学校直至东京帝国大学，以及博物馆、图书馆等都是他们考察访问的对象。

回国后，刘绍宽写成《东瀛观学记》，对日本的学校管理、学科开设、教学内容、教学方法以及社会重视教育的情况，都有非常详细的记载。热心为之作序的依然是孙诒让。

"余此后从事教育，皆基于此行"，日本之行对刘绍宽影响很大，此后他全身心致力于教育事业。先是协助孙诒让开办温处学务分处，统摄温州、丽水的教育事项，这是他"为教育服务于温州全郡之始"。次年担任温州府中学堂监督，开始大刀阔斧地进行改革。此时科举制度已废除，新旧交替之际尤为混乱。他力矫学风，整顿教务，严肃校规。陆续制定了一整套学校规章，定名为《温州府官立中学堂暂定章程》，内容包括"立学总则""学科程度""功课试验""职员权限"等26章，"不仅在温州为首创，即使全国亦不多见，为温州中学历史上依法治校奠定了基础"（郭绍震《刘绍宽对省立十中的贡献》）。同时改变过去教习由各县遴选的做法，"改选为聘"，聘请名师执教，提高教学质量。他还自编教材和讲义，如《新编国文教科书》《管理法》《国文教授法》等，供教师教学之用。"归来主郡校，生徒满东瓯"成为他教育生涯中最大的安慰。后人誉之为"浙南学界的爝火"。

## 东瀛留学

出国留学成为时代热潮。早在清道光二十七年（1847），容闳、黄胜、黄宽三人赴美留学，揭开近代中国留洋求学的序幕。但由于清政府财力不支，加上留学生剪发易服的行为令当局不满，留美计划半途夭折。直到清末新政时期，留学热潮再起，这次人们将目光投注到"路近、文同、时短、费省"的日本。光绪二十二年（1896），清廷派遣首批留日学生13人。以后逐年增加，10年后已达8000名。在留学日本的热潮中，浙江表现得尤为亮眼，如光绪二十八年（1902）派出的500名留日学生中，浙籍学生占五分之一，并组织同乡会，出版鼓吹革命的杂志《浙江潮》。

据研究者张小宇统计，清末至民国时期（1898—1945），温州留日学生共512人。龙湾王鸿年、乐清石铎、平阳陈蔚等是温州早期考取官费的留学生。据《浙江潮》所刊《浙江同乡会东京题名》和清国留学生会馆多次编辑的《报告》统计，光绪二十四年（1898）至光绪三十年（1904），温州留日学生六年间共计63人，所学专业以军事为多，其次为速成师范、工程及法政、理财、农科等，约略可见这一阶段留日学生的主要倾向（胡珠生《温州近代史》，辽宁人民出版社2000年版）。

光绪三十一年（1905），清政府废除科举制后，开始对学成归来的留学生进行考试。当年七月举行了第一次归国留学生考试，考试内容按理化、经史命题，通过考试的学生获得文凭和官职奖励。此后至民国建立前的七年间，温州赴日留学生持续激增，达224位。

王鸿年是温州最早的留学生之一。王鸿年（1870—1946），字世玙，号鲁璠，永嘉（今龙湾永强）人。28岁考入湖北武备学堂，却因议论时政得罪权贵，不得已于翌年避往日本。当年九月以使馆官费考入东京帝国大学法科。

当时学政法是留学生中颇为热门的选择，通过数年学习成为通晓日语又掌握政治法律知识的专门人才。王鸿年学成归来后参加了光绪三十二年（1906）清廷举行的第二次留学生考试。主考官由第一批留学生詹天佑、严复、唐绍仪等担任，共录取32人。王鸿年考取法政科举人，以内阁中书任用，供职学部兼京师大学堂译学馆教席。

民国成立后，王鸿年开启了不同凡响的外交生涯。他曾任驻日公使馆一等秘书、驻日公使馆参事官、代理驻日全权公使、驻苏远东共和国外交代表兼驻赤塔总领事、外交部参事、外交部俄文法政专门学校校长、驻日本横滨总领事等职，在对日、对苏的外交事务中发挥了重要作用。

1920年8月著名的"庙街交涉"案中，就留下了王鸿年的人生轨迹。庙街（尼古拉耶夫斯克）本属中国，1850年被沙俄强占。地处苏俄鞑靼海峡萨哈林附近，中日侨商众多。正值十月革命胜利不久，苏俄面临的政治形势和国际形势都很复杂。当时驻扎在庙街的有日本军队，也有中国北洋政府的海军。日军同苏俄红军发生冲突，日军及侨民损失惨重。日本政府于是派战舰开赴庙街，且断定苏军的大炮来自中国舰队支援。中日双方舰队海上对峙，情势一触即发。王鸿年奉命代表外交部，会同海军、参谋两部组成交涉团，赶往现场处理。在王鸿年等人的多方努力下，挫败了日本企图挑起战争的阴谋，最终一场风波得以化解。王鸿年受到外交部的奖励，晋授二等嘉禾章，并调任驻日使馆参事官，代理驻日全权公使。

1921年11月王鸿年赴华盛顿参加太平洋九国会议，任专门委员。会议期间在收回胶州湾主权方面积极斡旋，成效显著，获三等文虎勋章。

抗日战争爆发后，日寇侵占华北，多方诱胁寓居北京的王鸿年为他们工作。王鸿年称病坚决拒绝，闭户八年。获知日本投降的消息后，他心情激动地赋诗志捷："八年息影故都城，老眼欣教见太平。"可惜这年冬，王鸿年即病逝北平。

著述宏富的王鸿年，在国内法学领域多具有开拓意义。1902年出版的《宪法法理要义》是中国最早的宪法学著作；《内阁制度刍议》对研究我国近代法制史，特别是民国时期法制史有重要意义，对我国法律制定也有借鉴作用。

留日归来的年轻人意气风发，为社会发展带来了一股强劲的力量，他们在国内多个领域都具有奠基、开拓之功。近代农学奠基人是瑞安望族许氏子弟。许家在瑞安城里开有"许太和"酒坊，挣下丰厚家业，传至许黼宸（孙锵鸣家庭教师），思想开明，见识高远。他身边仅留一子，斥巨资将其余五子送往日本留学深造，各个学有所成，人称"太和五杰"，其中最优秀的是次子许璇，被誉为近代中国农学奠基人。

许璇（1876—1934），字叔玑，考中公费留学生时已30岁，东渡日本弃文从农。先是入读日本京都第三高等学校，毕业后又考入帝国大学农科。他毕业回乡时受乡人委托，将"温州无核蜜柑"的果苗从日本带回。回国后任北京农业大学校长、浙江大学农业院院长、中华农学会会长等职。他最早开设农业经济、农村合作和粮食问题等课程，提出"熔学术教育与农村事业于一炉"的教育方针，创建农村建设实验区，毕生为农业教育事业作出卓越贡献。

有件事值得一记。许璇在浙江大学农学院院长任上时，上司以当地特产火腿应加强改进为由，要求农学院设立"火腿系"，许璇未予置理。上司对不听招呼的许璇很不满，许璇愤而辞职。校方又委派林学家梁希继任院长，梁希也拒不接受，同院教授60余人群起支援，集体辞职。这是当年农学界的一件大事。

金融专业的留日学生徐寄庼叱咤金融领域四十余年，成为上海金融界巨子。徐寄庼（1882—1956），名陈冕，字寄庼，以字行，永嘉（今温州城区）人。光绪三十年（1904）从杭州高等师范学堂毕业后东渡日本，先后入东京同文书院学习日语、山口高等商业学校（日本最早设立的官办三所高等商业学校之一）学习金融。回国后于1914年开始从事金融工作，先后担任过中国银行、交通银行、垦业银行、通易信托公司等多家金融机构董事，还曾一度代理中央银行总裁。

1917年徐寄庼任职浙江兴业银行，历任副经理、协理、常务董事、董事长等职，倡导准备金实行百分之百的现金，使浙江兴业银行信用大增，历时十年，存款额为全国商业银行之冠。同年他还与张嘉璈等人发起创办了上海银行公会机关报《银行周报》，并提议组织周报委员会，集体主持报务工作。这也是近代中国最早的金融专业刊物。他连任五届委员会委员，担任轮值主席，在周报上发表了大量文章。殊为难得的是，《银行周报》连续发行33年，直到1950年3月停刊，每周发行一期，从未间断。周报对上海金融界乃至中国金融业的良性发展，都起到了不可忽视的作用。

作为近代上海金融事业发展的亲历者、实践者，徐寄庼撰写了《最近上海金融史》一书，1926年由商务印书馆出版，反映了上海金融发展的历程。该书一版再版，深受读者欢迎，至今仍是研究中国近代金融特别是民国金融货币史的必读书。

徐寄庼在上海商界具有不一般的影响力，各方推重长期担任上海市商会领袖，与常务监事上海滩大亨杜月笙关系密切。1947年《工商新闻》第12期工商界人物志专栏刊发《金融领袖徐寄庼的生平》，显见其"金融领袖"的地位众所公认。

怀乡不恋土似乎是温州人的特点，远离故土却始终对家乡怀有很深的情结。徐寄庼长年担任温州旅沪同乡会副会长、名誉理事长，为家乡发展尽心竭力。出资捐助永嘉新学会，为名人书画展筹募基金；家乡遇荒年，又发起成立永嘉米荒救济委员会，筹集救济经费达20万元。诸如此类，不胜枚举。当然他也乐于发挥自己在金融领域的特长，1919年参与发起创办温州第一家商业银行——瓯海银行；1923年又与黄群等人一起主持筹备瓯海实业银行，并担任董事长；1935年7月作为温州商业银行股份有限公司发起人之一，任董事长。

比徐寄庼小一岁的黄群，身兼政治家、实业家和文化人多重身份，也是日本留学生。黄群（1883—1945），原字旭初，后改字溯初。永嘉（今温州城区）人。他和徐寄庼是终生的密友。光绪二十三年（1897）两人同考县学，七年后又同赴日本。黄群入读早稻田大学学习政治。学成归国后任教湖北法政学堂。民国成立后当选为第一届国会众议院议员。反对袁世凯实行帝制，积极参加反袁护国战争。后投身实业，涉足国计民生的多个领域，在上海、南通、温州等地先后创办信托公司、纱厂、瓯海实业银行、东瓯电话公司等，是温州城市近代化最重要的推动者之一。同时他不忘文化人的本色，积极倡办家乡文教事业，捐助成立温州师范学校、瓯海医院等，搜集乡贤遗著，校印《敬乡楼丛书》共四辑二十八种七十八册，促成温州文化界的一大盛事。1967年香港《大华》杂志发表署名文章说："综黄溯初先生一生，既是银行家又是政治家、谋略家、革命家、报界先进、爱国者、诗人，诚不愧中国近代大人物。"

特别值得一提的是，黄群和徐寄庼共同促成著名的"高陶事件"，使汪日密约大白天下，轰动世界。"高"是温州乐清人高宗武（1906—1994），也是留日学生，归国后于1935年出任民国政府外交部亚洲司司长，是1934年到1939年间中国对日外交的主要参与者和见证人。他与北大教授陶希圣赞成汪精卫"和平运动"的主张，参与"汪日密约"的谈判。但当他们发现日方的真正意图时，幡然悔悟，希望脱离汪精卫集团。危难时刻，是温州同乡黄群与徐寄庼商议，必须设法使高宗武脱离汪伪组织。徐寄庼思来想去，认为只有杜月笙有此能力。于是联系已在香港的杜月笙，再由杜月笙与黄群同赴重庆，面见蒋介石进行汇报。《蒋介石日记》中也记录了此事。1940年1月2日，高陶二人在杜月笙、万墨林的救援下，悄然登上驶往香港的轮船。当月22日香港《大公报》发表了卖国条约的全文。此事不啻为一枚重磅炸弹，惊天巨响中，炸醒了全国人民，坚定了全国人民抗日的决心。

## 远赴欧美

在清末民初的留学热潮中，除了大批赴日求学的年轻人外，还有少数留学生赴欧美等国，他们一般都是家境优裕的子弟，才能承担得起不菲的留学费用。在那些世界名校里，他们接触到了最先进的思想理念和科学知识，学成归来报效家国，他们所产生的影响绝不仅仅局限于一地一时。

人称"洋状元"的项骧来自瑞安名门项家。项骧（1880—1944），字传臣，号微尘。早年就读于族叔项湘藻、项芳兰创办的瑞安方言馆，打下了日语和英语的基础。光绪二十七年（1901），考入上海南洋公学人才济济的特班，与于右任、李叔同、黄炎培等成为同学。谁知还不到两年，南洋公学发生罢课风潮，思想激进的特班学生被集体开除。24岁的项骧发起在上海徐家汇创办震旦学院（复旦大学的前身），起草了《震旦学院章程》，并诚邀比自己大40岁的前辈马相伯"主之"。这是中国第一所私立大学。

两年后，在族叔项湘藻资助下，项骧赴美国哥伦比亚大学深造。获政治经济学硕士学位后归国。宣统元年（1909），在清廷举办的留学生考试中，项骧获殿试第一名，被誉为"洋状元"，授官职翰林编修、参议厅行走。

此后项骧在金融财政领域崭露头角，相继担任北洋政府财政部首席参事、财政部次长等职，兼理部务和盐务署稽核总办。手握实权的项骧拟定了金本位制，即国际上以黄金作为一般等价物的货币制度，这是中国货币制具有划时代意义的改革。在国际关税会议上，他不畏强国气势，力争关税自主，维护了民族尊严和国家主权。总揽全国盐务时，他清廉自守，公私分明，所管盐务有条不紊，全年盐税收入数亿元，深得舆论称赞。

1924年直系将领冯玉祥发动北京政变，次年项骧解职回乡，从此以诗文自娱。1944年11月，瑞安沦陷，忧愤之下，项骧中风瘫痪，为免落入日军之手受辱，年过花甲的项骧毅然绝食而逝。《阵中日报》刊发报道《革命先进项骧绝食逝世》，痛惜"国丧耆旧，乡失导师"。

项骧应该是最早在美国哥伦比亚大学读书的温州留学生，此后有不少温州老乡都成了他的校友。如永嘉（今温州城区）人姜琦（1886—1951），早年毕业于日本东京高等师范学校，后由教育部选派赴美，入哥伦比亚大学深造，1925年夏获硕士学位。他一生致力于教育，回国后在浙江、安徽、福建、湖北、台湾等地任职，主要教育著作多达二十余部，其中1921年出版的《西洋教育史大纲》是最早介绍国外教育的专著。

还有永嘉（今温州城区）人刘廷芳（1891—1947），毕业于上海圣约翰大学，后在美国哥伦比亚大学获教育与心理学博士学位，还于耶鲁大学神学院取得神学学士学位。回国后受司徒雷登之邀任燕京大学神学院院长。1925年，他以燕大神学院院长兼牧师身份主持孙中山逝世祭吊仪式，宣读悼文《请看吧，这里来了个白天做梦人》，情文并茂，收录于美国出版的《世界名人演讲录》。他是中国心理学创始人之一，创办了燕京大学心理学系，促进心理测验在中国推广。

赴德国留学的人数很少，潘怀素是其中的佼佼者。潘怀素（1894—1978），原名潘莊，字思白，先是留学日本攻读政法，还曾参加郭沫若与成仿吾创办的"创造社"。后留学德国，获得的却是柏林大学经济学博士学位。潘怀素一生不断跨专业，都能成功转型，可见天资过人。他回国后任《晨报》记者，翻译出书，还多年兼任北京、燕京、中山、安徽大学教授。晚年又致力于中国古典乐律研究，出版专著《敦煌琵琶解读研究》，为进一步探索隋唐燕乐的流变提供了极其宝贵的资料。

30岁负笈求学的伍献文是留学法国的杰出代表。伍献文（1900—1985），字显闻，瑞安人。中国鱼类分类学、形态学、生理学和水生生物学的奠基人之一，中国海洋与湖泊科考先驱。1929年赴法国留学，三年后取得巴黎大学科学博士学位。回国后参加中央研究院国立自然历史博物馆动物学部工作。1948年当选为中央研究院院士。著有七十余万字的《中国鲤科鱼类志》（上下卷），系统描述了我国鲤科鱼类113属412种，是研究全世界鲤科鱼类的重要资料。

留学英国的夏鼐后来成为中国现代考古学奠基人，平生获得七个国家（地区）的院士称号，令人惊叹。夏鼐（1910—1985），原名作铭，永嘉（今温州城区）人。1935年清华大学毕业后，赴英国伦敦大学留学，师从著名考古学家格兰威尔教授。求学期间，参加当时代表世界先进水平的英格兰坦彻斯特地区梅登堡山城遗址、埃及艾尔曼特遗址和巴勒斯坦杜隶尔遗址的考古发掘。这为他后来主持河南辉县车马坑遗址、北京定陵、湖南马王堆汉墓、广东南越王墓、河南偃师尸乡沟商城遗址等重要发掘，奠定了扎实的专业基础。从事考古研究工作长达半世纪的夏鼐，历任中国社会科学院考古研究所所长、中国社会科学院副院长。分别获得中国科学院、英国学术院、德意志考古研究所、意大利远东研究所、瑞典皇家文学历史考古科学院、美国国家科学院、第三世界科学院等院士头衔，人称"七国院士"。

# 工商金融并驾齐驱

五马街是温州的招牌,号称"温州第一街"。

街道并不长,从东走到西,不过 400 米。路面也不宽,南北相距 12 米。1934 年前更加狭窄,仅 6 米。不过这样的格局可能反而利于人气集聚,商业兴旺。从古至今,五马街都是温州老城的商业中心。特别是清末民初,店铺林立,商贾云集,绸布庄、百货店、铜锡器皿行、中西药店、钱庄,一家挨着一家。一幢幢两三层的砖木小楼与中西合璧的洋楼并肩携手,把这里聚成了城区的黄金宝地。

与五马街相连的解放街、纱帽河一带,同样矗立着一排排充满西式风情又内含中式气质的各式洋楼,或是当年时尚亮丽的商行店面,或是高大气派的私家豪宅。那一砖一瓦间,青石灰塑上,都沉淀着温州近代民族工商业崛起的荣光。

## 五马街上最高的建筑

三层楼高的"许云章",曾经是五马街上最高的建筑。早年,温州街坊曾流传一句话:吃爽叶德昌,穿爽许云章,生好徐德昌。

"许云章"绸布店是五马街上崛起的第一座三层洋房 选自黄瑞庚主编《温州老照片》

"叶德昌"指的是小南门街的叶德昌南北货店，清道光年间的老字号，在温州南北货行业中堪称老大；"徐德昌"是五马街的一家绸布店，当年的青石招牌如今还被温州博物馆收藏，其"生好"之名，据说是因为徐家男的潇洒女的漂亮，个个"生好"；而"许云章"，则是民国时期温州响当当的商业招牌——许漱玉开设在五马街的绸布店。

许漱玉（1880—1967），名云章，以字行，瑞安人。光绪十八年（1892），13岁的少年挑着行李，乘坐塘河上的夜航船，来到温州城寻找谋生之路。他先是在益大布店当学徒，三年满师后当店员，老板常派他到上海进货。后来因擅作主张进了一批削价的布料和老板产生矛盾，18岁就出来单干，做布料生意，经常往返于温沪航线。四年后稍有积蓄，在五马街曹仙巷租房开起了许云章绸布店。由于他诚信经营，又肯动脑筋，生意兴隆，至1919年已经积下了一笔财富，买下老店面左右两侧的十间平屋。

常跑上海滩的许漱玉见过世面，出手不凡。他仿照上海南京路"老九承"绸布店样式进行改建。五马街上首次崛起了一座三层洋楼，据文献记载："其高三层，坚致华丽，其上下梯级皆水门汀筑成，左右扶栏均以铁铸，玲珑轻巧，登最上层一望，全城在目。"三楼门楣上镶嵌的"许云章"三个大字，远远就能看到，颇有上海大店的气派。店面除了经营原有的绸缎生意外，还增加了洋货经营。开业之时，轰动全城。

1925年许漱玉决定扩大百货经营，买下西首一片破屋，拆建改造成钢筋水泥的四层楼房，建筑考究，细节精美，耗时两年才完工。这座商场被命名为"博瓯"，成为温州百货业的龙头，与温州绸布业龙头"许云章"双峙于五马街，再次轰动温州城。

有样学样，五马街上的商家纷纷开始改造自家店面，一幢幢洋房拔地而起，形成了今天西式建筑一条街的景观。

雄心勃勃的许漱玉谋划了更大的蓝图。1933年他买下"许云章""博瓯"两店后面的旧房三十间，建起一座钢筋水泥楼房，将两店连为一体。立面以几何造型作为装饰，简约大气，装潢考究，柱端及屋顶堆砌花纹。沿街店面加高至五层，"更上一层楼"，依然保持了五马街最高建筑的纪录。外地客商赞叹："杭州、宁波、金华等地，未见有如此雄伟之建筑。"这幢建筑经受住了炮火的考验。1944年，温州第三次沦陷时，楼房被日机炸弹击中，但因设计周密，材质坚固，伤损甚微。

许漱玉苦心经营，打造出了浙南闽北最大的综合性商场"云章博瓯万物联合大市场"，一二层集日用百货、钟表、茶座、餐馆等为一体，三四层建影剧院"中央大戏院"，是温州第一家新兴的影剧院。三楼剧院空余场地通过招标方式，由青田归侨陈建南办起了专营西餐的"意大利餐馆"，生意一度非常火爆。四楼平台还设立了茶室，供应当时罕见的沪产汽水、啤酒、蛋糕等。商场经营范围之广，规模之大，俨然就是今天的商业综合体，创造了温州商业的奇迹，在浙江也称得上首屈一指。

为了提升服务质量，许漱玉雇用了会讲英语的店员，接待外国客户。他还鼓励店员学会讲多种方言，他自己就在经商实践中学会了闽南话、上海话、北京话等，与各地客户交流游刃有余。除了"云博"商场外，许漱玉还拥有织布厂、钱庄等系列产业，并在上海开设了两家洋货行，实力相当雄厚。

许漱玉是善于学习、灵活变通的温州商人的典型代表。重商文化一直是温州区域文化的特色,在温州开埠的大背景下,一代新商人成长起来,他们头脑灵活,善于吸收新鲜事物,敏锐捕捉商机,迅速扩大经营渠道。至二十世纪二三十年代,温州商业已有了较大发展,绸布业有许云章、怡大、锦纶、协润、金三益等70余家,百货业有博瓯、广仁昌等30余家,颜料10余家,西药7家,中药90余家。许漱玉成为跨绸布业、百货业的双料大佬。

## 从小裁缝到发明家

在商业发展的同时,民族工业也开始起步,茶厂、棉织厂、印刷厂、肥皂厂、花席厂等出现在城区的各个角落,至抗战前夕温州民族工商业已初具规模,成为浙江省仅次于杭州、宁波的重要工商业城市。至1942年,市区大小工业达500余家,资本总额约2000万元,年度总产值为8500万余元。

很多企业的创办者都和许漱玉一样,学徒出身,白手起家,凭借着自己的聪明才智一步步打拼出一片天地。

从小裁缝到发明家的工业巨子李毓蒙,其经历也颇具传奇色彩。他发明了我国第一台弹棉机,最早在浙南大地创办机器制造厂,最早申报产品发明专利和注册商标,最早在外埠开设连锁企业……谁能想到,作出如此创举的是一个只读过两年书的穷人家孩子?

李毓蒙(1891—1961),字步号,瑞安东山乡(现属城关镇)车头村人。幼年丧父,家境贫寒,靠母亲做女佣的微薄收入维持家用。少时仅读过两年蒙馆,13岁就在瑞安城内学做裁缝。他动手能力强,富有创造性。学裁缝时,模仿古宫殿脊檐龙凤的姿态,创造出"龙凤盘纽"点缀在新娘的嫁衣上,令同行师辈啧啧赞叹。

18岁那年,李毓蒙出师回老家开了一间裁缝铺,由于天天与棉布、棉线、棉絮打交道,他萌发了一个念头——制造一种机械,将弹棉郎从繁重的劳动中解脱出来。

说干就干,行动力很强的李毓蒙为此投入了很多成本,甚至卖掉祖传的三亩薄田，无钱买木料，竟把自己住房板壁拆下来。他四处拜师，学习绘制机械图纸，几度累倒、生病。在希望和失望的反复循环中，他单枪匹马坚持了八年，终于研制出一台弹棉机。

"这机器真好，比手工弹棉工效提高十多倍"，经过试验，众人赞不绝口。这是我国第一台铁木结构弹棉机，成本低，使用方便。李毓蒙动了办工厂的念头，可开办这么一间工厂至少需要 800 银元。他到处求助，宣讲弹棉机的好处，好巧不巧，就在码头遇到返乡省亲的"洋状元"项骧。项骧被小伙子的执着打动，经过一番考察后，慨然资助，于是东山毓蒙弹棉机器厂就在村里办起来了。

李毓蒙念私塾时的同窗项沅同，留学日本回国后，听说李毓蒙发明弹棉机的事，前去道贺并提醒他：按国外做法，发明要申请专利，产品还应有注册商标。这样，别人就不能生产相同结构原理的弹棉机了。李毓蒙听从他的指点，给弹棉机取了个好听的名字："双麒麟"。

1922 年春，李毓蒙携样机和商标图赴北京向农商部申请专利权和注册商标，在乡贤项骧和林大间（农商部司长）等鼎力支持下，一举成功。家乡父老闻讯后，敲锣打鼓，鸣放鞭炮，还专门放映了一部无声电影以示庆贺。

当年，工厂就发展到 50 余人，年产弹棉机达 200 余台，此后产品又相继获上海国货展览会、杭州西湖博览会奖，声名鹊起，并开始试制内燃机、碾米机等。

1924 年，李毓蒙在上海南市开设毓蒙弹棉机器发行所，产品销路大开。第二年集资在温州小南门外创办毓蒙铁工厂（温州冶金厂前身），厂房面积达 2000 平方米，设有金工、铸造、锻造、木型等大小车间，职工由 30 人发展到百余人，产品主要有内燃机、碾米机、切面机和锯板机等，是浙南地区创办最早的一家铁工厂。

李毓蒙不断向外布局。由于弹棉机产品新、质量好，不仅销遍浙江全省，还销往闽、苏、赣、皖诸邻省，市场上甚至出现不少仿冒产品。1933 年，为解决市场乱象，李毓蒙联合瑞安几家弹棉机生产小厂，在上海成立毓蒙联华公司，亲任总经理。很快年销量突破 500 台，还推销砻谷机 250 台，销售额达数十万银元。1936年，李毓蒙又看准湖北市场，创办汉阳毓蒙联华分厂，第一年弹棉机销量达700多台，超过上海公司的销售量，翌年企业员工发展至近200人，销量达1400多台。

抗日战争期间，李毓蒙带领数百员工随上海厂迁至云和、丽水，并在当地创办浙江铁工厂和浙江工具厂。汉阳分厂也内迁至四川开办重庆分厂。1941年，他又在湖南衡阳创办毓蒙联华分厂，后在湘潭等地设立六个分厂。

虽然这一时期李毓蒙资产损失惨重，但他还是凭着自己不服输的劲头，熬过了最艰难的日子。抗战胜利后，他重整旗鼓，很快在武汉开办毓蒙联华分厂、大中棉机制造厂等，在上海开办毓蒙棉机厂。

贫苦出身的李毓蒙赚了钱，不忘回馈家乡父老。1937年他在瑞安东山创办私立毓蒙小学，不收学杂费，办学经费统统由自己的企业承担。学校一直办到新中国成立后由人民政府接收，后改为东山中心小学。1942年他在东山创办一所五年制私立毓蒙工业职业中学，增设机构学、机械制图、工场实习等学科。五年后学生就增至400多人。1946年该校迁至温州西郊太平寺，改为旧温属六县联立工业学校。1948年下半年再改为浙江省立高级工业学校，后迁往杭州，并入浙江化工学校（今浙江工业大学）。这所学校培养了众多的工业技术人才，为温州发展、国家建设作出重要贡献。老校友、原镇海石油化厂（浙江炼油厂）总工陈润斌说："毓蒙工校是温州培养工程技术人员的摇篮，我在母校学了机械制图、材料力学、内燃机原理、高等数学等学科，为后来进一步的深造奠定了坚实的基础。"

为筹集办学经费，李毓蒙殚精竭虑。他50岁生日时，得知不少学徒亲友准备为他祝寿，于是将自己照片洗印数百张，在背面题了一首打油诗："毓蒙颠颠五十春，学校经费时常空。请君稍助一点力，培植人才各为功。"收到照片的人，为他的精神感动，纷纷解囊，帮助学校度过危机。

这位一生简朴的温州工业界巨子，逝世多年后，家乡人民依然感念他为温州工业发展作出的卓越贡献。当年他创办的工业职业学校旧址，建造起"毓蒙亭"，原毓蒙联华总厂旧址建起"李毓蒙先生纪念馆"，于2000年7月正式对公众开放。

## 与外企打赢首场商标官司

有不少实业家其实原先是从商业起步。大名鼎鼎的实业家吴百亨最早就是靠开在五马街的西药店赚取了人生中的第一桶金。

吴百亨(1894—1974),祖籍乐清,出生于永嘉县城(今温州鹿城区)。7岁丧母,因继母是基督教徒,10岁时进入花园巷教会办的崇真小学读了三年书,学了些英文。后去农村替人牧牛,做帮工。17岁到温州一家西药房当学徒,刻苦自学调剂学、药理学和外文等,一干就是10年。这个个子高高、踏实上进、聪明伶俐的小伙子深得邻居、前清进士陈幼农的赏识,于是招为女婿。

婚后陈家资助三千元,吴百亨自立门户,在五马街开办西药房"百亨药房"。发售成药及配方西药,还自制"血之母"补血药和"除虫剂"等药品,几年经营就积累了万余元资金。

1925年前后,经历五四运动和五卅惨案之后,实业救国的呼声一浪高过一浪。吴百亨从百亨药房自制新药获利较厚的经验中,也体会到办实业更有意义。

此时我国乳品工业还是空白,几乎被英国英瑞公司出品的"飞鹰牌"炼乳垄断了市场。五马街上"五味和"代理的"飞鹰牌"炼乳热销,大量钱财源源流入英商腰包。吴百亨经过一番市场调查,认为温州奶源丰富,决心试制炼乳。

此后,吴百亨将全副精力都倾注到了研制炼乳产品上。经过近一年的努力,多次试验,吴百亨最后借鉴制成药的方法,用熏烫蒸发法炼制,加上温州水牛奶的固有品质,生产出的炼乳蛋白质含量高,奶香味好,与飞鹰牌炼乳相比毫不逊色。随后,他在瑞安创办了我国第一家炼乳厂,取名"百好",意为"百事皆好",温州话中又同"百亨"谐音。

炼乳厂得到了化学专家马味仲的支持。马味仲出身于温州著名的书香世家——百里坊马氏家族,1922年毕业于日本东京工业大学,应邀担任炼乳厂厂长。他在书画方面也很有造诣,帮助吴百亨共同设计了品牌商标。

经商多年的吴百亨已很有商标意识。经过反复推敲，最后确定了"白日擒雕"的图案。如此设计，自有深意，他曾在回忆录中写道：擒雕图案以人手擒雕于烈日之下，红光四射，雕向左右展翼，这样既可利用鹰牌的商誉，又含有与鹰牌竞争的意思。雕和鹰同属猛禽类，设计用手"擒雕"，也含有不许这只外来"苍鹰"在中国市场上飞翔之意。

吴百亨请了律师向南京国民政府商标局申请商标注册，经审定后，获得"擒雕牌"炼乳商标注册证。1926年秋天，工厂正式投产后，果真万事如意。产品受到消费者欢迎，在1929年的中华国货展览会上荣获一等奖，1930年又荣获西湖博览会特等奖。"擒雕"炼乳名声远扬，不仅在温州热卖，更销往上海、宁波、福州、厦门等地。

眼看"擒雕"成了"飞鹰"的劲敌，英国公司很不甘心，双方展开了一场旷日持久的商战。

先是打商标战。英国公司向南京国民政府商标局提出申诉："擒雕"商标系仿冒"飞鹰"，应予撤销。吴百亨对此指控早有准备。因为他去登记注册商标时，正值商标注册局发出通告，要求所有外商曾在北洋政府时请准的商标，必须六个月内，重新向南京政府登记，否则无效。百好厂申请注册的商标公布六个月内，无人提出异议，于是领到了商标注册证。百好厂反驳的理由很充分，还以先注册登记为由，反要求撤销飞鹰商标。1929年，商标局认定英瑞公司的申诉不成立。英瑞公司不服再次起诉，1930年商标局新的判定下来，维持原评定。这是我国历史上中国企业与外商在自主知识产权纠纷案中第一例胜诉的案件，大长了民族工业的志气。

接着是一场价格战。英瑞公司以低价倾销的方式企图碾压"擒雕"，吴百亨奋起应战，同样降价。"飞鹰"的销量大，这一降价，损失远远超过"擒雕"。几个月后，价格战就偃旗息鼓了。

还有收买战。1931年，英瑞公司派人游说，欲以10万银元收购"擒雕"牌商标权。吴百亨严词拒绝："我办'百好'，是为兴办国货，不单是为了金钱，擒雕商标权我决不出卖。"

最后是声誉战，英商企图以质量问题打击百好厂的声誉。1933年，英瑞公司抓住"擒雕"炼乳土法炼制久存容易变质的弱点，借福州一家洋行购买了一千多箱"擒雕牌"炼乳，有意放到变质后再运到市场销售。吴百亨闻讯后立刻派会计前往福州，忍痛以近两万元的代价，回购所有变质产品，并沉入福州港。虽然遭受了巨大的经济损失，此举却轰动福州工商界，百好的声誉如日中天。

此后，吴百亨进军多个领域，相继兴建了西山窑业厂、西山造纸厂、远东蛋粉厂等企业，还投资兴办化工厂、蜡纸厂以及试制平面玻璃等。1943年成功生产出了中国第一块釉面砖，填补了当时国内行业空白，成为中国现代建筑陶瓷的发祥地。1954年向朝鲜出口产品。

经过多年滚雪球似的财富积累，吴百亨在民国后期成了温州本土事实上的财富第一人。有钱后也做了很多善事。温州人自己办的第一所西医院瓯海医院（今温州医科大学附属第一医院前身）遇到经济困难时，吴百亨与叶志超（温州慈善机构协济善堂的负责人、咸孚钱庄的经理，作家叶永烈父亲）联手慷慨资助。他还捐资赞助温州私立聋哑学校建立，1952年改为公立温州聋哑学校。

## 钱庄曾为"百业之首"

工商业的发展，催生了金融业。同时，金融业又成为各业血脉之所系。

温州真正意义上的钱庄出现在清末民初。辛亥革命后才有了银行，如中国银行、交通银行、浙江地方银行、中国实业银行温州分行、瓯海实业银行、温州商业银行等，有公办有私营。而钱庄都是私营的，经营形式更灵活，是近代温州金融业的主体。鼎盛时期温州钱庄超过百家，比绸布业还兴旺，成为"百业之首"。

1903年，汪晨笙（1863—1933）与人合股开设的厚康钱庄，被认为是温州第一家真正的钱庄。汪家是温州的金融家族。其二弟汪仲笙，创办了善康钱庄。汪晨笙长子汪惺良子承父业，精通钱庄各项业务；次子汪惺时是温州第一位持证会计师，1923年任温州人自办的首家银行——瓯海实业银行第一任经理；1934年汪惺良、汪惺时、汪雪怀三兄弟在五马街创办交通银行温州支行，汪惺时任行长多年。

厚康钱庄经营得法盈利颇丰，带动温州钱庄行业风行一时。

1904年戴绶先在东门外开设了涵康钱庄。戴绶先哥哥戴介眉曾是厚康钱庄骨干，1905年在虞师里开设了鼎源钱庄。戴氏兄弟业务越做越大，又参与创办了涵昌钱庄以及瓯海实业银行、温州商业银行等，出任董事或董监，戴绶先还曾担任温州商业银行经理。他们也逐渐发展为金融界的实力人物。

至1920年末，随着民族工业的较快发展，融资需求与日俱增，温州钱庄业进入大发展阶段。钱庄数量已达上百家，仅东门前街一带，就有十多家钱庄，"翻弄银元之声，终日不绝于耳"。当时实力最为雄厚的要数厚康钱庄、涵康钱庄、鼎源钱庄、洪元钱庄这四家。

不少钱庄经理本身就是经营商业的老板，与商业资本结合紧密。如裕大南北货行除南北货、茶叶、粮食、药材、明矾等，还做钱庄业务；施咏笙既是怡生钱庄的经理，又是大生堂药店的老板。而投资开办钱庄最多的大约非金甘棠莫属，他以一己之力开办了14家钱庄。之前他通过多种经营发财后，开始投资金融业务。经过考察，他放款的主要目标瞄准城区西郭外的竹木柴炭商行。因为竹木柴炭是当时温州出口的最大宗货物。金甘棠的钱庄对木商大户"陈恒茂""森泰昌"两家贷放的周转资金，就达15万银元。

每家钱庄都通过不同渠道寻找放款的重点对象。翁来科与他人共同投资创办的永沣钱庄，以工业贷款为主。吴百亨办炼乳厂，无论是引进设备、研制新产品，或与英瑞公司打官司，所缺资金都向永沣借贷。办西山瓷器厂时也是如此。抗战期间永沣三成的放款给了吴百亨办厂。翁来科还兼任着中国实业银行温州分行经理的职务，这家分行由沪上温籍金融家徐寄庼、周守良等人参与创办。依靠上海金融资本做后盾，永沣钱庄自然实力不容小觑。翁来科也被推举为永嘉县钱业公会主席。

经济是时代发展的晴雨表。在东西文化碰撞的大背景下，在瓯江潮起潮落的冲击中，顽强崛起的温州近代民族工商业、金融业，走过了一段生机勃勃的成长期。

## 南麂岛拓荒第一人

在温州平阳县鳌江镇的中心城区，有一条志澄路，自北向南延伸至鳌江镇港口公园和南麂货运码头，再往东不远处就是鳌江港客运站。如今人们在此搭乘客轮，只需经历两个小时的平稳航行，即可轻松抵达南麂岛。现代人大抵无法想象，百年前的人们为了涉过从鳌江港到南麂岛的海路，需要经历多少艰辛与风浪。

1913年，当"南麂岛拓荒第一人"王理孚乘着旧式帆船抵达温州南麂岛三盘，在石壁上写下"民国癸丑十一月王海髯由海路登陆"时，亦不会精准预料到一个多世纪后南麂岛的模样。如今，在南麂岛三盘尾景区入口的草地上，停有一艘木船，船上立着一尊王理孚的塑像，定格并还原了他开发南麂岛的历史时刻。

王理孚（1876—1950），字志澄，是近代温州著名实业家与慈善家，被称为鳌江开埠先驱。他自称"海外虬髯"，事实上，他的人生也有点像一场漫长的海航——从寒门走向汪洋，开发南麂岛，发展实业，将鳌江与更广阔的世界联结，沿途经历了无数风浪。

## 一叶扁舟初扬帆

光绪二年（1876）正月初六，王理孚出生在温州平阳江南陈营里（今属温州龙港）。他人生的起点与温州的历史转折点达成了交汇——在他出生这一年的九月，中英签订《烟台条约》，温州被辟为通商口岸，新世界的大门就此打开。

王理孚原系温州府永嘉县永强二都（现属温州龙湾区）英桥王氏鬲浃派第十八世后裔，清嘉庆年间其祖先十三世从永昌堡迁至平阳鳌江经商定居。从依山傍海的龙湾，再到"古鳌头"鳌江，冥冥之中，王理孚似乎早与海洋结下深厚渊源。

王理孚的好友鲍震曾在《和王海髯先生小林栖原韵》中写道："益知陋巷里，自古产英贤。"确实，王理孚就像是一个近代版的"小镇青年"，生于陋巷，出身微末，命运给予他的机会和资源并不多——其父身体羸弱，不事生产，且"性慷慨"，不擅长理财经营，入赘江南陈营里，靠变卖祖辈田产度日。不过，其父颇为重视教育。王理孚曾自述："就学之初，课本皆我父手写以授之，字必端楷，无一笔苟者。"由于家贫，没有财力聘请老师，王理孚从小就寄居在江南张家堡（现属温州龙港）的杨家附读。他6岁开始读书，9岁拜孙衣言的学生杨镜澄为师，11岁入刘绍宽的师门，"先后五十年不易他师"，成为刘绍宽的得意门生之一。

光绪二十二年（1896），弱冠之年的王理孚从张家堡迁回鳌江。彼时的他如同一艘独木舟，尽管抗风浪系数相当有限，仍跌跌撞撞地迎着时代的风浪出港。他与许多年轻人一样，在命运的十字路口面临着相似的困境和迷茫，传统的科举上升之路已难走通，但亦没有足够丰满的羽翼飞向远方，就在时代浪潮里沉沉浮浮——他曾考取南洋公学（上海交通大学的前身），但因家贫不能入学，后来考入浙江武备学堂，又因无法兼顾学业与生计而于次年肄业。作为一名"忧民复忧国"的书生，他心怀兼济天下之志，却也不得不受困于柴米油盐的现实问题。

尽管承受了多次暴击和挫折，但他内心的热血似乎仍然滚烫。光绪二十九年（1903），王理孚参与创办鳌江第一所新式学堂——小成学院（鳌江公学的前身）。在《题鳌江公学二联》里，他写道："近水之民多智，愿诸君莫误用聪明。""莫误用聪明"不仅仅是王理孚对后辈的希冀，也是他身体力行的处世之道——他曾担任浙江谘议局议员、浙江会议厅议员和浙江省都督府秘书，颇为入世，然而辛亥革命之后，选择急流勇退，回到了家乡鳌江。

## 更从海外觅扶余

王理孚后来在写给旧友的信中，描述回乡后的经历："辛亥鼎革后，即返乡间，觅得海外一岛，从事垦草。"他口中的那座"海外之岛"，便是南麂。

南麂列岛位于鳌江口外的东海海面上，岛屿星罗棋布，形势天然。根据王理孚的记述，南麂岛"南北戈船兹一系，兵家形胜自天然"，地理位置尤为重要，是兵家必争之地，郑成功亦曾在此驻营，只是后来日渐荒凉，只有寥寥数十岛民。

光绪三十一年（1905），瓯海关派人上南麂岛勘察，准备修建航海灯塔。当时南麂岛上的居民不识文字且语言不通，看到来人身着西装，便讹传外国人图占南麂。于是，这一年的秋天，平阳知县王兰荪委托王理孚查清此事，此为王理孚与南麂岛的缘起。后又因南麂岛归属问题，平阳与瑞安颇有争议，王理孚援引图志和营县档案，"呈部力争，奉令平垦南麂，瑞垦北麂，其事遂定"，为平阳争得南麂地权。开发南麂岛的念头，就此在王理孚的心里种下。

在《三十述怀》里，王理孚感慨："白璧青春去不还，此身犹在钓屠间。"彼时的他大概也有着"三十岁危机"，而立之年已至，青春一去不返，前方却仍是一片迷雾。在他所处的那个风云变幻的时代，几乎不存在"独善其身"的理想空间或"兼济天下"的安稳社会环境。在云谲波诡的动荡世界里，寻找绝对的舒适安全地带明显是不切实际的。尽管如此，在《三十述怀》的末尾，王理孚仍写道："尘土功名蝉蜕易，苍生息息苦相关。"或许，对王理孚而言，人生海海，功名如浮云，而"利他"的社会责任感就像是汪洋里的锚。

王理孚的《南麂》一诗，开头的那句"驰骋中原愿已虚，更从海外觅扶余"亦是颇为坦诚的自我剖白。在中原碰壁之后，汪洋里的荒岛反而可能成为他心中的乌托邦——在陆地之外的坐标上开辟新天地并"济苍生"。

1912年8月，王理孚集资两万元，成立"南麂渔佃公司"，招募渔民垦殖。王理孚的好友刘景晨在《〈海髯诗〉序》里曾写道："诗者，见志之言；而志之见于行者，为事功。世有诗人而能建非常之事功者乎？"在他看来，王理孚是一个很有行动力的读书人，开发南麂岛，"开疆拓土，非常之事功也"。在刘景晨的笔下，我们大致可以还原王理孚初垦南麂岛时的景象："其初至也，芜陋若不堪翳理。"在那个年代，开垦南麂岛，意味着与未知相处，时时刻刻拥抱并面对不确定性。

南麂岛的春夏多雨多雾，夏秋多台风，这变幻莫测的海岛天气也像极了王理孚最初开发南麂岛时的处境。"渔佃寥寥数十人耳，米盐零杂，均由鳌江运往"，毫不夸张地说，王理孚选择开发南麂岛，是宛如夸父追日或精卫填海一般的理想主义举措。

"草堂南北两高峰，手植青青十万松。"王理孚在《南麂》里一笔带过的这句诗背后，是切实而坚定的行动——在海岛之上，一步一步地开荒，植松，劳作。青青十万松，亦是一棵接一棵地被栽种出来的。"近海多风能几活，仅存鳞甲渐成龙"——事实上，在大海面前，人类的力量仍是很局限。"海山海水两苍浪，风雨无端仆草堂"，王理孚在南麂岛筑造的苍浪草堂，也毁于暴风。

此外，正如没有人能真正挣脱地心引力一般，就算在汪洋之上，王理孚开发南麂岛期间仍然不可避免地承受着来自陆地世界的约束和谣言。一路走来，王理孚遭受许多人的嘲讽与恶意抹黑，甚至还有仇家以"漏海大王"之名号对其进行诽谤。当然，这场泼脏水的闹剧最终因没有证据而结束，"卒以无据寝议"，但在此期间王家承受的舆论压力，亦如海面上无常的疾风骤雨一般，令人神伤。

王理孚在开垦南麂岛的二十年间，"挥金以万计，见者皆目笑之"，其所作所为成了很多人谈论的笑柄。但时间和海洋是最公平和奖罚分明的判官，既有暗流涌动的风险，亦为勇敢者提供酣畅冲浪的机遇与奖赏——岛上的居民增至万余,"千家渔稻已成乡"亦是铁板钉钉的事实。1931年,南麂乡正式成立。王理孚"动用累万金,费心力垂二十稔"的努力终于得到了回报,南麂岛从人烟稀少的荒岛和"草棘蒙蔓之域"变为"有田畴焉,有学校焉"的渔乡。多年之后,王理孚将南麂地权贡献给平阳县立中学,作为教育基金。

## 风平浪静的黄金时代

开发南麂岛,是王理孚的人生航海日志里至为关键的一页,而他的"搏浪前行"亦延续到了工商业活动之上。1917年,王理孚感叹"生平学就嵇康懒,自信为官百不宜",对官场心生厌倦,辞去宁波鄞县知事一职,退出政界,在家乡从事小规模的工商业活动,然而"风雨飘摇行路难"——他曾创办鳌江红皮厂,投资墨城碗窑,开办泉春钱庄,都因经营不善遭遇亏损。

如果说王理孚在人生之初是孤帆启航的话,那么到了中年阶段,他已渐渐组建起属于自己的王家"船队",不再那么形单影只。他与家中后辈宛如汪洋之中的母子式渔船,与时代激流相伴,联手乘风破浪。1923年10月,王理孚授意次子王载彤(王文川)以祖辈老字号筹建王广源商行。

在王文川的经营之下,王广源不再是普普通通的南北货门市商店,扩大了业务范围,不仅经销包括肥田粉和豆饼在内的产品,还出口平阳明矾等特色本土产品。值得一提的是,王广源的"虎标牌"大明珠明矾曾在巴拿马国际博览会上获奖,享有颇高的国际声誉。

王广源商行的成立,不仅是王家实业发展的转折点,亦是鳌江甚至平阳近代民族工商业崛起的重要节点——由于王理孚在宁波任职期间口碑甚好,宁波籍商人徐忠信在上海经营的达兴轮船公司选中王广源作为代理,经营光济轮船,自此,王广源开辟了鳌江与上海之间轮船运输的新航线。1929年,王广源继续拓宽海上运输航线,运营通往新加坡、中国汕头、香港、大连和营口等地的轮船。此外,还有"南岐"小轮开往南麂,开辟了南北万里未通的航线。

以前,鳌江仅是以渔业为主的"寂寞江村",在王广源商行的带动发展下，电报局、银行和印刷厂等应运而生，商贸兴盛，小渔村变为繁华都会，拥有"中国古鳌头"和"瓯闽小上海"之美誉。可惜1944年王文川积劳成疾，英年早逝，年仅42岁。王理孚在《祭亡儿载彤》里追忆儿子的不凡业绩："幸汝能体余之志，用其所学，绍祖宗百年既坠之绪，辟南北万里未通之路，使江村寂寞一变而成都会，气象日见其矞皇。人言汝所成就，虽以中道殂逝，未能充其量，然就目前论，已可以破平阳设邑以来之天荒。"

王理孚的三子王栻（原名王载栻）在《我所知道的父亲》里曾这样写道："父亲真正比较愉快的隐居生活，只有从52岁到62岁这十年间。"1927年至1937年这段时间，不仅是王理孚一生中难得的平静时光，亦可谓王家的黄金时代——虽然小风小浪难以避免，但大多数时候是在风平浪静中平稳航行，就算遇到叵测的恶劣天气，亦能够化险为夷。1935年，王理孚在鳌江祖屋与家人们团聚庆祝六十大寿时曾发表过这样一番致辞："家庭不以勤俭自励，不自艰难处着想，未有不败者。"彼时正是王广源商号最兴旺的时期，尽管如此，他亦不忘劝诫子女晚辈们"特用钱之际，宜思来处不易耳"，"作端正之人，自强不息"。

王家的"勤俭"与"自强不息"，亦确实在后辈身上得到了传承。"昌儿所学在军储，彤儿所学在计簿。"由于早期家庭经济条件不佳，王理孚的长子王载昌和次子王文川为了养家糊口，学业仅止步于浙江省甲种商业学校，相当于现在的职业高中。随着王广源商行的创办，王家经济情况得到了极大改善，王家其他儿女得以有条件求学深造——三子王栻毕业于清华大学历史系，是我国研究严复的第一人，亦是夏鼐的挚友；四子王载友毕业于上海法学院法律系，可惜三十几岁时英年早逝；由于王理孚与次子王文川对平阳矾矿很感兴趣，王理孚的五子王载桓针对性极强地进入北洋大学读矿冶；六子王载纮在南开大学（当时和清华、北大联合为西南联合大学）化学系深造，并且与同样来自鳌江实业大家族的同学宋爱兰相爱，最终冲破两家世仇阻力走到了一起，被称为鳌江版的"罗密欧与朱丽叶"，堪称一段佳话；王理孚的二女儿栩凤和三女儿凤阁分别毕业于浙江大学的农经系和园艺系。

王理孚在《六十述怀》里曾写道："多儿豚犬商兼学，健妇糟糠敬若宾。"

可以看出，彼时他对自己的生活状态颇为满意。一树多枝，王家的儿女在不同领域发光发热，虽然他们的秉性、爱好与投身的事业各不相同，但都以自己的方式生长，在时代汪洋里，呈现出鲜活而多元的生态。

## 片帆南去浪千层

"大云垂天连海黑，狂风怒吼雷霆默"，短暂的风平浪静之后，是时代的狂风骤雨。历史浪潮如海岛天气一般不可捉摸，而王理孚身处的时代亦如同充满未知的海洋。在广阔无垠的海洋面前，人类可能随时需要承受迷雾、风浪和雷暴。

1937年，抗日战争爆发，社会形势动荡。没多久，平泰、平鳌公路被炸毁，鳌江被封锁，交通断绝，王广源的店面遭日机轰炸，王家苦心经营多年的商行化为灰烬。再加上当时平阳县长张韶舞的百般刁难，面对内忧外患，王理孚选择避居温州城区龙泉巷。在王理孚写给好友刘祝群的信里，我们可以读到彼时他的生活状态颇不安稳："卢沟桥战事起后，以居地近海，至今九易其处，安砚无所，辍作靡常。"最初，"近海"给王家带来发展的机遇，而乱世之中，"近海"亦给他们带来无尽风雨。大海就像是具象化的命运，可以博大包容，亦可以暴虐而残酷。

风起于青萍之末，虽然在时代大浪潮面前，每个人都如同浮萍，没有人能精准预测风向，而时代的巨浪亦不会为个体改变方向，但许多个体的细微而具体的行动，就如同蝴蝶微微振动双翼，就算不会引发大洋彼岸的一场海啸，也已经改变了当下的某个时刻。而这或许就是王理孚和他的后辈们在时代的海洋里兜兜转转的意义。就算当下的波纹会被无数后来的波纹所覆盖，呕心沥血的建设会被突如其来的浪头全部打翻，他们仍然一次次地启航，在历史的海面上留下这一刻的波纹。诚然，风流总被雨打风吹去，但扬过的帆，驶过的船，登过的山，垦过的荒，都以它们的形式存在着。

"鳌背日初生，讲堂开处，万象光亨，莘莘学子，近海之氓，朝气纵横。

潮涨易平还易落。同声嘿㘖，努力上游争。"一百多年前，王理孚与同人创立小成书院时，曾执笔写下了这样的校歌。现在，鳌江的海港之畔，潮涨潮落，涛声依旧，而包括王理孚和他的家族在内的无数以实业振兴故里的先贤留下的历史沧浪回响亦在延续，鼓舞着无数后人"争上游"。

WENZHOU
THE BIOGRAPHY

温州 传

风云际会

第九章

温州数学名人馆院落天井内的三位温籍数学家塑像,从左至右分别为姜立夫、谷超豪、苏步青(温州数学名人馆供图)

# 从前清御史到民国都督

1911年的辛亥革命对中国而言是一个分水岭，清政府摧枯拉朽般崩塌了。11月4日，杭州新军起义，成立浙江军政府，汤寿潜为都督。

当第二天消息传到温州时，十中学堂（今温州中学）监督刘绍宽、师范学校监督黄式苏以及教职员刘项宣、陈守庸等地方士绅积极响应。已经卸任的温处道郭则沄、知府李前泮等朝廷官员则携家眷逃离温州，城里一时陷入无政府状态。士绅们唯恐土匪趁机作乱，于是商议请驻扎在温州的陆师防营统领梅占魁充任地方军政长官。11月8日温州所属五县人士集聚召开大会，将"温府署改为军政分府署"，梅占魁"剪辫树旗，宣告独立。万众欢呼，声如雷动"。

然而局势未稳，原任浙江军政府民政长的陈黻宸，因被恶意中伤辞去民政长职务，自杭州回温，召集士绅谋划另立温州分府，引发了各派纷争。在这场僵持不下的斗争中，最终徐定超被推到了台前——温州士绅一致希望在全省拒款保路运动中声誉卓著的徐定超回来主持政局，组建温州分府。

## 前清监察御史

徐定超（1845—1918），字超伯，一字班侯，永嘉县枫林人，世称"永嘉先生"。早年师从孙衣言、黄体芳,光绪二年(1876)中举,七年后进士及第,从此走上仕途。初任户部广东司主事、户部则例馆修纂、顺天乡试内修掌官等,后出任山东、陕西、湖北、河南道监察御史,京畿道掌印御史。

作为"谏官",他为人性情刚直,为官清正廉洁。多次向清廷奏议痛陈时政利弊,不畏权贵弹劾贪官污吏,尤其任京畿道御史期间,接连弹劾了段芝贵、莫锡纶等十数位高官,名震京师。

作为"京官",他乡土情深,始终关心家乡事务。温州知府王琛擅立名目,开征柑捐,引发民众不满。徐定超和同在京城任职的黄绍箕积极疏通,豁免柑捐,调离王琛,为家乡民众办了一件实事。老师黄体芳(兵部左侍郎、都察院右副都御史)赞赏他"性慷爽,意所可否,质言无回"。

"性慷爽"的徐定超确有侠义之风。曾任驻法、德、奥、荷四国公使的浙江嘉兴人许景澄,因反对义和团烧教堂、攻使馆,上奏朝廷:"攻杀使臣,中外皆无成案",引发慈禧太后震怒,被以"勾结洋人,莠言乱政,语多离间"等罪名斩杀于菜市口。对这样一位敢于直言的浙江同乡,徐定超抱有深深的同情,他甘冒风险亲赴刑场哭奠收殓,并派三子象先护送许景澄家属离京。

身为官员的徐定超,还是一名技术人才。他在中医方面颇有造诣,先后被聘为京师施医局司诊、京师大学堂医学馆教习,还被推选为京师神州医药会社社长。他结合临床实践撰写了《伤寒论讲义》《灵枢素问讲义》等,提出中医和西医各有所长应相互学习的主张。

徐定超在浙江教育界也深孚众望。宣统元年(1909)他因继母去世返回乡里后,不久即受聘担任两浙师范学堂监督。两浙师范学堂是当时浙江省规模最大的新式学校。徐定超起用思想进步的日本留学生经亨颐为教务长,聘用许寿裳、鲁迅、马叙伦、夏丏尊、张宗祥、沈尹默、胡公冕、洪彦远等一批名流学者为教员,学校气象日新,成为传播进步思想、培养人才的重要阵地。徐定超在这里当了三年监督,学校走出了众多优秀学子,陈建功、曹聚仁、冯雪峰、潘天寿、谢文锦、宣中华、丰子恺、徐麟书等都成为各界精英。他还以自己的薪俸积蓄,委托侄儿徐象严在家乡创办了枫林高等小学。

但让人们印象特别深刻的还是徐定超在浙江拒款保路运动中的出色表现。

光绪三十一年（1905），浙省 11 府绅商汤寿潜、张元济、夏曾佑、李厚祐、严信厚、朱葆三、虞洽卿等 160 人在上海集会，决议筹股自办浙江铁路，成立浙江铁路公司，并公举汤寿潜为总理。听闻消息后，英国与清廷重提早年未能实行的《苏杭甬铁路借款草约》，清廷不敢得罪英国，同意向英国高利贷款，起用英国工程师，直接插手苏杭甬铁路。浙江民众群情激愤，甚至有青年学生、工程师以死抗议，全省保路拒款风潮在各地掀起，上至官员富商，下至贩夫走卒，争相认购浙江铁路公司路股。

面对汹涌舆情，朝野震惊。在京的浙江官员多畏缩不敢言，唯徐定超上奏抨击英人："今以自主之路业，忽来无理之要求，论其事则近蛇足之添，诛其心实为蜂虿之害"，他主张"为今之计，仍以免借外款保全公司为第一要义……一切路权，英使概不与闻"。但清政府无视民意，要求浙江巡抚解散各地拒款会，铁路管理、用人之权仍归英人所有。

1910 年 8 月 23 日，清政府更将汤寿潜革职，导致地方舆论大哗。此时徐定超已任浙江两级师范学堂监督，他于 27 日偕杭州绅商"聚集总商会筹议方法，并请抚宪代奏，务必挽留汤公以全浙路"。次日又电告温州府中学堂（今温州中学）监督刘绍宽："路危，浙危，乞转各团体电谘议局议争并电京省。"陈黻宸遂以省谘议局议长名义，和副议长、议员等 51 人召开临时会，并多次敦促浙抚上奏。最终迫使清廷废止向英国借款的合同，取得了保路运动的胜利。

## 首任军政分府都督

朝代更迭之际，新旧势力激烈冲突，乱象纷攘，各界推举徐定超主持温州军政分府。再三电邀之下，1911 年 11 月 19 日，67 岁的徐定超乘船回到温州，数万人夹道欢迎，军政分府派人用绿呢大轿迎接，徐定超却坚辞不受，改乘二人抬的轿子，绕道东门进城。

作为"共和时代治瓯之第一人"的徐定超，受命于危难之际，周旋于清廷遗老、北洋军阀和革命党人之间，果断采取了一系列措施，平定米价，裁撤商业税，发布《劝剪辫示》，并广泛征集民众对于社会治理的意见，气象为之一新。1912年1月，陈黻宸等人在温州发起成立民国新政社，并创办了温州第一份日报《东瓯日报》，以"振作国民精神，鼓吹共和政体"为宗旨，元旦试刊，一周后正式出版。与陈黻宸素有嫌隙的浙江军政府政务部长褚辅成多次电告徐定超，要求从速取消新政社，徐定超断然拒绝："新政社查系六属志士发起组织……未便解散。"

民国初年是温州初等教育蓬勃发展之年，各县小学数量从1907年的108所，发展至1912年的270所，在校学生从3500余人增加到12000余人，增加了近三倍。创建于光绪二十四年（1898）的中西学堂，原位于市区九柏园头，徐定超为促进学校更好发展，举荐学生陈应如任校长，并将学校迁往清同知署旧址，更名为永嘉县立第一高等小学，即今温州名校广场路小学前身。同年5月，徐定超夫人胡德淑邀集女界同人发起创办女子学馆，地址在城区竹马坊左营衙门旧地（原瓦市殿）。胡德淑为办学事宜四处奔走，不领一文薪水。后女子学馆更名为永嘉县立第一女子高等小学校，是今温州名校瓦市小学的前身。此外，徐定超还于当年创办了私立东瓯法政学堂，自任校长，培养出了梅良卿、梅冷生等佼佼者。

1912年4月，各地军政分府奉省令撤销，徐定超改任永嘉县知事，四个月后的8月12日卸任。在位时间虽然很短，但民众口碑甚佳："视事九阅月，凡剿匪、办赈、理财、折狱、兴学诸大端，藉以维持秩序，百废皆兴。"

徐定超撰写五律一首，自我调侃：

> 守土非吾责，乡评辱缪推。
> 况当凶岁后，更乏济时才。
> 去已芦鸿沓，迎随竹马来。
> 自惭老不死，傀儡尚登台。

即便自称"傀儡"，徐定超始终尽心尽力。他卸任第二天，温州遭遇水灾。台风暴雨骤至，温处两地洪水泛滥成灾，瓯江上浮尸近千具，千余民众被困江心屿。徐定超急令三子象先、侄子象严在东门设立救生局，募款救灾，为难民提供食宿、衣物和药品。百姓为了感念徐定超的恩德，称他为"生佛"。

## 革命亲友团

徐定超热心于办教育，对自家子孙的教育当然是毫不马虎。他曾作《诫训子孙歌》一首，教导子孙要热爱劳动、勤俭节约、珍惜时间、用功读书、结交良友，在给儿子们的信中说要"多学历史、地理、技术等经世有用之业"，"不患儿等不能为官，唯患儿等不能为人"。他鼓励家中女性读书求知，夫人胡德淑50岁时，徐定超还教她学英文。他命儿媳每天坐着自己的轿子去大同女子学校听课，夫人胡德淑也一同旁听。正是在他的言传身教之下，徐氏门风清正勤勉，子孙多有建树。

子孙中最为著名的是徐定超之孙徐贤修和玄孙徐遐生父子。徐贤修为美国普渡大学教授、台湾"中央研究院院士"；徐遐生先后获得美国科学院院士、台湾"中央研究院院士"、美国国家艺术与科学院院士，在密度波和恒星形成理论上有卓越的贡献。父子俩都先后担任台湾清华大学校长，有人做嵌名联"贤名传遐迩，修德沐生徒"，赞叹这对科学家父子的成就和影响力。

在新民主主义革命时期，温州这块红色土地上涌现出众多的革命志士。有意思的是，作为浙南新民主主义革命的中坚力量，中共浙南党团组织以及红十三军的创始人和主要领导人都与徐定超有着千丝万缕的关联。

中共温州独立支部首任书记胡识因（1893—1974）是徐定超表姐夫谢文波的外孙女。谢文波与徐定超既是亲戚，又是同门师兄弟，关系密切。1907年，胡识因转入徐定超夫人任名誉校长的大同女学。1911年，19岁的胡识因与郑恻尘（1888—1927）结为夫妇。

郑恻尘的父亲郑清济也是徐定超的同学，其堂兄郑朝教（象联）则娶了徐定超的侄女，因此郑恻尘也与徐定超有亲戚关系。1907年郑恻尘在温州府学堂（今温州中学）肄业后，即进入徐定超任监督的旅京浙江公学求学。1910年回温在岩头广化高等小学教理科，谢文锦、戴宝椿等都是他的学生。那时候他当然不会想到，谢文锦日后成为他们夫妇革命道路上的引路人。

谢文锦（1894—1927）是徐定超的表侄，名用绣，字裴霞，永嘉潘坑人。在温州省立十中读书时因辩驳教师言论发生冲突，被学校开除。后得到徐定超、胡公冕的帮助，进入浙江省立第一师范继续求学。1921年赴苏联莫斯科东方大学学习，成为中共党员。1924年秋回国，他按党的指示回到家乡发展党团组织，首先介绍老师郑恻尘、胡识因夫妇加入中国共产党。

那时郑恻尘已在温州创办了规模颇大的中一花席厂，并任总技师。为解决中一花席厂职工子女入学问题，胡识因于1920年在温州城区侯衙巷创办私立新民小学。1924年12月，中共温州独立支部（简称温独支）在谢文锦的帮助下，建于新民小学内，这是浙江省直属中央领导的第一个党组织。胡识因担任支部书记。郑恻尘担任支部成员，国共合作时期还任浙江省党部商民部长，四一二反革命政变后被捕牺牲。时任中共南京地委书记的谢文锦也在同年被捕，受尽酷刑后英勇就义，年仅33岁。

红十三军军长胡公冕是徐定超的内侄，后又成为侄女婿。胡公冕（1888—1979），原名世周，字昭从，永嘉五尺人。经姑父徐定超介绍先后在杭州、湖州兵营当学兵、教练，也曾短暂回乡在岩头广化小学、枫林小学任体育教师。辛亥革命后进入杭州体育专门学校、浙江第一师范学校任教，并与徐定超侄女徐美如结婚。1921年10月，胡公冕加入中国共产党，后赴苏联参加军事训练。1924年参加孙中山先生召开的中国国民党第一次全国会议，并参与筹建黄埔军校，担任教官，奉命招收第一期学员。1930年5月9日，胡公冕奉中央军委之命回到家乡，在永嘉枫林镇惠日寺建立中国工农红军第十三军，并任军长。

胡公冕堂兄胡惠民（1887—1968），早年跟从徐定超到北京浙江公学求学。辛亥革命后，任温州军政分府机要秘书，是中共温州独立支部首批五名党员之一。

此外，还有徐定超的姻亲戴宝椿、金守仁以及族亲徐清来等人，都为温州革命贡献了力量，甚至献出宝贵的生命。

在与徐定超相关的革命群体里，十多人有赴苏联学习军事、政治等的经历。谢文锦、李得钊、金贯真、胡识因、李立敬、谢文侯（谢文锦弟弟）、金省真、金希真、金演周、徐时惠、李立敬、郑育才和郑昨非，以及台州林炯等先后进入莫斯科东方劳动者共产主义大学或莫斯科中山大学、莫斯科航空大学学习。学成后归国，他们以特派员身份前往各地开展农民运动。

文史学者胡珠生和徐顺平曾专题研究过"以徐定超和胡公冕为代表的浙南革命渊源问题"，纵观浙南革命人才的梯队结构，彼此间传承影响的线索非常清晰。可以说没有徐定超就没有胡公冕，没有胡公冕就没有谢文锦，也没有后来的李得钊、金贯真等。

## 温州版"泰坦尼克号"

1917年底，徐定超偕夫人胡氏，乘普济轮经上海回温州。

普济轮船上有300多名旅客，大多是返乡的温州人。船行驶在吴淞江口时，突然被一艘英国轮船"新丰轮"拦腰撞断。危急时分，徐定超与夫人镇定地站立船头，幸存者林文达回忆起那毕生难忘的一幕：当时"满耳喊天之声，见徐班老已立船头，仍从容镇定，力劝众人勿慌乱待救"，冷静组织民众逃离，要求船员先行救助妇孺，甚至当小舢板划至他面前时，他还是坚持将宝贵的逃生机会留给他人。

一小时后客轮沉没，260多条鲜活的生命葬身大海，仅37人生还。徐定超夫妇双双遇难，终年73岁。

"普济轮"事件是中国近代史上最严重、最惨痛的海难事件之一，被称为温州版"泰坦尼克号"。

海难发生前一年，徐定超受聘任《浙江通志》提调，四处奔波调征书籍，难免遭遇海上颠簸。他曾赋诗描述险情："端坐绳床内，一浪突袭来，扑面湿衣袖，几及灭顶灾"，同时他还表达了生死关头的旷达胸怀："我闻古贤达，屡险百不回。……浮生如寄耳，于我有何哉。"

突如其来的灾难是人性的试金石。当真实的考验摆在面前的时候，他毫不犹豫地践行了自己诗句中透露出的生死观，他是表里如一、心怀苍生的真君子。在温州社会各界举行的公祭仪式上，胡调元宣读《祭徐公班侯夫妇文》，沉痛哀悼："呜呼吾公，昔曾拯瓯括水灾数十万性命，何为济人而不能自济，至斯而莫保其身！"

海难事故发生后，上海招商局派广济轮前往出事海域，"只顾打捞普济船物而并不捞尸体"，导致徐定超夫妇等遇难者尸体均无下落。徐定超长子徐象藩悲愤难抑，将遭难始末印成呼吁书，"通告各省当道，请求主持正义"，却始终没有回音。激愤之下，他率族人数十名前往朔门招商局码头焚烧广济轮，遭英籍船员枪杀身亡，再酿悲剧。

徐定超身后，邑人追思绵绵。1921年，温州士绅吕渭英、胡调元呈请地方长官在江心屿为徐定超建功德碑，次年又在碑旁建徐公祠。今永嘉县枫林镇大门台村还建有"御史祠"，占地1200平方米，是族人为纪念徐定超而建。祠前有黎元洪书"特德永嘉徐班侯先生纪念碑"，马一浮"上古天真"和蒋介石"风节凛然"匾，蔡元培撰写的"御史楼台高百尺，谏官祠宇壮千秋"联，镌刻于门台两侧，为徐定超"壮千秋"的人生轨迹盖棺定论。

# "数学家之乡"的秘笈

南塘河边的白鹿洲公园内，有一座青砖灰瓦的传统民居建筑。坐西朝东，七间二进合院式，门窗梁柱都是清朝时期的旧物。左侧外墙上嵌一块青石碑，表明这处建于清中期的"谷宅"是市级文保单位，系著名数学家谷超豪的祖居，原址在市区高盈里11号，2006年因旧城改造而整体搬迁至现址。

如今这里开辟为"温州数学名人馆"。院子里塑有三尊青铜像：胡须飘飘的姜立夫、手持书卷的苏步青、颔首凝神的谷超豪，他们是两百多位温籍数学教授的代表，也是温州数学家薪火传承的象征。

馆内右侧墙上，展示着著名数学家陈省身2003年访问温州时所题"数学家之乡"五个大字。这位被称为"现代微分几何之父"的数学家，国际最高数学成就沃尔夫奖得主、中国科学院外籍院士，时年已93岁高龄。他正是姜立夫在南开大学培养的得意门生。

## 播下数学的种子

为姜立夫播下数学种子的人，可追溯到清末孙诒让及其学生黄庆澄。

光绪二十一年（1895），孙诒让、黄绍箕等九人发起创办了瑞安算学书院,第二年改名为瑞安学计馆,张之洞亲笔题写馆名。这是今天瑞安中学的前身,也是我国最早的算学专门学校之一。四年后,瑞安又出现了数学学术社团——瑞安天算社,常常组织宣讲,激发年轻人钻研数学的兴趣。当时还举办过温州六县数学会试,相当于今天的数学竞赛。

"西学皆从算学出",与当时很多有识之士观点一致,孙诒让坚定地认为,数学是西方自然科学的基础,学习数学用处巨大。孙诒让的学生、平阳人黄庆澄对此也非常赞同。清光绪二十年(1894),32岁的黄庆澄经孙诒让举荐,任上海梅溪书院教习,两年间他大量阅读西方的科技资料和文献,后来又赴日考察。他深知要改变中国积贫积弱的面貌,必须引进西方先进科学技术,必须学好算学,"不通算术,犹如有脑而木"。

光绪二十三年(1897),黄庆澄在温州城区府前街创办了《算学报》,普及介绍初等数学。每月出一期,每期三四十页,万余字,集中叙述一个专题,全由他独力编写。行文通俗生动,应用题切于实用,尤其注重图解,很受读者欢迎。为了便于年轻人学习,他还将《算学报》分期刊出的专题汇编印成单行本,如《算学启蒙》《算学初阶》《比例新术》《开方提要》《代数指掌》《几何浅释》等。《算学报》从第二期起,在上海新马路梅福里另设分馆,并设立分销点。虽然《算学报》出刊时间不长,次年五月即停刊,共出12期,但影响很大。这是我国自办的第一份数学普及刊物,被严复创办的《国闻报》作为重要报刊予以介绍,也被梁启超编写的《中国名报存佚表》列入其中。《中国科学史稿》的编者杜石然称之为"我国科技刊物之肇始"。

黄庆澄被誉为当时"奇人",涉猎广博,融会贯通,俞樾说他"于天地阴阳之源,于凡医卜星命诸术家说,无不通晓",他关于数学方面的著述就有六种。

数学的种子开始在年青一代心中萌芽,最直观的成果体现就是黄庆澄的外甥姜立夫。这位年轻的哈佛大学数学博士正是在姨父的影响下,走上数学研究之路,成为我国数学界几何学方面的权威、中国现代数学高等教育的先驱。

姜立夫(1890—1978),谱名培垧,学名蒋佐,字立夫,以字行。平阳麟头村(今属龙港市)人。自幼父母双亡,由兄嫂抚养成长。在姨父黄庆澄潜移默化的影响下,酷爱数学,成绩优异,被兄长送至杭州府中学堂(杭州中学前身)学习。宣统二年(1910),20出头的姜立夫还未毕业即参加留美学生考试,顺利录取。在北京学习半年英语后,赴美国加利福尼亚伯克利大学专攻数学。1915毕业,转入哈佛大学研究院,四年后获博士学位,成为继其妻兄胡明复之后第二个获得哈佛数学博士的中国人。同年回国。1920年任教于天津南开大学,创建数学系,任系主任,这是我国高等学府创建的第二个数学系。

当时南开大学是私立学校,教师薪金比别校微薄,姜立夫毫不介意,依然全身心投入到教学中。他曾说过这样一段话:"我是用美国退还的部分庚子赔款去留学的,那其实是全国人民辛勤劳动所积累。我应当为全国人民做些好事,把西洋数学搬回来。因为数学是自然科学的基础,中国需要科学,我愿把一生献给它。"

他逐年轮流开设各门主要课程,如高等微积分、立体解析几何、投影几何、复变函数论、高等代数等,在很长一段时间里,他是该校数学系的唯一台柱,被戏称为"一人系"。他讲课时只写提纲,不用讲稿,论证严谨,说理透彻。教学方法不拘一格,善于启发提问,逐步引人入胜。早期就培养出陈省身、刘晋年、江泽涵、申又枨、吴大任、孙本旺等一批著名数学家。

他奖掖后进不遗余力。苏步青(平阳县人)留学日本时,在国外刊物上发表了数学论文,姜立夫不知其为温州同乡,仅知是中国留学生,读后大为赞赏,并热情向厦门、北京、清华、燕京等大学推荐,毫无门户之见(当时东洋留学生多被西洋留学生所歧视)。

抗日战争期间,姜立夫随校南下任西南联合大学教授。1940年任中国数学会会长,1942年任国立中央研究院数学研究所筹备处主任、研究员,1948年当选为中央研究院院士,始终立于中国数学研究的金字塔尖,但他谦逊地说:"数学这门学问如一棵大树,我所得不过一张叶子而已。"1949年8月他又创办岭南大学数学系。新中国成立后在中山大学执教。

## 饮水思源传薪火

> 穷乡僻壤旧家贫，五柳池边读书勤。
> 岷老怜余如幼子，叔师训我作畴人。
> 学诗无计追苏白，筹算犹期继祖秦。
> 饮水思源同八十，小词遥祝鹿城春。

1982年，时任复旦大学校长的苏步青（1902—2003）在温州中学建校八十周年之际，特作诗回忆当年在校读书时的情景。他在诗中提到了两个人，一个是"岷老"，一个是"叔师"。"叔师"即陈叔平（1889—1943），民国时期在省立第十中学（今温州中学）任数学教师25年，被学生推为"师之楷模"，苏步青、李锐夫、王国松、徐贤修、方德植、徐桂芳、白正国、杨忠道、谷超豪等都出其门下。而怜苏步青如幼子的"岷老"洪彦远，是瑞安学计馆第一届毕业生，当年省立第十中学的校长，苏步青人生路上的恩人。

洪彦远（1879—1958），字岷初，瑞安县城南门林宅巷人。出身于书香门第、仕宦之家。在瑞安学计馆毕业后东渡日本，入东京高等师范学校专攻数学。苦读七年后毕业回国，先后在河北保定师范大学、浙江两级师范学校任数学教师，后调浙江省教育厅任秘书长。1915年回温出任浙江省立第十中学校长。

也就在这一年，平阳农家孩子苏步青以第一名成绩考入十中，享受在校四年学杂费全免的待遇。

洪校长很关注这个成绩拔尖的学生，他还给苏步青上过几何课。苏步青回忆："他在自修时看我的作业本，每看一道题，就露出一丝笑容，有时频频点头。"在一次证明"三角形内角之和等于两个直角"定理时，苏步青用20种方法进行演算，并写成一篇小论文，被学校作为教育成果送到全省学生作业展览会上。

1918年，洪彦远调教育部任职。临行前他鼓励很有数学天赋的苏步青说："毕业后可到日本学习，我一定会帮助你。"

第二年夏天，苏步青中学毕业，家庭无力支付他的留学费用，于是他给洪校长写了一封信。不久，苏步青就收到洪校长的回信和200银元。多年后，苏步青在《怀念我的老师》一文中动情地写道："当时，我捧着白花花的银元，激动得流下热泪。洪校长不仅在数学方面引导我走向成功，而且从经济上给我及时资助。我非常感激，因为这是我一生事业的转折点。"

1919年7月，苏步青远渡日本留学。他凭着微积分和解析几何的优异成绩，考入东北帝国大学数学系，成为唯一被录取的中国留学生。1927年，还在攻读研究生的苏步青被学校正式聘任为讲师，东北帝国大学历史上没有外国留学生兼任讲师的先例，为此他的事迹还登上了日本报纸。1928年苏步青在一般曲面研究中发现了四次（三阶）代数锥面，在国际数学界产生很大反响，人称"苏锥面"。由此获得东北帝国大学的研究生奖学金，这是该校首次将研究生奖学金授予外国留学生。

1931年苏步青发表一系列有关仿射微分几何的论文，获得理学博士学位，成为第二位获得日本理学博士的中国人，引起国际同行的瞩目。

同年，苏步青谢绝帝国大学的高薪聘请，回到阔别十二年的祖国，任浙江大学数学系副教授。后任浙江大学数学系主任、《中国数学会学报》主编。他的研究集中在微分几何和计算几何领域，成为中国微分几何学派的创始人。先后在日本、美国、意大利的数学刊物上发表论文160余篇，出版10多部专著。以陈建功和苏步青为核心共创的"浙大学派"，让浙大数学与美国芝加哥学派、意大利罗马学派鼎立于国际数学界。

1948年苏步青与同乡姜立夫名列中央研究院首届院士。1955年当选为中国科学院学部委员（院士）。后任复旦大学副校长、复旦大学校长、全国政协副主席等职。

接过前辈的接力棒，苏步青在研究及教学方面扛起数学界的大旗，为中国培养了万千人才。如瑞安学生方德植是厦门大学首任数学系主任，还有包括谷超豪、胡和生夫妇在内的八名院士学生。

苏步青与谷超豪兼有师生和同乡的情谊。谷超豪（1926—2012），温州市区人，中国现代数学第二代代表人物。1948年毕业于浙江大学数学系，留校任教。1953年到复旦大学工作。1957年赴苏联莫斯科大学进修，并获博士学位。回国后历任复旦大学数学系主任、数学研究所所长、副校长，中国科学技术大学校长等职。1980年当选为中国科学院院士（学部委员），2009年度获得国家最高科学技术进步奖。

谷超豪名扬学界后，苏步青曾不止一次讲过："我的学生超过我了，但唯独有一点，他在培养学生上没有超过我。"多年后，从教六十载培养出九名院士学生后，谷超豪感叹："我终于可以对苏老有个交代了。"

为了纪念他们的成就，国际天文学联合会将编号297161的小行星命名为"苏步青星"，编号171448的小行星命名为"谷超豪星"。

## 缘何形成群体现象

从开拓者姜立夫，到苏步青、李锐夫、潘廷洗、柯召、方德植、徐贤修、徐桂芳等第一代数学家，再到白正国、项黼宸、徐贤仪、杨忠道、谷超豪、张鸣镛、张鸣华等第二代数学家，直至胡毓达、项武忠、项武义、姜伯驹、李秉彝、陆善镇等第三代数学家，有人统计，在一个时期内，国内主要大学的数学系系主任三分之一是温州人，先后有六位温籍数学家担任过高校校长或副校长。两百多位温州数学家如群星璀璨，闪耀在数学的天空。

有意思的是，在这个温籍数学教授的名单上，还有不少父子院士、兄弟教授，或是出自同个家族的亲友。

如姜立夫、姜伯驹父子院士，姜立夫是1948年中央研究院的首届院士，姜伯驹子承父业，曾任北京大学数学学院院长，1980年当选为中国科学院学部委员。

从永嘉走出的徐贤修、徐贤仪是堂兄弟。徐贤修1946年获美国布朗大学应用数学博士，曾任美国普林斯顿研究院、麻省理工学院、美国伊利诺伊理工大学教授，1978年当选为台湾"中央研究院"院士。徐贤仪于1935年考入清华大学数学系，1949年去新创办的大连大学（今大连理工大学）任数学系副教授,后参与创办东北地质学院,并留校任教。令人叹息的是"文化大革命"中受到迫害,研究工作被迫停止。1987年抱病修改好《地物系的高等数学讲义》后离开人世。

从龙湾走出的张鸣镛、张鸣华兄弟俩,曾分别任厦门大学数学系教授、清华大学数学系教授。张鸣镛毕业于浙江大学,师从陈建功、苏步青,又是陈景润的老师。1955年在函数学论方面的一项研究成果被命名为"张鸣镛常数"。张鸣华受哥哥影响爱上数学,1952年考上清华大学数学系,毕业后留校任教,后从事理论计算机科学的研究。

乐清项家三兄弟都是美国名校的数学博士。老大项武忠是美国普林斯顿大学数学博士,毕业后曾任美国普林斯顿大学数学系主任,1980年当选为台湾"中央研究院"院士,1989年当选为美国国家艺术与科学学院院士;老二项武义也是美国普林斯顿大学数学博士,曾任加州伯克利大学数学教授;老三项武德夫妇都是美国宾夕法尼亚大学数学博士,曾任美国雪城大学数学教授。

一个地级城市走出数量如此之多、水平如此之高的数学家和数学研究者,这在中国乃至世界数学史上都极为罕见,因此温州被誉为"数学家之乡""数学家摇篮"。有人甚至笑称,在世界性数学盛会——国际数学联盟会议上,温州话是通用语言之一。

温州为何会出现"数学家群体"现象?温籍作家叶永烈讲过这样一件事,有次出席在上海召开的温州籍人士座谈会,他调侃道:"温州出了那么多数学家,听说跟温州人吃黄鱼有关系,黄鱼使人聪明!"众人哄堂大笑,在场的苏步青也大笑:"温州盛产黄鱼。我记得,小时候几乎天天吃黄鱼,才一角钱一斤。"

调侃之后,苏步青一脸认真地说:"照我看,数学家跟黄鱼没有什么关系。我们温州有那么多人研究数学,那是因为当时我们穷,国家也很穷。研究物理、化学离不了实验室,而研究数学只需要一支笔、一张纸。我们是奋斗出来的!"

1999年,时任温州大学校长的谷超豪曾召集胡毓达等一批学者,专门成立课题组进行研究,探究"数学家之乡"背后的原因。课题组十年成果的结晶集中在 35 万字的《数学家之乡》（上海科学技术出版社 2011 年版）一书中，分析温州数学家辈出的原因，可以归结为重视数学的社会传承、德学兼优的数学师资、刻苦实干的地域品性以及地处信息开放的沿海环境四个因素。

薪火相传，弦歌不辍。"数学家之乡"的中生代、新生代力量正在涌现。如北京大学数学科学学院院长陈大岳，美国加州大学洛杉矶分校博士，获国务院特殊津贴；美国明尼苏达大学数学系终身教授江迪华，获美国"斯隆研究奖"；中科大特任教授陈昊，攻克微分几何领域世界难题，在国际数学界引起轰动……

2021 年清华大学首次推出丘成桐数学科学领军人才培养计划，69 人入围录取名单。其中广东省 11 人，位居全国第一，浙江省 10 人，位居第二，温州入围 5 人，占据浙江半壁江山。

谷超豪有诗云："人言数无味，我道味无穷。良师多启发，珍本富精蕴。解题岂一法，寻思求百通。幸得桑梓教，终生为动容。"这大约说出了温籍数学家们共同的心声吧。

# 朱自清"温州的踪迹"

位于温州市区四营堂巷的朱自清旧居，身处高楼大厦的包围中，却自有一番气定神闲的姿态。那古旧的青砖黛瓦、斗拱雕梁筑就了闹市中的一方静地。

从1923年春天携家眷来到温州，至1924年春天离开，朱自清虽然在温州只住了短短一年时间，然而，这个温润的江南小城已成为他人生行程中无法抹去的站点。

朱自清（1898—1948），原名自华，号实秋，后改名自清，字佩弦。原籍浙江绍兴，出生于江苏省东海县（今连云港市东海县平明镇），童年随父定居扬州。1916年考入北京大学预科，1920年毕业后辗转于杭州、扬州、台州、温州、宁波等地任教。1925年任教于清华大学中文系，后任系主任。现代著名散文家、诗人、学者，1919年开始发表诗歌，1924年由上海亚东图书馆出版新诗散文集《踪迹》，其中收入散文《温州的踪迹》。

## 来去匆匆

朱自清大学毕业后，挈妇将雏在江浙一带辗转谋职，颠沛流离。短短五年时间频频"跳槽"，那是他人生中的一段晦暗岁月。"近几年来，父亲和我都是东奔西走，家中光景是一日不如一日。"写于 1925 年的《背影》一文，朱自清隐约透露了那几年的境况。

中学毕业那年，19 岁的朱自清与扬州名医武威三的独生女武钟谦成亲，第二年生下长子。就在这年，任徐州盐官（榷运局局长）的父亲因纳妾挪用公款丢了肥差，为填上公款的窟窿，家里负债五百大洋，一夜之间陷入穷困潦倒的境地。奶奶气病交加撒手归西。还是北京大学一年级学生的朱自清如遭晴天霹雳，经济压力陡增，于是匆匆提前一年毕业，急于工作赚钱。

1920 年，由北京大学校长蒋梦麟推荐，23 岁的朱自清与俞平伯、刘延陵赴杭州，任教于浙江省立第一师范学校。一年后回到家乡扬州，在母校江苏省立第八中学任教务主任，然而没几个月就改赴上海中国公学中学部任教，旋即又回到浙江省立第一师范学校。第二年还是离开了杭州，转到台州浙江第六师范学校教书。1923 年春天，朱自清经好友、温州瑞安人周予同介绍，携家眷来到温州，任教于浙江省立第十中学。

周予同（1898—1981）与朱自清同龄，同年赴北京读书，共同参加过"五四运动"。周予同毕业于瑞安中学，并以第一名的成绩考取北京高等师范学校（北师大前身）。"五四运动"时，以高师学生代表身份，参与了"火烧赵家楼"事件。1920 年毕业后，曾任职于上海商务印书馆、《教育》杂志社、上海大学、浙江省立十中（温州）、安徽大学、暨南大学、开明书店、复旦大学，是中国现代著名历史学家。

26 岁的朱自清和怀着身孕的妻子武钟谦，带着儿子朱迈先、女儿朱采芷来到温州时，已与父亲断交。因为父亲数次抱怨朱自清挣钱太少，甚至不经朱自清同意私自从校长那里领走了他全部工资（这大概也是他在家乡任教没几个月即离去的原因），且常常迁怒于朱自清的妻子武钟谦。忍无可忍的朱自清把妻儿从家里接走，这无异于分家的举动使父亲更加暴怒，最终，父子二人断绝关系。

背着沉重的生活担子，朱自清一家人在温州暂时落下了脚。先是租住在城区大士门，后因大士门房子失火，转租到四营堂巷。

四营堂巷 34 号的王宅是一座坐南朝北的深宅大院。朱自清和家人住在东首的小别院里。不久,又添了女儿朱狄先。朱老夫人为照顾刚出生的孙女,特意从老家扬州赶来。

这个小别院是两间坐西朝东的平房,前有一个庭院。庭院中东、南、北各有花坛,中植翠竹佳木,又有数条青石,上置花盆十余个。小院常年花木葱茏,绿意满怀,爱好花木的朱自清还亲手种植了两盆兰花和一架倒挂金钟。清幽恬静的环境,朴实温暖的人情让一直颠沛流离的朱自清有了家的感觉。

王宅大门口东首矗立着一座小巧玲珑的古塔。朱自清每日进出大门时,总喜欢在塔旁盘桓,欣赏塔身形姿,细看花砖刻文,以至于他离开温州后仍念念不忘,写信询问他在温州的同事兼好友马公愚:"四营堂之塔想无恙?他日有缘,再图相见。"

岁月静好只是动荡年代里短暂的幻象,朱自清在温州居留了仅仅一年光景,就因为政局混乱,学校发不出教员工资,不得已于1924年春只身前往宁波,寻找工作机会。

朱自清离温后一直同马公愚保持通信联系,先是为赎回临走时抵押在小南门长生库当铺里的衣服,他写信给马公愚,并寄来款项,请代为办理。又请马公愚将这些衣服连同以前存放在马家的书籍交开往宁波的船转给他。马公愚都一一代办。

马公愚(1893—1969)出生于百里坊。马家是温州著名的书香门第,有"书画传家三百年"之誉。毕业于浙江高等学堂(浙江大学前身)的马公愚,既接受了传统文化的熏陶,又经过了系统的新式教育,是温州最早一批比较全面接受西方文化的知识分子。虽然他后来以书法篆刻闻名,《民国人物小传》称其"艺苑全才",但他在省立十中时是教英语的老师。马公愚比朱自清大五岁,两人一见如故,成为莫逆之交。

朱自清离开温州后,家眷仍然住在四营堂巷的王宅。1924年9月,北洋军阀混战,孙传芳突然对浙宣战,打响江浙战争。孙传芳部队从福建进发,突破仙霞岭防线,进入浙江境内。温州首当其冲,全城人心惶惶,市民纷纷逃难。朱家大小五口都是妇孺老幼,身无分文,且举目无亲,正慌作一团时,马公愚如救星般出现在他们面前,请他们随他全家一同去楠溪枫林避难。

马家同枫林望族徐家是亲戚关系。他们乘着舴艋舟，一路沿楠溪北上，直到山水深处的枫林。在嫁到徐家的堂姐马志莲安排下，一大群人避居于青砖黛瓦、高墙回廊的谦益堂大院里。这座传统的江南四合院式建筑，已有两百多年历史，占地达 3200 多平方米，有大小天井六个，房舍四十来间。围墙高砌，门台古色古香。晚清不到百年时间，这里走出了一堂四世十八生员，三代名中医还在这里创办了"济仁堂"药店。这座饱经风霜的老宅院至今犹存，见证了马家与朱家的患难之交。

几天后，时局稍平，武钟谦恐怕朱自清赶回温州后找不到他们，急于动身离开枫林。马公愚劝阻不住，便派人送他们一家回温州，并借了 10 元大洋以备急用。十中同事还怕不安全，又接他们到校中暂住。

朱自清惊闻战事消息，辗转赶到温州终于和家人团圆，决定举家迁往宁波上虞。临行前，他给马公愚留下一封信："先生于慌乱之际，肯兼顾舍间老幼，为之擘画不遗余力！真为今日不可多得之友！大德不敢言谢，谨当永志弗谖耳！"

朱自清一再表达了他对温州的留恋之情："温州之山清水秀，人物隽逸，均为弟所心系……"他在诗作《我的南方》中反复吟诵着：我的南方，那儿是山乡水乡，那儿是醉乡梦乡……

遗憾的是，乱世之中，辗转奔波，朱自清再未回到温州。

## 创作转型

朱自清从诗人到散文家的转型，是从温州开始的——朱自清的孙子朱晓涛对祖父的创作进行了大量阅读研究后，得出这样的结论："温州对我祖父来说，有着特殊的意义。"

之前，朱自清是一位诗人。来到温州后，他进行了大量创作，涉及很多体裁，有散文、小说、杂感、翻译，甚至歌词。他为十中写的校歌"雁山云影，瓯海潮踪，看钟灵毓秀，桃李葱茏。怀籀亭边勤讲诵，中山精舍坐春风。

英奇匡国，作圣启蒙，上下古今一冶，东西学艺攸同"，已传唱百年，成为今日温州中学的校歌，其中"英奇匡国，作圣启蒙"更是作为温州中学的校训，激励一代代青年学子怀抱高远理想，努力不懈前行。

1923年暑假，朱自清和俞平伯同游秦淮河，回到温州后，两人相约写下同题散文《桨声灯影里的秦淮河》。这篇散文的发表给朱自清带来了极大声誉，被誉为"白话美文的典范"，奠定了他作为散文大家的基础。

朱自清的创作热情一发不可收。1924年2月1日写下《月朦胧，鸟朦胧，帘卷海棠红》，2月8日写下《绿》，3月16日写下《白水漈》，4月9日写下《生命的价格——七毛钱》——这些文章后来集纳为《温州的踪迹》。

作为诗人角色的朱自清逐渐淡出，而他作为散文家的形象，却日益在中国的文坛上清晰起来。

《月朦胧，鸟朦胧，帘卷海棠红》是朱自清结束省立十中的任教，即将去宁波时所写。此前，他曾向好友马孟容索画做纪念。马孟容（1892—1932），比马公愚年长仅一岁的哥哥，兄弟俩一直同进同出，1926年共同受聘于上海美术专门学校，名扬沪上，人称"马氏双璧"。他们和方介堪、郑曼青等一批温籍名家活跃于中国艺坛，成为海派文化的重要力量，可惜马孟容年仅40英年早逝。他们都是朱自清当年在十中的同事，也是他在温州交谊最深的朋友。

那是1924年1月底的一天，朱自清到距四营堂巷很近的百里坊马家，正碰上马孟容作画，站在一旁的马公愚说："大哥这幅画是特意为你画的。他说你喜欢海棠，喜欢月夜……"画面上一轮圆月，一对睡意蒙眬的八哥，帘卷处一枝海棠花开。朱自清非常高兴，拿回家去细细品味。几天之后，他来到马家，告说已品出其中韵味，鸟儿之所以在花好月圆之夜不肯睡去，原来是画外还有一位玉人。他拿出一篇文章给马孟容，笑道："先生嘱题诗，不敢承命，姑以小文塞责，以文换画吧！"就这样，一篇美文《月朦胧，鸟朦胧，帘卷海棠红》诞生了。

仙岩是温州的名胜。朱自清第二次游仙岩也是在马公愚和另外几位朋友陪同下一起去的。他们从马家出发，在小南门乘小火轮去仙岩。仙岩三瀑三潭，周围山峰叠翠，林木幽深。朱自清坐在亭上观赏着飞花碎玉的瀑布，过了一会，走出亭子立在崖际，俯身察看潭水。马公愚立即制止，说这太危险了，然后领他攀着乱石，俯着身子穿过一道石穹门，来到汪汪一碧的潭边，静静地欣赏着潭光水色。朱自清说，这水是雷响潭下来的，那样凶的雷公雷婆怎么会生出这样温柔文静的女儿。他捕捉到了梅雨潭奇异而灵动的"绿"。

文章脱稿后，他还郑重地用秀丽的钢笔字抄了几份送给同游者。后来，《绿》被选入中小学语文教材，养在深闺的梅雨潭从此芳名大振。

## 难忘良师

朱自清在省立第十中学任教时，为了多赚一份薪水，也和当时很多老师一样，同时在温州省立第十师范学校代课。他在十中教"国文"，在十师兼教"公民"和"科学概论"，培养出朱维之、马星野等一批优秀的学生。

在当年初二学生陈天伦眼里，这个"矮矮的，胖胖的，浓眉平额，白皙的四方脸"的国文老师，"不迟到，不早退。管教严，分数紧，课外另有作业，不能误期，不能敷衍"，是一个"刻板严厉"的老师，以至于"最初我们对他都无好感"，调皮的学生还因为他"体虚矮胖，写到黑板的下半边，经常挺直上身平曲两腿的蹲下去，样子相当好笑"，而给他取了一个绰号"骑马式"。可是一年之后，当朱自清告知学生要离开的时候，大家黯然神伤："我们一直向学校当局，甚至到朱先生家里去苦苦挽留。"几名爱好文艺的学生，还给他写信继续请教。朱自清也热心回复，叮嘱学生订北京《晨报》看，"殷殷垂教如在校时一样"。

在当时作惯了"小楼听雨记""说菊"之类文言文的校园里，朱自清自由开放的写作理念无疑是一股清新的风，使学生们的思想和文笔放开束缚，自由飞翔："朱先生一上来，就鼓励我们多读多作白话文。'窗外''书的自叙'……是他出的作文题目，并且要我们自由命题。"

平阳籍男生马星野在十中读书时，作文深受朱自清赞赏。一次朱自清在他的作文后，引李商隐诗句"何事荆台十万家，独教宋玉擅才华"作为评语，

朱自清旧居 卢春雨摄

大大激发了马星野的写作热情。他毕业后投身新闻写作事业，筹建了中央政治学校新闻系，担任中央日报社社长，获美国密苏里大学新闻学院"杰出新闻事业终生服务最高荣誉奖"，成为中国现代新闻学的开创者。

1981年，年逾古稀的马星野深情撰文，怀念老师："朱先生是一块美玉，他的一句诗，一席话，都有值得长久回味的价值……他那温良恭俭让的和平神态，永远使我毕生难忘。"

南开大学中文系教授朱维之回忆当年在十中读书时最难忘的良师，其中之一就是朱自清："他对我们这些中学生也像对朋友一样地谈话，谈他自己在温州的生活，写作的方法等。他叫我们扩大读书的范围，如诗经、楚辞、诸子百家、唐宋诗词。他还在百忙中为我们批改课外所写的诗文，用蓝紫墨水加点和曲线，并给予适当的评语以资鼓励。他在课外给我的教导和影响比课内还多得多。"

1924年2月离开温州前，朱自清和一些交谊颇深的学生、同事合影留念，那一帧帧黑白影像定格了百年前离乱岁月中的一份世间真情，成为今日温州老照片中珍贵的遗存。

让朱自清心心念念的四营堂古塔，已于1966年倒塌；曾租住的王宅，也在旧城改建中被拆；只有当年他住过的小别院，经有关部门规划，照原貌搬迁重建于四营堂巷22号。五间三进合院木构建筑保留了晚清民国时期温州民居的风貌，也保留了温州市政府对文化的尊重和温州人对朱自清一份由衷的敬意。2006年11月24日上午，朱自清旧居纪念馆正式揭幕。

远在山西的朱闰生老先生不顾路途遥远，不顾年事已高且腿疾行走不便，欣然应邀来温参加揭幕仪式。老人身上的大红夹克，和脚下的红地毯、门楣上的红绸布一起映红了这个冬日清冷的早晨。当得知坐在椅子上的老人就是《荷塘月色》中的那个"闰儿"时，前来参加开馆仪式的人群中爆出一阵欢呼。

闰儿是在上虞出生的，从没到过温州，但他早已从父亲留下的文章、日记、书信中体会到，乱世之际温州曾给予朱家的那份患难真情。老人的声音在风中微微有些颤动："我是第一次来温州，感觉却像是重回故地。"他顿了顿，说："我是来替父亲还愿的。"

庭院中最南面移栽的那株南天竹，据说仍是当年旧物。王宅后人、温州二中退休教师王长春说，小时候听祖母讲过，这棵竹比他的年龄还大许多，有一百多岁了。窗前花架上那盆兰花，也是当初朱自清手植的兰花繁衍而来，枝叶青葱，身姿挺秀，一如当年。

# 弘一大师与"第二故乡"

江南春来早。寒冬的余威还未散尽，枝头的嫩芽还未吐绿，淅淅沥沥的春雨却断断续续泄露了春的消息。

和着1921年早春的脚步，一起踏进温州城的还有神清骨瘦一袭僧袍的弘一大师。42岁的弘一从杭州出发经上海乘船来到温州。

打量着这个陌生的地方，感受着这座小城的宁静平和，他告知远方的友人："诸事安适，倘无意外阻障，将不它往。"

这一住，前后长达12年。弘一总结："居温州最久，约十载。"温州有幸，成为弘一大师24年僧侣生涯中最为长久的居留地。

## 同学推荐来温州

蔡元培曾说："我在南洋公学教过不少学生。在艺术方面成就最高，涉及领域最广，培养人才最多者，首推李叔同。"

李叔同（1880—1942），又名李息霜、李岸、李良，谱名文涛，幼名成蹊，学名广侯，字息霜，别号漱筒。祖籍浙江平湖，生于天津。1901年入南洋公学读书。1906年赴日留学，四年后归国，在天津、上海、杭州、南京等地担任教师、编辑。他是著名音乐家、美术教育家、书法家、戏剧活动家，中国话剧的开拓者之一，中国新文化运动的先驱。有人统计，李叔同在中国开创的"第一"，多达近二十项：第一个使用五线谱作曲；第一个推广西方"乐器之王"钢琴；最早介绍西洋画知识；第一个聘用裸体模特教学；创办了第一个话剧团体"春柳社"……

然而，正是这个出身于天津富商家庭、声名正如日中天的李叔同，39岁人届中年时，突然抛妻别子，遁入空门，在杭州虎跑寺出家，法号弘一。

李叔同的名头毕竟太大了，多故旧酬酢的杭州让他难以"息心办道"，因此一心想寻找一个清净所在。南洋公学老同学林大同向他推荐了自己的家乡——"山水清华，气候温适"的温州。

林大同（1880—1936），字同庄，出身于瑞安望族。20岁时因仰慕孙中山先生提出的世界大同的理想，改名大同。1901考入上海南洋公学，与李叔同成为同学。

南洋公学是今上海交通大学的前身，光绪二十二年（1896）由洋务派代表人物盛宣怀创办并兼任督办。光绪二十七年（1901）设立经济特科班（简称特班），"以待成材之彦之有志西学者"。当年在全国招了42名学生，蔡元培任特班总教习。

这显然是一个被寄予厚望的精英班，录取名单上有：黄炎培、李叔同、邵力子、谢无量……还有来自温州瑞安的林大同、郭弼、项骧等——他们未来在中国近代史上都留下了浓墨重彩的一笔。

读书期间，林大同与李叔同不仅是同学，还是室友，朝夕相处，感情深厚。然而他们在南洋公学不到两年时间，就因抗议学校专制行为集体退学，各奔前程。林大同与李叔同先后赴日本留学。虽然不在一个学校，学的是完全不同的专业，林大同学土木，李叔同学美术，但不妨碍两人仍时有联系。学成回国后，几番辗转又在杭州相遇。此时，林大同是浙江铁路、水利系统的顶梁柱，李叔同是浙江第一师范学校的明星教师。

1918年农历七月十三日，恰逢大势至菩萨圣诞日，已一心向佛的李叔同断然与红尘作别。世间从此少了翩翩公子李叔同，多了一代高僧弘一。"落发以后仍须受戒,于是由林同庄介绍,到灵隐寺去受戒了。"《我在西湖出家的经过》一文中,弘一记录了这件事。

林大同不仅为李叔同介绍了受戒之处,还推荐了清净修持之处。弘一"闻之欣然",决定前往温州。1921年4月,他在温州著名居士周孟由和吴钟镕的陪同下,搭乘"海晏号"海轮从上海出发,两天后抵达温州,驻锡庆福寺。

周孟由(1887—?)是温州名门周宅当家长子,法名师导,自号寒香。宣统二年(1910)毕业于杭州高等师范学校,后东渡日本,入读早稻田大学史地专业。曾追随孙中山加入同盟会。回国后致力于实业救国,在温州开办周氏钱庄,捐办民德小学(今府学巷小学),又投资开办慈善机构等。周孟由与弟周群铮负责供养弘一在温州的伙食费。

吴钟镕(1877—1926),字璧华。也曾留学日本,辛亥革命后任浙江督军署高级参谋,1918年被选为新国会参议员。后辞职返乡,在温州创办莲池海会,发起组建"中华佛化教育社"并出任副社长。

## 驻锡庆福寺苦修

庆福寺也叫城下寮,背依积谷山麓,面绕护城河,曲径通幽,有城市山林之胜景。

庆福寺的住持寂山和尚(1877—1962)俗姓陈,名星楠,法名若德,温州乐清人。他对名扬四海的弘一非常尊敬,在生活上处处关照。得知弘一严持"过午不食"的戒律,他即修改了寺庙的就餐时间。弘一掩关不便见外人时,他让寺中斋厨陈阿林送饭到斋房。

1922年弘一依照戒律要拜一位纠正弟子行为的依止师,他表明想拜寂山和尚为师的意愿。寂山和尚很惊愕,他觉得自己德行浅薄,再三推辞,弘一则再三请求,经过吴钟镕、周孟由的劝导,寂山和尚终于应允。第二天,弘一行拜师礼,并登报郑重声明:"吾以永嘉为第二故乡,庆福作第二常住。"

驻锡庆福寺期间,弘一宣布闭关,并在门口贴上《掩关谢客简》:"不慧

弘一大师（右后一）在庆福寺与寂山和尚（右后中）、周孟由（前左一）等人合影　选自黄瑞庚主编《温州老照片》

痛念生死事大，无常迅速。自今以后，掩关念佛，谢绝人事。"他果然说到做到。闭关期间，温州瓯海道尹林鹍翔来访三四次，都被弘一托病不见。后温州瓯海道尹张宗祥只身来访，寂山和尚因为他是地方长官，不便推辞，告知弘一。弘一合掌连声念阿弥陀佛，垂泪说："师父慈悲，弟子出家，非谋衣食，纯为了生死大事，妻子亦均抛弃，况朋友乎？乞婉言告以抱病不见客可也。"张宗祥终于还是没能见弘一大师一面。

但凡有家书寄来，弘一就托人于信封后批：该本人业已他往。所有信件都原封退还。人们不解：信为什么不拆阅呢？即使不回信也没关系，何苦一一退还呢？弘一说："既经出家，便应作已死想，倘为拆阅，见家中有吉庆事，恐萌爱心；有不祥事，易引挂怀，不若退还为得也。"阅遍了人情物理之后的弘一，心底深处对俗世的那份舍与不舍，究竟有谁能参得透？

1924年，弘一闭关披读，历时四年，终于将深奥难懂的《四分律》改成易诵读的《四分律比丘戒相表记》，重兴南山律宗的传统。全书由中华书局影印出版，成为佛门最有影响的巨著之一，为中国近代佛教史作出了杰出贡献。夏丏尊拿出35本交给日本内山完造，分寄到日本东京、京都各大学图书馆收藏。

弘一对这本著作也非常看重。1931年春他在温州染上恶疾后，给学生刘质平写下遗嘱，唯一反复叮咛的就是关于这本书的后续。他说追悼诸事都不必做，唯一可做的就是"乞将《四分律比丘戒相表记》印二千册"，因"此书可为余出家以后最大之著作，故宜流通，以为纪念也"。幸而弘一挺过了这次疾病的折磨。

"清凉月，月到天心，光明殊皎洁。今唱清凉歌，心地光明一笑呵。"有感于世音多靡靡，1929年8月弘一开始撰写《清凉歌集》，完成了"清凉、山色、花香、世梦、观心"五首歌词。后由学生刘质平及弟子俞绂棠、潘伯英、徐希一、唐学咏谱曲，1936年上海开明书店出版。因这五首歌词"文义深奥，非常人所能了解"，弘一大师致信闽南佛学院的芝峰法师，希望能由他来作白话文注释，"详解其义"。因此又开启一段与温州的缘分。

原来为弘一如此看重的芝峰（1902—1967？），是温州乐清人，俗名石鸣珂，字象贤，太虚大师（1890—1947）门下十哲之一。他在温州护国寺剃度出家，后毕业于武昌佛学院，精通日文。1929年弘一在厦门南普陀寺首次见到芝峰法师，即十分相契，认为当今之世，如芝峰法师"英年绩学者，殊为稀有"。芝峰确实也没有辜负弘一的信托，他的注释得到弘一的赞赏："欢喜无量。大著深契鄙意，佩仰万分。"

在温期间，弘一多次外出云游，但他如候鸟一般，最后总会回到庆福寺落脚。据统计，他从温州寄出的书信136封中，庆福寺有130封。1929年9月是弘一大师50岁寿辰，他云游返回庆福寺，触景生情，并撰联：多劫荷慈恩，今居永宁，得侍十年香火；尽形修忏法，愿生极乐，早成无上菩提。寓含了他对"居永宁（温州）"的满意，也表明自己的修行心志。

建于清嘉庆及道光年间的庆福寺，原是应赴经忏的"应门道场"，1930年，温州城墙倾废后被逐渐拆除，庆福寺殿宇僧舍也破旧不堪。时任住持的因弘和尚与寂山和尚共同发心，集募资财，重建寺院。

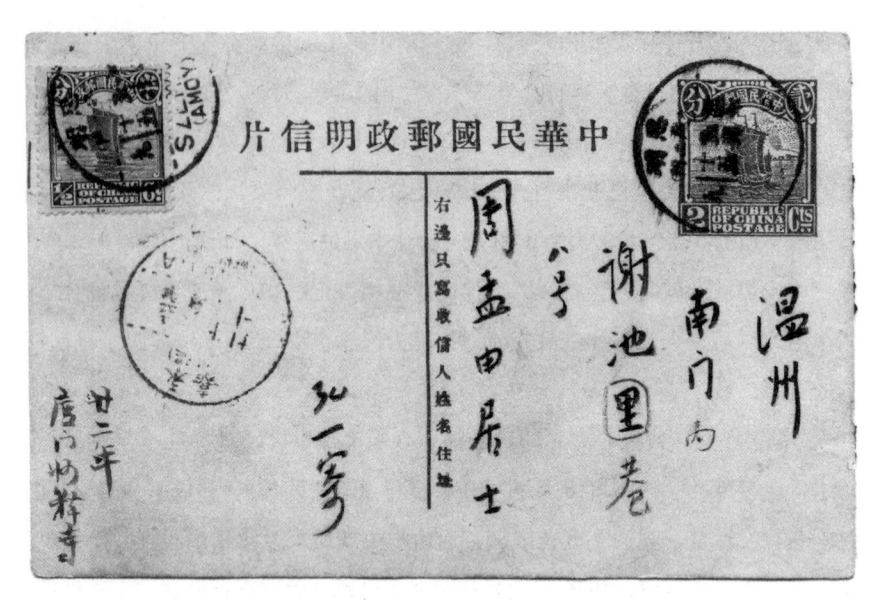

弘一大师写给温州居士周孟由的明信片

　　因弘和尚与弘一也大有关系。他原是在庆福寺中照料弘一日常起居的少年，却在日复一日的相处中，为弘一虔诚精进的精神所感召而剃度出家，得名"因弘"。

　　弘一大师与周孟由、吴钟镕等居士都鼎力赞助庆福寺的重建工作，弘一亲撰《题永嘉庆福寺缘册》募集资金。

　　1932年，寺院建成，分二进，坐北朝南。南边山门高耸，面对碧波粼粼的护城河，上有青石匾额横刻"庆福寺"三个隶书大字，穆静冲逸，纯朴自然，出自弘一手笔。

　　寺院内有大雄宝殿五间，东西边轩楼各三间，东边还有大斋堂与厨房等，并有半亩多园地，由寺僧种植蔬菜。大殿中匾额"极乐庄严"四字由弘一亲笔书写。寺内的三圣佛像由三块巨大的香樟木雕凿而成，是乐清塑佛高手黄崇寿在弘一指导下进行的。

　　大殿东首另建倒厅楼房三间，前有小天井，植有花木，幽香可爱，自成庭院，这便是弘一的"晚晴院"。他住此潜修，并自撰《晚晴院额跋》："唐人诗云,天意怜幽草,人间重晚晴。髫齿之岁喜诵之。今垂老矣,犹复未忘,亦莫知其由致也。因所居额曰晚晴院,聊以纪念旧之怀耳。"

## 移居江心寺

1928年6月至9月间,弘一与身在上海的弟子丰子恺书信往来频繁,讨论编撰《护生画集》中的相关细节问题。当时因庆福寺旁修建中山公园,颇为吵闹,弘一为专心编书,移居江心寺。

遗存至今的信函表明了他那段时间的行踪。当年6月10日,他致函因弘法师,落款江心寺;9月24日,他致信学生孙选青:江心寺"房舍甚好,颇宜闭关钻研佛学";同日致李园净、丰子恺信,提醒修改寄信的地址:"以后寄信件等,乞写温州麻行门外江心寺弘一收,为宜。"位于瓯江上的江心寺要靠渡船往来,通邮不便,有时还容易丢失,因此弘一嘱咐信件只能寄到码头附近的某处豆腐店暂存,待寺里派人买豆腐时再带上岛。二人就这样颇费周折却又一丝不苟地反复商讨编辑、版式、装订、用纸等细节。

计划中的《护生画集》一书以丰子恺的画作搭配古诗词或弘一大师的诗文,倡爱生敬养理念。该画集于1929年2月由开明书店印行,颇受欢迎,不同版本竟达15种之多。

弘一离开江心寺后,曾写信请因弘和尚去帮他取回寄存在江心寺的一批律书。弘一在信中写道:"唯田法师(时任江心寺住持)无有研究律学之意,不能阅览。"江心寺作为佛教禅宗道场,与弘一大师修习的佛教律宗,毕竟还是大不同。

不过江心寺有缘珍藏了弘一的墨宝。三圣殿正中高悬着"极乐庄严"匾额,是十分珍贵的弘一大师真迹,该寺的镇寺之宝。匾额制作精良,原本是金漆面,上描竹石图案。右侧直书:龙集壬申重建庆福圆满成就沙门智首敬题龛榜以申赞喜(智首即弘一大师的另一法号)。左边书有:信士汪殿钦率男熹、鳌、源暨孙、曾孙等仝拜献。

原来这是 1932 年为祝贺庆福寺重建落成而写。匾上提及"信士汪殿钦"，其家族在温州近代是响当当的名门望族。汪殿钦长子熹，即温州近代金融业开拓者汪晨笙，著名的厚康钱庄创始人。次子鳌即汪惺时，是当时温州唯一官方认证的会计师，曾任交通银行行长多年。三子源即汪雪怀，也从事金融业。汪晨笙因与寂山和尚交厚，得以结识弘一大师。汪晨笙父亲 92 岁做寿时，正值庆福寺重修大殿，汪晨笙出重金资助，还特请弘一大师题字，制成匾额敬献给庆福寺。

后来幸亏原匾辗转移至江心寺，才能在"文化大革命"破四旧中躲过一劫。

## 结下殊胜因缘

温州佛教兴盛，自古而然，弘一曾为之点赞："比来各地佛法昌盛，永宁（温州古称）诸居士弘法尽力。尊邑人文之盛，驰誉遐迩，弘扬佛化之事，未可延缓。"

他在温州期间，住过庆福寺、江心寺、茶山宝严寺、仙岩伏虎庵、郭溪景德寺等。除庆福寺外，他留驻宝严寺的次数最多，时间最长，这也是庆福寺的属寺。弘一在很多亲笔信中称赞宝严寺"风景殊胜""山中兰若"，表示愿"久居彼处"。

宝严寺历史悠久，《永嘉县志》有"宝严院，在德政乡，宋祥符间建"的记载，今处于北接三垟湿地景区、南临茶山大学城的衔接点。这座千年古刹因留下了弘一题字的"宝严寺"牌匾，以及真迹对联："常持清净戒，应生欢喜心"，而更增添了人文慧光。

1928 年夏，弘一在郭溪景德寺发现了清代余治著《醒世千家诗》孤本。他在景德寺校勘此书，经朱批删改后，保留了 270 余首诗后刊印，并亲自题写《重编醒世千家诗》。

弘一不愿意与官员打交道，却乐意结交普通民众，至今仍为人们所津津乐道。

庆福寺厨师陈阿林常为弘一送饭到斋房。这个年轻的厨师不幸去世后，弘一为他亲笔撰写了《庖人陈阿林往生传》。陈阿林是瑞安下林乡人，少时以烧瓦为生，后来庆福寺做厨师，前后仅两年时间即病逝，年仅31岁。这个"面黄颧削，无福德相"的年轻人忠厚诚恳，看到弘一食量很少，便面露难过的表情，一定要追问原因，唯恐是自己的饭菜做得不够好。他因肺病遽然去世，临终前命家人烧好开水，自己沐浴完毕，"卧床念佛，泊然而化"。弘一感叹道："非勤修净行者，然观其生死之际，脱焉无所累。人谓阿林愚，是其所以不可及也夫。"

18岁的方介堪出身贫寒，靠在五马街摆摊刻印章为生。偶然间被弘一看见，觉得这个年轻人的印章颇见功力，于是主动邀请他来庆福寺晤谈。弘一出示自己在浙江第一师范学校任教时编印的一本篆刻集，方介堪得以亲见诸多名家的百余印章，大开眼界。弘一还赠他一支大斗笔，笔柄由红木制成，笔锋如拳头般饱满。这支笔一直伴随着方介堪走上艺术之路，成为金石名家。如今这支笔珍藏在方介堪艺术馆，静静地讲述着一段慧眼识珠、奖掖后进的佳话。

其实，弘一并不是很多人认为的"冷漠寡情"，他对有真才实学之人抱以极大的热情，不吝赞美。1928年农历十一月，弘一给素昧平生的温州秀才刘肃平写了一封信，并"奉梵典四部"。信中写到他之前路过万岁里巷，看到北门内叶震昌小客栈前有一对门联："震川文派朋樽盛，昌谷诗题旅壁多"，品读再三，深感书文俱佳。弘一赞叹作者刘肃平雅思渊才，"是人中芬陀利矣"，叹为希有。"书法亦复娴雅，神似《阴符》"。弘一惋惜地说没有机会见面，无法表达自己诚挚的心意，于是写了这封信并赠佛经，希望刘秀才闲时阅读，最后殷殷致意："朔风多哀，为道珍摄。"

弘一在温州前后驻锡达十余年，写下大量的佛号、佛经、楹联、信札，结下一份殊胜因缘。现温州博物馆藏有弘一大师作品40余幅，各个时期的照片50余幅，书法藏品数量在全国名列前茅。尤为难能可贵的是，弘一的佛学体系和弘体书法都是在温州时期形成，独特的弘体书风嬗变期作品系温州博物馆的"独家藏品"，各地鲜见。

来温州前的1915年，弘一书写的"大槐独秀、玄流太和"楹联作品，字体凝重厚实，点画方折刚劲，富有质感和力度。离开温州的1932年，他书写的"广大寂静三摩地，清净光明遍照尊"楹联，字体已圆润含蓄、疏朗修长，给人以蕴藉和谐的感觉。他自己评价"朽人字所示者，平淡、恬静、冲逸之致也"。叶圣陶对弘一晚年书法有一段生动的评说："我不懂书法，然而极喜欢他的字。若问他的字为什么使我喜欢，我只能直觉地回答，因为它蕴藉有味……"

温州人对弘一怀有深深的敬仰之情。1956年佛学界知名人士发起筹办"弘一大师纪念室"，得到杭州马一浮、上海丰子恺、山东刘质平、温州方介堪、北京二理法师（后迁居美国改名妙因）、泉州开元寺妙莲法师等热心支持，搜集了一大批弘一大师亲笔墨宝、照片及其他遗物，陈列展出。

纪念室的篆书匾额出自马一浮手笔，沉香色的楠木板面上镌有"弘一法师纪念堂"七个墨绿色大字，悬挂在当年弘一闭关潜修过的"晚晴院"，古朴典雅。厅堂上首悬挂着大师遗像，下面是他晚年病中书与众友的偈言："君子之交，其淡如水，执象而求，咫尺千里；问余何适，廓尔忘言，华枝春满，天心月圆。"两边玻璃框中的对联是弘一大师将要离开温州时所书的华严集联："入于真实境，照以智慧光"，落款是"晚晴老人"。左边一联"众缘闲处尽，一念看来孤"，右边板壁上则悬挂着琳琅满目的对联、屏条、横帔等墨宝。

后政治风波迭起，弘一大师纪念室停办。大师墨宝亦在"文化大革命"期间损毁无遗。二十世纪八十年代末，人民东路改建，庆福寺又被拆除，现仅存石柱对联数副及山门上"庆福寺"三字石刻。

近年来宝严寺、护国寺陆续建起弘一大师纪念堂。2010年弘一大师诞辰130周年纪念活动、2020年弘一大师诞辰140周年纪念活动相继举办；2018年温州排演了首部原创音乐剧《夕阳山外山》；2021年举办弘一大师驻锡温州100周年纪念活动，温州博物馆推出"碧天芳草——李叔同与温州展""碧天芳草——护生画集特展"。

弘一大师1942年逝于泉州，至今已八十余年。不论是滚滚红尘还是清凉世界都依然有他的传说，久久回响。和弘一相知甚深的夏丏尊曾发出这样的感叹："其行迹如真而幻，不可捉摸，殆所谓游戏人间，为一大事因缘而出世者耶？"

# 温州走出的郑振铎

"生如夏花之绚烂,死如秋叶之静美。"这是郑振铎翻译的泰戈尔诗句,也几乎应验了他波澜壮阔的一生。

郑振铎,笔名西谛、C.T.、郭源新等,祖籍福建长乐。中国现代杰出的文学家、编辑出版家、艺术史家、考古学家和社会活动家,也是新中国文化事业的杰出组织者与领导者,被誉为二十世纪"全才大师"。

从1898年出生在温州,至1958年在苏联遭遇空难,郑振铎的六十载生命虽然短暂,但其生命的温度、深度、广度却鲜有能及。尤为人称道的是,郑振铎性情真挚,笃于情谊,爱友若命,"连草木都能被感动"。

## "出生在温州的福建人"

"长乐郑振铎",郑振铎署名、刻章时常这样落款,他在北京求学时参加的也是福建同乡会活动,并得以结识冰心等一批"老乡"。

其实来北京读大学前,他的人生轨迹基本围绕着温州。在一篇自白中,郑振铎自称为"出生在温州的福建人"。喝着瓯江水长大,在温州生活和求学的时间占据了他人生近三分之一历程。"如轻烟似的乡愁"中,温州有着颇重的分量。

郑家迁自福建长乐首占村，本是当地的书香门第。郑振铎祖父郑允屏追随一位在浙江任道台的表亲宦游他乡，后在温州谋到盐官一职，便将老家亲眷接到温州城区定居。

光绪二十四年（1898），郑振铎呱呱坠地，成为家族"温漂"第三代。祖父郑允屏欣然为长孙取名振铎，有"摇铃一响，一呼百应"之意，期待这个新生儿未来大有作为。遗憾的是，在郑振铎的童年，父亲即英年早逝，不久祖父也病故，他们都没有等到郑振铎长成他们期许的样子。

家道一蹶不振，寡母郭宝娟靠做针线活拉扯郑振铎长大。在亲友的接济下，郑振铎长成一位挺拔激昂、才情满腹的翩翩少年。他的求学轨迹覆盖了至今温州市民耳熟能详的名校：幼时就读三官殿巷的永嘉第一高等小学（今广场路小学），1911年考取温州府官立中等农业学堂（今温二中）。后转入浙江省立第十中学（今温州中学）就读。

1917年，郑振铎考入北京铁路管理学校（今北京交通大学）。1919年，在北京积极投身"五四运动"，编刊物办社团。大学放假回到温州，与姜琦、陈仲陶、周守良、马孟容等志同道合的青年发起组织永嘉新学会，并参与创办《救国讲演周刊》《新学报》，为浙南一隅开新文化运动之风气。

温州博物馆藏有《永嘉新学会会员录》，其中有"郑振铎，住永嘉沧河巷"的记录。那时，郑振铎一家已经迁居沧河巷。

1921年，郑振铎大学毕业后到上海工作，将母亲从温州接去上海奉养。至此，郑振铎一家人结束了在温州的生活。

## 贫寒少年的良师益友

热情好客、慷慨诚挚的郑振铎常给朋友"阳光开朗大男孩"的少年感。但少年的郑振铎其实生活颇为困顿，孤儿寡母、家境贫寒、客居温州……因为交不起学费，他几度面临辍学。郑振铎身上总是穿着缝缝补补的旧衣裳，到了冬天，衣裳单薄难以御寒，他得了慢性鼻炎，鼻涕不断。调皮的同学给他起了"鼻涕佛"的绰号，甚至借故疏远他。

郑振铎总是在教室的角落默默读书。他在省立第十中学的同班同学陈召南，其父陈寿宸是清末举人，家中藏书甚富。那时，爱书却无力买书的郑振铎会去陈家借书或看书，过吃饭时间还不歇。一次，郑振铎坐在陈家竹榻上看书看得忘神，起身时长衫不慎被竹篾钩破了一个大洞。隔了数日，他再去陈家看书，长衫破洞仍未缝补。陈家妈妈帮他缝好了破洞，并赞誉郑振铎埋头读书的苦学精神。郑振铎和陈家兄弟成了好友，陈召南的三哥陈仲陶是郑振铎的高中学长，他们后来共同发起了永嘉新学会。

郑振铎与妻子高君箴

贫寒的他在温州遇到了颇多这样的善意。这群人生之初、相识于微时的良师益友令郑振铎颇为怀念，也共同铸就了少年郑振铎真诚、勤勉的性格底色。

夏承焘和郑振铎是永嘉第一高等小学的同学。夏承焘晚年向郑振铎独子郑尔康回忆"儿时初放学"，他常拉郑振铎去池塘边捞蝌蚪，或是去坟堆里逮蟋蟀。

1978年，在郑振铎蒙难二十周年，夏承焘在《减兰·题西谛学兄纪念册》一词中写道：

峥嵘头角，犹记儿时初放学。池草飞霞，梦路还应绕永嘉。百编名世，十载京华携手地，杰阁秋晴，遥指层霄是去程。

永嘉第一高等小学时期的郑振铎还遇到了影响一生的老师——国文老师黄小泉。1923年，他撰文《记黄小泉先生》回忆道："他是那样的和蔼、忠厚、热心、善诱……"

郑振铎记挂的黄小泉老师"并不是一位出奇的人物，他没有赫赫之名；他不曾留下什么有名的著作，他不曾建立下什么令年轻人眉飞色舞的功勋。他只是一位小学教员，一位最没有野心的忠实的小学教员"。

黄小泉把学生当成自己的朋友，没有疾言厉色的责备。他对破衣烂衫的郑振铎从不轻视，相反格外爱护。每逢假日，他常常带着郑振铎和夏承焘等人去春草池、飞霞洞等温州名胜游玩。这段美好回忆也被写入夏承焘的词中。

黄小泉原是科举出身，却努力学习新式教育，订阅了《教育杂志》。国文本是难教的科目，他却教出了新意，带给学生很多先进的思想。高小毕业后，郑振铎预备考中学。他在一所庙宇里补习功课，补课老师便是黄小泉。郑振铎回忆，"在那时候，我的国文，进步得最快。我第一次学习着作文……假如我对文章有什么一得之见的话，小泉先生便是我真正的启蒙先生，真正的指导者。"

很多年后，很多温州人都已忘记了黄小泉这位"并不出奇"的教育前贤，他却在学生郑振铎的笔下被久久地留存，形象鲜活。

郑振铎曾经好几次写下散文和小诗，怀念温州好友和景物及自己的童年生活。小说《家庭的故事》写的是温州的故事，小说中的人物原型大都生活在温州。1917年，他游雁荡山，留有新诗《雁荡山之顶》，是现存最早题咏雁荡山的新诗之一。

郑振铎曾提及，在温州时就对小说感兴趣，读了不少。书籍中要有插画，就是在温州时读《绣像小说》等书籍时受到启发。他后来的代表作《中国俗文学史》《中国文学史》中特别突出的便是插画。

1965年，郑振铎离世后，他的"发小"陈召南去北京拜谒郑振铎母亲。老夫人动情地说：振铎在外三十多年，也没有忘掉温州话。

## 从瓯江到上海滩

北京学成之后，郑振铎安家在距离温州不远的上海，结婚生子、成家立业。

郑振铎在北京铁路管理学校求学期间，结识在俄文专修馆就读的瞿秋白等人。在瞿秋白的影响下，郑振铎大量阅读苏俄文学作品，接触进步思想。他们第一次到手的稿费都是来自翻译俄国作品。两人来往密切，参与创办了《新社会》《人道》等进步刊物。

1921年，郑振铎与沈雁冰、叶圣陶等人共同成立文学研究会，倡导"为人生的文学"。这是中国文学史上的一件大事。当时，郑振铎和沈雁冰还只是笔友。

大学毕业后，郑振铎到上海的铁路部门工作，初次和沈雁冰见面。在沈雁冰的介绍下，郑振铎"跳槽"到商务印书馆当了编辑，开启了文学生涯。1923年，他接替沈雁冰主编《小说月报》。

这位新人在入职前就受到了业界大佬高梦旦的关注。高梦旦是商务印书馆元老、董事兼编译所所长。此前的1920年10月，高梦旦到北京为商务印书馆访贤，结识了原籍同为福建长乐的郑振铎。

1921年，郑振铎刚加入商务印书馆工作，高梦旦就给他开出了每月60元的"高薪"。编务之余，郑振铎到上海神州女子中学兼课，和一个名叫高君箴的学生相爱，她的父亲正是高梦旦。

高梦旦看中郑振铎的才华和人品，欣然接受了这个出身贫寒的女婿。1923年10月，郑振铎与高君箴的新式婚礼在上海举行。出席婚礼的有沈雁冰、叶圣陶、胡适等人。顾颉刚担任司仪。

婚礼前，结婚证书上需要男方家长盖章。郑振铎紧急求助瞿秋白。篆刻高手瞿秋白欣然为郑振铎的母亲和这对新人刻了三方图章，作为新婚礼物。

婚礼致辞也特别"先锋"。瞿秋白第一个上台发言，大意是女性要解放，恋爱要自由。据沈雁冰回忆，满堂宾客有瞠目结舌者，也有鼓掌欢呼者。

有趣的是，1925年商务印书馆发生了一场劳资冲突。高梦旦出任资方代表，郑振铎被推为劳方代表，分坐在谈判桌两端，但私下，这对翁婿关系很好。

## 在上海"虎口"夺书

郑振铎平生最钟情的，莫过于书。"我不知道别的人有没有这种经验：摩挲着一部久佚的古书，一部欲见不得的名著，一部重要的未刻的稿本，心里是那末温热，那末兴奋，那末紧张，那末喜悦。这喜悦简直把心腔都塞满了，再也容纳不下别的东西。"

他一辈子与书打交道。最惊险的经历是在抗战时期，孤身潜伏上海，和日本"古籍猎人"争分夺秒，抢救国家典籍。

当时，江南一大批藏书家迫于时局纷纷抛售古籍，藏书大量毁坏流散，甚至有沿街叫卖者。日寇虎视眈眈。身边大批同人已辗转西南，郑振铎不忍目睹"民族文献、国家典籍沦失"，毅然选择了留守，在上海"虎口"夺书。

"时时刻刻都有危险，时时刻刻都在恐怖中，时时刻刻都在敌人的魔手的巨影里生活着，然而我不能走。"那段时间，他除了在暨南大学上课便是闭门在家接待各路书贾。"即使没有自己想要的东西，也要选购几部，不使他们失望。"他拜托了上海几乎所有的旧书商人：凡有好书，一定先告诉他，千万不可卖给外国人与汉奸！

为此，他也很快被日寇盯上。1940年1月8日，日本宪兵搜查了郑振铎在上海的寓所。紧接着，特务们又在他经常去的书店前蹲守。郑振铎侥幸躲过一劫，他惦念的是同样处在劫难中的古籍善本。

"我从劫灰里救全了它，从敌人手里夺下了它！我们的民族文献，历千百劫而不灭失的，这一次也不会灭失。我要把这保全民族文献的一部分担子挑在自己的肩上，一息尚存，决不放下。我做了许多别人认为傻的傻事。但我不灰心，不畏难的做着，默默地躲藏的做着。"

成长于南戏故里的郑振铎对戏曲和中国俗文学都有着非常浓厚的兴趣。他在战火中抢救保护了《脉望馆抄校本古今杂剧》，后整理成《孤本元明杂剧》。64册图书中包含242种杂剧，其中有一半是湮没了几百年的孤本；而这一百多种孤本中，元人所作就有29种。那段时间，他联合商务印书馆元老张元济、光华大学校长张寿镛、暨南大学校长何炳松等，发起成立"文献保存同志会"。不到两年即征集善本古籍 3800 余种 18000 余册，差不多相当于北平图书馆所藏善本总数，均收归国家所有。

年轻的巴金起初一度不理解郑振铎"抢救"古书的做法。"直到后来我看见他保存下来的一本本珍贵图书，我听见关于他过着类似小商人生活，在最艰难、最黑暗的日子里，用种种办法保存善本图书的故事，我才了解他那番苦心。"

郑振铎空难去世后，其家人向国家图书馆捐献藏书 17224 部 94441 册，郑振铎"为书籍的一生"画上大写的句号。

## 文化界的枢纽式人物

在现代中国文化界，郑振铎可谓是一位枢纽式的人物。有人说，这与他热情正直、精力弥满而富于组织力的性格亦相关联。他尊重贤望，也扶助新人。

"谈笑皆鸿儒，往来无白丁"，不论住所多么局促，他的"郑家菜"饭局总是高朋满座、宾主欢聚纵谈。如果郑振铎也有朋友圈，他的好友列表几乎串联起民国大半个文化界的风流人物。

1922 年春天，俄国盲人诗人爱罗先珂来中国讲学，郑振铎陪同，因而与鲁迅相识。郑振铎说："我编版画史的兴趣，是由鲁迅先生引起的。"《北平笺谱》和《十竹斋笺谱》是两人友谊的见证。郑振铎曾写信给鲁迅咨询借阅古籍《西湖二集》，鲁迅在回信中慷慨地附上了半部明末版的《西湖二集》。"这份贵重的礼物，从一个只见一面的不深交的朋友那里来，这感动至今跃跃在心头。"抗战爆发，上海沦陷期间，郑振铎在"孤岛"参与组建"复社"，编辑出版《鲁迅全集》。

1921 年郑振铎在上海和郭沫若初次见面。郭沫若评价郑振铎用日本话叫作"无邪气"的人。1936 年，郑振铎与鲁迅、郭沫若等人联合签署发表《文艺界同人为团结御侮与言论自由宣言》，郑振铎是宣言起草人之一。1946 年，郑振铎又与叶圣陶、郭沫若、马叙伦、陈望道等发起组织"中国语文学会"。

徐志摩是文学研究会早期会员。据郑振铎回忆，徐志摩离世的四周前，两人曾在胡适家中相聚。郑振铎曾答应清华的同学,请徐志摩去演讲,不想几天后,徐志摩却突然离世。他写道:"我不仅为友情而悼我的失去的一位最恳挚的朋友,也为这个当前大时代而悼它失去了一位心胸最广,而且最有希望的诗人。"

叶圣陶和郑振铎是事业道路上的挚友,三十年来交情甚笃。叶圣陶的第一本书是由郑振铎编辑出版的。两人共同参与创办了文学研究会,致力于新文学事业。1922年,郑振铎在商务印书馆创办《儿童世界》杂志,叶圣陶应邀开始童话创作。叶圣陶说过:"郑振铎兄创办《儿童世界》,要我作童话,我才作童话。"1949年2月,郑振铎化名到达香港,和叶圣陶会面。两人躲过特务跟踪,几易住处,后一同抵达北平,参与新中国的建设。

郑振铎和冰心的祖籍同为福建长乐。据冰心回忆,除了同学,郑振铎恐怕是她认识最早的文艺界朋友。那时,她还是协和女子大学预科的一年级学生。1931年秋季,郑振铎到北京燕京大学任教后,他们真正地熟悉起来。"有振铎先生在,大家都感到很愉快。"1935年,冰心再度赴美,郑振铎特意在上海为她饯行。那次席上,冰心初次尝到了郑振铎母亲烹调的郑家菜。在郑振铎的热心组局下,新人冰心得以结识了许多闻名已久的名家,包括老舍、茅盾、胡愈之等。冰心回忆:"振铎是我的朋友中最爽朗、最热情、最急公好义的一位!"

老舍的处女作与成名作《老张的哲学》,是在1926年郑振铎主编的《小说月报》上连载的。当时,他在伦敦大学东方学院教汉语,将这部小说寄回国内发表,署名舒庆春。郑振铎专门为这个文学新人的作品写了《卷头语》:"舒庆春君的《老张的哲学》是一部长篇小说,那样的讽刺的情调,是我们的作家所尚未弹奏过的……使我们始而发笑,继而感动,终而悲愤。"从第二期,作品开始署名"老舍",这个名字后来响亮中国文坛。1930年,老舍一回国,就被郑振铎请到家中,安心创作。

把巴金送进文艺界,郑振铎也助了一臂之力。文学新人巴金以笔名"佩竽"在郑振铎主编的《文学旬刊》上发表诗歌《被虐者底哭声》和散文《可爱的人》。巴金晚年回忆郑振铎:他喜欢毫无保留地帮助朋友,三十几年来有不少人得过他的帮助,受过他的鼓舞,我也是其中之一。

郑振铎先认识丰子恺的作品,然后才认识其本人。丰子恺正式发表的第一幅画《人散后,一钩新月天如水》。郑振铎一眼便被它吸引,"虽然是疏朗的几笔墨痕……我的情思却被他带到一个诗的仙境,我的心上感到一种说不出的美感……"后来郑振铎就托胡愈之向丰子恺索画用于新创办的《文学周报》做插图。1925年,郑振铎主编的《文学周报》陆续发表丰子恺的画,并题为"子恺漫画"。这也是现代意义上"漫画"一词首次被使用。后来,郑振铎又促成丰子恺的第一本漫画集《子恺漫画》出版。

1922年夏鼐还是小学生时,便因为读《儿童世界》而知道主编郑振铎的大名。直到1947年3月18日,夏鼐终于见到这位温州走出的"大神"。当时,夏鼐在南京鸡鸣寺下的历史语言研究所工作。郑振铎来为他所编的中国历史图谱搜集资料。初次交谈,夏鼐被他的热情和坦率所吸引。"他的诚挚和直爽,是他的心灵的反映。"新中国成立后,郑振铎被任命为中央文化部文物局局长,几次写信给夏鼐,催促他北上到考古研究所主持工作。1956年,明定陵发掘开棺的历史瞬间,郑振铎和夏鼐都在现场。

这样一位真挚、坦白的风流人物像流星一样划过,给我们留下了太多太多的逸事,也让我们看到了那个时代的风骨。

如今的郑振铎纪念馆位于温州市区沧河巷26号,相距约百米就是夏鼐故居。

两位同乡更兼同行,想不到百年后以这样的方式"比邻而居"。夏鼐在缅怀郑振铎的一篇文章中,借用高尔基在《母亲》中所说的一句话作为结尾:"好人是不死的,给我们充实而美丽的生活的人是永远不死的。"

# 炮火中的短暂繁荣

1937年，烽烟四起，抗战军兴。7月北平失陷，11月上海失守，12月南京、杭州相继陷落，浙江省政府一路南迁……

沿海港口城市和内河港口城市纷纷落入日本侵略者之手，被封锁，被占领。其实早在8月25日，日本海军就已宣布封锁中国沿海，起初是上海至汕头线，后扩大到全线，禁止中国籍船舶行驶。

就在交通断绝、物资运输难以为继的混乱局面中，温州港却悄悄地成为船只、货物、人员、资金集散中心，迎来了史学家称为"畸形繁荣"的时期。

正如1938年上海《孤岛》周刊发表的《国防前线的温州》一文所说："温州，这是一个幽静的古城，在浙省瓯江的南岸，东临大海，西有重山，气候的温和，山水的优美，物产的丰富，古色古香，真不愧为东方的瑞士。自全面抗战发动后，它站在国防最前线，地处水陆要冲，肩负了非常重大的使命。"

谁能想到，在血与火的特殊时期，原先并不属于第一梯队的温州港竟然挑起了大梁。

## 船头挂上外国旗

1937年，炮声隆隆中，各大港口处于停航状态，原本千帆竞发、舟楫纵横的江海，突然间变得空阔而冷清。沦陷区同内地的商品流通渠道和运输线路被隔绝，多倚赖水路运输的温州也陷入物资极度匮乏的困境。

一度平静富足的日子生生被斩断，最初的慌乱、焦虑过后，精明的温州商人突然发现：水面上怎么还有零星的船只来往？是谁胆子这么大，敢于违抗日本人的禁令？哦，原来是美国美孚火油公司和英国亚细亚火油公司的船舶。这些船上挂着的外国旗帜仿佛护身符……

嗅觉敏锐、敢于冒险的温州人基因这时充分显现出来。为了增加货源供应，温州商人尝试着联系英国籍的轮船公司，让他们派船载运货物来温州。1937年10月间，英国陶格拉斯轮船公司的"海阳"轮和乔治公司的"神华"轮，分别自香港和上海出发，满载着白糖，运至温州，果然未见日军盘查（周厚才主编《温州港史》，人民交通出版社1990年版）。

这两艘外轮的进港，让人们看到了希望，温州的海运和贸易开始活跃起来，温州港战时繁荣的序幕由此拉开。因温州货源多、运价高，大批外国轮船公司纷纷投入航运。据丁贤勇、常晓强《温州近代交通史研究》称，至1939年往来温州港的外轮多达70艘，分属英、美、德、意、葡萄牙、比利时、匈牙利、挪威、希腊9个国家的30家轮船公司，往返于上海、宁波、福州、厦门、汕头等通商口岸。

温州的轮船公司也千方百计和外国的船只或洋行挂上钩，由外国洋行或公司出面经营，改换船名，悬挂外国旗帜，雇用外籍船长。这样经过改头换面的轮船，便可在中国沿海各港口畅通无阻。如温州惠商汽轮局的"三利"改名"鲁德"（Rota），戴源大船行的"捷盛"改名"民和"（Minho），华盛汽轮局的"华茂"改名"大茂"（Dama），由葡萄牙航商出面经营；华泰船务行的"通利"改名"爱大"（Ai Da），由匈牙利航商出面，等等。

由于船舶数量需求大增，温州航商还向上海、宁波等地租赁船舶，以同样改换名称、国籍等办法加入运输。

一些小汽船、木帆船也逐渐恢复航行，往来于温州附近港口，进行短距离运输。木帆船由于船身小、驾驶灵活方便，靠近沿海岸边航行不易被日军发现，对港口物资的集散发挥了重要作用。特别是自1939年4月日本加紧轰炸、封锁温州港以后，外籍轮船逐渐减少，木帆船作用凸显。当时沦陷区和国民党占领区物资价格差距很大，温州商船穿梭其间进行贸易，把内地各省农副物资先运至沈家门或温岭江厦等小港渔村，再由那里转至敌占区；又将敌占区的工业品通过这些渔港一批批地贩回。

温州商人不仅在沿海进行运输，还在敌占区内开展商业活动。当时内地大批客商来温办货，温州商号批发业务急剧上升。不少温州商人冒险前往敌占区采购，开拓货源。如中药业的葆大、元昌参号，派专人长驻已成"孤岛"的上海，搜购药材，业务迅速扩大。颜料业的益华丰，也因在敌占区做生意，获利甚丰。此外，商人们还通过陆路，采用单帮肩挑，以富阳、宁海等所谓阴阳界（边缘区）作为交流点，与杭州、宁波等敌占区进行贸易。

当时温州人把向敌占区进销热门货称作"抢火门"，虽然有烫手的危险，但脱手易、获利厚的巨大利益仍吸引他们前赴后继。

## 被称为"小上海"

温州港对外贸易出现了空前繁荣。1938年至1940年，连续三年间，温州港进出口货物值陡然拉升至之前的五倍至八倍，1938年为5600多万元，1940年更达到有史以来最高峰，近亿元之巨。

抗战爆发以来，由于战火蔓延、交通阻塞，内地各省正常的商品流通渠道被切断。温州港轮汽船可较为安全地往返上海等口岸，于是闽、赣、湘、鄂、川、滇、黔等省大批物资纷纷通过浙赣铁路和金（华）丽（水）青（田）公路、瓯江水路，集中到温州出口。而各地所需的大批工业品等物资则从温州进口。温州迅即成为大后方沟通沦陷区的重要口岸，成为内地各省物资的集散和转运中心，被称为"小上海"。

据1938年《申报》报道,自广九铁路停驶后,运湖南、广西、湖北的货物,需改由温州、宁波至浙赣路;交通部开辟汉口至温州的水路联运,先由汉口至南昌与浙赣铁路联运至金华,再由金华经公路至丽水,经轮船联运至温州。景德镇运往上海的瓷器,需由浙赣铁路运往金华,然后由公路汽车运至温州,才能再通过轮船抵沪,"辗转三次,运费较前增加五倍"。

除了工业品和农产品等民用物资外,大量军需物资也通过温州港运输。如大宗商品煤油、柴油、石蜡等,以及之前并没有需求的硫酸铵、氯化钾以及铅块等金属制品,这些重要的军需物资,都是当时主要的进口物资。

1938年7月,新四军驻温州采购办事处在县前头成立。从上海等地采购来的大量军需物资,以及南洋爱国华侨资助、捐赠的医药用品、军械等,都要经过温州转运到皖南新四军军部和华中根据地。同时,中共江苏省委难民委员会以上海红十字总会的名义,在温州采购办事处内附设办事机构。他们与中共浙江省委领导的温州、平阳、丽水等地新四军办事机构互相配合,将首批抵温的700多名党员干部和进步青年,以"难民开荒"的名义送赴皖南参加新四军。当时,中共中央曾来电表扬:"能在日寇包围的情况下,从租界中送出大批'难民'支援新四军,这是成功的壮举!"

一些新兴行业应运而生。如专营海上运输业务的"船务行"蓬勃发展,负责向上海租用或代理外轮行驶,最盛时多达五六十家;提供代客提货、运货、报关、纳税等服务的"转运行"也迅即出现,一般还包办温州至金华一段的汽车、民船、手推车等运输业务。最盛时,仅东门和西廓码道边上就达上百家。还有一家专为上海茶商运输积存茶叶的机构"上海驻温洋装茶叶办事处",负责转运茶商们积存在皖赣等产地的外销茶叶。

随着内地大批客商来温采购,批发业务急剧增加。各商号都纷纷将重点转向批发。最盛时棉布业批发号多达30余家,百货业批发号有20余家,其他如颜料、五金、煤油及中西药批发业务也发展迅猛。

金融机构数量增加,存、放、汇款业务兴旺。那时,温州有中国、交通、农民、中国实业、瓯海实业、温州商业等8家银行和中央合作金库;钱庄则有33家,因与上海钱庄长期有挂钩,可运用本票、汇票、期票等方式便利客户,业务占比大大超过银行。

温州作为各路人马聚集之地，旅馆、餐馆、酒楼等服务行业也成为热门行业，市内旅馆多达百余家，餐馆、酒楼林立，影院、戏院等相继开办。

## 温州三次沦陷

空袭警报拉响，街头市民惊慌中四散奔逃；民房被炸弹击中，瞬间熊熊火光，映红了半个天空；街面被炸出的巨大弹坑、已成废墟的家园……一组发表在香港《良友画报》上的组照，名为《敌机敌舰威胁下之温州准备种种及炸后情况》，出自温州著名摄影家邵度之手。

1938年2月20日，温州第一次遭到日军飞机轰炸。四架轰炸机分成两组盘旋飞行，在南郊投下30多枚炸弹，炸死二人，炸伤二人。刚建不久的温州南塘飞机场也被炸毁。1939年后，温州港的繁荣更引起日军的注意，开始对温州进行频繁空袭，4月下旬与5月下旬温州上空几乎每天都落下炸弹。轰炸目标集中在温州港进出的咽喉——东门码头区一带。6月27日，日本海军发出警告，声称将封锁瓯江，禁止船只进港。外轮因此纷纷撤离。之后日本海军将满载石块的30余艘木帆船，在温州港口附近黄大岙、状元岙之间的海域凿沉，以封锁航道。

此后，温州经历了三次沦陷。日军发现了温州在军事上的战略意义。日伪主办的《大东亚周刊》发表文章称："温州为浙江东南都市，俗称永嘉，与海外交通开始极早，是为沿岸航路中心，出入船舶云集。事变（指1937年7月7日卢沟桥事变）后，与宁波、海门、福州等皆为渝方（指西迁重庆的国民党政府）之密输路据点。"

1941年4月19日至5月3日，温州第一次被日军占领。时称"四一九事变"。

早在2月，日军就集中大小兵舰80余艘，开向浙闽沿海一带。日舰常停泊在瓯江口外黄大岙等岛屿，有时沿海岸线游弋，有时闯入瓯江、飞云江口试测水位，有时机枪扫射或无目的发炮。4月18日，敌机对温州沿海各县狂轰滥炸。19日凌晨3时，一支日军在南岸沙园附近登陆，下午1时瑞安县城沦陷。另一支日军沿飞云江在岩头村附近登陆。当日中午在敌机低空轰击的配合下，日军分东、南、西三面向温州城区发起攻击，下午1时城区沦陷。

北平第一女子中学的高中女生范小梵为爱情来到浙江，却赶上了杭州失守，一路撤到温州后，又亲历了温州的第一次沦陷。她在《风雨流亡路——一位知识女性的抗战经历》(山东画报出版社2008年版)中记录了这生死惊魂的时刻：

"这天（19日）下午，在飞机盘旋轰炸、机枪子弹如雨的扫射下，大家爬上了这条拥挤不堪的渡船，由于严重超载，船身吃水很深，始终行驶得很慢，很不稳。因为这渡船是一只大方木盒子式的用人工手划的船，人们虽然上了船，可头顶上飞机跟踪着，江面上波浪又大，加上机枪不停地扫射，水花被激起老高（幸好没打中船上的人）。人们又冷又慌，每个人的心都抽得紧紧的，希望早一点渡过去，可那船却偏在江心摇摇晃晃地打转，仿佛故意磨蹭着不肯前进的样子，大家真是急得没办法。我想，若不是在水里，是在江中心，真恨不得大家一起下来推它了。而这时的天也更坏了，满天是晦暗的灰色，风也越刮越紧，于是浪更大，船更难行了。本来那江面并不是很阔的，可这一趟不知用了多少时间，仿佛江面变得无边广阔似的，好不容易渡船拢了岸，大家急忙奔上了往乡村的路……"

半个月后，日军撤离。经历了十几天的逃难生涯，几乎把温州北面的山山岭岭、村村镇镇转了个遍的范小梵们，听到日本人从温州城退却的消息后，那激动的心情恰如"欢乐的精灵在心中狂歌旋舞着，此刻，人们只有一个念头：回家去！流亡了十几天的永嘉城的市民们，终于得以回家了。"

可是，这样的大悲大喜接二连三地降临。

1942年7月11日至8月15日，温州第二次沦陷。日军拟订了"浙赣作战计划"，"温州作战"是其中的组成部分，目的在于"破坏敌军事设施和军需资源，以削弱敌方物资的抗战能力的任务"。

1944年9月9日至1945年6月18日，温州第三次沦陷。1944年，欧洲战局形势已很明朗，日本妄想挽回败局，特制订"浙闽沿岸作战"计划。企图

"确保占领温州、福州附近沿岸的重要地区，同时将一部分兵力调至厦门加强防御能力"。此次日军占领的时间长达9个多月，温州的人员财产、工商业经济遭受了严重摧残。

温州光复后，英国伦敦《约克郡邮报》1945年6月20日发表军事评论："温州乃华东沿海之军事战略要点，故华军现居于威胁香港及上海之优势地位。华军向上海及长江口推进，对盟国之全盘计划有其重要性。"可见温州在军事上的战略地位直接影响到上海及香港。

在对日抗战中，据不完全统计：日军对温州出动了700多架次飞机，投弹1700多枚，炸毁房屋近15000间。人口伤亡、失踪上万人。在海面上遭扣押、掠夺、烧毁、炸沉及撞沉的船只近2500艘。而日军对温州沿海运输的破坏直到1955年才彻底肃清。

日军曾将满载石块的船只凿沉在温州瓯江口附近海域，形成人造桅礁阻断南、北航道。特别使南水道加剧了潮汐运动带来的大量泥沙淤积，水位越来越浅，退潮时桅杆如林，严重威胁船舶安全。

1953年11月20日，"利群号"客运班轮就在霓屿岛附近触"桅礁"，所幸的是，旅客和船只分别由拢壳船和部队船艇抢救，得以安全脱险。但这些藏于水下的"定时炸弹"还是在1954年酿成了"12·13瓯江口海难事件"。

当日下午三时，公安十七师海防二大队的"解放号"机帆船从永川码头启航离开温州。由于当时天黑风急，风力达到六级，看不清海面情况。船身数处与桅礁发生碰撞后，船首锚舱进水，船舱机器停止发动，船体失去控制……最终导致67名解放军指战员和党政干部遇难。这是新中国成立后温州发生的重大历史事件之一。

此次海难事件发生后，瓯江口的桅礁于1955年经温州港务部门和解放军部队共同完成清理。

# 山中流亡岁月

1942年,在日寇的铁蹄下,杭州沦陷,浙江省政府机构、学校等纷纷迁往丽水的云和、碧湖等山区避难。然而不久战火又逼近丽水,云和、碧湖也相继沦陷。人们被迫继续向西南方向撤退。

英士大学、国立北洋工学院、省立温州师范学校、温州中学部分师生等相继迁驻温州泰顺;而浙江省图书馆(通志馆)、浙江省立联合高中(简称联高)等单位则迁往今文成南田。

抗战时期,温州是一个避风港般的存在,沿海的港湾成为客货集散地,繁荣一时;而大山深处僻静的小山村,则敞开胸怀接纳了这些跋山涉水、身心俱疲的逃难者——政府官员、专家学者以及数量更多的青年学生,庇护他们度过了一段艰苦而难忘的山中岁月,为浙江乃至东南沿海赓续了最宝贵的文化血脉。

## 小山村来了大学生

创办于战火中的英士大学,注定了它颠沛流离、艰难发展的命运。

1938年,全面抗战第二年,沿海不少城市沦陷,各大高校纷纷西迁。战火波及之处大批青年失学，人才培养的问题迫在眉睫。1938年浙江省政府决定成立战时大学，翌年10月26日即正式开学。为纪念革命先烈陈英士（1878—1916），学校定名为省立英士大学。设立工、农、医三个学院，分散在松阳、丽水等地。

宁静的日子总是很短暂，隆隆炮声已翻山越岭，炸响在人们耳边。英士大学不得不辗转西迁，全校师生肩扛手提，带着最基本的生活用品和教学用具，先是于1942年5月迁至丽水云和。8月，工学院及医学院部分师生又经三天跋涉进入温州境内，抵达泰顺，在司前和里光两个村落设立了分部。第二年英士大学决定全部迁至泰顺。新任校长杜佐周率领总部师生，徒步100多千米山路抵达泰顺县司前。小小司前村显然难以容纳800多名师生，于是医学院迁至5千米外的里光村。

泰顺是温州的山区县，与福建交界。司前村位于泰顺北部崇山峻岭间，历史悠久，明代就在此地设有巡检司，是畲民的聚居地。里光村距司前村5千米，背靠乌岩岭，溪水绕村前，村内有多处明清时期的民居宅院。

当时上海沦陷区高校撤离后在福建组建了东南联合大学，国民政府决定将东南联合大学并入英士大学，并将省立英士大学升格为"国立"，成为民国36所国立大学之一。英士大学由此又增设了法学院。英士大学的工学院则独立出来设置"北洋工学院"（天津大学前身）。台州人陈荩民（1895—1981）任代理院长，这一时期的北洋工学院又被称为"泰顺北洋工学院"，先在里光村，后又迁到了百丈口镇。

百丈口因地处司前溪和洪口溪汇合处而得名，曾经是浙江省云和（包括景宁）、庆元、泰顺和福建省寿宁、福安、福鼎等县的水路交通枢纽，抗战时期达到鼎盛状态。迁来的国立北洋工学院及温州银行、温州国货公司、温州纺织厂等，一下子就把长500多米最热闹的主街塞得满满当当。

不论是司前、里光，还是百丈口，小山村从没见过这么多人，淳朴的村民热情好客，尊崇读书人，纷纷把最好的房间让出来给教师，腾出房间给学生当宿舍，尽可能提供各种方便。

司前村里有一座三层高的土坯碉楼名德秀楼，英士大学的总务处就设在

国立英士大学陈列馆 夏朝锋摄

那里,行政楼及部分教学点则设在陶氏大宅。里光村一座木结构罗氏大宅,四周用石块垒起围墙,屋后一片毛竹林,住进去八十多位师生。这些保留至今的建筑如今成为"国立英士大学陈列馆"的主体。

杜佐周校长的办公室位于德秀楼三楼,他在门檐上写下"大刚中正"四字校训激励师生。他说办好大学主要依靠教授和学风,艰难困苦使人得到磨炼的机会,对于人格、学问都有裨益。

的确,这样的艰难困苦是很多家境优裕的年轻人从来没有体会过的。由于增加了众多人口,仅司前一带就要增加上千人的食物供应,战时运输受阻,省里调拨粮食不及时,解决温饱已属不易,更别提什么营养。学校不得已向当地政府借粮,泰顺县在自身困难的情况下千方百计满足师生的要求。北洋工学院向泰顺田粮处借粮的多封收据、信函保存至今,可见当时捉襟见肘的窘迫。

北洋工学院学生吴恒安在《泰顺北洋生活片段》中回忆:在校舍方面,教室是土墙、草顶、木架搭起来的简陋土房,教室地面是天然土地,没有水泥地面,也没有砖砌铺面,虽然有窗棂,但没有玻璃,一遇斜风雨,教室里水流遍地，泥泞难以下脚。

英士大学学生蒋风（浙江师范大学校长）"因为缺乏营养患了夜盲症，太阳快下山时，就一片模糊，什么也看不清楚"。他感慨道，在英士大学上了四年学，换了四个地方，翻山越岭，长途跋涉，但这四年恰恰成为他最重要的人生阅历和日后生活、工作的原动力。

22岁的英士大学艺术专修科学生、乐清人张怀江（1922—1989，浙江美术学院教授），住在村民家里，他们的生活给他提供了创作灵感。他以房东农家遭遇歉收的生活现实为素材，仿珂勒惠支木刻风格，创作木刻《歉收》，启发了他贴近现实生活的艺术理念。

大批年轻人的到来给小山村增添了不一样的生机和活力。小溪边漫步，树荫下看书，竹林里练唱，田野上写生，溪流中游泳比赛，这一幕幕生动活泼的场景，至今令村中老人们印象深刻。但最为大家所津津乐道的还是1944年4月4日，英士大学师生参与营救美国飞行员奎英隶的故事。

当时正值中午时分，一架飞机掠过村庄上空的声音传来，村民们惊慌不已，以为是日本兵要炸村子。正在罗家大宅厅堂里吃午饭的师生，赶紧四处躲藏，慌乱间还把桌椅饭菜都打翻了。不多久，左溪村芭蕉湾那里传来了巨大的爆炸声。

一切归于平静后，村民们大着胆子去现场察看，结果发现一名背着降落伞的飞行员挂在四米多高的大树上。飞行员还拿着手枪，哇哇大叫，村民们吓得不敢靠近，也听不懂他在说什么。飞行员从身上掏出一个布条晃动着，上面写着"我是中国朋友，我需要帮助"的字样。

村民们恍然大悟，赶紧去英士大学搬来救兵。

英士大学的师生赶来后，一通交谈弄明白了事情的经过：美国飞行员奎英隶驾驶着轰炸机执行任务，被日军击中油箱，不得不弃机跳伞。两名大学生赶紧把身受重伤的飞行员解救下来，送到德秀楼休养。老人们还记得，这个老外不吃米饭，一顿能吃好几个荷包蛋，学校每天都到村民家买鸡蛋给他吃。

飞行员与校长杜佐周同住一楼休养了三天后，被政府派人护送辗转回国。临行前，英士大学特地为他举行了欢送会。奎英隶激动地说，幸亏这里有一所大学，不然他就没命了。

半个月后，飞机残骸也被运往丽水云和。后来当地村民蓝必苗在泥土里又发现了一块飞机残片，他带回家做成筷子筒。如今，这块残片陈列在英士大学纪念馆，上面还有清晰的编号。

抗战胜利后的1946年3月，英士大学奉令迁离泰顺。这时的英士大学已拥有四所学院、五所专修科，名师众多，学生数量倍增，先后有超过2500名学生在此求学，毕业生遍布农学经济、科教医卫、文化艺术界等，为国家培养了大批人才。中华人民共和国成立后，英士大学停办并入浙江大学、复旦大学。

## 温州学子随校迁徙

迁往泰顺的还有温州本地的学校。1942年秋，温州、瑞安相继沦陷，省立温州师范学校从平阳郑楼迁往泰顺莒江。

泰顺有"大大莒江乡，小小泰顺县"的说法。莒江古时山上多楮林，"楮""莒"谐音，又因有飞云江主要支流穿境而过，于是有"莒江"之名，是泰顺较早被开发的区域，当地望族夏氏唐代已迁居此地。抗战时期，莒江夏氏大宗祠就成为温州师范学校的礼堂。

当时教学条件简陋，卫生设施落后，物资匮乏，疾病流行。相比大学生，温师的学生年纪更小，身体更弱。1944年5月，莒江发生流行性脑炎，温州师范学校不得已停课一个月。

虽然面临各种困难，但温师有一批学问渊博、乐于奉献的好老师。当年的学生高世进、夏元亦在《温师搬迁莒江记》一文中回忆："有名望的教师都愿意受聘温师，如胡伯琴、刘质平、李鸿梁、俞乃大、高仲伦等等，都具有很高的威望，他们来校授课，无疑提高了温师教学质量。"

凑巧的是，文中提及的刘质平、李鸿梁都是弘一大师的得意弟子。刘质平（1894—1978），海宁人，著名音乐教育家。浙江第一师范学校毕业后，留学日本专攻音乐，回国后曾与吴梦非、丰子恺创办艺术专科学校等，并任《美育》杂志音乐编辑主任、上海美术专科学校音乐系主任。深受恩师李叔同赏识，两人情同父子。

1943年刘质平受聘担任温师音乐教师。艰苦的环境更需要高雅的艺术充实精神世界。1944年，刘质平拿出自己珍藏的弘一书法作品百余幅，举办了"弘一大师遗墨展"，全校师生及社会各界反响热烈，成为泰顺文化史上的一件大事。他还组织筹办文艺晚会，为大家提供难得的艺术享受。1945年由王季思作词、刘质平谱曲的《温州师范学校校歌》传唱至今，成为今天的温州大学校歌。

李鸿梁（1895—1972），字孝友，绍兴人，被弘一大师称为"最像我"的学生。受温州师范学校校长王德懋邀请，1942年至1946年来校任美术教师，担任普师部毕业班班主任。他擅长国画，通音乐、书法、篆刻、戏剧等。他精心指导，并鼓励学生勤奋作画，积累了一批优秀的习作。学校迁回平阳郑楼后举办画展，就是以他和学生在莒江时的画作为主。学生徐焕佛撰文《回忆李鸿梁老师》："李老师多才多艺，又爱护学生，深受师生爱戴，好多同学都请他画画写字，李老师都有求必应。"

温州师范学校在艰难岁月中勉力支撑，当时招收的泰顺本地学生有128人，他们毕业后大多成为泰顺普及初等教育的中坚力量。

离莒江不远的江口，是温州中学本部师生迁居地。

温州三次沦陷，温州中学三度迁校。1939年4月温州中学初中部连续两次遇空袭，校舍、教室几乎全部被炸毁。学校被迫停课，师生乘六七个小时的船，迁往青田水南、村头；1942年7月，日军从丽水和瓯江口两路进犯温州，学校再迁至北山、白岩；1944年8月，温州城区第三次沦陷，学校三迁至泰顺江口、南田三滩。直至1945年秋抗战胜利，才全部迁回温州城区。

江口，顾名思义，是飞云江与支流莒江交汇口，水路交通要道。唐天祐元年（904），诗人罗隐奉吴越王钱镠之命寻访寓贤吴畦（原平章事谏议大夫）出山辅政，就是从瑞安乘木船上溯江口，再步行至莒江某村落。

温州中学本部高中、初中共12个班，师生750人，在校长朱一青带领下，来到了江口村。他们在毛竹搭建的教室中上课，师生都租住在村民家中。

由于和温州师范学校驻地相距不到两公里，两校可资源共享。温州中学音乐教师邹伯宗记录了这样一件事，温师举办文艺晚会，他晚饭后步行去看演出。正忙着准备晚会的刘质平无暇聊天，只把自编自刻的油印教本《弹琴基本练习》送给了他。

温州中学另有初中分部在主任黄祥映带领下，迁往南田三滩村，与江口本部相距30千米，条件更为简陋。

当时的三滩有21座民房60来户人家，却要接纳6个班243名学生。村口元坦庙所在的四合院就成了教室和校部所在，庙内正殿和两侧厢房以及殿后祠堂共设四个教室，小天井作为学校的礼堂。还有两个教室租用民房，溪边的草坪被辟为运动场。师生宿舍遍布全村，每座民房的利用率都达到了极致。

生活艰苦自不待言，最难的还是教学没有课本、师资严重不足。为了不耽搁学生学业，有时驻在南田的联高老师也来三滩兼教历史、英语、物理、化学等课程，以缓解教师荒。

## 在南田的一千多个日夜

南田，现属温州文成县境，是明代开国帝师刘基故里。这个一向偏僻安静的世外桃源，在抗战时期成了熙来攘往之地。

从1942年春夏之交至秋天，浙江省府各机关、学校纷纷迁往南田——

6月16日，省图书馆（通志馆）迁来。

6月20日，黄祖培厅长率省财政厅由云和迁来。

6月21日，青田县政府秘书将重要文件运入山中保存。

7月7日，以杭州高中、湖州中学、嘉兴中学等七所中学组成的浙江省立联合高中（简称"联高"）在省督学许明远、总务主任崔东伯率领下，由丽水迁到南田。8月8日，又由校长张印通带领留在景宁的学生来南田与联高合并。

7月20日，省报《东南日报》由副社长刘湘女与采访主任宋越伦携电台一部及收音机等从金华迁来。因印刷机、铅字等设备被日军炸毁，他们刻版油印《破浪简报》。

秋间，浙江省高等法院在院长郑文礼带领下从云和迁来；浙江省教育厅在厅长许绍棣率领下从龙泉迁来；金华福音医院从丽水碧湖迁来；浙江省青年干部训练团从云和迁来……

当地宿儒、刘基第二十世孙刘耀东日记中详细记录了这些来到南田的单位和个人。

刘耀东（1877—1951），字祝群，又字葆申，号疢廎居士，晚号启后亭长。曾留学日本东京法政大学，与沈钧儒、陈叔通、汪精卫、胡汉民、余绍宋等均为同学。宦海生涯多年后回到南田，致力于家乡文化事业，在当地享有很高的威望。

其私宅"华阳小筑"，成为不少人的栖身之所。省图书馆馆长孙孟晋（孙诒让之子）、通志馆编纂俞寰澄、联高教师钱南扬等都在这里住过，且钱南扬、俞寰澄二人长住两三年。钱南扬先来，住右轩尾；俞寰澄后到，居左中屋。自此他们常常论国事，谈诗文，非常时期结下了非常情义。当时刘耀东年仅五六岁的幼子刘天健先后拜钱南扬、俞寰澄为义父。

刘耀东也忙得不亦乐乎，一边督工打扫南畔公祠，协助安顿省图书馆及400多箱珍贵图书入驻，他还把240箱图书暂时藏放自家楼上；一边又忙着迎接联高300多名师生到来，安排上课的教室、师生的住宿……

为什么各单位都不约而同选择了南田作为落脚点？当年联高1944届秋一甲班学生刘允宽是南田当地人，他分析说：这里是瑞安、青田、文成的交界处，交通虽然封闭，但小气候好，是高山平台，有"大旱不绝收，大水不漂流"的环境。山区平原面积大，是产粮区，因此粮食可以自足。这里又是刘基故里，民风好，宽敞的刘基庙也给办学提供了现成校舍。

联高教室被安排在条件较好的刘基庙里，大殿布置成礼堂，宿舍和生活区则安排在村民家里。不论是当地乡绅还是普通村民，他们都竭尽所能，为联高排忧解难。当省教育厅未及时拨付教育经费，联高师生每日开伙及其他开支无处着落时，刘耀东立即拿出数千元救急；联高教师生病时，他又送去两百元。为了保证师生们的正常学习和生活，村民们每天从山外挑来大量的生活必需品。

在刘允宽的记忆中，联高的生活算不错的，每个月还有一次聚餐，有猪肉、牛肉和海鲜让大家解解馋。当地学生也很照顾外地同学，经常从家里带来食物招待大家。放假时，为了减轻外地同学旅途负担，还常邀请他们住到自己家里。

联高是当时浙江学子向往的学校。全省设云和、丽水、南田、温州四个考区，统一划定分数线。为了上联高，全省各地学生常常要辗转多处、耗时费力才能到达南田。近水楼台的文成，那些年有近百人就读联高。

联高学生陈志华（清华大学教授）风趣地评价当时的教师："饭吃不饱，课上得好。"那时联高汇聚了一些名牌大学的老师，如王季思、钱南扬、王淇鸿等国内知名学者。联高的两任校长张印通（1897—1969）和崔东伯（1898—1987），都是德高望重的教育家。他们带领师生走上流亡办学之路，克服了种种难以想象的困难。周恩来在浙西考察时曾称赞："在此寇敌蹂躏遍地，炮火连天中，浙西中学（联高）乃有如此规模，为国家民族培育英才，诚教育界前途之好现象。"

在联高不仅学习文化知识，还要学习军事基础知识，青年学子时刻准备投笔从戎。"一寸山河一寸血，十万青年十万军"，1945年初，李世昌、楼章友、王邦儒、傅孟法等几位联高同学报名参军。在学校军乐队和同学们的欢送下，他们奔赴战场。临行前刘耀东赠五百元以表敬意。

学生们还自发组织各种社团，联高球队、联高剧团、正音乐社（包括军乐队、民族乐队、歌咏队和京剧组）等，各种活动演出丰富多彩，《茶花女》《花溅泪》《红心草》《野玫瑰》《沉渊》《日出》等话剧，《打渔杀家》《游龙戏凤》等京剧折子戏，以及学校军乐队堪称一流的演奏，都把南田搅动得生机勃勃，成为一方文化的热土。

联高在南田的三年时间，培养了千余名学生。仅47届理科班和文科班80名学生中，就出了四位院士，令校友们倍感自豪：沈允钢，1951年毕业于浙江大学农业化学系，1980年当选为中国科学院院士；韩祯祥，1951年毕业于浙江大学电机系，1999年当选为中国科学院院士；陈志华，1952年毕业于清华大学建筑系，1987年当选为俄罗斯古建筑科学院院士；韩济生，1953年毕业于上海医学院医学系，1993年当选为中国科学院院士。

熬过艰苦的抗战岁月，流离失所的人们终于可以回家了！1945年9月18日，驻扎在南田的各单位、学校及地方民众昼夜狂欢，庆祝抗战胜利。10月，各单位陆续回迁杭州。从1942年6月16日省图书馆率先到来，至此他们在南田度过了1200多个日日夜夜。

WENZHOU
THE BIOGRAPHY

温州传

幸福之城

第十章

五马街 翁卿仑摄

## 温州城和平解放

1925年浙江省第一师师长潘鉴宗重修景德寺的时候，他肯定没想到，这偏远的寺院里几年后会迎来名满天下的弘一大师。

弘一大师在景德寺潜心重编《醒世千家诗》的时候，肯定也没想到，这座名不见经传的寺院后来会和温州的命运连接在一起。

景德寺位于今瓯海区郭溪街道岭头村，坐落在山坳中，掩映于丛林间，距市区约20千米，始建于宋代。潘鉴宗出资重建寺庙时，还在寺旁修筑了静心别墅。

潘鉴宗（1882—1938），名国纲，号鉴园，永嘉庙后（今属瓯海区北林垟乡）人。先后毕业于福建武备学堂、保定军官学校。1919年任浙江省一师师长，晋升中将。发起成立温州旅杭同乡会，任会长。晚年热心于家乡公益慈善，参与筹办温州瓯海医院。

1949年4月30日，24岁的浙南游击纵队战士洪水平穿越崎岖的山路，一脚跨进景德寺山门时，他也没有意识到一次重大的历史事件正在眼前徐徐展开。

## 敌对双方坐在了一起

七十年后，洪水平对当时的情景依然历历在目：

"景德寺并无出家人，只住着一家老百姓，两廊都已坍倒，剩下五间大殿和山门旁几间平房。寺东面有三间两进平房，另成一院落，有小门与寺相通。这房子小巧精致，据说是当地豪绅的别墅。"——显然，这就是当年潘鉴宗修筑的静心别墅。

洪水平进入寺院时，寺内外已被中队长卢清和指导员陈法文指挥的警卫大队第一中队打扫得干干净净。第二中队驻在寺后的村内，居高临下，负责警卫。寺庙大殿正中挂上了毛泽东主席和朱德总司令的大幅彩色油画像。寺东面的别墅小院，第一进中间已被布置成会场，正面板壁上挂着中国共产党的党旗，三张八仙桌拼成长会议桌，铺着蓝白格子被单，放着热水瓶和茶杯，摆着几张木椅子，旁边放着小桌子，准备作记录之用。此外别无陈设。

第二天下午，两拨人马悄悄会聚在这里。

一拨以浙南游击纵队政治部主任胡景瑊为首席代表，与曾绍文、程美兴、郑梅欣共同组成的游击纵队代表。

另一拨是由国民党二〇〇师政治部主任王思本、师部秘书金天然、新兵团政工室主任卓力文和独立团政工室主任吴昭征组成的代表。

曾经敌对的双方坐在了一起。他们的选择将决定温州城和温州人民的命运。

双方谈判的核心是：国民党二〇〇师于5月6日夜间起义，协同浙南游击纵队接管温州城。

中国人民解放军浙南游击纵队于1948年11月在瑞安桂峰板寮村成立，下属三个支队、一个独立大队和一个警卫大队。这标志着浙南游击战争已进入战略进攻阶段。这支游击纵队以中国工农红军挺进师留下的人员和长期坚持浙南斗争的干部为骨干，以根据地的共产党员和贫苦农民为主体，经过多年浴血奋战，从小到大，从弱到强，发展成为紧密配合解放军主力作战和解放浙南全境的主力部队。

起初谈判还算顺利，虽然双方都神情严肃、字斟句酌，会场气氛显得很沉闷，但好在基本达成一致。

及至谈到"双方军事防区的安排"问题时，双方僵持不下。二〇〇师代表提出：第一，莲花心阵地必须由他们控制；第二，协议必须由师长叶芳过目才能生效。

莲花心是温州城近郊的制高点，浙南游击纵队进城路线的咽喉。如果在二〇〇师的火力网之下才能进城，后果难以预料。

拉锯战般的谈判已进行到凌晨三点多钟，全场气氛凝固了，煤气灯发出的嘶嘶声显得格外刺耳。

胡景瑊——这位浙南游击纵队的首席代表，新中国成立后的第一任温州市市长，缓缓站起身，态度温和但坚决地说："我们一向教育部队，前面有敌人，必须坚决、彻底、干净、全部地歼灭，在我们进军的中途，就可能在莲花心引起误会，造成严重的后果……"

程美兴突然霍地站起来，厉声说道："如果不让出莲花心，那只有打了！"

负责会议记录的洪水平记下了当晚的每一个细节，他是如今唯一还健在的当事人。他记得很清楚，"打"字一出口，大家都紧张得透不过气来。

## 叶芳终于下定决心

其实，双方能坐在谈判桌前，是很多人努力的结果。

温州原专员叶芳此前一直犹豫不决，直到1949年2月新任浙江省政府主席周嵒以有人控告他"通匪"为名，免去他温州专员一职。

叶芳少将（1911—1986），永嘉人。黄埔军校第七期步科毕业。曾任国民党第五军邱清泉部骑兵团少将团长、挺进总队司令等职。邱清泉中将（1902—1949），字雨庵，永嘉蒲州（今属龙湾蒲州）人，抗战名将。1948年秋，邱清泉派叶芳到温州招募新兵。1949年1月，国民党浙江省政府主席陈仪任命叶芳为温州专员兼保安司令。

然而叶芳上任才没几天，就传来了邱清泉在淮海前线被击毙的消息，一个月后又传来了省主席陈仪因动员京沪警备司令汤恩伯起义而被出卖被捕的消息,叶芳受到了极大的震动,靠山一个个轰然倒下!自己的出路何在?

叶芳与身边亲近的王思本、金天然、卓力文等人商量对策,他们对国民党的腐败无能深感失望,都主张起义。

但如何才能与共产党高层取得联系呢?

温州是一个有着红色革命传统的地方。1924年,浙南地区最早的党组织——中共温州独立支部成立。大革命失败后,红十三军在浙南大地浴血奋战,为浙南游击根据地的建立和发展奠定了基础。

于是,他们想到了一个颇具传奇色彩的同乡——原红十三军军长胡公冕。胡公冕是早期共产党员、资深国民党员,曾参与筹建黄埔军校,参加北伐战争,在温州建立中国工农红军第十三军,任军长,直属中央军委领导,最盛时有6000多人,历经大小战斗百余次。1932年被捕入狱,1936年经陕西省主席邵力子保释后羁居西安,后又在胡宗南部工作。解放战争期间居住上海,与中共党组织再度建立联系。

1949年3月,叶芳和王思本赴上海找到胡公冕,请他与中共中央联系。经过胡公冕牵线,上海地下党决定派人到温州面议,并让叶芳先回温作起义准备。

由于交通不便,上海地下党未能及时来温。唯恐走漏风声的叶芳等,此时也接上了浙南党组织的关系。这离不开关键的牵线人——当地开明士绅陈达人。

陈达人(1898—1951),永嘉县宋岙乡(今属瓯海郭溪)人。早年毕业于省立第十中学,后留学于日本帝国大学,攻读法律专业。他家有良田两百亩,城乡多处房产,公开身份是永嘉县参议员,但其实他在宋岙乡下的老屋及城区来福门租来的小洋楼都是中共浙南党委的地下联络点。他的三个子女均秘密参加革命,女婿是中共浙南特委领导人之一、革命烈士吴毓。

在陈达人的影响下,其妻兄张千里也成为中共浙南党的统战对象。张千里(1891—1961),参加过北伐、抗战,是国民党中将军官,在温州国民党军政界有较大影响。因厌倦内战退役,1947年由沪返温居家。

叶芳视张千里为军界前辈,颇为敬重,两人相处融洽。张千里、陈达人趁机不断对叶芳旁敲侧击。经过多次交谈,叶芳终于下决心和浙南党组织进行接触。

谈判当天,叶芳派出的亲信代表王思本、金天然、卓力文、吴昭征等人,由陈达人小儿子陈易导引,先从城区秘密乘小船前往陈达人在宋岙的老家,然后再由浙南游击纵队派警卫人员护送至山坳密林中的景德寺。

## 游击纵队连夜进城

谈判陷入僵局。

胡景瑊宣布:"休息十分钟,大家冷静考虑一下。"

代表们离开会场,分散在两旁休息室里分头交谈,沟通意见。重新开会时,二〇〇师代表作出让步,表示一定能说服叶芳撤出莲花心阵地。

终于,5月2日凌晨五时许,双方在《关于叶芳将军率部反正起义之协定》上签字。这时,曾绍文问道:叶将军的四位代表未被赋予全权,如果他不同意协议,怎么办?几个月来的心血和冒险,不是都白费了吗?

叶芳方面的代表都怔住了,一时不知如何回答。曾绍文拿出一个协定附件草案,只有两条,关键内容是:如叶芳将军拒绝本协定,或在原则上修改本协定,四位代表即以完全负责的态度自行采取积极行动,保证本协定(除有关叶芳将军本人之各项及无法说服其起义的部队外)之全部实现。

也就是说,如果叶芳反悔,就撇开他。叶芳的四位代表都在附件上签了字。

不过,他们回城汇报后,叶芳表示接受全部协定,包括撤出莲花心阵地。这附件成了一纸空文,四十多年后才对外公开。

5月4日,双方举行第二次会谈。讨论双方如何协调行动,议定纵队进城路线、防区、口令、联络信号以及双方负责解决少数没有参加起义的敌军和城市纪律等共11条数十款,双方代表都签了字。温州和平解放协议最终达成。

5月6日下午,叶芳召集了两个紧急会议。

一个是部队营以上军官开会,宣布起义,同时规定当晚20时全城戒严,起义部队集中于驻地、防地，严守军纪；起义单位门口悬挂红灯，官兵一律臂佩白布；除起义单位外，一律不准通电话、电报；严密封锁港口；保护物资，维持正常生产和社会秩序，电厂通宵照明。

一个是召集地方开明人士、社团领袖、中学校长等十余人的座谈会。叶芳首先讲话，表明为了保障民众生命和地方安全决定起义。会场一时鸦雀无声，大家面面相觑。一阵沉默后，知名耆宿刘景晨（1881—1960）拍案而起，第一个发言："国民党统治这么久，没有对国家对人民做过一件好事，搞得山穷水尽，民不聊生。叶芳将军决心率部起义，和平解决温州问题，这无异于救温州人民于水火之中，我非常赞成，我想全市人民一定非常感谢将军！"随后，各中学校长、图书馆长纷纷表态，支持叶将军的正义之举。

当晚，浙南游击纵队接收了温州城外的莲花心、翠微山、松台山等制高点。子夜，部队从太平岭出发，分三路进入市区。浙南游击纵队和叶芳部队按照协议分工，各自执行任务，进展顺利。

不属于起义部队的国民党军事机关和零星敌军多数缴械投降。唯有驻在麻行僧街的国民党盐税警独立一中队向浙南游击纵队开枪，当即被包围歼灭；浙保第四团驻温州的一个连企图抵抗，被起义部队缴械。城内国民党各重要机关及电厂、电讯、港口码头等均被浙南游击纵队占领。

7日凌晨，浙南游击纵队三发照明弹腾空而起，宣告温州城解放。

温州市民一觉醒来，惊讶地发现已经换了人间。街头到处贴着大幅标语，城区马路上挤满了欢迎的群众，红旗招展，锣鼓喧天。

温州成为我国南方地区唯一一座通过谈判，由地方游击队实现和平解放的中心城市。从此历史翻开崭新的一页。

## 收复沿海岛屿

温州城的和平解放如一声春雷，迅速传遍浙南闽北大地。至5月底，除泰顺、玉环已先期解放外，二十多天内文成、瑞安、乐清、平阳、青田、景宁、温岭、黄岩相继解放,而且大部分县城都和温州一样兵不血刃,没有市民伤亡和财物损失。5月26日,三野二十一军到达温州,与浙南游击纵队胜利会师。6月,两支部队并肩作战,先后解放了福鼎、柘荣、寿宁。

但不甘心失败的国民党残部还盘踞在沿海岛屿,负隅顽抗。1951年11月,胡宗南进驻大陈岛,扬言要在洞头建立十万兵力的军事基地,作为"反攻大陆"的跳板。1952年1月11日下午5时左右,在温州军分区司令夏云飞、一〇五师参谋长刘金山统一指挥下,解放军发起主攻,从龙湾、黄华、温州出发,直指洞头诸岛。经过四天激战,于15日下午攻克全部阵地,将胜利的红旗插上棺材岙的最高峰——观潮山。为纪念这次胜利,棺材岙改名为胜利岙。洞头全岛解放。

温州境内最后解放的是南麂岛。南麂这座美丽的海岛,同时也是国民党不惜代价、重兵设防的军事要塞。当时岛上聚集了4000多名国民党官兵,修筑了36个碉堡、19个永久性隐蔽部,还有三个弹药库和一个雷达站。

从1949年到1952年间,解放军曾四次攻打南麂岛,都未能取胜。

1954年5月,蒋介石在巡视大陈岛之后,乘"峨眉号"军舰前往南麂岛巡视,登马祖岙视察。蒋介石此番登南麂岛,一为勘察修建飞机场址,二为鼓舞岛上驻军士气,还计划让宋美龄率"战地慰问团"赴南麂慰问,于是岛上建起"美龄居"。当然,随着战事日趋紧张,宋美龄最终未能成行。

此时抗美援朝战争已经结束,中央军委决定集中精锐力量,收复浙江沿海岛屿。1955年1月,解放军海、陆、空三军作战,先后攻克了一江山岛和大陈岛,南麂岛三面失守,成为完全孤悬海上的岛屿,国民党的浙江沿海防御体系已然瓦解。

无奈之下,几番考量,蒋介石决定放弃南麂岛,下达了实施"飞龙计划"的命令。1955年2月24日夜至25日天亮前,国民党驻军炸毁了岛上的碉堡、弹药库及带不走的民用物资,撤离时还强行带走了岛上1996名居民。

1955年2月26日,中国人民解放军登岛,南麂解放,这不仅标志着温州全境解放,而且意味着浙江全境解放。

或许是因为撤离匆忙,由大块花岗岩垒砌的碉堡式建筑"美龄居"竟然

位于南麂岛的"台湾相思园"承载着割不断的血缘亲情 黄成修摄

未被炸毁,当年屋前种植的树苗如今已长成参天大树。

而那些被强行带离家园的南麂岛民们也从来没有忘记自己的故土,他们被分别安置在基隆、高雄、屏东等地,但他们依然把聚居的地方称为"南麂村"。

隔着这条浅浅的海峡,南麂岛和南麂村遥遥相望。那割不断的血缘亲情,一直扯得人们心头隐隐作痛。

2013年5月11日,47名来自台湾基隆南麂村的乡亲,终于踏上阔别半个世纪的故土,来到南麂岛寻根。他们种下了第一批27棵台湾相思树,"种上相思树,从此更相思",这片"台湾相思园"埋下了多少生离死别的痛楚,寄予了多少望穿秋水的思念。

和平,多么美好的字眼!但愿世间再无战火纷飞、家园破碎,再无隔海相望不相见的人间悲剧……

## 闯出来的"温州模式"

中华人民共和国成立初期，东南沿海尚不太平，温州成为五十年代的"前线"，六十年代的"火线"，国有经济极少投资，"在整个六十年代，（温州）经济几乎是零增长，城市破旧，农村贫困"（上海社会科学院原经济研究所所长袁恩桢）。温州平阳人、原解放日报党委书记兼副总编辑周瑞金概括当时温州"三少一差"的状况：可利用自然资源少，人均耕地全省最少，国家投入最少，浙南山区交通条件差。

那时温州没有机场，没有铁路，人们坐着汽车风尘仆仆来到温州，最直观的感受是"汽车跳，温州到"。那时很多温州人为生存四处奔波，他们是外地人眼中居无定所的弹棉郎、卖货郎、养蜂人……甚至有这样一首民谣唱尽了温州人的窘迫："平阳讨饭，文成人贩，永嘉逃难，洞头靠贷款吃饭。"

直到1978年春天降临！温州终于被纳入国家改革开放的一盘大棋中，1984年更被列为全国十四个沿海开放城市之一。

温州，这片给点阳光就灿烂的土地，开始生长奇迹。

精明的温州人利用一切可以利用的空间，摆摊开店办市场，"前店后厂"比比皆是，专业市场遍地开花，有人概括为"户户办工厂，家家无闲人"。曾经的弹棉郎、卖货郎脱下草鞋拎起皮包，变身为十万供销大军，跑遍全国。

已经蛰伏了很久的民间力量酝酿着一场翻天覆地的巨变。

1985年5月12日，《解放日报》在一版头条刊发题为《乡镇工业看苏南 家庭工业看浙南——温州三十三万人从事家庭工业》的消息，并配发"本报评论员文章"《温州的启示》，第一次明确提出了"温州模式"的概念，阐释温州家庭工业蓬勃兴起的发展之路，是"逼"出来的，"放"出来的，温州人"闯"出来的。同时概括了著名的"四千精神"：走千山万水，吃千辛万苦，想千方百计，说千言万语。

## 农村改革的先行者

中国波澜壮阔的改革发轫于农村，农村改革的艰难探索源起家庭联产承包责任制。其实早在1956年，温州已开启农村改革的探索，永嘉县燎原社推行"包产到户"试点，比安徽省凤阳县小岗村的"包产到户"试验早了整整22年，率先拉开中国农村改革的序幕。只是，先行者为此付出了沉重的代价。

1956年，中国农村正处在合作化运动高潮。永嘉县三溪区雄溪乡（今属瓯海区）任桥、凰桥、曹埭三个村的近千农户，办起农业高级社"燎原社"。永嘉县委派县农工部干部戴洁天蹲点指导。在田间地头与农户一起劳动的戴洁天，深感当时的生产方式脱离实际，农民的生产热情不高。肯动脑、善思考的戴洁天通过查阅政策文件，逐渐形成一个大胆的想法——"包产到户"，把收益与农户的劳动积极性直接挂钩。他将调查报告上报县委，很快得到县委书记李桂茂、分管农业的副书记李云河的一致赞同，县委常委会上通过了"包产到户"的办法。当年9月开始在燎原社试点实施。5000多亩水田和130亩园地的田间作业、工种工分和计划发包的产量，全部落实到788个农民身上，实现了土地丘丘有主，产量人人有责。"燎原社"的经验很快形成燎原之势，至1957年，温州地区实行包产到户的合作社达1000多个，涉及17万户农民。1957年4月，实行"包产到户"后的第一个丰收季节来了，燎原社85%的农户都增加了收入，单季春粮增产四成。

经过半年摸索，试点组总结了一整套经验，既可实际操作，又有理论阐述。留下的书面资料重达一千公斤，包括设计方案、谈话记录、测算数据、总结材料，还有当年的油印小报《我爱燎原》等。戴洁天执笔的《燎原社包产到户总结》，是中国社会主义农业史上第一份在集体经济中实行包产到户的系统总结。用经济学家杜润生的话说，这次试验开了农村生产关系自我调整的先例。

然而，燎原社试点的"包产到户"仅维持10个月，就因犯了"路线错误"被叫停。三位年轻干部受到无情打击。31岁的县委书记李桂茂被定为"中右"分子，降级到瑞安塘下公社担任副职；25岁的县委副书记李云河被划为"右派"，开除党籍，撤销一切职务，下放工厂劳动；33岁的戴洁天被县法院以"首创包产到户"的罪名判处三年管制劳动，遣送原籍农村落户，由当地贫下中农监督改造。悲愤之中戴洁天以诗明志："忍将心血埋深土，为待他年人问津。甘为苍生受苦难，五十年后识斯人。"

稍可令人欣慰的是，没有等到五十年，历史的错误在1981年得到纠正，中共中央书记处研究室第282期简报刊登《1956年永嘉县试行包产到户的冤案应该彻底平反》。1998年8月，经济学家杜润生为温州题写"包产到户第一县"。2011年，燎原社包产到户事件被写入《中国共产党历史》（第二卷）。

二十世纪八十年代初，沿着先行者开辟的改革路径，温州农村迅速铺开家庭联产承包责任制，成为全国最早试行的地区之一。农民积极性极大提高，粮食增收增产。150余万劳动力被解放出来，成为家庭工业、专业市场的主力军。

## 民营经济的发源地

中国第一批民营企业在温州诞生。

1979年春，走南闯北的供销员李道畅在江苏南通看到一种新式毛线织衣机，不仅比本地老式的毛线编织机美观，而且效率高，他本能地觉得这里面有商机，但他手头没那么多钱。于是回到家乡平阳钱库（今属苍南）李家车村，说动了40个农民一起干，每人出资150元，筹款6000元，购回四台织衣机，办起李家车针织厂。没几年就开始扩大生产规模，1982年增加到119人合股，并改名为苍南县毛纺厂，两年后产值达105万元。这可以说是温州股份合作企业的雏形。此后集资合股经营的企业大量出现，解决了企业规模小的问题。

1987年11月，温州市人民政府颁发《关于农村股份合作企业若干问题的暂行规定》，这是我国有关股份合作制企业的第一个政策性文件。

1988年10月，苍南桥墩啤酒厂制定了中国第一份股份合作制企业章程。三年前苍南县桥墩镇81户农民，每户入股5000元对集体企业桥墩啤酒厂进行股份制改造。这份企业章程成为1990年2月农业部颁布的《农民股份合作企业示范章程》的重要蓝本，为温州乃至全国民营企业打开了发展空间。1993年，温州股份合作经济发展到高潮，企业数量达到36845家，占据全市企业总数的半壁江山。

"温一代"农民企业家脱颖而出。

1979年夏，苍南青年叶文贵与17位亲友创办私营合股铝板厂。1983年8月又联合12个伙伴，集资25万元，创办压延薄膜厂，1988年年产值已达千万元，当年荣获全国优秀农民企业家称号。1987年3月10日发行内部股票，香港《大公报》对此进行报道。1988年开始试制电动轿车，生产了国内第一辆电动轿车。

苍南农民陈加枢将生意做到联合国。1983年他创办金乡徽章厂。为国家领导出访及亚运会、东亚运会、全国残运会和世界杯足球赛做过纪念章；为驻港澳部队、联合国维和部队以及美国、英国、俄罗斯、沙特、阿根廷、老挝、日本等国军警界制作过上百种的各式徽章、服饰标志。

1991年，苍南青年王均瑶创办了中国第一家民营包机公司——天龙包机公司，向湖南民航局承包、经营长沙至温州的航线，开辟了中国第一条私人出资的国内空中航线。王均瑶以"胆大包天"的魄力，改写了中国民航史。继1991年创办天龙包机公司后，1995年3月又筹建东华通用航空有限公司，这是国内首家股份制航空公司。

乐清青年南存辉从一名小补鞋匠起家，后来成为中国低压电器龙头企业的掌门人。1994年2月,他创立了低压电器行业第一个集团公司——正泰集团,一路高歌猛进,发展至中国民营企业五百强。

中国第一批个体户营业执照在温州颁发。

改革开放的激情和活力也延伸到城市工商业。当时温州城区有个体商贩和手工业户6852人,他们经营方式灵活,经营品种多样,且分布面广,在大大方便群众生活的同时,还解决了部分人口的就业问题。1980年7月,温州市政府签发了工商局《关于对个体工商户进行全面登记、整顿、发证工作的报告》,通知个体工商户进行登记,领取营业执照。当年12月即陆续颁发个体工商户营业执照,第一批发放的营业执照共1844张,19岁的姑娘章华妹领到了编号为"东工商证字第10101号"的营业执照,被称为中国第一张个体营业执照。此后短短五六年间,拿到个体营业执照的温州人超过10万。

## "十大专业市场"与"乐清八大王"

中国第一批专业商品市场在温州出现。"小商品,大市场",1986年2月,全国政协副主席、著名社会学家费孝通来温州考察后,形象地概括出温州经济的基本特点,在全国产生了很大影响。

二十世纪八十年代中期,温州农村已形成小商品市场400个,其中专业市场130个,大型专业市场10个。温州市农委1984年认定全市农村10个规模较大的区域性专业商品产销基地和专业市场,包括乐清柳市低压五金电器配件产销基地,瑞安塘下、莘塍塑料拉丝、松紧带、电器机械产销基地,苍南宜山再生腈纶纺织、塑料编织、土布产销基地,苍南钱库商品转销基地,平阳北港兔毛市场,永嘉桥头纽扣、表带产销基地,苍南金乡徽章、标牌、红膜产销基地,瑞安仙降塑革鞋产销基地,平阳萧江塑料编织袋市场,乐清虹桥综合农贸市场。

永嘉桥头市场被誉为"东方第一大纽扣市场",不仅带动了纽扣摊位的发展,而且带动了周边纽扣厂、服装厂、拉链厂的形成与发展;平阳北港的兔毛市场当时有上万人从事兔毛经营,他们踏遍半个中国,促进二十多个省(市、自治区)兔毛的流通。

然而,改革不会一帆风顺,1982年,"姓资姓社""雇工剥削""投机倒把"等争议再度泛起。浙江省将温州列为"严厉打击经济领域犯罪活动"的重点,而温州的重点是乐清,乐清的重点就在柳市镇。那个排在十大市场首位的乐清柳市低压五金电器配件产销基地,由此经历了一场狂风暴雨。

当时柳市出现了"五金大王"胡金林、"矿灯大王"程步青、"螺丝大王"刘大源、"翻砂大王"吴师廉、"旧货大王"王迈仟、"目录大王"叶建华、"线圈大王"郑祥青、"胶木大王"陈银松,合称为"乐清八大王"。他们捕捉商机,创办企业,广纳人才,发展个体经济,以自己灵活的头脑和手艺特长,很快成为各个领域的带头人,成为柳市乃至全国第一批在市场经济中先富起来的人。可是没多久,他们就被作为重大经济犯罪分子受到严厉打击,七个人被关起来判刑,最重的判了七年徒刑,还有一人潜逃在外,不敢回来。乐清县委两位主要领导也被撤职。一时间人心惶惶,如惊弓之鸟。柳市镇当年工业产值暴跌57%。

1984年,中央下发一号文件,强调要疏通流通渠道,扶持发展商业生产。时任温州市委书记袁芳烈借此东风,在省委常委电话会议上疾呼要给"八大王"平反,获得一致同意。在当年春召开的全市乡镇书记以上干部大会上,温州市委公开宣布为"八大王"彻底平反,没收的财产全部归还。袁芳烈作了"认真吸取'八大王'事件教训"的重要讲话。

多年后,袁芳烈在接受媒体采访时,说过这样一段话:"我曾经跟南存辉谈过话,南存辉说,他是1984年才开始办厂的,八大王不平反,他是不敢办厂的。"

《人民日报》刊发报道,称"八大王"事件为"历史上的大玩笑"。

1986年,中央领导胡耀邦认为要发展商品经济、吸收大批农业人口转移到工业上来,需"一面实践,一面讨论",并建议"在温州先试验"。当年,温州被确立为全国首个农村改革试验区。

# 金融改革先行试点

市场经济开始发育，资金的需求量随之大增，民间借贷活跃起来。在利率改革的带动下，温州启动了金融体制的全面改革和试点。

温州是全国第一个开展利率浮动改革试点的城市。1980年10月，在民间借贷利率远远高于农村信用社的背景下，已连续26年亏损的苍南县金乡农村信用社决定放手一搏，试行"以贷定存、存贷利率浮动"的办法，将500元以上大额一年期储蓄存款利率由月利率4.5‰上浮为10‰，贷款利率由6‰上浮为15‰，迈出了利率改革的第一步。第二年金乡农村信用社即扭亏为盈。1984年，温州地区33个农村信用社推广浮动利率的做法。由此还出现了城镇资金流向农村、国有银行储蓄存款下降的趋势，迫使银行也相应做出调整。1986年10月，工行平阳县支行经中国人民银行总行批准，适当上调存贷款利率，拉开了国有银行利率改革的帷幕。

那是金融市场大胆尝试、不断突破禁区的快速发展时期。温州在全国最早发展了资金拆借市场、地方证券市场、民间借贷市场、民营金融机构和典当商行等。

1984年9月，第一家私人钱庄在温州苍南诞生。经苍南县钱库区批准，当地企业家方培林设立方兴钱庄，账面自有资金5000元，独资经营。

1986年11月，东风城市信用社、鹿城城市信用社相继成立，这是全国首创的民营股份制金融机构，被媒体誉为全国首批股份制"民间银行"，实为私人所有和经营。

1984年温州开始发行债券和股票，1986年出台了《温州市发行股票、债券暂行管理办法》，规定由温州市人民银行审批发行。首家向社会发行股票的是1987年3月的苍南县金乡包装材料厂，首次向社会发行可转让企业债券的是1986年的瑞安锁厂。

虽然温州民间金融市场在后来的发展中暴露出诸多风险，被清理整顿甚至退出市场，但它在国家金融改革相对滞后，私营经济金融需求缺口显著的大背景下，对民营经济发展起到的积极作用不容忽视，同时对中国金融改革也起到了极大的推动作用。

## 第一座农民城崛起

中国第一座农民城在温州矗立。

"方岩下，方岩下，只见人流过，不见人住下。"民谣唱出了平阳鳌江口方岩下当年的荒凉和萧条。然而就是在这个灯不明、水不清、路不平的小渔村崛起了中国第一座农民城——龙港镇。

龙港建镇起因于1981年浙江拆分人口和面积庞大的平阳县，新设的苍南县出于县域经济发展考虑，需要有港口物资进出和经济活动的集中区域，于是选中了鳌江口五个小渔村和一片滩涂。

怎样凭空造出一座城？原钱库镇委书记、龙港首任镇委书记陈定模，提出了土地有偿使用的设想：外来人口用三万块钱换取一块建房的地基以及龙港的城镇户口。在当时森严的户籍制度下，"城镇户口"对先富起来的乡亲们极具诱惑力。此举推出十天内，2700多个农村专业户落户龙港，集资1.2亿元。此后几个月，五省十县两万多农民蜂拥而至，人们都以能到龙港落户为荣。

他们自理口粮，自建住宅，自办企业，在一片荒凉的滩涂上自费造起了一座城。当时建设总投资1.33亿元，国家投资只占9%，群众集资占到91%，彰显了中国农民参与城市化进程的强大动力，学者朱康对称之为"来自底层的变革"。

一座充满生机的城镇能在短短时间内拔地而起，源于石破天惊的三大制度改革——龙港率先推行的土地有偿使用、户籍管理制度和发展民营经济，在城镇与农村那道壁垒森严的高墙上冲开了一个口子。曾任浙江省委书记的王芳为龙港题词，称其为"中国农民第一城"。

龙港走出了一条城镇建设的新路子，对温州地区乃至全国推进城镇化起到了示范作用。二十世纪八十年代末至九十年代初，多位国家领导人曾先后来到龙港视察。1995年，龙港被确定为全国小城镇综合改革试点镇；2009年，成为温州市五个强镇扩权改革试点镇之一；2010年作为浙江省首批小城市培育试点镇。

自出生之日起，龙港就注定是不平凡的。经过三十多年发展，它拥有了38万人口，300亿左右GDP的规模，人口和经济实力远超县城灵溪，这在中国的县域经济发展史上几乎是独一无二的。2019年9月30日，龙港再度迎来它的荣耀时刻：浙江省人民政府召开新闻发布会，经国务院批准，同意撤销苍南县龙港镇，设立县级龙港市——这是中国小城镇发展史上的一件大事，也是中国城市发展史上有标志性意义的事件。机构最大限度精简，不设乡镇（街道）层级，党政机关行政编制不增加，县级部门力量直接下沉到村居等改革举措，是对行政管理体制的一次大胆探索。

改革开放至今已走过四十多年历程，作为改革开放的先行区、市场经济的发祥地，温州在中国特色社会主义道路上进行了许多积极探索、生动实践。温州人以创新推动创业，创造了温州模式，形成了温州精神，在中国波澜壮阔的改革开放历程中，写下了浓墨重彩的一页。

# 走遍世界的温州商人

鹿城区山福镇驿头村，瓯江边的一座古村，温州十大最美历史文化村落。长溪穿村而过，临溪的中加路68号是一座朴实的单进四合院，门楣上挂着"程让平祖居"的牌匾。

1994年，在全村人的簇拥中，一头卷发、皮肤黝黑、高大俊朗的让·平第一次踏上了祖籍地。这位有着一半非洲血统的程氏后裔，拉着从未谋面的亲人的手，抱起邻家害羞的小姑娘，搀扶着族中长辈的胳臂。他的目光凝望着村口的老榕树、古亭、石碑，眼神中充满了激动和好奇，也掠过一抹深深的怅惘……

后来接受记者采访时，让·平这样表达他当时的感受："回到父亲的故乡，感觉像是父亲复活一样。我的父亲把我和中国联系了起来，我又为父亲重新找到了根……如果父亲能再多活两年，我一定陪他来温州，我想这会是他一生中最美好的时光。"

## 旅居非洲第一人

让·平的父亲程志平（1908—1985），原名三康，是二十世纪二十年代驿头村背井离乡、走出国门的第一代华侨,也是温州旅居非洲的第一人。

在那个风云变幻风气初开的年代,瓯江上来来往往的船只,不仅满载着外面世界的新事物新玩意儿,让小地方的人们眼界大开,也鼓荡起改变人生命运的风帆,送走了一批批闯世界的年轻人。

1929年,二十出头的程志平挥泪辞别家人,跟伙伴们一起离开了世代居住的驿头村,打算去遥远的外国谋一条生路。这年,温州持续的旱灾使粮食绝收,米价飞涨,民不聊生。

这些年轻人沿瓯江而下乘船到上海,再从上海一路漂洋过海到欧洲,最后甚至到了更远的非洲。程志平咬牙扛过在异国打拼的种种艰辛,他始终记得自己出门前对姑母的承诺:不混出人样不还乡!

起初他和同村的伙伴来到法国,做一些小摊小贩的生意,勉强可以糊口。1933年,他去了更遥远的当时还是法属殖民地的加蓬让蒂尔港贩卖瓷器。原本想着货品卖完了就返回法国,却因意外误了船期,不得已留在了加蓬。

程志平到处寻找工作的机会,先是应聘在一家法国面包房,生活渐渐稳定下来。三年后不安于现状的他开始谋划新的出路,捕鱼和伐木的技能派上用场,白手起家创办的公司几经发展,成为加蓬木材业的龙头。后来他娶米耶内部族酋长的女儿阿尼娜为妻,正式在加蓬安家落户,1942年生下儿子让·平。他还积极参与慈善事业,修路、买渡船、盖医院,在当地很有威望,两度当选为爱丁布埃州议会会长。

由于山水阻隔、政治局势等影响,程志平直到1985年病逝,也没能重返故乡——这成了他终身的遗憾,也成了儿子让·平心中无法化解的"中国情结"。

程志平对儿子影响很大。虽然他只读过两年书,但温州人特有的聪明才智、精明能干的商业头脑,开面包房、捕鱼、做木材生意,从无到有、艰辛创业的历程和不轻言放弃、坚忍不拔的精神,都深深影响了让·平。

1965年,程志平送儿子赴法国留学。此后他每年都要去巴黎看儿子,还要带着儿子去见同乡老友,去中餐馆吃饭,让·平听到了他们聚在一起时说的那种奇怪的温州方言。

让·平获得经济学博士学位后,于1972年回国。先后担任加蓬驻法国大使馆首席参赞、加蓬驻联合国教科文组织代表等职。1990年起先后担任新闻部长、矿业部长、水利部长、财政部长、计划部长等职，深受加蓬总统邦戈的赞许。2004年，让·平更是走上了国际政治舞台，当选为第五十九届联合国大会主席；2008年，当选为非洲联盟主席。

1987年，时任总统办公厅主任的让·平随邦戈总统访华。在北京，他第一次见到了从家乡赶来的亲人。1994年，时任加蓬外交和合作部长的让·平第一次回到了驿头，在程氏宗祠里认祖归宗，他被确认为程氏第二十七世孙。2000年，他再次来驿头探访亲友。2003年10月，首届世界温州人大会召开，让·平受邀参加大会，第三次来到驿头，深深感受到家乡人民对他的厚爱。2005年1月，他85岁的姐夫徐康舜过世，让·平因事务繁忙，无法脱身，便委托夫人、女儿不远万里代为奔丧。

每次回到父亲的故乡，让·平都是在中加路68号这间祖居里与乡亲们欢聚。果盘、大碗茶、瓯柑、蜜橘，家乡人用这种最传统的方式迎接游子的归来。

94岁的伯母握住他的手说："看这么大的手就知道是咱程家人。"伯母患了白内障，视力低下，为了能亲眼看看非洲来的侄子是啥样，她特意去做了白内障手术。

祖居是典型的清代建筑，中堂宽敞高大，可容纳上百人。左右厢房各有十数间，还有牛栏、柴房等。现已被列为市级文保单位。祖居里还陈列着让·平的很多图片，特别吸引眼球的是两尊仿真蜡像，西装革履的让·平拉着父亲的手，意气风发——这是根据在加蓬翁布埃集会上的一张合影制作的蜡像，父子二人携手同行的亲密让人感动。

为纪念这份奇妙的异国亲缘，驿头村命名了一条"中加路"，还建起了一座"中加友谊馆"。馆内陈列着丰富的历史照片、资料，介绍让·平父子与驿头村的渊源，以及他为中加、中非友谊作出的卓越贡献。

让·平父子成为驿头在外华侨的杰出代表。如今，驿头还有近千人在国外工作生活，占了村民人口的近四分之一。

# 近代两次移民潮

"到温州乘海轮去上海，……下旬乘外轮从上海启程，途经三十二天抵达法国马赛，再从马赛到巴黎"——这是旅波兰归侨王岩郎1919年9月离开家乡赴海外谋生的路途。

"1935年古历正月二十日，……从温州乘货轮经过两天两夜到达厦门，船费是七块银元。从厦门出发坐了九天九夜的轮船到达新加坡"——这是新加坡华侨胡有志刻骨铭心的记忆。

近代以来，国内政局始终不稳，天灾人祸频频发生，加之日益便利的海外交通，素有移民传统的温州人成群结伴前往日本、欧洲等地或经商或出卖苦力谋生。虽有诗劝谕："东洋红日近扶桑，西洋黑水逼穷荒。劝郎莫作漂洋贾，海上风波不可当。"但挡不住人们为生活拼搏的愿望和勇气。

据温州华侨史专家章志诚研究，二十世纪上半叶，温州出现了两次移民潮：第一次移民潮为"一战"结束后的1918年至1923年，很多人前往东南亚、日本等地，特别是日本工业发展迅猛，急需劳动力，加之距离近，路费省，因此掀起了移居日本做工、行商的热潮。

但不料1923年日本发生了震惊世人的"东瀛惨案"，大量移民转向欧洲。1923年9月1日至8日，日本关东地区发生大地震，温州、丽水两地旅日华工、商贩受灾人数达4000余人。趁赈灾之机，日本警卫团、在乡军人及社会青年团野蛮屠杀朝鲜人和华工，其中温州、丽水华工惨遭杀害者达700余人。为维护华工权益而斗争的"共济会"会长、吉林留日学生王希天也被杀害。留日学生王兆澄、身负重伤的华工黄子莲等人被遣送回国后，向上海报界揭露了日本暴徒的罪行。温州、上海乃至全国各界人士和旅日华侨，纷纷向日本当局提出强烈抗议。北京外交部多次对日政府交涉，却终未有结果。1926年6月，温州工学界在留日学生王亦文的倡导下，集资在城区华盖山大观亭西侧建立"吉林义士王希天君纪念碑"。1993年重建"吉林义士王希天君暨温处旅日蒙难华工纪念碑"。

第二次移民潮为1929年至1937年，天灾频发，战乱不断，温属瑞安、平阳、永嘉等县农民、手工业者和贫苦知识分子，一部分去南洋群岛，一部分往欧洲各国。程志平正是在这次移民潮中踏上了异国他乡的土地。当时欧洲经济发达，较易立足，成为温州人海外谋生的首选之地。

梅仲微是从南洋辗转到欧洲的华侨。梅仲微（1907—1987），字子卿，瑞安玉壶（今属文成）人。1937年远涉南洋，先后在马来亚、新加坡等地做矿工、船员。其间投身陈嘉庚领导的南洋抗日救亡运动，爱国义举得到了中国驻马来（西）亚大使馆的嘉奖。1940年到荷兰后开设酒楼、餐馆，事业扩展到奥地利。多次率旅荷华侨观光团回国参加国庆观礼，还发动旅荷华侨捐建温州大学爱国楼。

胡克林经历了"二战"的炮火后，在欧洲以餐饮起家，逐渐站稳脚跟。胡克林（1908—1998），瑞安桂峰乡人。1934年赴意大利谋生，穿街走巷做小货郎。"二战"期间被德军捉往法国建筑碉堡，战后死里逃生。经过多年打拼，先后在荷兰、德国开设餐馆。如今胡氏家族已有上百人在欧洲经营餐饮业、旅馆业、皮革业等。作为旅荷侨领也多次应邀回国参加国庆观礼，发动筹资建造温州华侨中学、温州大学教学楼、瞿溪华侨中学、三溪中学图书馆等；参与国内希望工程，资助失学儿童一千多人，并向洞头、文成捐赠两所希望小学。

梅仲微、胡克林二人都是荷兰华人社会中最早成立的侨团组织——旅荷瓯海同乡会发起人，先后担任过副会长、会长、顾问等职。1949年新中国诞生那天，旅荷瓯海同乡会组织华侨举行庆祝活动，同乡会所在地——阿姆斯特丹升起了第一面五星红旗，在海外华人界引起强烈反响。后来为了更广泛地团结来自各地的旅荷爱国华侨，同乡会改名为旅荷华侨总会。

定居意大利的胡志贤参与创建了欧洲最早的温籍侨团组织。胡志贤（1909—1974），字克学，瑞安玉壶（今属文成）人。1936年赴意大利米兰谋生，1945年参与创建旅意北部华侨工商会，担任首届会长。他积极为华侨争取权益，向意大利政府提出交涉，解决了"二战"期间侨胞受难赔款问题，回国者每人赔150美元，死难者每人赔偿300美元。

旅法华侨任岩松为家乡公益一掷千金的美名至今流传。任岩松（1911—2000），原名克台，瑞安丽岙任宅村（今属瓯海）人。旅法华侨俱乐部永远名誉主席。1933年去法国谋生，开过小商店和小铁工厂，后长期做皮革制品及围巾等生意。1980年以来，先后捐建任岩松中学、温州大学任岩松礼堂和丽岙镇自来水厂等，在家乡建茶场、造桥铺路，投资办瑞安华侨饭店，为大兴安岭灾区捐款救灾等，在旅法华侨华人中享有盛名。

活过了一个世纪的老人翁正存（1919—2022），亲身经历了百年的风云变幻。他是瑞安仙岩（今属瓯海）人，年仅18岁漂洋过海，到法国投靠亲戚。时值"二战"期间，在纷飞的战火中求生尤为不易，后娶犹太人为妻才组建家庭。当年有数百位法国犹太女子为躲避迫害而嫁给社会最底层的中国侨胞，其中大部分为温州人和青田人。当年举行了一个集体婚礼，一对对西装革履的新郎和身披婚纱的新娘同是天涯沦落人，他们牵手共同抵抗着这个世界的严酷，留下了一张"二战期间旅法华侨与法国人通婚合影"的珍贵照片。如今照片中的百对夫妇均已作古，翁正存是最后一位辞世者。

反映温州人闯荡世界的电视连续剧《温州一家人》在中央电视台热映

新中国成立初期，也出现了小规模的出国潮，主要是有海外关系的人以各种途径出国谋发展。温州城区人林训明于二十世纪五十年代初，踏上巴西的土地。经过多年努力，成为巴西的"黄豆大王""石化巨擘"。拥有巴西最大的油厂——巴西植物油公司，是巴西出口额最大的私营公司，荣获总统嘉奖。后进军高科技领域，其石化公司在美国和亚洲等地建立多个分厂。林训明致富不忘社会责任，在巴西购地造林，慷慨资助慈善医院、巴西妇女防癌协会和文化团体；在自己少年时就读的温州三所学校，设立以其母亲名字命名的"芝苑奖学金"。

温州人素有邻帮邻、亲帮亲的传统，先走出去的华侨在国外站稳脚跟，创业有成时，往往带挈一地亲友同乡，互相提携，互相帮助。这种很强的地域观念，使温州形成了许多著名侨乡，如瓯海丽岙、瑞安桂峰、文成玉壶、鹿城七都、永嘉瓯北、乐清磐石等。

## 三百多海外侨团

莫言曾说过："有鸟儿飞不到的地方，没有温州人到不了的地方。"1984年温州被确定为首批沿海开放城市后，兴起新一轮的出国热潮。

如今，温州是浙江省海外华侨最多的城市。现有华侨近70万人，占全省华侨人数的三分之一。中华人民共和国成立前温州华侨华人仅有3.5万人，改革开放前达到5万人，改革开放后移民的新侨成为当今华侨的主体，占侨胞总人数85%以上。分布在全世界130多个国家和地区，从西欧到北美，从澳洲到非洲，几乎世界的每个角落都能听到温州乡音，但八成左右集中在欧美地区，行业分布集聚在住宿餐饮、制造和零售批发业。

目前以温籍侨胞为主或由温籍侨胞担任主要负责人的海外侨团有300余个。他们在促进中国及温州与世界各国友好往来、文化交流、经济合作、贸易往来等方面，发挥了越来越重要的作用。

一批杰出的侨领不仅靠勤劳的双手创造财富，成就事业，更凭着一份热心和诚心，团结凝聚众多的海外温州人，成为乡亲们心目中的领头雁。

曾任日本静冈县华侨总会会长、日本华侨温州同乡会会长的潘宝吉，1972年和其他华侨积极促成浙江省与静冈县结为友好省县。静冈县接受浙江省技术研修生五期共207名，1996年温州赴日研修生85名。

旅法华侨俱乐部创始人之一韩天进，腾出自家场地做会场。努力维护侨团的团结，帮助华侨调解纠纷，排忧解难。

1987年，梅旭华倡议十七个旅荷华人华侨社团联合成立全荷华人社团联合会，这是世界第一次侨团大联合，他被国务院侨办评选为"海外华裔十杰"。

胡志光在任旅荷华侨总会会长期间，设立了乌特勒支、海牙、哈林等中文学校，成立了"乌特勒支市华人友谊中心"，发起成立全荷华人联合体育运动总会，1994年在阿姆斯特丹举办了有千余运动员参加的第一次海外世界华人运动会。

张曼新，被誉为中国和平统一运动的传奇使者。1999年发起成立欧洲中国和平统一促进会，随后欧洲二十多个国家接连成立中国和平统一促进会。

胡李明2003年发起成立南部非洲浙江商会，这是浙江人在南部非洲创办的第一个侨团，在南非第一次打出"浙商"旗帜。

冯定献，作为全德华人社团联合会荣誉会长、主席，勇于为侨商代言，热心公益事业，2007年获得"欧盟之星"金质勋章。

新一代侨领文化水平普遍提高，见识也越加开阔，带领华人华侨用合法手段争取权益。2000年11月，巴黎一家剧院上演荒诞剧《华人与狗不得入内》。时任法国华侨华人会副主席的林加者在交涉未果的情况下，聘请律师，将该剧院连同剧本作者告至法庭。该事件后来以法国剧作家公开道歉并修改剧名告终，在法国社会产生了巨大影响。

中国大陆华人中第一位拥有西班牙律师执业资格的季奕鸿，在马德里成立了华人律师事务所。2004年9月西班牙埃尔切市发生了焚烧华人运鞋货车的恶性事件，同时爆发大规模排华示威游行。季奕鸿为受损华商申诉，最终28名不法之徒被判处有期徒刑，并赔偿华商经济损失26000欧元。

在2011年2月的利比亚撤侨行动中，希腊温籍侨团积极参与志愿服务，不辞辛苦，行动高效。21位温商受到中国驻希腊大使馆的嘉奖。包括希腊华侨华人总商会、希腊华侨华人总会、希腊华人华侨妇女会、希腊华人华侨联合总会在内的希腊浙商，被授予当年度的"风云浙商"群体奖。

2011年6月1日夜，巴黎美丽城大酒楼附近发生抢劫案，温籍青年钟少武见义勇为拔枪打伤歹徒，被当地警方关押。次日，法国华侨华人会、法华工商会、退伍老兵协会、中法友谊互助会、中华服装协会温籍侨团五人小组一边与驻法使馆协商营救钟少武，一边发起"反暴力，要安全"示威游行，得到30多个侨团的响应。6月20日游行当天下午，三万多华人走上巴黎街头。两天后，美丽城相关的四个区政府宣布，设立"指导委员会"，负责治理美丽城街区的治安不良问题。之后巴黎警方第一次邀请华人代表参加座谈会，巴黎警察局局长等警界高层首次直面华人代表听取诉求。法国《欧洲时报》评论认为，这次大游行堪称华人华侨维权史上的里程碑。

## "一带一路"上的温商

二十世纪九十年代初，国内创业的温商开始放眼海外市场。温州历经了从产品走出去到企业走出去的转变，从尝试性走出去到规模化走出去的提升，在响应国家"走出去"战略和参与"一带一路"建设中发挥了积极作用。

至今，38万温州人抢占先机，分布在"一带一路"沿线的57个国家，成立了135个温籍侨团。特别是在沿线区域建立了三个国家级境外经贸合作区，使温州成为拥有国家级境外园区最多的地级市。

2006年温州康奈集团在俄罗斯乌苏里斯克牵头组建的康吉境外经贸合作区，是国家首批八个境外园区之一，开辟了温州鞋进入俄罗斯市场的贸易破壁之路。

2010年，时任国家副主席习近平非常肯定俄罗斯乌苏里斯克康吉工业园的建设，希望温州加快走出去的步伐，不但成为"本土的温州""全国的温州"，更要发展成为"世界的温州"。五六年后，习近平主席分别对越南和乌兹别克斯坦进行国事访问时，也对温州在这两个国家所推进的经贸合作区建设给予了高度评价。

越南龙江工业园是第一个中国独资在越南建设的工业园区。2007年，在越南办厂八年的温商翁明照与平阳水头同乡黄加园携手，在越南胡志明市投资建设龙江工业园，总面积达六平方公里。园区连年获得越南前江省政府主席颁发的"出色完成经济任务优胜奖""社会慈善事业突出贡献奖"等荣誉，获得了越南政府颁发的"九龙江平原最佳品牌"荣誉称号。

乌兹别克斯坦鹏盛工业园位于乌兹别克斯坦锡尔河州，是2009年温州市金盛贸易有限公司投资建设的，占地四平方公里。从事瓷砖、皮革、鞋类、龙头阀门、卫浴、宠物食品等生产的十余家企业入驻园区，其中多半来自温州。2016年被中国商务部确认为国家级境外经贸合作区。

正泰集团董事长南存辉坚信"一带一路"的建设将会为民营企业发展带来巨大的机遇。目前正泰已建立海外子公司达20余个，与沿线80%以上的国家和地区建立了不同程度的合作关系，为140多个国家和地区提供产品与服务。2016年建成投产的正泰新能泰国基地，专注于高效大尺寸电池和组件的生产，带动当地光伏行业上下游发展，提供了约一千人的就业岗位。

正泰集团还参与了在埃及南方的阿斯旺省建成的埃及首个"太阳能公园"，也是世界最大的光伏电站之一。采用中国制造的光伏组件、逆变器、变压器等产品，向埃及输出中国先进制造业成果和建设经验，而且为当地提供了两千人的就业岗位。该项目图片被印在埃及钱币上，成为"国家名片"。

青山控股集团主席项光达则在印度尼西亚催生了一座制造业重镇。青山控股是温州首家营业额超千亿元的民营企业，形成了贯穿不锈钢上中下游的产业链，名列中国企业五百强、制造业五百强。

2015年青山控股成为第一批投资印度尼西亚的中国企业。在印度尼西亚苏拉威西岛建立中国印度尼西亚经贸合作区青山工业园区，建成世界首条集采矿—镍铬铁冶炼—不锈钢冶炼—热轧—退洗—冷轧及下游深加工产业链，此外还有火电、焦电、焦炭、兰炭、物流码头等配套项目。这个大手笔之作催生了一座总人口超过60000人的大型制造业重镇，还帮助当地建设了医院、餐馆、五星级酒店等配套设施。

青山企业经过多年的谋划布局，除印度尼西亚外，还在阿根廷、津巴布韦、美国、印度等国建立了大型的工业园区和现代化工厂，项光达在2022首届"青山论坛"上深有感触地说："中国企业只有走出去学习国外先进企业的管理思想和方法，才能获得更大的成长空间。"

# "众筹"的大学、机场和铁路

春风唤醒大地,万物复苏,人心萌动,百业待兴。已经落后了太久的温州急需奋起直追。落后的交通是制约温州发展的瓶颈,人才短缺也是温州发展中最明显的短板。修机场、铺铁路、建大学,这些能给温州带来巨大利好的事情,也都是耗资费力的大项目。按部就班坐等国家列入计划、批复项目、划拨经费才开工建设吗?真不知要等到猴年马月。靠政府、找领导,不是温州人的性格。那怎么办?温州人的回答是:靠自己!

## "三元券"撬动温州大学

1984年温州被国务院列为对外开放十四个沿海城市之一。对大批开放型、实用性人才的需求被提上议事日程。温州当时有一所医学院、一所师范学院,都是培养专门人才的,因此还需要办一所学科较为齐全的综合性大学。当时的温州市委、市政府对创办温州大学进行可行性研究后,提出了"成立班子,挂出牌子,招聘教师,各方集资"的办学思路。温州解放后首位女副市长魏萼清担任筹备组组长,后出任温州大学校长。全国政协副主席、温籍数学家苏步青担任温州大学名誉校长。

当年7月，浙江省政府就批复同意筹建温州大学。可见上级很支持，但省市两级政府都拿不出多少钱，省里批复时就明确指出"经费以地方自筹为主"。

一笔47万多元的启动资金，一辆旧上海牌小汽车和原市行政干校占地六亩的校园，就是当时老温大的全部家底了。一边筹建一边招生，三个月后的10月5日，温州大学举行开学典礼，首届招收了应用文学、土木建筑两个专业82名学生。

局促的校园显然无法适应一所大学的发展，温州市政府决定征地180余亩建设新校舍，第一期工程需要投资600万元。筹备办公室碰到了最头痛的问题：钱！

1985年1月25日，温州大学基金会成立。在基金会常务理事会第一次会议上，从教育局抽调到筹备办公室工作的金文斌提出了一个"金点子"：通过发放奖券向全市人民募捐。大家一番讨论都说行。于是金文斌和同事们去摸底，最后确定一张奖券面值三元。

就这样温州市政府决定，在全市范围内发行"创办温州大学捐资纪念券"。因每张面值为三元，民间俗称"三元券"。

温州人有重视教育、民间办学的传统，对办自家门口的大学都很支持。消息一出，政府机关事业单位带头购买，先富起来的专业户、个体户出手大方，如苍南金乡的邱兴亮、叶茂海等每人一次性认捐一万元；藤桥等地的山区农民拿着卖番茄、鸡蛋的钱来认购；小学生们也纷纷把自己的零花钱、压岁钱送到基金会。

全国各地的温州籍专家、学者，欣闻家乡办大学的消息后，积极捐书捐款、献计献策。著名画家刘旦宅把在日本举办画展所得的21万元全部捐给温州大学，兴建"温故楼"。

海外华侨也是一栋楼一栋楼地认捐。旅法华侨俱乐部捐建"爱乡楼"；新加坡温州会馆捐建"星洲楼"；旅法侨领任岩松和林昌横分别捐建任岩松礼堂和林昌横教学楼；意大利华侨何春林捐建"勤思楼"；荷兰华侨潘娟妹及子女捐建"春晖楼"；台胞何朝育、黄美英夫妇捐建"育英图书馆"；还有五位爱国侨胞和香港同胞捐资37万元，设立五项奖学金和奖教金。

"三元券"的发行，也曾被嘲笑为"叫花子办大学"，可就是凭着温州人民的热情，最终 1985 年靠"三元券"集资 249 万元，并推动个人捐资 104 万元，侨胞捐资 403 万元。加上浙江省政府下拨的基建款 240 万元和温州市政府的 155 万元拨款，共筹措资金 1151 万元，保证了温州大学新址一期工程的建设。新址所在地也被命名为"学院路"。

新校区内竖起三根柱子，象征"三资"办学，铭记所有为温州大学办学贡献过力量的人们。

## 首个集资建造的机场

那几年和温州大学几乎同步开始建设的还有温州机场，这是中国首个集资建造的机场，被称为民航发展史上的奇迹。

没有机场、不通铁路的温州比其他城市更迫切需要改善交通，因为商业市场要靠物资流通，温州人硬是靠长途颠簸的汽车和行驶缓慢的轮船来来往往，搭建起大大小小的商品市场。而那些慕名来温州考察、进货的外地客商，往往被这艰苦的旅途吓退了，留下一句"温州不可不来，不可再来"的告别语。

温州人望穿双眼，何时才能在家门口乘上飞机，借助那双银色的翅膀，冲向更广阔的天地？

终于，1984 年 11 月，温州机场经国务院、中央军委批准立项。《温州日报》详细跟踪报道了机场的建设情况：

1985 年 4 月，配套工程——机场公路开工奠基。

1987 年，机场开始施工，按国内二级民用机场规模兴建。规划中的机场占地总面积 1810 亩，机场跑道长 2400 米、宽 45 米，停机坪为 19000 平方米，可供三架飞机同时停放。

1989 年 10 月，温州机场场道道面建成，建站开航筹备工作加紧进行。

1990 年 7 月 4 日，在数以万计民众的注视下，一架 MD-82 大型飞机稳稳地降落在温州永强机场。《温州日报》记者沈绍真采访了一对特意从瑞安鲍田乡赶来看飞机的农民夫妇,他们早上五点就起床了,来回温州这一趟要花掉150元,当时坐飞机到上海也才120多元。

当天下午,时任中顾委常委张劲夫、浙江省委副书记葛洪升、副省长柴松岳、中国民航局副局长李钊等领导都专程来温参加首航庆典。民航局副局长李钊称赞温州投资兴建机场,不仅为发展本地区的航空运输事业创造了条件,而且为国家和地方共同投资兴建民用机场提供了很好的经验。

从批准立项到正式通航,耗时近六年。温州人自力更生解决了建设经费的困难,梦圆蓝天。

机场选在永强建设,因为一边靠海,场地周边没有什么大的建筑物,净空条件好,且离市区也较近。征地工作紧锣密鼓地进行着,可建设机场的资金始终没有落实。

温州市政府没有富余的资金,又时逢国家基建投资体制政策改革,资金来源由过去的单一国家划拨改为贷款,建设还受到规模、基建额度等宏观调控的影响。

关键时刻,温州市委、市政府横下一条心:市机关三年不买小汽车,不建干部宿舍,砸锅卖铁、勒紧裤腰带,自筹地方资金,建造全国第一座地方投资为主的机场。时任温州市市长的卢声亮曾感慨地说:"当时省里对宁波、温州作为对外开放城市的年补助二千万元资金,市政府一下就拿出了一千万元用于机场公路的建造。"

1987年,温州市政府制定《关于筹措机场建设资金的意见》,决定自筹机场建设经费1.32亿元。这笔钱对市县财权与事权分离且当时财政处于严重赤字的温州市政府来说,是一个天文数字。

于是,"全民捐资建机场"成了那几年市民生活中的一件大事。从机关干部到个体户,从民营企业到老人协会,人们有几分力出几分力,捐资热情高涨。机场通航当天,《温州日报》刊发了"巧手通天道 捐资献片心"的致谢名单,市烟草分公司、市瓯绣厂、温州阻燃电线厂、温州制伞厂、温州制冰厂、雪山饭店、华侨饭店、云天楼酒店等约百家温州企事业单位和个人名列榜单——正是他们慷慨捐资六千多万元,才使温州永强机场(后更名为龙湾国际机场）顺利开工建设。

此后，温州机场发展势头迅猛。至当年底已开通温州至上海、成都、武汉、宁波、厦门、北京、杭州、广州、南京、西安、合肥11条航线。1991年又陆续开通温州至南昌、沈阳、汕头、长沙、大连、兰州、乌鲁木齐、哈尔滨、太原等航线。2012年2月，温州机场正式对境外航空公司开放，陆续开通至韩国、泰国、越南、新加坡、印度尼西亚、日本等国家的航线20余条。2018年11月23日，温州机场年旅客吞吐量首次突破千万人次，正式迈入"千万级机场俱乐部"，成为大型国际机场。

## 第一条地方合资铁路

早在1919年，孙中山在《建国方略》中就给温州描绘了一个关于铁路的梦想。他说："世界各国无论何处，铁路常为国家兴盛之先驱，民众幸福之源泉也。若无铁路，运转无术，而工商皆废，复何实业可图？"他描绘了一条温州通辰州线、一条福州镇江线"接轨"温州，通向世界东方大港的锦绣未来。

从那以后，这个梦想就在温州人心中扎下了根。然而，经历七上七下之议而不决，三次上马又三次下马的波折，温州人在希望与失望间已苦苦等待了八十年。

离成功最近的一次是在1985年。国家领导人批示：金温铁路要列入议事日程。

群情激动啊！省里抽调三十多名干部成立了金温铁路开发公司。金华、丽水、温州三个地区铁路指挥部也相继挂牌。新闻界跟踪报道，大造声势，一度被冷冻的金温铁路再次成为人们密切关注的话题：八百名工程技术人员陆续进场勘测；金华到缙云段已投入紧张的定测工作之中；温州金融机构联合组成金温铁路"银团"；金温铁路初步设计通过鉴定……

可是，最后由于高层意见不统一、投资过巨等原因，项目还是没有获批。

金华、丽水段的铁路指挥部在悄无声息中撤走了，只保留了一个人和一

金温铁路开通仪式上,众多温州市民赶来围观

个印。只有温州,十个人死死守着这个摊子,可他们也不曾料到,这一守便是八年!

其间,温州人仍在苦苦努力。1989年4月8日,省七届人大二次会议上,100多位代表联名再次递交了《尽快建设金温铁路的提案》。温州代表在省人代会上大声疾呼:为了改变浙江"半壁江山"贫穷落后的面貌,金温铁路已到了非上马不可的时候了。他们说:"不造金温铁路,死不瞑目!"发言被掌声打断了五次。

温籍学者南怀瑾先生的出现,终于给金温铁路带来了转机。南怀瑾(1918—2012),温州乐清人,行走于两岸三地,是一位颇具传奇色彩的人物。他精研国学,融贯古今,致力于传播中华文化,出版有《论语别裁》《孟子旁通》《原本大学微言》《易经杂说》等30多部著作,被誉为"上下五千年,纵横十万里,经纶三大教,出入百家言",在两岸宗教、文化、教育界有深远的影响。

温州市政府一直在寻找能够合作修建铁路的外资,因为按照当时的国家政策,地方铁路只有中外合资建设才能获批。1988年,温州市领导获悉南怀瑾从美国移居香港，派员专程去拜访，提出希望南先生"能起而倡导兴建金温铁路"，促成这条铁路早日动工。

温州市领导的诚意深深感动了南怀瑾。1989年春节前夕，在时任市长刘锡荣亲自过问下，架通了香港与乐清南怀瑾老家的电话线路，他在除夕得以与隔绝四十多年的结发妻子通话。南怀瑾老母亲生病时，刘锡荣请温州医学院派专家两次上门诊治。1990年刘锡荣去香港与南怀瑾会面，他特地请温州师范学院发绣大师魏敬先用南母的灰白发丝绣了一幅肖像。南怀瑾看到这份特殊礼物时，老泪纵横，跪地叩拜，紧紧握住刘锡荣的手说："知我者，刘市长也！"

市领导的恳切陈词，故乡人的殷殷期望，都使南怀瑾"耸然动容"，"内心至为激动"。1989年3月15日，他在香港寓所完成了《对金温铁路的浅见》一文，提出全新的建设思想，采用民资股票和国有资本合作的双重办法解决资金问题。他排除重重困扰，顶住巨大压力，动员和带领弟子们投资金温铁路。正如他在《为金温铁道公司献言》一文中引用的诗句那样："云里烟村雾里山，看之容易作之难"，"洛阳三月花如锦，多少工夫织得成！"

经过三年努力，1992年1月26日，浙江省副省长柴松岳签署了合资成立浙江金温铁道开发有限公司的合同。确立由南怀瑾的香港联盈兴业有限公司与浙江省地方铁路公司合资兴建金温铁路，总投资1.72亿美元，其中注册资金5733万美元，港方与浙江的投资比例为八比二，合资期限70年。

11月18日，浙江金温铁道有限公司正式挂牌成立，南怀瑾担任董事长兼总经理。开业典礼上，浙江省领导高度评价南先生是"金温铁路的催生者"。

金温铁路北起浙赣线的新东孝车站，途经武义、永康、缙云、丽水、青田等县（市）抵达温州龙湾，全长251公里，吸引周围28个县（市）。如果把铁路比作人的血脉，那么金温铁路就是浙西南大地的一条大动脉，温州大地的一条大动脉。

由于金温铁路全线地质条件差，地形复杂，再加上典型的软土地基，施工难度相当大。据当时专业人士测算，沿线需架94座大中桥梁，打通63座隧道，桥隧占总长度的11%。尤其是丽水一段，山多，洞多，难度大，工程艰巨。

金温铁路也同温州机场一样，历时六年建设，其间困难重重，终于在

1998年6月11日清晨7时，首列"海鹤号"驶出温州站，向杭州进发，这标志着我国第一条地方合资铁路——金温铁路全线正式开通运行。

飞驰的铁龙贯穿百年梦想，驰骋在浙西南大地，从此结束了浙西南没有铁路的历史。对温州而言，这条铁路的意义怎样评价都不过分。它使温州成为贸易转运中心，资源运输得以明显改善，同时缓解了浙赣线的运输压力，改善了东南地区的铁路网布局，对温州乃至中国东南沿海的经济发展都有着不可估量的作用。正是从金温铁路起步，后续才延伸出金温高铁、甬台温高铁、温福高铁在此汇聚，温州乘上风驰电掣的高铁，一路奔向未来。

金温铁路工程完毕后，南怀瑾放弃所有合约中应得利益，只收回投资，不计利息，还路于浙江地方。在金温铁路建成通车典礼上，南怀瑾并没有露面，他只是托学生带来了一首感言诗，意味深长：

铁路已铺成，心忧意未平。
世间须大道，何只羡车行。

# 温暖之城的慈善样本

1991年11月15日,天清气朗。在人群的簇拥下,西装革履的何朝育先生和著名数学家、温州大学名誉校长苏步青一起,手持扎着红绸带的铁锹,颤颤巍巍却又兴致勃勃地为温州大学未来的图书馆培上了第一锹土。

这是温大育英图书馆奠基仪式上的一幕,也是"育英"系列的第一个项目。此后,"育英"在温州城遍地开花,成为爱与慈善的别名。

## 早年艰辛

"育英",取自何朝育、黄美英夫妇之名。

何朝育(1916—2008),出生在永嘉三垟池底村(今属瓯海区)。其父何啸秋是温州电力创办人之一。何朝育的童年是在父辈亲手点亮的光明和温

何朝育、黄美英夫妇为温州师范学院育英大礼堂奠基

暖中度过的，然而，好景不长。何朝育14岁那年，父亲英年早逝，家里的经济支柱倒了，寡母拉扯着四个儿子艰难度日。迫于生计，少年何朝育辍学回家后，奉母命在钱庄学生意，开始走上了经商道路。他小小年纪常背着铜钱往返于各店铺之间，来往于城区老街和南塘河畔等处，早早领略了人生的艰辛。回顾这段经历，何朝育说："对我一生影响至大。"

抗战胜利之初，何朝育即赴台湾经商。那时温州到基隆每天有一班轮船，他和很多温州人一样，在温台两地之间跑单帮。直到1949年始携妻黄美英在台湾定居。

黄美英（1926—2020），生于永嘉蒲州（今属龙湾区）。她的两个舅舅都是温州现代史上有名的人物，一位是国民党的高官——著名将领、第二兵团司令邱清泉；一位是共产党的高官——先后在温州专署、温州地委、省农业机械厅、浙江大学、省委教卫部、省委组织部等部门担任领导职务，最后在浙江省政协副主席位置上退下来的邱清华。

黄美英的父亲潦倒无业，她家常靠外公家接济。两岁那年，父亲病逝，四岁那年，母亲病逝。姐妹几个成了孤儿，更是长年住在外公家的大院子里，和大她六岁的"阿四儿舅舅"邱清华玩在一起。两人又都在蒲州小学接受启蒙教育。

就在邱清华后来钻山林、打游击的时候，黄美英嫁给了比她年长十岁的何朝育；就在温州和平解放，邱清华带着部队进城的时候，黄美英已经跟着丈夫在台湾打拼。

## 台湾创业

在台湾创业之初，日子依然很艰难。黄美英后来回忆说，他们去台定居后，何朝育第一次去香港购买暗扣及棉绒布等，第二次去菲律宾买尼龙伸缩的男女袜子及小孩毛衣等。那时台湾没有这种产品，所以利润很好。但后来很多朋友也跟着买这些货品，结果进口太多，造成亏损。夫妇二人商量今后向制造业方向发展。何朝育第二天就去台北办理登记正大针织厂，并加入针织公会，很快得到配给的棉纱。

就是靠着这一小包一小包计划配给的"洋纱"，正大针织厂开始了生产制造——用五台人工手摇机织成女长袜。何朝育自己动手搅拌染袜，染好用模型烘干，整理包装，又自己当推销员送到台北去卖，这样积累了第一笔资金。

他们当时住在基隆，为了便于产销经营，全家搬到台北。黄美英一直跟在旁边学习管理，她是很好的内当家。五年后，袜子已没有利润，他们又商量着引进设备制造尼龙丝原料。

何朝育、黄美英夫妇就这样从家庭作坊起步，一点点发展起自己的事业。1963年，他们成立正大纤维工业股份有限公司北投厂，1967年又成立正大尼龙股份有限公司新店厂，1975年再设立淡水分厂，二十世纪八十年代跻身于台湾百大企业之列。他们还创办了海事专科学校，其子何纪豪便是毕业于此校航运管理系，台湾鸿海集团董事长郭台铭是他的同班同学。事业蒸蒸日上的何朝育一度被温州乡亲称为台湾经济界"四大豪门"之一。

后来，由于社会的发展变迁，行业竞争加剧、劳工工资上涨等诸多因素，正大公司的经营出现了危机。何朝育虽说文化程度并不高，但善于在实践中摸索经验，多年在商界的摸爬滚打让他眼光敏锐、反应快捷，他抓住时机迅速转型，停止制造业经营，转为服务业和租赁业。

## "育英"品牌

何朝育当年踏上温州到台湾的最后一班轮船时，怎么也没想到，这一别就是四十年的光阴。水乡的石板桥，河岸边的大榕树，榕树后的关帝庙，常常走进他的梦中，而含辛茹苦的老母亲更让他魂牵梦萦——"吾十四岁丧父，大哥亦英年早逝，二哥大我八岁，三哥大我三岁。母亲含辛茹苦照顾关心我三兄弟。来台定居……稍有所得，即汇给母亲，以慰亲情……"

1991年11月，和煦的春风融化了两岸长期隔绝的坚冰，已过古稀之年的何朝育先生偕妻女，终于踏上了归乡的路。踩着大红的地毯，走下舷梯的何朝育激动万分，他紧紧地抱住前来迎接的亲友，辨认着一张张似曾相识的脸，握住一双双历经风雨沧桑的手，喃喃地念叨着：到家了，到家了！

此行何朝育、黄美英夫妇的目的很明确：给家乡建成不久的温州大学捐建一座图书馆。

母亲健在的时候，何朝育将辛苦所得报答母恩；母亲逝去了，他选择了将一生创业的积蓄报答乡情。那时，他们多半靠台北温州同乡会印行的《温州会刊》了解家乡的变

1991年秋，何朝育、黄美英夫妇飞越台湾海峡，第一次踏上阔别四十余年的故土

化和发展。1990年和1991年的两期会刊连续刊登了时任温州大学校长魏萼清所写的《温州大学简介》，希望初具规模的温州大学得到海内外同胞的资助；以及温大希建图书馆的消息，恳请乡亲大力支持——这些内容让时刻牵挂着家乡的何朝育夫妇记挂在心：一个人一个人的捐钱要捐到什么时候呢？不如我们独立承担吧？

夫妻俩商量着以黄美英的名义捐400万元人民币（后来追加到628万元人民币），在温大建一座图书馆。因为当时两岸来往不便，前期事项均是委托在香港经商的侄女婿和温州有关方面商谈。他们还托侄女婿打听"阿四儿舅舅"，很快便联系上了时任浙江省政协副主席的邱清华。

在家乡的日子里，何朝育夫妇不顾年事已高，四处奔走，迫不及待地安排一个个捐资项目。经过一番实地考察，他们决定将捐资重点落在医疗和教育等公益事业上，为家乡百姓造福。当年，除温州大学育英图书馆外，他们还捐资1500万港币建设温州医学院附属育英儿童医院，并给这两个单位捐助了皇

冠轿车、丰田救护车以及图书等。

此后八年间，何朝育夫妇年年来温，有时甚至一年两次。一个个"育英"系列项目——温州师范学院育英大礼堂、温州医学院育英学术馆、温州医学院附属一院育英门诊楼、温州医学院附属二院育英门诊综合大楼、温州市育英老年康复中心、蒲州育英学校等相继奠基、落成、投入使用。

1999年，当得知瓯北镇箬岙底村因特大暴雨成为当时四个重灾区之一，何朝育夫妇立刻捐出100万元用于灾民安置房建设，当地村民称这个新村为"育英新村"，并在新村入口处立一牌坊，作永久纪念。

2001年，当得知温州医学院六名眼视光学博士研究生将赴美学习深造，费用较高时，何朝育夫妇又出资百万，启动了温州和美国联合开展的"眼视光学硕士/博士连读项目"……

每次捐赠时，何朝育常常对受赠单位说：拜托你们了！希望大家重视这些捐赠项目，抓紧时间建好，及时发挥作用，早给家乡人民带来好处！而每个项目落成时，他都要自掏腰包摆下盛大的答谢宴，感谢这些项目的建设者、经营者和管理者用好了他们夫妇提供的资金，使这些财富真正泽被桑梓、造福后代，"其意义不可谓不广阔深远"，因此他要一谢再谢！

何朝育、黄美英夫妇的名字和1.3亿元的无偿巨额捐赠紧紧连在一起，他们是迄今向温州捐赠善款最多的温籍乡亲。

## 爱心接力

1998年9月26日，何朝育夫妇来温参加温州医学院附属二院育英门诊大楼奠基仪式以及育英老年康复中心、温州育英学校落成典礼。12天后，他们离温返台。自此，何朝育再也没能回到温州。他因冠心病接受心脏支架介入治疗，不宜长途跋涉，因此委派儿子何纪豪为代表，接过了这枚爱心接力棒。

何纪豪生于1950年，还在母腹中来到台湾，三个月后降临人世。他笑称自己是"温州制造，台湾交货"。这个生在台湾长在台湾的何家独子耳濡目染了父母对家乡温州的眷念，说得一口流利的温州话。

"在温州只许做公益，不可做生意，绝不能赚走温州一分钱"，牢记着家训，背负着父母的重托，何纪豪在两地间不断奔波，几乎平均每年来温州两趟。他一方面来视察各捐赠项目，同时也在思索，还能为温州做些什么。

2007年他接触到美国微笑联盟基金会——一个专门为全球范围内贫困家庭唇腭裂患儿做免费手术的慈善组织，才得知中国的唇腭裂新生儿出生率高达1/550，仅在温州，每年就有超过1200名唇腭裂婴儿降生，这个数字令他震惊。

微笑联盟基金会首次计划走进中国，到甘肃开展救治活动，急需5万美元的资金支持。何纪豪问基金会相关负责人：如果他将善款追加到10万美元，能不能来温州一趟，救助温州的唇腭裂小孩？

2008年5月，39位美国医学专家抵达温州。在温州医学院附属二院和口腔医院的全力配合下，这次温州"幸福微笑"行动，为112个唇裂患儿家庭带去了微笑。

受这次活动的启发，何纪豪和温州医学院附属口腔医院院长麻建丰有个共同的心愿：在温州建立长期稳定的唇腭裂治疗中心。

当年11月9日，第二届世界温州人大会在市人民大会堂举行。站在演讲台上，何纪豪提出了一个宏大的构想：组建"世界温州人微笑联盟"，打造温州的慈善名片，传递温州人善行天下的情怀，"我们海内外温州人，每个人10块钱的话，可以帮助一万多名唇腭裂小孩，也就相当于帮助了一万多个家庭。"

在政府部门的支持下，医院、媒体、学校、企业等社会各界都行动起来。2008年11月10日，设立于温州红十字会的"温州幸福微笑"专户正式开通，何纪豪注入首笔资金5万元；在上海举行的"世界温州人经济研讨班"上，来自全国170家地市级温州商会、海外248家温州侨团的代表，全票通过捐助"世界温州人微笑联盟"决议。专户善款累积已达300万元。

第二期温州"幸福微笑"公益救助活动如期进行。153台手术，帮助了130个孩子弥补残缺的笑容。

2010年5月，汶川地震两周年之际，"世界温州人微笑联盟"走进四川广元，迈出从温州走向全国的第一步。温州万和豪生大酒店将原本计划办庆典的百万元捐了出来，森马集团、飞科集团等温州知名企业也加入到支持援助的行列。广元温州商会显示出了在外温州人的担当，不仅捐资20万元，还主动承担了世界温州人微笑联盟成员的住宿、交通等一系列琐碎事务。

这场跨省"幸福微笑"行动持续两周，共实施手术137例，治愈118名四川唇腭裂患儿。活动落幕那天，有人送来锦旗，上面写着："老天忽略了我们，让我们失去了笑的能力，但是温州人来了，把微笑还给了我们。"

何纪豪曾把"世界温州人微笑联盟"比喻为一辆车：温州市委、市政府是方向盘，四个轮子分别是温州医科大学及各附属医院、温州大学、各大媒体、美国微笑联盟与台湾长庚医院。而温州人的慷慨资助是让车跑起来的燃料。这辆善行之车从温州出发驶向全国，让2500余名孩子从此绽开自信的微笑。2014年9月，该项目获第二届中华慈善突出贡献奖项目奖。

## 温暖之城

商行天下的温州人把慈善事业做成了品牌，为温州赢得了"温暖之城"的美誉。2014年8月16日，第三届"中国城市慈善指数"发布典礼在北京举行，首次参评的温州被评为七星级慈善城市。

温商无疑是活跃于慈善一线的重要力量。新中国成立以来以个人冠名的非公募慈善基金会第一人叶康松，也是温州企业家的典型代表。叶康松1950年出生于永嘉县一个贫苦农民家庭，他的人生轨迹贴合着改革开放的浪潮，创下了好几个"第一"：1986年辞去永嘉县上塘镇镇委书记公职，成为全国党政官员下海第一人；1990年创办美国康龙集团，成为改革开放后到国外创办私营公司第一人；2004年独资创办温州市叶康松慈善基金会，成为全国私人创办非公募慈善基金会第一人。基金会先后推出"百名特困孤儿健康成长跟踪救助活动"，救助温州各地农村300多名孤儿，一直救助到年满18岁；"聚民族情·圆学子梦"工程，助力100多名畲族贫困孩子读完高中并考入大学；"大学生助学工程"，跟踪扶助永嘉县50名大学生四年。2017年他又发起为期十年的"树人计划",帮扶100多名永嘉初一新生到大学毕业。叶康松拖着病体亲自家访、校访213名学生,上山下乡总行程近一万公里。二十年来,他用于慈善和公益事业的捐款累计超过2200万元。

温商设立的大大小小基金可谓数不胜数。浙江省大学生助学基金、王振滔慈善基金、南都公益基金、新湖慈善基金、大学生志愿服务西部计划均瑶基金、林凯文教育基金、浙江省农村青年发展基金、中国中学生正泰品学奖、杰豪希望工程爱心基金、"我想有个家"新疆流浪儿童慈善救助基金、栋梁工程·黄加园基金、山东富尔玛慈善基金、"爱·童行"基金、徐宪德孝老慈善基金等,扶危济困,爱的触角延伸到各个角落。

此外,不容忽视的草根力量也树立起慈善地标,凡人善举的坚守成就了名扬全国的"红日亭现象"。四十多年风雨无阻施茶施粥的红日亭,成为民间慈善的标志,先后荣获最美浙江人以及"浙江骄傲"、第四届浙江慈善奖、"感动温州十大人物"特别奖、温州市道德模范特别荣誉奖等。初来乍到的外地客人常常惊讶于温州满城伏茶香的情景,夏季时节如红日亭这样的爱心伏茶点在温州城乡随处可见,只是规模大小不等,据2024年7月微信公众号"温州发布"公开的全市免费伏茶点多达671处。这个慈善传统大约从清代中期开始延续,完全靠着当地一茬又一茬的民间爱心人士接力。

率先致富的温州人不仅是民间公益的踊跃参与者,更是公益创新的先锋,把公益慈善与精准扶贫紧紧结合在一起。

自2009年开始实施的"爱心温州·善行天下·明眸工程",就是帮助贫困地区眼病患者重见光明,同时提高贫困地区医疗机构诊疗水平的医疗扶贫活动。

活动由民盟中央牵头,温州市慈善总会、温州医科大学、温州日报报业集团、温州广电集团等单位共同发起,温州医科大学眼视光医院具体实施,形成了民主党派、公立医院、慈善组织、企业商会、媒体等社会力量协同合作,共同承担社会责任的一种新型公益医疗模式。

"明眸工程"专家医疗队至今行程已达百万公里,先后走进贵州、云南、青海、四川、重庆、陕西、新疆等地。累计募集善款2600余万元,为一万多名贫困白内障患者、角膜病患者实施手术。同时与中西部 23 家医院结对帮扶，培训了上百名医务人员，从根本上解决当地眼科医疗资源缺乏的难题。"明眸工程"获第七届中华慈善奖"最具影响力慈善项目"；被国务院扶贫办评为社会扶贫创新案例。

抱团行善，拓宽路径，温州慈善事业不断向着规模化、网络化、规范化和资本化方向努力，开创了异地慈善的新模式，打造了中国慈善领域的温州样本。

# 智行天下的"温州气质"

随着改革开放的不断深化,温州民营经济的迅速腾飞,"生意之都""老板之城"在某种意义上成了温州的代名词。温州人越发坐实了"商"名,被称为"中国的犹太人",甚至有"温州人的头发都是空心的"一说。其实,不仅仅在商界,在学界、政界、艺术等领域,都活跃着温州人的身影,他们似繁星点点,散落在世界各地,呈现出独特的"温州气质",续写着文化温州的故事。在他们的身上,我们看到了温州人更多的棱面,折射出不同的熠熠星光。

## 走上世界舞台的风云人物

祖籍温州永嘉的黄建南一度活跃在美国政界,曾任美国联邦商务部副助理部长,是克林顿执政时期美国政坛上职务最高的亚裔人士,被美国媒体称为"兼具儒家教养和西方绅士文化熏陶的杰出人士"。

1945年,黄建南出生于福建,5岁时随父母到台湾,毕业于台湾大同工学院。24岁赴美国求学,进入康涅狄格州大学深造,获企业管理硕士学位。

1972年,黄建南步入商界,曾任多家跨国金融机构的高管。二十年后出面为民主党募捐并帮助克林顿竞选总统获胜,从而以金融家的身份步入美国主流政坛。此后他出任美国商务部副助理部长、民主党财务委员会副主席，并协助克林顿竞选总统成功连任。

黄建南60岁退休之际，决定要在人生下半场将更多的时间奉献给家乡。此后，他几乎每个月都往返中美两国，每次回国，他都要来温州，从2013年举办至今的世界温州人大会，他从未缺席。

在他看来，遍布全球的世界温州人资源可为温州发展科创产业提供强大助力，因为他们中不乏有资本的商人、有学识的人才，很多人都希望为家乡发展出一份力。

国际货币基金组织（IMF）首位来自中国的秘书长林建海，就是这样一位温州人。

2016年，IMF时任总裁拉加德身着唐装宣布将人民币纳入特别提款权（SDR）货币篮子。这是中国经济融入全球金融体系的一个重要里程碑，有助于增加国际社会对人民币计价资产的信心。有趣的是，在这历史性的时刻，拉加德身上的唐装是她的温籍下属、IMF秘书长林建海托温州好友花五百元代购的。比起代购唐装更重要的是，林建海亲历和深度参与了人民币"入篮"的重大决策过程。

林建海任职IMF三十多年，并于2012年成为IMF秘书长，打破了中国籍永久雇员的"职场天花板"。他深度参与全球宏观经济政策制定与监督，更是多次世界经济论坛（达沃斯论坛）、G20峰会、"一带一路"国际合作高峰论坛等高级别国际会议的"座上宾"。来自乐清磐石的他以坚如磐石般的稳定专业水准赢得了业内的广泛认可。

2016年，林建海带女儿回到乐清老家，参观了家乡的文化礼堂，那里完好地保存着林建海父亲当年使用过的裁缝机。

1955年，林建海出生在当地一户普通家庭。酷爱读书的他并没继承父亲的裁缝手艺，而是选择求学。他高中毕业时，还未恢复高考，他留校教英语。后来，北京外贸学院（后更名为对外经济贸易大学）招生，把他提前招到北京。邮差送来录取通知书的时候，刚刚从田里回来的林建海，来不及洗净一脚的泥巴，就飞奔而去……

在大学的出国考试中，林建海总成绩名列全校第一。1981年他赴美求学，就读于加州伯克利大学；两年后转到乔治·华盛顿大学攻读博士学位。他是美国博导手下第一个中国留学生。导师告诉他："你的表现如何将影响以后是否录取中国留学生。"林建海最终仅用了三年时间，提前获得经济学博士学位。

1989年，林建海加入国际货币基金组织（IMF）。作为全球货币金融体系中最重要的国际机构，IMF每年应征者多达千人以上，而最终通常只录用二十来人。林建海坦言，"进了IMF，像是不会水的人被扔进一个游泳池，你必须学会游泳。"

IMF秘书长的工作领域主要在于协调。平均每年有350场左右的会议，需要阅读处理近三千份、数十万页的会议文件，面对这样的工作强度，林建海有条不紊。"他善于在工作人员、管理层和全球成员国之间构筑共识！"IMF前总裁拉加德如此评价。多年来，林建海一步一个脚印，成为中国提升自身在国际金融组织位置的又一个标志性人物。

赴美定居四十年，林建海始终保持中国国籍，乐清话仍说得很顺溜。他的家庭生活方式一直是"中西合璧"。早、中餐吃西餐，而晚餐通常是温籍夫人烧的温州菜。三个女儿都在美国出生，一家人交流也都是英语、普通话和温州话"混搭"。

近年林建海每隔一年回温探亲一次，每次都带上女儿们，"带她们看看雁荡山，吃吃温州的小吃，让她们知道自己是温州人。"

2020年卸任的林建海，如今出任国际金融论坛副理事长。作为通晓中国国情又深谙世界游戏规则的金融学家，林建海时常关注家乡的经济发展，在回乡参加世界温州人大会时，他恳切寄语：坚持对外开放是高质量发展的必要条件。温州以贸易闻名，广泛的商业贸易活动成就了温州的传奇，如今在全球自由贸易进程受阻的情况下，我们更需要保持定力，面对挑战，立足已有优势，加快市场改革开放的步伐！

## 关注社会现实的学者精英

温籍律师、德恒纽约律师事务所主任合伙人陈小敏在美国这个"律师王国"脱颖而出。陈小敏拥有中、美两国的律师执照，他任职的律所位于美国纽约华尔街，是中国最先倡导全球合伙人制度的律所。

陈小敏曾连续十年被当地的《超级律师》杂志评为"大纽约地区商法、公司法超级律师"，2012年他更是这个榜单入选的唯一一名华人律师。该榜单权威性在于它的评选是先由当地律师同行推荐，再由专家根据候选人公开的律师业务记录进行评估评分。陈小敏所在的大纽约地区是竞争最激烈的区域。

陈小敏的人生之路始于浙南山区。1956年，他出生于温州市区的一个知识分子家庭，后随支援山区建设的父母在丽水龙泉的大山里长大。"我很小就学会了种地。"陈小敏回忆道。

求学生涯中，陈小敏先后获得厦门大学哲学系学士学位和国际经济法硕士学位，后赴美留学，获得杨百翰大学法学博士学位。1994年，陈小敏取得了美国的律师资格。

二十世纪九十年代，仅纽约地区的温州移民就达五六万之多，而纽约社区却没有一个温州籍律师。"也许是温州人血液中的创业欲望使然，我选择在温州人最多的纽约先立足然后创业。"1995年9月，他在纽约创办陈小敏律师事务所，替老乡在美国打官司。

敢于创业的个性伴随着陈小敏的奋斗史。当年，中国在美国的投资并不像现在这样多，但陈小敏却和创业伙伴一起把律师事务所开到了纽约地标世贸中心，专注"中国业务"。他坚信，这个风险值得一冒。后来，中美两国贸易的深化验证了他的预判。

2001年，"9·11"事件发生时，他因为接送儿子上学而侥幸逃过一劫。这次幸免于难让陈小敏一改过去的"工作狂"状态，花更多精力投身于公益事业，特别是从2004年到2014年，他一直为纽约华人最大的社区服务中心提供免费法律咨询。

他长期关心并支持美国华人和亚裔社区的发展，先后担任了美中律师协会的首任会长和美国中国总商会的总法律顾问，为多家中国的知名央企和民企提供过法律服务，帮助众多中国公司在美国上市和投资。

和富有创业精神的陈小敏相比，比他小16岁的项飙似乎不像个典型的温州人。这位深耕人文社科领域多年的人类学家，因将"内卷"这一学术概念推向大众而火爆"出圈"，成为近年来最具话题度和影响力的知名学者之一。

1972年，项飙出生于温州鹿城。1990年从温州中学毕业，保送至北京大学，就读社会学系。在北大求学期间，他走进北京城乡边界的浙江村，历时六年调研完成了代表作《跨越边界的社区：北京"浙江村"的生活史》。此后，项飙赴英国牛津大学读博，毕业后留校任牛津大学社会人类学教授多年。现任德国马克斯·普朗克社会人类学研究所所长。

在国外生活三十年的项飙，却一直对国内保持深刻观察、热切关注并积极发声。他擅长观察普通人的生活并加以理论化，赋予日常以意义。他对当下"内卷""附近消失""蜂鸟悬浮"等社会现象的精准剖析，直指国人的痛点，频频激发大众共鸣和深思。

作为一名接地气、说人话的人类学家，他用通俗的比喻和缜密的学术阐释，帮助公众理解当下，在大的时代洪流中找到个体的"安身立命之所"。因而在网络上，年轻群体调侃说"万事不决问项飙"。

项飙自称在理论方面的学术训练还很欠缺，但他绕开了这个门槛和弱项，反而转弱为强。"我总想把说法拧干，看看下面到底是什么干货。"他的学术研究注重实地调查，学术成果表达直接通晓，从这个角度来看，项飙又"很温州"，务实而且真实，用他自己的话说，"更像是一个做打火机的温州人"。

## 书写集体乡愁的华文作家

世界温州人和温州人的最大区别，在于乡土生活的消失。离乡人对地域文化的认同已经超越了生活上的空间依赖，故乡的空间概念成了历史记忆和情感领域。温籍海外作家的书写不仅道出了温州人的乡愁，也道出了海外华人的集体乡愁。

作为温州飞出的"张翎大雁",张翎在海外华文文学领域一路高飞。"地球上也许有鸟儿飞不到的地方,但没有温州人去不了的地方。"这句对温州人的精准评价,诞生后便被高频引用。这是2000年莫言为张翎作品《交错的彼岸》写的序言开篇。莫言称她的文字大有张爱玲之风。后来,张翎的作品《余震》被冯小刚拍成电影《唐山大地震》,获得亚太电影展和百花奖最佳影片,远在海外的她为国内读者所熟知。

张翎成长于温州市区,1983年毕业于复旦大学外文系,1986年赴加拿大留学,现定居于加拿大多伦多。代表作有《流年物语》《金山》《雁过藻溪》《劳燕》等。小说曾获得华语文学传媒大奖年度小说家奖、华侨华人中山文学奖评委会大奖、《中国时报》开卷好书奖、红楼梦奖(又名世界华人长篇小说奖)专家推荐奖等重要文学奖项。

从祖辈的藻溪到瓯江到黄浦江,再到跨越太平洋,抵达安大略湖。张翎一路书写,一路行走。故土和乡愁常常是她作品中挥之不去的背景板。

张翎通过书写和故土紧密相连。在漫长的创作道路上,不论题材如何变化,张翎始终认为:"故事是别人的,眼睛是我自己的。我永远是以温州人的角度去看世界,这是血液里决定的。我的文化营养的根就在这里。……我终于明白,故乡其实是我随身的行囊,无论我居住在何地,行走在何方,每一种离去,只是换了一种回归。"

值得一提的是,在加拿大多伦多还生活着一位有影响力的温籍华文作家陈河。身居海外又不甚健谈的他,以丰硕的作品在国内文坛"发声"。

2010年,陈河凭借小说《黑白电影里的城市》获得第一届郁达夫文学奖中篇小说奖,当时获得短篇小说奖的是著名作家铁凝。

陈河的文学事业以温州古城为圆心,铺开了宽阔的文学地理版图,开启了在世界的"奇幻漂流"。作品曾获第二届华侨文学最佳主体作品奖、第四届华侨华人"中山文学奖"。陈河的长篇小说处女作《致命的远行》发行了意大利文版,为他赢得了西西里首府巴勒莫荣誉市民的称号。

《人民文学》前主编施战军评价,陈河的作品中有两种东西先锋而珍贵:

一种是从二十世纪八十年代而来的中国文学的遗产，即带着人向何处去的终极思考；另一种是他对文本的敬畏之心。

在陈河看来："一个作家的最大写作资源是他的故乡。我觉得自己几个最好的作品都是和温州有关系的。"

如果说作家是浪漫的造梦人，那张翎和陈河在文学的逐梦之路上，仍保持了温州人的务实。在海外，张翎曾经从事了十七年的听力康复师工作，以养活"作家梦"。而陈河在海外一开始也是以经商为生。他说："家乡给我的烙印，现在想来，或许就是抗风险能力强一点，愿意走出去冒险。我在海外做生意有个优势，好像大家自然而然地默认温州人是会做生意的。"

诺贝尔文学奖得主、土耳其作家帕慕克曾说过：写小说的人常年躲在房子里组装着文字。而张翎和陈河都是在耐心打好经济基础后，在可以看到花园的书房里重新拾笔、组装文字。他们用笔书写"中国人和世界"，书写新移民的百年命运变迁。

## 传递艺术之美的"民间大使"

近两年，欧洲艺术精品让温州市民大饱眼福。温州博物馆的两大展览："西鹣东鲽——欧洲文化之都艺术精品展"（2022年）和"聚——古典主义的磐石"（2023年）反响热烈，后者还入选当年的中法文化之春活动。法国雕塑家罗丹的多件作品原件首次呈现在温州市民眼前。2023年的展览，三个月观众破20万人次，在短视频平台的同城搜索中排名第一。此后，"罗丹邂逅唐代石雕——跨越千年的对话"展览在温州大学美术馆举办。

这些欧洲的艺术精品来到温州，得益于温籍收藏家吴静。

吴静的祖辈来自温州文成，后来家族移居法国巴黎，她是在当地出生长大的温州"侨三代"。在法国巴黎生活着许多温州人，这些温州侨后代逐渐从移民变身为当地的族群。有别于传统华侨的那种苦力型、行贩型的依附式生存，新一代华侨随着受教育水平的提高和不断融入当地，日渐成为跨文化使者，他们对温州的文化认同是对祖承文化的认同，也包含对在地文化的认同。

吴静现为罗丹博物馆中国分馆负责人，10余年间收藏了两百余件欧洲艺术珍品，尤以汉白玉雕塑收藏闻名。正因为艺术品收藏和捐献，吴静和法国许多文化界人士结下了情谊。2022年，吴静入选卢浮宫之友名单，她的名字被永久镌刻在卢浮宫墙上。

近年来，吴静陆续将自己的私家珍藏搬回国内展览。作为新一代的收藏家，这是她回报祖国的方式。她坦言："我的血液里是温州人。"

法国罗丹博物馆馆长卡特琳娜·舍维约曾这样评价："吴静女士事业有成后，想把自己无论是物质上还是精神上的收获，贡献出来，为她的祖国服务。她深爱着自己的家乡，而她回报祖国的方式就是让祖国人民有接触艺术和文化的机会。正因为吴女士的收藏和她的慷慨行为，可以促进中西两种文化的对话交流。"

对审美的需求是在解决了温饱之后更高层面的精神享受。吴静通过经典雕塑传递艺术之美，而同样从法国归来的邵斯凡，则选择戏剧这种形式，架起文化交流的桥梁。

邵斯凡会说一口地道流利的温州话和法语。他的人生轨迹从温州飞往巴黎，又从巴黎回归北京。

1979年，邵斯凡出生在温州鹿城，初二那年，随父母迁居法国。为了彻底融入当地文化，邵斯凡苦练法语。扎实的法语水平让少年邵斯凡得以在浪漫之都巴黎充分感受戏剧魅力。中学时期的他几乎每晚都泡在巴黎的各大剧院里看戏。高中时，他加入了学校戏剧社。

在父母的托举下，邵斯凡在法国接受了戏剧的完整科班训练。他毕业于法国佛罗兰戏剧艺术学院高材生班。该学院是巴黎两大私立戏剧学院之一，有"法国大师摇篮"之称，苏菲·玛索也是该校的毕业生。而邵斯凡是这所学院四十年来首次出现的华人面孔。他的恩师是法国天才剧作家、国宝级戏剧导演、法兰西学院终身成就奖获得者帕斯卡尔·朗贝尔。毕业后，他在法国戏剧界崭露头角，曾获法国艺人协会ADAMI 2006届戛纳新英才，摘得法国雅各年度奖中的最佳导演和最佳男主角奖。

2010 年，邵斯凡决心回国发展。"法国不缺我一个人，但回国可以做很多有意义的事情。"回国后，邵斯凡专注于导演创作。

2014 年，中法建交五十周年，邵斯凡改编自莫里哀作品的剧作《绝对高级》成为 2014 中法文化之春和第五届南锣鼓巷戏剧节双料重头戏。此后，他开始扎根本土文化，和国内演员一起合作原创剧目，讲述当代人的生活。2024 年，中法建交六十周年，邵斯凡执导、深圳生活戏剧工作坊出品的新剧《我的小王子》在深圳上演，该剧目同样入选了中法文化之春艺术节。

在戏剧这个相对小众的文艺领域，邵斯凡成为活跃在一线的"温州面孔"。其剧作近年登上阿那亚戏剧节、杭州国际戏剧节、天津北方青年演艺展演、国际当代戏剧节等艺术节的舞台。

2021 年，杭州国际戏剧节启幕，孟京辉导演担任艺术总监。邵斯凡《生日快乐》位列四部开幕大戏之一。2022 年阿那亚戏剧节，其导演的《伊娥》剧目再度入选特邀剧目。

吴静和邵斯凡都是新一代的世界温州人。他们与从底层打拼的祖辈、父辈已迥然不同，他们穿梭在不同的文化之间，心灵自由，热情洋溢，传递着跨越国界、扣动心弦、直抵人性的艺术之美。

## 幸福三重奏

生活在东海之滨、温润之州是一种什么样的体验？

从"天光"到黄昏，生活在这座烟火升腾的城市，会遇到哪些"小确幸"？

抬头"温州蓝"，推窗见到绿，这座水网交错的古城，还藏着哪些"宝藏"风光？

街角的城市书房、小区楼下的百姓健身房、村口的文化礼堂、乡间的博物馆……被誉为"东南小邹鲁"的历史文化名城在今天又"圈出"了怎样的公共服务"舒适圈"？

医疗高地、教育重镇、"最多跑一次""礼让斑马线""数智绿波带"，大数据、人工智能为这座城市的便民服务如何赋能？

幸福五连！从 2019 年参与"中国最具幸福感城市"调查推选开始，温州连续五年高分上榜。

从一件件小事中，感受这座城市的温情脉脉，这些幸福的点点滴滴——润物细无声，最抚凡人心。

# 幸福序曲：蓝天·碧海·绿地

抬头的一片天，是蓝蓝的一片天。穹顶之上的"温州蓝"是温州老百姓的骄傲。颜值"爆表"的蓝天白云是温州人朋友圈里的常客，随手拍也常能引来外地朋友的羡慕之情。温州空气质量曾不止一次挺进全国前二十强，还曾摘得单日的全国空气质量最佳。

2023年，温州全年市区PM2.5年均浓度为26微克/立方米，市区空气质量优良率97.5%，市区环境空气质量达到Ⅰ级、Ⅱ级标准的天数长达356天。

而从2013年起，温州市区四个站点开始正式对外公布每小时实时数据。当年市区空气优良天数是251天（优45天，良206天），PM2.5平均浓度58微克/立方米。

打赢这场"蓝天保卫战"除了得天独厚的海风"助攻"外，还有严格的污染治理、产业结构的调整和多年来的不断推进，温州的生态环境"肉眼可见"地美了起来。

蓝天碧海相得益彰。2023年，温州市近岸海域水质优良比例达84%，居浙江省首位。

洞头韭菜岙沙滩是近年的"网红"人气沙滩，日均游客最高接待量破两万人次，带动村里的农房租金也涨了将近20倍。这个浙南沿海最大的人工沙滩，于2019年7月修复完工。近年来，洞头的蓝湾整治成为全国样板。从洞头诸湾到平阳南麂岛、苍南的168黄金海岸线，一路飞驰，山海之际的海湾湛蓝夺目，海天一色，令人心旷神怡。

当温州人来到水网交错的意大利水城威尼斯，常有似曾相识的亲切感。而百年之前，英国传教士苏慧廉的妻子苏路熙来到温州，便将这里称之为"中国威尼斯"。她写道，"河流一段接着一段，两岸青山如画……有些河和英国的一样宽，也很长，非常壮丽……"

今天，从鹿城区的小坝坊慢生活街区延伸到改造提升后的梧田老街、"美出圈"的青灯美学市集，温瑞塘河沿岸绿道不断贯连，碧波荡漾，水清岸绿。沿着温瑞塘河南塘段往梧田方向走，短短15分钟的水域行程上横跨了十多座桥梁。这是主塘河上桥最多的一段河道，也是最能让我们梦回水城温州的一段风光。

然而一度在经济的"高歌猛进"中，清澈的河流变黑、发臭得令人掩鼻。据《温州市环保志（1991—2012）》记录，1996年，温瑞塘河污染评价为严重污染。据温州市环保局发布的数据，2000年温瑞塘河水质Ⅴ类及劣于Ⅴ类河段占85%。

2013年，有温商发微博悬赏20万元，请环保局长下河游泳，一度引来全国关注。这条名为金光河的小河成为"五水共治"的发源河，深刻改变着温州乃至浙江的治水历史进程。

"民有所呼"，引起各方的深刻反思。浙江省委、省政府于当年年底启动了"五水共治"，打响了一场治水的"人民战争"。随着污染防治攻坚战的全面推进，近年来，温州城市垃圾河黑臭河问题基本得到消除。2023年，全市地表水市控及市控以上站位77个，水质在Ⅰ至Ⅲ类的站位达66个。苏路熙笔下的那个"浙南威尼斯"重回市民生活。塘河两岸各种休闲文化业态也随之蓬勃兴起，漫步河边绿道，围炉煮新茶、倚河喝咖啡，各式雅致的小店装点着塘河两岸。

天更蓝、水更清之外，对温州市民来说，幸福感还来自身边的"小而美"。温州的公园有着灵活的形式。不断完善的"生态公园—城市公园—社区公园—口袋公园"四级公园体系力求把"温州建在公园中"，让生活在这里的人"推窗见绿、出门入园"。1000多座城市公园、滨水公园串珠成链，1400多公里市域绿道连线成环。

2016年，温州启动了大规模的"大拆大整"专项行动，随后开启了"大建大美"，城市封面不断"美颜"。在这些宏大的城市肌理之下，温州以"绣花功夫"加强城市精细化管理，城市的细枝末节、零散地块、道路两旁也被精心打理，见缝插绿、拆墙透绿。

知名美食纪录片导演陈晓卿观察到：和北方的大城市正南正北的笔直大道不同，在依水而建的温州坐车经常需要掉头。这让陈晓卿想到了温州人的性格，就像水一样，遇阻则弯，掉头向前。

"螺蛳壳里做道场",在寸土寸金的市中心,温州改造提升了一批小微"口袋公园"。2020年,在滨江商务区,一座污水处理厂的屋顶建成了桃花岛体育休闲公园,变身"空中花园"。2023年底,城市轻轨S1线黄屿段约四万平方米的桥下空间被改造成了塑胶跑道等运动场地和便民服务用房。

2023年,温州市100多个口袋公园建成开放,"一老一小"服务场景建成107处;高标准新建城市公园10座,新增绿道110公里,鹿城区七都环岛、乐清中央绿轴两条绿道入选第七届"浙江省最美绿道"。

对于温州市民来说,感受治愈的"公园二十分钟效应",甚至不需要走上二十分钟。

## 幸福协奏:舒适的"公共服务圈"

走在温州街头,随处可见的还有一座座充满书香味、灯火通明的城市书房。这些如繁星点点的"文化灯塔"是温州人幸福感的存在。

"当时(2014年),温州市图书馆县前头分馆一楼租出去的三间门店正好到期。干脆收回,做成24小时不打烊的图书馆。"时任温州市图书馆馆长胡海荣说。

这个位于市中心狭小街巷的分馆,从1973年落成到2014年变身为首家24小时书房,150平方米的场地有着不同于传统图书馆的"调性",巨大的临街落地橱窗,舒适的软面沙发,木制纹理书架,家居式环境,并配备自助借还机等设施。这间深夜不打烊的书房开放后,56个座位经常要靠"抢"。

或许谁也没想到,当初这小小的"愿读书人被温柔以待"的城市书房会具有如此大的感染力。悄然十年间,街巷里这座文化灯塔散发出的光芒逐渐照亮了温州一个个街角,点线成面,还衍生了"城市书房+咖啡馆""城市书房+酒店""城市书房+书店"等各式搭配。截至2023年12月,温州建成开放的城市书房达156家,接待读者2000多万人次。

"城市书房"也从这里走向了全国。2020年9月,温州发起并联合十个

谢灵运主题城市书房 刘伟摄

城市成立"全国城市书房合作共享机制",目前已发展113个成员城市,涵盖4300多家城市书房。就连离温州3000公里之遥的青海格尔木,也能看到好几座"城市书房"。

"城市书房"一路走来,有不变的温柔:24小时开放的便利,无人值守的信任,"格调在线"的场馆设计,扎根居民生活的人情味选址,兼顾阅读和自习需求的"家居式"环境,这些"暖意"从第一家城市书房开始,一以贯之。

民间力量的不断汇聚,贯穿城市书房的发展之路。这一点和"遇阻则弯"的温州水网一样,融汇变通,最终四通八达。

从第二家城市书房开始,温州市图书馆便开启了与第三方合作建设城市书房的探索。当时,鹿城区松台街道水心社区将一个非机动车车棚拆除,建成了菱藕城市书房。而温州南塘城市书房是业委会舍弃每年20多万元的店面租金建起来的。

从街道社区开始,温州形成了一股社会力量参与城市书房建设的热潮,先后出现了多家由商场、文化产业园、企业等多种形式出资合建的城市书房。

森马集团拿出梦多多小镇一楼的最旺商铺，建成了童趣十足的城市书房；鹿城区文广新局将一处机关食堂建成城市书房，还请来法国设计师操刀设计。温州市龙舟协会成员筹集80多万元建成龙舟主题城市书房。龙舟制作师陈秀杰把老旧龙舟的船板拆了，改造成一张长10米的书桌，捐赠给城市书房。

目前，在温州全市建成的156家城市书房中，由社会力量无偿提供场地、参与运行管理的达143家，占比九成多。

城市阳台成了市民休闲的好去处 刘伟摄

据《2020年温州市全民阅读状况调查报告》显示，2020年温州市居民综合阅读率超90%，高于全国平均水平10个百分点，位居全国领先水平。2021年温州获得全国首个"全民阅读示范城"称号。

城市书房的发展壮大是一场民间与政府的双向奔赴。"民有所呼，我有所应"。从2015年起，"城市书房"连续五年列为市委市政府民生工程，2022年列为省委、省政府民生工程。城市书房建设连年被纳入温州市政府工作报告。温州颁布相关文件，通过设立事业发展基金、开展社会认养等，鼓励社会力量深度参与公共文化建设和运营并提供专项扶持资金保障。自2020年开始，温州市启动城市书房服务星级评定，根据考核等级分别给予一定补助。

"政府主导、社会参与、专业管理、全民共享。"2020年1月，城市书房服务标准化试点项目作为全省唯一的公共文化领域项目，入选第六批国家社会管理和公共服务综合标准化试点项目。"温州标准"迈向全国。

温州在青海格尔木对口援建的"城市书房"旁边搭配的是"百姓健身房"，这样的CP组合在温州街头也不鲜见。瓯海区梧田街道南盛锦园一楼临街最好的店铺位置，开设了城市书房，隔壁便是"百姓健身房"。这家健身房

"便民也惠民"，日卡 3 元、月卡 60 元、年卡 365 元。

2017 年，温州率先推出百姓健身房，探路社会力量办体育，由政府专项资金引导补助，体育部门给予规划指导，村社、企事业单位等提供场地管理。截至目前，全市已累计建成百姓健身房超 400 家。这张温州体育改革的金名片，在浙江乃至全国多个省市推广。"十四五"期间浙江要在全省建成 3000 个百姓健身房。

在年轻人汇聚的"小红书"上，一条热帖讲述的是网友在浙江农村发现了一座非常时尚的建筑，走近一看原来是文化礼堂，直呼生活在浙江太幸福了。

文化礼堂也是诞生在温州的一张金名片。城市有"书房"，乡村有"客厅"。2013 年，温州启动建设文化礼堂，目前，全市已建成农村文化礼堂 3593 个。在这里，可以举办各种丰富的文体活动，上演热闹"村晚"。

或许就像温州的水网一样，这些公共服务设施打破原有"大而全"的常规格局，突出"小而精"，网格化嵌入式布点，灵活小巧精致，也特别因地制宜、贴近百姓生活。这些变通创新的背后是一种温情和务实。

城市书房、百姓健身房、文化礼堂、文化驿站……这些近在身边、实实在在的公共服务让温州市民收获专属的幸福感。

## 幸福重奏：大数据下的便民服务

在大数据的"加持"下，生活在温州这座温润之州、温柔之城，市民还可以感受各种温暖的便民便捷服务。

生活在都市，堵车常常是让许多司机不幸福的"痛点"。温州的有车一族数量众多。2023 年末，温州的汽车保有量 274 万辆，其中私人汽车保有量 252 万辆。紧随而来的是拥堵、停车难、出行难等管理难题。

这两年，温州出现了越来越多的"数智绿波"，这些"一路绿灯"的"绿波"路段让交通提速超 20%。高德地图联合国家信息中心大数据发展部等权威机构发布的《2023 中国主要城市交通分析报告》显示，在同类城市中，温州市红绿灯路口服务水平排名全国第一。

在2023年第二届全球数字贸易博览会上,温州"数智绿波"建设成果,作为浙江省公共数据授权运营实践优秀场景被重点推荐。短短数月,"数智绿波"迅速在杭州、湖州、太原等地区推广,截至2024年3月,全国范围内建设"数智绿波"有530多条,累计绿波公里数近1000公里,协调路口数超2600个,平均提速20%以上。其中,温州建成绿波道路136条,涵盖906个路口,里程400多公里。

这些公共治理能力提升的背后,是大数据的"数智"赋能,为老百姓的日常带来更多幸福感。

每次出门就医,总是要东翻西找孩子的医保卡……这些"马大哈"的家长如今不用犯愁了,医保就医不带卡,只需出示医保码。2021年,温州推广应用医保电子凭证,实现全市定点医药机构医保电子凭证应用全覆盖。截至2023年3月,全市参保人员医保电子凭证激活率98.6%,居全国第一,累计帮助超4000万人次不带卡就医直接结算。

近年来,温州围绕数字化助推医保服务便民化进行了一系列的灵活创新。作为浙南闽北的医疗高地,温州汇聚了许多医疗资源。"排队半小时,看病五分钟"是很多老百姓的就医"痛点"。温州部分互联网医院推出了"患者在线就医、药品线下配送、医保线上支付"的就医新模式。

"最多跑一次"是浙江改革的代名词。2017年是温州"最多跑一次"改革的初始之年,围绕"让数据多跑路、群众少跑腿"这一主题,持续推进"一窗受理、集成服务"。2018年,温州市民中心正式启用,市民可以在这里一站式办理各项业务。

幸福是什么?每个人都有自己的答案。生活在温州,这或许是一抹"温州蓝",塘河的盈盈碧波,或许是街角的城市书房、百姓健身房,或许是一路畅行的"绿波"路段、医保不用带卡的"善解人意"……

在温州话里,早饭叫"天光",晚饭叫"黄昏",在温州昼与夜的十二时辰,你会遇到不一样的风景,感受秀美江南与现代都市的交融。或许,温州人的幸福感就藏在"温州"这个名字里:温润、温柔且温暖。

# 大事记

**汉惠帝三年**（前192）惠帝立驺摇为东海王，都东瓯，世称东瓯王。

**三国吴赤乌二年**（239）永宁县境南地置"横屿船屯"（今平阳县万全镇），委派典船校尉监督刑徒造船。

**晋太宁元年**（323）析临海郡南部地置永嘉郡。筑郡城于瓯江南岸。

**唐上元二年**（675）析括州之永嘉、安固两县置温州。

**后梁开平元年**（907）钱元瓘筑温州子城。

**宋太平兴国三年**（978）吴越王钱俶献所辖十三州归宋。温州由节度州降为军事州，属两浙路，辖永嘉、乐清、瑞安、平阳四县。

**宋元祐五年**（1090）设造船场于温州郭公山麓，岁造船以600艘为额。

**南宋建炎四年**（1130）正月二十五日，宋高宗赵构避金兵难泛海抵温，三月十八日乘御舟离温。

**南宋建炎四年至绍兴元年**（1130—1131）温州置市舶务，管理对外贸易。

**南宋乾道二年**（1166）飓风暴雨，夜潮入城。潮退，浮尸蔽江，温属各县溺死两万人。

**南宋咸淳元年**（1265）八月，原永嘉郡王赵禥即帝位，升温州为瑞安府。

**南宋德祐二年**（1276）三月，元军攻陷临安后，益王赵昰、广王赵昺在众大臣的护卫下辗转至温州。陆秀夫、苏刘义、张世杰、陈宜中等相继到温，奉益王为天下兵马都元帅，广王副之。四月八日，文天祥由海道来温，居江心屿月余，后赴福州。

**元元贞二年**（1296）永嘉人周达观随使团从温州港启航出使真腊（今柬埔寨），次年六月回国。后著《真腊风土记》。

**明洪武元年**（1368）温州改路为府，领永嘉、乐清、瑞安、平阳四州县。设温州卫，卫指挥使司在府治东。

**明洪武四年**（1371）禁止沿海百姓私自出海。

**明景泰三年**（1452）析瑞安县义翔乡五都十二里、平阳县归仁乡三都六里，以原罗阳镇为中心置泰顺县。

**明嘉靖三十一年至四十二年**（1552—1563）温州遭受倭寇28次侵袭，每年死亡人数不少于3万。史书多次出现"各乡罹锋者几半""烧毁民居十之八""杀人溪水变赤"等记载。

**清顺治十三年**（1656）清廷颁布海禁令，严禁商民私自出海贸易。

**清顺治十八年**（1661）清廷为切断郑成功与沿海联系，下迁界令。温州沿海居民被迫内迁。

**清康熙二十二年**（1683）清廷开海禁，迁民回归故里。次年十月，温州港恢复对外贸易。

**清康熙三十三年**（1694）温州设官营船厂，岁造战船90艘。

**清咸丰十一年**（1861）浙海关改称浙海常关，温州、瑞安、平阳分别设立三个分口。

**清同治四年**（1865）温州常关分口改称瓯海常关，辖平阳、瑞安两个分口。

**清光绪二年**（1876）七月二十六日（9月13日）中英签订《烟台条约》，辟温州为通商口岸。

**清光绪三年**（1877）二月十八日，温州海关成立。八月改称瓯海关（新关）。瓯海关内设邮政处，兼办内部邮递业务。

**清光绪四年**（1878）三月初十，上海轮船招商局在温设立分局，初派小广济轮常川往来温沪线，后派永宁客货轮来温。

**清光绪十年**（1884）温州轮船招商局在朔门码头建成第一座浮码头。

**清光绪十一年**（1885）陈虬等在瑞安城东杨衙里创办利济医院（中医），设立利济学堂。光绪二十一年秋，在温城设利济分院和利济分学堂。

**清光绪十四年**（1888）孙衣言、孙诒让父子在瑞安城东金带桥边建玉海藏书楼。

**清光绪二十二年**（1896）正月，孙诒让等人在瑞安卓公祠创设算学书院，定名瑞安学计馆；同年项崧创立方言馆。

**清光绪二十八年**（1902）温州府学堂（温州中学前身）创办。

**清光绪三十二年**（1906）温州府商会成立，王岳崧为首任总理。是年项湘藻、项崧等创办永瑞轮船公司，购置拖轮并驳船，航行于温瑞塘河；李墨西在瑞安北门外本寂寺创办太久保罐头厂。

**清宣统二年**（1910）大清银行分号、四明银行分号在温州设立。吕渭英开办东益公司，开辟温州最早的内港客货轮航线。

1912年，平阳王理孚集资2万银元，建立南麂渔佃公司，开发南麂岛。

1913年，温州普华电灯股份有限公司成立。

1914年1月，温州邮政副总局改为温州一等邮局，7月1日又改为永嘉一等邮局；是年，中国银行温州分号建立。

1916年，李毓蒙在瑞安东山乡车头村创办絮棉机器制造厂，生产"双麒麟"牌弹棉机。

1917年，许漱玉买下五马街七间店面，建温州城区第一座三层楼房，开设云博百货店。

1918年2月22日，温州县城隍路翔舞台首次放映无声电光影戏《欧战实况》；7月郑恻尘创办"中一公记机织花席厂"，工人最多时达1500人。

1919年3月，杨雨农等集资在打锣桥春花巷筹办东瓯电话股份有限公司；7月25日姜琦、郑振铎、高觉敷、马公愚等发起成立永嘉新学会，次年1月出刊《新学报》，宣传新思想新文化。

1923年，汪晨笙等发起在温创办瓯海实业银行。10月，蔡冠夫等在永嘉城区集资创办"普安施医施药局"，免费为贫民诊病施药。

1926年，吴百亨在温州创办百好炼乳厂。

1929年，温州光明火柴有限公司成立，资金10万元，年产火柴3000箱。

1931年，温州长途电话通话；温州城区各同业公会相继成立。

1933年，温州工商界杨雨农、翁来科等集资筹办国货公司。

1935年，永嘉县地政处成立，进行地籍登记整理工作，为全国五个试点县之一。

1937年，上海八一三事变后，日军全面封锁沿海港口。温州至全国口岸华籍轮、汽船全部停航。本埠轮船公司开始用外国旗号，进行海上运输。

1941年4月19日至5月1日，温州第一次沦陷。日军大肆抢掠桐油、铅丝、粮食、布匹及铜、钨、锑等战略物资。

1942年7月11日至8月25日，温州第二次沦陷。

1944年9月9日至翌年6月17日，温州第三次沦陷。

1945年，温州至台湾航运开始恢复。

1946年，行政院批准，析瑞安、泰顺、青田部分地置文成县。

1947年，经省参议会通过，并报行政院核准，温州设市。

1948年，中国人民解放军浙南游击纵队司令部在瑞安桂峰乡板寮村正式成立，龙跃任司令员兼政委，郑丹甫任副司令员。

1949年5月，温州和平解放。

1956年9月，永嘉县开始"包产到户"试验。

1979年3月，首个股份合作企业钱库李家车针织厂在温州诞生。

1980年4月，瓯江轮首航香港。10月，金乡农村信用社自发开展存贷利率浮动，迈出全国利率改革第一步。12月，温州发放了中国第一批个体工商户营业执照。

1981年9月，温州地、市合并，实行市管县体制。

1982年8月，乐清"八大王"作为重大经济犯罪分子或被关押，或潜逃在外。1984年，在时任温州市委书记袁芳烈的直接干预下，他们被宣布无罪，恢复名誉，被没收的财产全部归还。

1984年4月，苍南县建立中国第一座农民城——龙港镇。5月，温州被批准为我国沿海 14 个进一步对外开放港口城市之一。12 月，温州大学建立。

1985 年 5 月 12 日，《解放日报》在一版头条位置，刊发了《乡镇工业看苏南家庭工业看浙南——温州三十三万人从事家庭工业》的消息，并配发"评论员文章"《温州的启示》，率先提出"温州模式"，在全国引起强烈反响。

1986 年 11 月，东风城市信用社、鹿城城市信用社相继成立，这是全国首创的民营股份制金融机构。

1987 年 6 月，温州成为全国首个金融利率改革试点城市。9 月，温州被列入中国 14 个农村改革试验区之一。11 月，温州制定中国股份合作制企业的第一个政策规定。

1988 年 8 月，中华人民共和国成立以来第一例"民告官"案在温州发生；10 月，苍南桥墩啤酒厂制定中国第一份合作制企业章程。

1990 年 7 月，温州永强机场正式通航。9 月，温州市总商会成立。

1991 年 7 月，中国第一个民营包机公司——天龙包机公司创办。

1994 年《温州质量立市实施办法》颁布，这是我国第一部质量立市的地方性文件。

1996 年 10 月，长城鞋业（康奈集团前身）的康奈皮鞋被评为"中国十大真皮鞋王"，成为温州鞋业发展史上的一个里程碑。

1997 年 1 月，乐清市柳市镇 15 家中小型低压电器企业组建长江电气股份有限公司，这是全国首家由股份合作制企业联合组建的规范化股份公司。

1998 年 6 月，金温铁路全线通车。7 月，温商在国外开办的首个市场——巴西圣保罗中华商城开业。

2002 年 8 月 8 日，经温州市人大常委会批准确立为温州首个"诚信日"；12 月，温州被联合国工业发展组织认定为"全球最具活力的城市"之一。

2003 年 10 月，首届世界温州人大会在温州召开。

2004 年 11 月，温州当选"中国十大最具经济活力城市"。

2005 年 12 月，金丽温高速公路建成通车，标志着浙江省"四小时交通圈"正式建成。

2006 年 4 月，温州半岛工程建成通车；6 月，温州师范学院与原温州大学合并，成立新温州大学。是年，康奈集团在俄罗斯牵头组建康吉境外经贸合作区，成为全国首批8个境外园区之一。

2007年4月，首届温州慈善大会召开，表彰了39名个人、19家机构、11个项目和9家单位。

2008年6月，温州入选"2008中国十大品牌之都"。

2009年6月，温福铁路开通，同年10月，甬台温铁路投入运营。

2011年12月，温州被国务院批准为全国农村改革试验区，承担"农村产权制度改革"试验项目。

2012年2月，温州航空口岸正式开放，温州台北直航及至首尔、济州、曼谷等国际航线相继开通。3月，国务院批准设立温州市金融综合改革试验区。同月，我国第二所中美合作举办的、具有独立法人资格的大学——温州肯恩大学开工建设，当年完成首批招生。10月，温州被列入全国首个社会资本办医试点城市。

2013年1月，温州被列入中国第一批智慧城市建设试点城市；11月，我国首部地方民间融资管理条例——《温州市民间融资管理条例》经浙江省十二届人大常委会第六次会议表决通过。

2014年3月，温州获批国家电子商务示范城市，7月获批信息惠民国家试点城市，12月荣获全国质量强市示范城市。

2015年3月，全国首批五家民营银行试点之一温州民商银行开业。

2015年至2017年，温州相继荣获全国文明城市、双拥模范城、优秀旅游城市、卫生城市、森林城市、园林城市、环保模范城市和历史文化名城的称号。

2017年9月，温州成为全国首个社会力量办体育试点城市；12月，温州国际邮轮港建成开港，填补了浙南闽北地区邮轮产业的空白。

2018年1月，温州成为全国首批社会信用体系建设示范城市。2月，国务院批复同意温州高新技术产业开发区建设国家自主创新示范区。8月，温州创建全国首个新时代"两个健康"（推动非公有制经济人士健康成长、非公有制经济健康发展）发展先行区；11月，温州入选全国14个建设国家海洋经济发展示范区城市之列。

2019年8月，苍南县龙港镇撤镇建市，建制镇直接升格为县级市，属全国首创。10月26日，首届世界青年科学家峰会在温州举行。11月，温州入选"2019中国十大最具幸福感城市"，此后至2023年连续上榜。

2020年，温州入选首批国家文化和旅游消费试点城市。

2021年5月，温州获评东亚文化之都；当月入选第二批"科创中国"试点城市名单。

2022年1月，温州—东京国际全货运航线开通，温州实现货运航线覆盖欧美亚三洲。

2023年9月至10月，作为第19届亚运会的协办城市之一，温州顺利承办龙舟项目全部比赛和足球项目部分小组赛及淘汰赛。11月，2023海上丝绸之路城市影响力市长交流大会在温州举行。

# 参考文献

（日）木宫泰彦著.《日中文化交流史》.商务印书馆.1980年
承仁义主编.《纪念郑振铎先生诞辰九十周年殉难三十周年·学海飞鹏》.中国铁道出版社.1988年
郑尔康编.《转变中的中国（1840—1949）丛书——郑振铎》.文物出版社.1990年
温州市志编委会编.《温州市志》.中华书局.1998年
（宋）周去非著，梅武泉校注.《岭外代答校注》.中华书局.1999年
孙崇涛、南治国著.《郑振铎：狂胪文献耗中年》.上海教育出版社.1999年
相国著.《鹿城老街坊》.西泠印社出版社.1999年
李刚著.《古瓷发微》.浙江人民美术出版社.1999年
胡珠生著.《温州近代史》.辽宁人民出版社.2000年
宋红编译.《日韩谢灵运研究译文集》.广西师范大学出版社.2001年
葛晓音编.《谢灵运研究论集》.广西师范大学出版社.2001年
孙崇涛著.《南戏论丛》.中华书局.2001年
温州市文化局编.《南戏国际学术研讨会论文集》.中华书局.2001年
（清）孙锵鸣撰，胡珠生编注.《孙锵鸣集》.上海社会科学院出版社.2003年
胡雪冈著.《温州南戏考述》.作家出版社.2003年

（清）黄体芳撰、俞天舒编.《黄体芳集》.上海社会科学院出版社.2004年

顾绍柏校注.《谢灵运集校注》.里仁书局.2004年

周梦江著.《叶适与永嘉学派》.浙江古籍出版社.2005年

朱瑞平著.《孙诒让小学谫论》.商务印书馆.2005年

俞光编.《温州古代经济史料汇编》.上海社会科学院出版社.2005年

王理孚撰，张禹、陈盛奖编注.《王理孚集》.上海社会科学院出版社.2006年

章方松、潘源源、叶自力主编.《张璁文化研究文集》.温州市龙湾区文学艺术界联合会.2006年

（明）黄淮著、黄永陵编校.《黄淮文集》.中国社会科学出版社.2006年

（明）王瓒、蔡芳编纂，胡珠生校注.《弘治温州府志》.上海社会科学院出版社.2006年

陈瑞赞编.《东瓯逸事汇录》.上海社会科学院出版社.2006年

李海英著.《朴学大师：孙诒让传》.浙江人民出版社.2007年

沈不沉编.《南戏探讨集选编》.温州市艺术研究所.2007年（资料汇编，未公开发行）

洪振宁主编.《温州改革开放30年》.浙江人民出版社.2008年

金午江、金向银著.《谢灵运山居赋诗文考释》.中国文史出版社.2009年

洪振宁著.《宋元明清温州文化编年纪事》.浙江人民出版社.2009年

林亦修著.《温州族群与区域文化研究》.上海三联书店.2009年

许宗斌著.《雁荡山笔记》.线装书局.2009年

金柏东主编.《温州文物论集》.浙江人民出版社.2009年

（明）王叔果、王应辰编纂，潘猛补点校.《嘉靖永嘉县志》.中国文史出版社.2010年

黄仕忠著.《〈琵琶记〉研究》.广东高等教育出版社.2011年

金丹霞、周红著.《温州老城印象》.浙江古籍出版社.2011年

秦仲文著.《中国绘画史略》.文化艺术出版社.2011年

曹凌云著.《明人明事：浙南明代区域文化研究》.人民出版社.2012年

钱志熙著.《温州文史论丛》.上海三联书店.2013年

俞光著.《温州经济史话》.浙江科学技术出版社.2013年

金丹霞、潘虹主编.《温州百年文化星座》.浙江摄影出版社.2013年

郑振铎著，文明国编.《郑振铎自述》.安徽文艺出版社.2013年

林文月著.《谢灵运》.生活·读书·新知三联书店.2014年

温州市龙湾区文化广电新闻出版局编.《张阁老传说》.中国文联出版社.2014年

国际亚细亚民俗学会中国刘伯温文化研究基地、温州大学浙江省非物质文化遗产研究基地主编.《刘伯温文化遗产研究论文集》.光明日报出版社.2016年

黄进峰著.《平阳学统（宋代卷）》.线装书局.2016年

（日）松浦章著，杨蕾等译.《温州海上交通史研究》.人民出版社.2016年

胡春生、施菲菲著.《周达观与真腊》.浙江文艺出版社.2016年

刘时觉.《温州医学史》.人民出版社.2016年

余振棠编.《瑞安古代文学史稿》.中国文史出版社.2017年

徐逸龙著.《谢灵运在永嘉的踪迹》.线装书局.2017年

谢作拳、陈伟欢编注.《瑞安孙家往来信札集》.浙江大学出版社.2017年

孙邦金著.《晚清温州儒家文化与地方社会》.人民出版社.2017年

丁贤勇、常晓强著.《温州近代交通史研究》.人民出版社.2017年

潘伯鹰著.《潘伯鹰讲中国书法》.中华书局.2017年

王季思选编，王小雷注释.《王季思推荐古代戏曲》.广陵书社.2017年

陈福康著.《郑振铎传》.上海外语教育出版社.2017年

陈福康著.《郑振铎论》.上海外语教育出版社.2017年

陈师曾著.《陈师曾说中国绘画》.万卷出版公司.2018年

陈永霖、武小平著.《宋代温州科举研究》.2018年

温州市政协文史委编.《我与温州模式》.中国文史出版社.2018年

徐佳贵著.《乡国之际：晚清温州府士人与地方知识转型》.复旦大学出版社.2018年

黄绍箕撰，谢作拳点校.《黄绍箕集》.中华书局.2018年

郭晔旻著.《丝路小史（海丝卷）》.浙江大学出版社.2018年

（清）曾唯著.《广雁荡山志》.浙江古籍出版社.2018年

吴晗著.《明史简述》.北京出版社.2018年

康武刚著.《温州沿海平原的变迁与水利建设》.人民出版社.2018年

徐宏图著.《温州古代戏曲史》.人民出版社.2018年

浦晗著.《南戏百年学术史论(1913—2013)》.教育部人文社会科学研究规划青年基金项目.2018年

胡珠生著.《温州古代史》.中国文史出版社.2019年

程世和著.《从孔子到谢灵运：唐前士人精神史探索》.中华书局.2019年

金柏东、金丹霞编著.《一片繁华海上头——温州与海上丝绸之路》.中国文史出版社.2019年

胡建、胡济著.《从清王朝走向人民共和国——温州一望族的百年传承》.华文出版社.2019年

高启新著.《瓯掌故》.浙江大学出版社.2019年

（元）高明著.《碌订琵琶记》.文物出版社.2020年

张索著.《持敬集》.文汇出版社.2020年

陈增杰著.《宋元明温州诗话》.厦门大学出版社.2020年

董每戡著.《中国戏剧简史》.北京出版社.2020年

项飙、吴琦著.《把自己作为方法：与项飙对话》.上海文艺出版社.2020年

林华东著.《温州通史·东瓯卷》.人民出版社.2021年

鲁西奇主编.《温州通史·汉唐五代卷》.人民出版社.2021年

吴松弟主编.《温州通史·宋元卷》.人民出版社.2021年

陈志华著.《乡土中国：楠溪江中游乡土建筑》.商务印书馆.2021年

陈志华著.《乡土中国：楠溪江中游古村落》.商务印书馆.2021年

陈志华著.《乡土中国：楠溪江上游古村落》.商务印书馆.2021年

方如金著.《陈亮事迹著作编年》.河北大学出版社.2021年

金邦一编.《刘伯温珍稀史料集》.浙江大学出版社.2021年

王宇著.《永嘉学派研究》.商务印书馆.2021年

朱迎平著.《永嘉巨子：叶适传》.2021年

温州市政协文化文史和学习委员会编.《温州文化印记》.中国文史出版社.2021年

（宋）陈亮著.《陈亮集》.上海古籍出版社.2022年

刘时觉.《永嘉医派》.中国中医药出版社.2022年

浙江省文物考古研究所、温州市文物考古研究所、温州博物馆编著.《曹湾山》.文物出版社.2022年

洪振宁著.《永嘉学派文献概说》.黄山书社.2023年

金柏东、金丹霞、陈莉莉编著.《宋韵温州》.中国文史出版社.2023年

温州民进郑振铎研究会（筹）编.《梦路还应绕永嘉——郑振铎与温州》.2023年（资料汇编，未公开发行）

**图书在版编目（CIP）数据**

温州传：别是一乾坤 / 金丹霞, 吴林飞, 尤豆豆著.
北京：新星出版社, 2024.11. —（丝路百城传）.
ISBN 978-7-5133-5763-0

Ⅰ．K295.53

中国国家版本馆 CIP 数据核字第 2024UQ7846 号

**出版指导**　陆彩荣
**出版策划**　马汝军　简以宁

## 温州传：别是一乾坤

金丹霞　吴林飞　尤豆豆　著

| **责任编辑**　简以宁 | **责任校对**　刘　义 |
|---|---|
| **责任印制**　李珊珊 | **装帧设计**　冷暖儿 |
| **内文排版**　魏　丹 | |

出 版 人　马汝军
出版发行　新星出版社
　　　　　（北京市西城区车公庄大街丙 3 号楼 8001　100044）
网　　址　www.newstarpress.com
法律顾问　北京市岳成律师事务所
印　　刷　天津裕同印刷有限公司
开　　本　660mm×970mm　1/16
印　　张　31.25
字　　数　410 千字
版　　次　2024 年 11 月第 1 版　2024 年 11 月第 1 次印刷
书　　号　ISBN 978-7-5133-5763-0
定　　价　89.00 元

版权专有，侵权必究。如有印装错误，请与出版社联系。
总机：010-88310888　传真：010-65270449　销售中心：010-88310811